外国教师与学生史研究
——当代教育史研究新进展

杨捷 赵国权 / 主编

中国社会科学出版社

图书在版编目（CIP）数据

外国教师与学生史研究：当代教育史研究新进展/杨捷，赵国权主编.
—北京：中国社会科学出版社，2021.11
ISBN 978-7-5203-9243-3

Ⅰ.①外… Ⅱ.①杨…②赵… Ⅲ.①教育史—研究—国外 Ⅳ.①G519

中国版本图书馆 CIP 数据核字（2021）第 207253 号

出版人	赵剑英
责任编辑	赵丽
责任校对	王佳玉
责任印制	王超

出　　版	中国社会科学出版社
社　　址	北京鼓楼西大街甲 158 号
邮　　编	100720
网　　址	http://www.csspw.cn
发 行 部	010-84083685
门 市 部	010-84029450
经　　销	新华书店及其他书店
印　　刷	北京明恒达印务有限公司
装　　订	廊坊市广阳区广增装订厂
版　　次	2021 年 11 月第 1 版
印　　次	2021 年 11 月第 1 次印刷
开　　本	710×1000　1/16
印　　张	25
插　　页	2
字　　数	398 千字
定　　价	138.00 元

凡购买中国社会科学出版社图书，如有质量问题请与本社营销中心联系调换
电话：010-84083683
版权所有　侵权必究

目 录

教师史

杜威的"探究与创新"教育思想及其现代检视…………郭法奇（3）
外国教师职业专业化的历史发展阶段与特点分析 …………刘 捷（30）
美国教育研究的开拓者：首位教育学教授威廉姆·佩恩……陈 瑶（42）
高校教师职业化的萌芽
　　——由中世纪大学教师薪酬制说起 …………王 璞 石佳丽（59）
中世纪大学之"学术自由"辨析……………………………张 弢（67）
民族认同和外来思想的碰撞
　　——20世纪初至二战前德国对杜威教育思想的吸收……赵 康（89）
渗透与抗争
　　——近代日本国家主义、军国主义与
　　　日本大学……………………………………傅 林 夏志刚（107）
托马斯·杰斐逊教育观中的精英话语释义………………陈露茜（119）
斯内登与杜威关于职业教育归属性的争论
　　——以二人的教育观比较为视角 ………………………吴 婵（142）
二战后美国高校学术休假制度的新动向…………李子江 王玲令（157）
达特茅斯学院案与美国高等教育的公私之辨……………王慧敏（169）
从自由学科到个性自由：西方自由教育的现代
　　转向…………………………………………易红郡 李慧迎（187）
西方国家的教师文化发展趋向探究
　　——从韦伯的理性化思想说开去 ………………………王 晋（200）

牛津大学的导师制
　　——传统和挑战 ··· 陈　凡（211）

学　生　史

西方大学史上的留学潮 ·· 贺国庆（225）
西方大学学生组织及其功能的历史演变 ···························· 马立武（237）
美国学生指导制度的历史沿革述评 ·································· 杨光富（248）
二战以来美国大学学生群体社会结构特征及其变化 ··········· 康绍芳（267）
英国中世纪大学的贫困生及其经济来源 ············ 刘贵华　申国昌（285）

教育史学

西方教育思想史研究的视角与视野 ·································· 张斌贤（297）
西方教育史学研究综述（2000—2015年） ·························· 周　采（317）
教育史作用的社会诊断：伯纳德·贝林教育史观解析 ······ 王保星（327）
中国外国教育史学科的发展与回顾探究 ··························· 杨　捷（338）
域外大学史研究：制度化历程与学术范式变迁 ·················· 沈文钦（352）
论波克维茨的"历史化"教育史学 ··································· 李先军（369）
教师与学生的历史关怀
　　——中国教育学会教育史分会第十六届年会综述 ······ 李志刚（386）

后　记 ··· （393）

教师史

杜威的"探究与创新"教育思想及其现代检视

郭法奇[*]

[摘 要] 杜威"探究与创新"教育思想是杜威教育理论体系的重要组成部分,其哲学基础是实用主义哲学。杜威的"探究"教育思想强调经验基础上个体的主动反思、尝试和解决问题;杜威的"创新"教育思想注重思维与经验的结合,并通过猜测、假设、推论等方式,尝试方法上的突破。其主要特点是,把对教育的理解建立在一个哲学视野下和框架内,考察已有知识与新的知识的关系问题,并通过对传统教学思想的批判、改造,探索基于经验基础上反思、设计、假设的问题解决之道,形成了独特的研究维度和方法论。杜威的"探究与创新"教育思想还需要接受现代教育的检视,使其教育思想体系得以更新、完善和发展。

[关键词] 杜威;探究;创新;检视

杜威是20世纪美国著名的教育家,他将实用主义哲学与美国教育实践相结合,创立了独具特色的教育理论,对美国以及世界许多国家的教育改革产生了重要影响。

杜威的"探究与创新"思想是其教育思想的核心。对此,笔者曾于2004年在《比较教育研究》第3期发表了《探究与创新:杜威教育思想

---

[*] 北京师范大学教育学部教授。

的精髓》一文，距今已有 10 多年了。今天结合教育实际再次阅读杜威的著作，笔者又有了一些新的思考：如何深入认识杜威"探究与创新"思想与实用主义哲学的关系？如何解读"探究与创新"的含义及在教育上的运用？如何评价和检视杜威"探究与创新"教育思想的现代价值及其不足？等等。本文试图对这些问题作进一步的分析。

一 杜威"探究与创新"思想的哲学基础：实用主义哲学

杜威"探究与创新"思想的形成主要是以实用主义哲学为基础的。当然，实用主义哲学是美国社会变革和科学发展的产物。杜威曾经指出，自工业革命以来不到 100 年的时间里，人类社会就发生了迅速、广泛和深刻的变化。工业化和城市化的迅速推进，不仅改变了政治疆界，扩大了生产的规模，加速了人口的流动，也使得人们的各种生活习惯、道德以及观念和爱好都发生了深刻的变化。这种社会变革的重要结果就是促进了科学的发展。在 19 世纪的欧美社会，随着生理学以及与生理学相关联的心理学的进展、进化论思想的出现、科学实验方法的使用等，强调发展及变化和重视探究及实验成为科学发展的基本特征。杜威的"探究与创新"思想反映了这一时期科学探索精神广泛影响的特征。

社会变化和科学发展促进了美国实用主义哲学的产生。从历史上来看，美国早期没有自己的哲学。法国的历史学家托克维尔在 1835 年曾指出："在文明世界里没有一个国家像美国那样最不注重哲学了。美国人没有自己的哲学派别，对欧洲的互相对立的一切学派也漠不关心，甚至连它们的称呼都一无所知。"[①] 直到 19 世纪 70 年代以后美国才产生了实用主义哲学。实用主义哲学最初产生于美国的哈佛大学。19 世纪 70 年代，在哲学家查理·皮尔斯（Charles S. Peirce）主持的"形而上学俱乐部"里，一些学者共同研究和探讨，形成了"实用主义"的基本思想。皮尔斯据此写了两篇文章，一篇是《信仰的确定》（*The Fixation of Belief*），另

---

① ［法］托克维尔：《论美国的民主》（下），董果良译，商务印书馆 1997 年版，第 518 页。

一篇是《我们怎样使观念明确》(How to Make our Ideas Clear)，分别发表于 1877 年和 1878 年的《通俗科学月刊》(Popular Science Monthly) 杂志上，首次提出了实用主义的基本思想。[①] 皮尔斯认为，任何一个观念最本质的意义就在于它能引起人的有效行动。他说，当我们思考事物时，如果要把它完全弄明白，只需考虑它会有什么样可能的实际效果。这就是说，不产生实际效果的事物不能形成对它的明确概念。例如，说"这块黄油是软的"，就意味着"如果刮这块黄油，可以很容易地刮出明显的凹处"[②]。在皮尔斯看来，人的具体活动与可证实结果之间的联系是非常重要的。从这个意义上说，实用主义就是实证主义。

1898 年 8 月 26 日，美国哲学、心理学和生理学教授詹姆士 (William James) 在伯克利大学作了《哲学概念和实际效果》的演讲，宣布实用主义作为一个哲学运动的开始。1907 年，詹姆士出版了《实用主义》一书，系统地阐述了实用主义思想。在他看来，实用主义 (Pragmatism) 这一名词是从希腊的"πράγμα"一词派生出来的，意思是"行动"。"实践" (practice) 和"实践的" (practical) 这两个词就是从这一词演变来的。[③] 詹姆士的观点是，要弄清一个观念或者原则的意义，只需断定它会引起什么行动。在他看来，实用主义主要是一种方法，它在本质上"和许多古代的哲学倾向是协调的。比如在注重特殊事实方面，实用主义与唯名主义是一致的；在着重实践方面，它和功利主义是一致的；在鄙弃一切字面的解决、无用的问题和形而上学的抽象方面，它与实证主义是一致的"[④]。"实用主义的方法，不是什么特别的结果，只不过是一种确定方向的态度。这个态度不是去看最先的事物、原则、范畴和假定是必需的东西，而是去看最后的事物、收获、效果和事实。"[⑤] 从注重观念、原则、假定的实证结果看，詹姆士的观点与皮尔斯的观点是一致的，他们都关

---

① 庄锡昌主编：《西方文化史》，高等教育出版社 1999 年版，第 287 页。
② 赵敦华：《现代西方哲学新编》，北京大学出版社 2001 年版，第 46 页。
③ ［美］威廉·詹姆士：《实用主义》，陈羽纶、孙瑞禾译，商务印书馆 1979 年版，第 26 页。
④ ［美］威廉·詹姆士：《实用主义》，陈羽纶、孙瑞禾译，商务印书馆 1979 年版，第 30 页。
⑤ ［美］威廉·詹姆士：《实用主义》，陈羽纶、孙瑞禾译，商务印书馆 1979 年版，第 31 页。

心"知和行"的关系问题。

从知和行的关系看,"真理观"和"经验论"是实用主义哲学的基本内容。当然,实用主义的"真理观"不同于传统哲学的"真理观"。传统哲学认为,真理是我们某些观念的一种性质,它意味着观念和实在的"符合";"虚假"则意味着与"实在"不符合。实用主义与传统哲学的"真理观"在这一点上是一致的。如果说两者有区别,主要是对"符合"含义的不同解读。詹姆士举例说,墙上挂着一个钟,我们看它一眼,就会有一个图像,以后在记忆中会有一个印象;但是这种静态的印象,不是"符合"的本意。因为我们对挂钟的内部运转毫无所知,而挂钟如何工作对人们的生活极为重要。如果观念仅仅符合挂钟的外表,而不是它的工作过程,那不能算是真理。在这里,詹姆士提出一个重要的问题,即观念、概念等,不是用来记住表面的东西;如果这些观念没有解释力,没能成为人们行动的工具,是没有用的。詹姆士说:"掌握真实的思想就意味着随便到什么地方都具有极其宝贵的行动工具。"[①] 他举例说,一个人在森林里迷了路,他发现小路上好像有牛走过的痕迹,可能会想到小路的尽头一定有人家,于是就随着这一痕迹走,如果他的假设是真的,他就得救了,否则他就会饿死在森林里。在詹姆士看来,真理不是静止的观念,而是在实践上已被证实了的观念。詹姆士进一步指出,思想、观念的真否,主要看其含义的效果,看其能否适用到应用的地方。能够发生应用效果的,是真的;否则是假的。詹姆士认为,观念为真的过程是一个证实的过程。这一过程有开始和结束。"它是有用的,因为它是真的",或者说,"它是真的,因为它是有用的",这两句话的意思是一样的,即这里有一个观念实现了,而且被证实了。"真"是任何开始证实过程的观念的名称;这里"有用"是在经验里完成了作用的名称。[②] 从这里可以看出,詹姆士更强调观念的工具性质和可操作性。

当然,把观念的真假与是否有用联系起来,容易使实用主义的"真

[①] [美]威廉·詹姆士:《实用主义》,陈羽纶、孙瑞禾译,商务印书馆1979年版,第103—104页。

[②] [美]威廉·詹姆士:《实用主义》,陈羽纶、孙瑞禾译,商务印书馆1979年版,第104—105页。

理观"成为庸俗化的东西。正因为如此，实用主义的"真理观"曾一度被简化为"有用即真理"，甚至有研究者把实用主义看作"为达到目的，可以不择手段"的一种思维方法。在他们看来，实用主义的"真理观"只注重实际效果，毫无理智可言。如何认识实用主义的"真理观"？美国学者 H. S. 康马杰指出："真理是在实际效果中发现的，如果把这个原则转述为任何有效果的事物都必然是真理，那也未免太容易，也太危险了。"① 杜威也提出了自己的看法，他说："所谓真理即效用，就是把思想或学说认为可行的拿来贡献于经验改造的那种效用。道路的用处不以便利于山贼劫掠的程度来测定。它的用处决定于它是否实际尽了道路的功能，是否做了公众运输和交通的便利而有效的手段。观念或假设的效用所以成为那个或假设所含真理的尺度也是如此。"② 从杜威的观点可以看出，实用主义的"真理观"并不是以个人的好恶作为判断的标准，而更多的是强调真理的有效性以及检验真理的实践标准和社会标准。在杜威看来，把实用主义的"真理观"仅仅看作个人好恶的"有用即真理"，这是对实用主义的"浅薄的误解"③。

关于"经验论"，詹姆士认为，经验不是把外面的东西硬印到人的被动的心上，经验是活动的、冒险的、变迁的、进取的。杜威也提出了关于"经验"的两方面的理解。一是从本体论的角度，杜威认为经验是思想和事物的统一。它反对经验与自然、主体与客体、精神与物质的二元对立。哲学的本体既不是物质和存在，也不是观念和精神，而是它们的统一体——经验。二是从个体与环境关系的角度，认为经验是个体尝试和所经受的结果之间的联结。在《民主主义与教育》一书里，杜威指出："经验包含一个主动的因素和一个被动的因素，这两个因素以特有的形式结合着。……在主动的方面，经验就是尝试……在被动的方面，经验就是承受结果。我们对事物有所作为，然后它回过来对我们有影响，这就是一种特殊的结合。经验的这两个方面的联结，可以测定经验的效果。"④

---

① ［美］H. S. 康马杰：《美国精神》，南木等译，光明日报出版社 1988 年版，第 147 页。
② ［美］约翰·杜威：《哲学的改造》，许崇清译，商务印书馆 1958 年版，第 85 页。
③ ［美］约翰·杜威：《哲学的改造》，许崇清译，商务印书馆 1958 年版，第 85 页。
④ ［美］约翰·杜威：《民主主义与教育》，王承绪译，人民教育出版社 1990 年版，第 148 页。

他进一步举例说:"一个孩子仅仅把手指伸进火焰,这不是经验;当这个行动和他所遭受的疼痛联系起来的时候,才是经验。从此以后,他知道手指伸进火焰意味着灼伤。"① 在"经验"的问题上,杜威更重视人的主动性。他说:"经验变成首先是做(doing)的事情。有机体决不徒然站着,一事不做……着什么事情发生,它并不墨守、弛懈,等候外界有什么东西逼到它的身上去。它按照自己的机体构造的繁简向着环境动作。结果,环境所产生的变化又反映到这个有机体和它的活动上去。这个生物经历和感受它自己的行动的结果。这个动作和感受的密切关系就形成了我们所谓的经验。不相关联的动作和不相关联的感受都不能成为经验。"② 总之,杜威的实用主义"经验论"是一种重视行动、崇尚实践,以及人主体性的理论。

在"真理观"上,杜威反对永恒的"真理观"。永恒的"真理观"主张,真理是涉及永恒和普遍的知识,特殊的事物都是从普遍的知识中推论出来的;普遍的知识为其本身而存在,与具体和实用无关;普遍的知识来源于纯粹的非物质的心灵。③ 杜威认为,这种"真理观"把经验与知识对立起来,割裂了二者的联系。杜威指出,随着现代社会和科学的进步,知识获得既不是古代的对经验的绝对排斥,也不是近代的唯经验论至上,而是注重以经验为基础的实验的知识;知识是经过经验和验证获得的。④

在"经验论"上,杜威重视"经验"的联结功能。在他看来,经验是主体与客体的联结,是主体作用于事物以后事物又对主体产生影响的特殊结合。通过这种联结和结合,可以测定经验的效果和价值。杜威指出,并不是所有的活动都具有经验;单纯的、缺乏把活动产生的变化与产生的结果之间联系起来的活动不构成经验。这样的活动是盲目的、冲

---

① [美] 约翰·杜威:《民主主义与教育》,王承绪译,人民教育出版社 1990 年版,第 148 页。

② [美] 约翰·杜威:《哲学的改造》,许崇清译,商务印书馆 1958 年版,第 46 页。

③ [美] 约翰·杜威:《民主主义与教育》,王承绪译,人民教育出版社 1990 年版,第 277 页。

④ [美] 约翰·杜威:《民主主义与教育》,王承绪译,人民教育出版社 1990 年版,第 291 页。

动的，丝毫没有生长的积累，经验也没有生命力。在教育上，经验是一种主动和被动的事情，不单是认识的事情；评价一个经验价值的标准在于能否认识经验所引起的种种关联和连续性，当经验具有价值和意义时，经验才具有认识的作用。在这里，经验的联结、结合等都需要个体的思维或者反思。杜威认为，思维就是有意识地努力去发现所做的事和所造成的结果之间的特定的联结，使两者联结起来。没有反思的因素就不能产生有意义的经验。对事物的经验和反思是不能割裂的。①

与重视经验的反思相关，杜威非常关心知识与实践的分离和割裂问题，主张通过知识的连续性和运用知识的关联性来解决这一问题。在杜威看来，西方传统哲学最明显的特点是分离、对立的二元思维模式，这是现代科学和技术，以及前民主时代的产物。在所有二元对立的范畴中，最重要的是知识和实践的对立。杜威认为，这一起源于古希腊哲学范畴对立的社会根源是奴隶主和奴隶的等级差别，其社会学意义是闲暇和劳动的对立。以后在历史上又派生出本体与现象、永恒与变化、先天与后天、富人与穷人的哲学的对立等。在这些对立中，前者总是高于后者。因为发明这些"对立"的理论家认为他们思考的对象是高于实际工作的对象的。杜威指出，现代生理学和与生理学相关联的心理学的进展、进化论思想的出现、科学实验的使用等，为知识的连续性和去分离化提供了条件。知识是不能脱离实践的，知识是个体主动参与的结果，"经验即实验"②。

总之，杜威的实用主义哲学是一种强调行动和实验的哲学。它反对只强调观念或者知识的孤立或独处状态，主张将观念与行动统一起来，并在二者的结合中对观念进行检验，把观念能否产生效果放在第一位。因此，在这一基础上形成的"探究与创新"精神，可以说是杜威实用主义的"真理观"和"经验论"相结合的产物。杜威把"探究与创新"思想引入到教育，对教育的许多问题进行全新的思考，使得其教育思想形成了与传统教育明显不同的特征，为认识现代教育及本质提供了新的视角。

---

① [美]约翰·杜威：《民主主义与教育》，王承绪译，人民教育出版社1990年版，第154页。

② [美]约翰·杜威：《民主主义与教育》，王承绪译，人民教育出版社1990年版，第286页。

二 科学的"探究"与教育的"探究"

通过上面分析可知,杜威关于"探究与创新"的思考是建立在实用主义哲学基础上的,特别是与他的"真理观"和"经验论"联系在一起的,体现了一种对待知识的新的态度和方法,这个新的态度和方法涉及科学的"探究"问题。在杜威看来,如果"真理"是探究的结果,那么"经验"就是探究和尝试的过程,或者是对探究结果的修正。"探究"就是个体通过反思、尝试,发现和揭示事物结果的过程。

杜威非常重视科学"探究"过程与人的思维或者反思的联系。杜威在《民主主义与教育》的第十一章"经验与思维"中专门论述了这个问题。杜威指出,思维或者反思可以用来识别所尝试的事情和所发生的结果之间的关系。反思是经验形成的基础,没有反思的因素就不可能产生有意义的经验。[①] 杜威认为,思维或者反思就是一个探究的过程,是一个观察事物、调查研究的过程。在这个过程中,获得结果是次要的,探究活动是重要的。在杜威看来,一切思维或者探究活动都包含着冒险。由于事物的确定性不能在事前担保,研究未知的事物具有冒险的性质,不能预先肯定,因此思维的结论在事实证明以前,多少属于试验性的,或者是假设性的。杜威指出,对于这个问题,古希腊人曾经提出过一个看似"悖论"的问题:"我们怎样能够学习?"(笔者把它概括为"学习是不可能的",或者"研究是不可能的"等问题)因为,要么我们已经知道所寻求的是什么,要么我们就是毫无所知。在这两种情况下,学习都是不可能的。在第一种情况下,因为我们已经知道寻找什么,再进行学习就没必要了;在第二种情况下,因为我们不知道寻找什么,即使我们在学习中碰巧找到,我们也不知道这就是我们要找的东西,所以也无法学习。[②] 杜威认为,这种进退两难的困境,对认识和学习都没

[①] [美]约翰·杜威:《民主主义与教育》,王承绪译,人民教育出版社 1990 年版,第 153 页。

[②] [美]约翰·杜威:《民主主义与教育》,王承绪译,人民教育出版社 1990 年版,第 158 页。

有什么帮助，它假定我们要么有完全的知识，要么毫无知识。杜威认为，这个"悖论"实际上是不存在的，因为在完全的知识和毫无知识之间存在一个探究和思维的空间。在这个空间里，人们可以依据已知的知识或者部分的知识进行推论而采取行动。

从这个意义上说，科学"探究"就是在"有知"与"无知"之间，根据已有的全部或者部分知识所进行的一种尝试或者试验，通过试验提出假设和论证假设获得对所要探究事物的认识过程。[①] 在杜威看来，古希腊人存在的问题是，他们忽略了这个空间假设性的结论和实验性结果的事实。杜威指出，如果人们认识到，为了探究的目的利用已知的事实进行怀疑，构成假设，进行试验性的探索，指导行动，这种试验的探索能证实这个起主导作用的假设，推翻这个假设或者修改这个假设，那么科学发明和发展就有了系统的进步。

为了更好地理解，杜威举出一个例子加以说明。他说："一个统帅军队的将军，他的行动不能根据绝对的确定，也不能根据绝对的无知，他手边有一定的情报，这些情报我们可以假定是相当可靠的。他根据这些情报推论出某种未来的行动，从而赋予所处情况的事实一定意义。他的推论多是可以怀疑的、假设性的。但是，他就根据这个推论采取行动。他制定了一个行动计划，一个应付情境的方法。他这样行动而不是那样行动，从此直接产生的结果，检验并发现他的反思的价值所在。他所已知的东西起了作用，他所学习的东西具有价值。但是以上这种说法，是否适用于一个非常关心战争进行的中立国的人呢？从形式上说，可以适用，但是从内容上说，当然并不适用。他根据当前事实对未来做出种种推测，并利用这些推测，试图对许多不相联系的事实赋予意义，但是这种推测显然不能作为应在战役中产生实际影响的方法的基础。那并不是他的问题。但是，他并不是单纯消极地注意事态的发展，而是主动地进行思考。就在这样的程度上，他的试验性推论将在和他的情境相适合的行动方法中产生实际影响。他将预期某些未来的行动，并将保持警觉，注意是否会发生这些行动。只要他在思想上关心，善于思考，他就会主

[①] [美]约翰·杜威：《民主主义与教育》，王承绪译，人民教育出版社1990年版，第158页。

动地注意,采取必要的步骤,尽管这些步骤不影响战争,也会在某种程度上改变他后来的行动。"① 在杜威看来,根据一定事实或者已知进行假设、实验,进行推论就是探究的基本含义,尽管每个人面对的环境或者内容不同,但都可以运用它。

那么,引发和推动科学"探究"的动因是什么呢? 在杜威看来,主要是存在的不确定性和要解决的问题。杜威指出,思维发生在仍在进行之中的而且不完全确定的情境中,是在事物还不确定或者可疑或者有问题时发生的。哪里有反思,哪里就有悬而未决的事情。思维的目的就是帮助达到一个结论,或者根据已知的情况,设计一个可能的结局。② 科学探究所包含的步骤是:感觉到问题的所在,观察各方面的情况,提出假定的结论并进行推理,积极地进行实验的检验。这里探究活动所提出的问题,是探究主体主动参与和解决的问题,它贯穿于整个活动的过程中。因而重新认识知识的价值以及知识与认知的关系是必要的。杜威认为,尽管一切思维的结果都可以归结为知识,但是知识的价值最终还是要服从它在思维中的应用。知识不是学习的目的,而是学习的手段,是作为发现和探究的手段。③ 因为已有的知识都是确定了的东西,它们不能提供所缺乏的东西。它们能解释问题、阐明问题、确定问题的所在,但是不能提供答案;要找到问题的答案,还要设计、发明、创造和筹划。④

杜威的这一思考与他对传统认识论的分析和批判有密切的联系。一般来说,认识论是关于知识以及认知的理论。但在杜威看来,认识论所关心的不只是知识的问题,更重要的是认知的问题。认知的问题主要是理论和方法的问题。杜威认为,传统的认识论在认知问题上是以"知识旁观者"的理论(spectator theory of knowledge)出现的。这种认识论主张,知识是对实在的"静态"把握或关注。杜威指出,这种认识论在认

---

① [美]约翰·杜威:《民主主义与教育》,王承绪译,人民教育出版社1990年版,第159页。
② [美]约翰·杜威:《民主主义与教育》,王承绪译,人民教育出版社1990年版,第157页。
③ [美]约翰·杜威:《民主主义与教育》,王承绪译,人民教育出版社1990年版,第158页。
④ [美]约翰·杜威:《民主主义与教育》,王承绪译,人民教育出版社1990年版,第168页。

知上存在两个缺陷：一是认知的主体与被认知的对象是分离的，认知者如同"旁观者"或"局外人"一样，以一种"静观"的状态来获取知识；二是认知过程被理解为一种认识"对象"呈现给认知者的事件的过程，认知者在认识中是被动的。同样，"在学校里，学生往往过分被人看作获取知识的理论的旁观者，他们通过直接的智慧力量占有知识。学生一词，几乎是指直接吸收知识而不从事获得有效经验的人"①。杜威指出，"知识的旁观者"理论是一种形而上学的"二元论"，在现代科学面前是站不住脚的。现代科学的发展表明，知识不是某种孤立的和自我完善的东西，而是在生命的维持与进化中不断发展的东西。按照杜威的理解，知识的获得不是个体"旁观"的过程，而是"探究"的过程。"探究"是主体在与某种不确定的情境相联系时所产生的解决问题的行动。在行动中，知识不是存在于旁观者被动的理解中，而是表现为主体对不确定情境的积极反应。知识不仅是个体主动探究、解决问题的结果，更是进一步解决问题的手段和工具。

从这个思想出发，杜威认为所有成功的探究都遵循一般的模式。这种模式既可以是科学家的科学探究模式，也可以是教育中的教学模式和学习模式。在教育中"教学法的要素与思维的要素是相同的。这些要素是：第一，学生要有一个真实的、经验的情境，要有一个对活动本身感兴趣的、连续的活动；第二，在这个情境中产生一个真实问题，作为思维的刺激物；第三，他要占有资料，从事必要的观察，对付这个问题；第四，他必须有条不紊地展开他所想出的解决问题的办法；第五，他要有机会和需要通过应用检验他的观念，使这些观念意义明确并且让他自己发现它们是否有效"②。

总之，在杜威看来，依据已有知识提出问题，并对资料进行收集和分析，提出假设或者对观念进行说明，实验应用和检验假设，最后形成结论或者判断，这就是科学探究的基本含义，也是教育探究的基本过程。

---

① ［美］约翰·杜威：《民主主义与教育》，王承绪译，人民教育出版社1990年版，第149页。

② ［美］约翰·杜威：《民主主义与教育》，王承绪译，人民教育出版社1990年版，第174页。

它反映了一种对待知识和认知的新的态度,是对传统认识论的批判和突破。这一认知模式突出了探究主体在认识活动中的重要性,为现代教育重新认识教学的作用和学生个体的活动提供了重要的思想基础。如果说教育的探究有自己特点的话,那就是教育的探究更注重教育探究环境及解决问题的精心设计,引导学生积极参与到这种精心设计的探究环境中,认真收集资料和对付所遇到的问题,获取解决问题的办法。

三 方法的"创新"与教育的"创新"

受实用主义哲学强调"探究"精神的影响,在对认知的"创新"与教育的"创新"问题的理解上,杜威也提出了新的解释。

关于"创新"的理解,杜威指出:"创新以及有发明意义的筹划,乃是用新的眼光看这种事物,用不同的方法来运用这种事物。当牛顿想到他的地球引力原理时,他的思想创造性的一面并不在所用材料上。这些材料是人所共知的;其中许多是平凡的——如太阳、月亮、行星、重量、举例、质量、数的平方。这些都不是有独创性的观念;它们是既定的事实。牛顿的创造性在于利用这些人所共知的材料,把它们引导到未知的前后关系中去。世界上每一个惊人的科学发现,每一种重大的发明,每一件令人羡慕的艺术作品,也都是如此。……衡量创造性的方法,就是用别人没有想到的方法,利用日常习见的事物。新奇的是操作,而不是所用的材料。"① 在杜威看来,方法的"创新"就是采用新的视角、眼光,以及运用新的方法来解决问题的,是利用既定的、已有的和众所周知的事实,并且把它们放进一个未知的新的关系中重新进行思考。在创新的过程中,运用新的视角和方法是重要的,知识和材料都是为它服务的。按照科学哲学家库恩的观点,杜威这里提出的新的关系也可以看作一个新的范式或者解释框架。

那么,"创新"是不是少数人的事情呢?如何理解一般人的"创新"呢?在杜威看来,"创新"不是少数人的专利,它是与每一个人的思维、

---

① [美]约翰·杜威:《民主主义与教育》,王承绪译,人民教育出版社1990年版,第169页。

探究密切联系的,是每个人的权利。杜威指出:"我们有时说起'独创性的科学研究',似乎这是科学家的特权,或者至少也是研究生的特权。但是一切思维都是科研,一切研究即使在旁人看来,已经知道他在寻求什么,但是对于从事研究的人来说都是独创性的。"① 在这里,杜威关于"创新"的理解实际上是一种广义的"创新"观。这一观点至少包括两个方面的含义:首先,创新不是某一类人的特权,而是每一个人的权利;其次,创新更重视个体自己的发现。在杜威看来,只要研究者发现了自己过去没有发现和不知道的,就是具有"创新"性的。杜威的这种"创新"观更重视的是人的思维方法,而不是思维的对象。从教育实践来看,杜威关于"创新"的解释有利于认识教育上的"创新"问题,有利于鼓励学生进行更多的想象、思考和在新的方法上的尝试。

关于教育上"创新"的理解,杜威是把它建立在批评学校教学中存在的教学目标分离和过于轻视经验与思维关系的基础上的。杜威指出,传统学校把教学目标分成三个部分,即知识的掌握、技能的获得,以及思维的训练。杜威认为,这种做法使教学的三个目的都不能有效地达到。在杜威看来,如果思维不能和提高行动的效率联系起来,不和增加关于我们自己和我们生活的世界知识联系起来,这种思维就是有毛病的。也就是说,知识的掌握、技能的获得都离不开思维。如果所获得的技能没有经过思维,就不了解使用技能的目的。同样,脱离深思熟虑的行动知识是死的知识,是毁坏心智的沉重负担。② 在这里,杜威从教育创新的角度论述了经验与思维的关系问题。

第一,教育的创新需要思维与经验的合作,为学生提供解决问题的资料。在杜威看来,经验需要思维,思维是经验形成的基础。同时,思维也需要经验,思维的过程离不开经验。杜威认为,在教育中思维不是与经验隔绝的和孤立培养的,思维的开始阶段就是经验。例如,一个人尝试去做一件事情,这件事情反过来又作用于这个人。在这个过程中,

---

① [美] 约翰·杜威:《民主主义与教育》,王承绪译,人民教育出版社 1990 年版,第 157 页。

② [美] 约翰·杜威:《民主主义与教育》,王承绪译,人民教育出版社 1990 年版,第 162 页。

一个人就要注意他的力量与所使用材料力量之间的相互作用。在这方面，一个玩积木的幼儿与一个做实验的科学家，尽管他们做事情的对象不同，但在行为上都是相同的。杜威指出，有效教学的特征是：给学生一些事情做，不是给他们一些东西去学；而做事要求进行思维或者有意识地注意事物的联系。① 当然，做事情是与要解决的问题相联系的，但需要区分两种问题，一种是真正的问题，另一种是模拟的或者虚幻的问题。前者是学生个人通过做事获得经验，并能导致推论和检验推论的问题；后者是外部强加给学生，是为了满足于外部需求要解决的问题。为了克服学校教学的不足，要为学生提供更多的实际材料，更多的资料，更多的教具，更多做事情的机会。杜威指出，凡是儿童忙着做事情，并且讨论做事过程中所发生问题的地方，即使教学的方式比较一般，儿童的问题也是自动提出的，他们提出的问题是多种多样的，是具有独创性的。②

第二，在为学生提供解决问题资料的同时，还要提供学生解决问题和对付困难的方法。这里所谓的方法问题，主要是如何处理已有的知识与新发现知识的关系问题。杜威指出，让学生做事情，并不是让学生独自解决问题。解决问题需要材料，但材料不是思想，而是各种行动、事实、事件和事物的种种联系。要让学生解决问题，必须让他们具有一定的经验，并为他们提供解决困难的方法。解决问题需要面对困难，困难是引起思维的刺激物。但并不是所有的困难都引起思维，有时困难可能使学生不知所措，或者被困难吓倒。教学的艺术在于，要使新问题的困难程度大到足以激发学生的思想，小到足以使学生得到一些富于启发性的立足点，产生有助于解决问题的建议。关于提供资料的方法，杜威指出，记忆、观察、阅读和传达等都是提供资料的途径，至于每种途径获得资料的比例，要视解决问题的特点来定。③ 杜威认为，学习或者做事情需要经验的方法，但不要完全依赖感官。如果学生对某些事物已经很熟

---

① ［美］约翰·杜威：《民主主义与教育》，王承绪译，人民教育出版社1990年版，第164页。

② ［美］约翰·杜威：《民主主义与教育》，王承绪译，人民教育出版社1990年版，第166页。

③ ［美］约翰·杜威：《民主主义与教育》，王承绪译，人民教育出版社1990年版，第167页。

悉，或者能够独立回忆事实，教师还要学生坚持通过感官进行观察，这是愚蠢的。这种做法可能使人过分依赖感官提示，丧失活动能力。没有一个人能把一个收藏丰富的博物馆带在身边，利用收藏的东西帮助思考。杜威指出，教学的艺术在于：一个经过良好训练的大脑，有极其丰富的资料做它的后盾，同时习惯于追忆以往的种种经验，看它能产生什么结果。直接观察和阅读学习的方法是不可分的。即使是一个熟悉的事物，它的性质或者关系过去可能被忽略，现在却可以帮助我们对付所遇到的问题。在这种情况下，就需要进行直接的观察。另外，要运用阅读和讲述。直接观察自然比较生动活泼，但是也有局限性。无论如何，一个人应该利用别人的经验，以弥补个人直接经验的狭隘性，这是教育的一个必要的组成部分。当然，过分依靠别人获得资料（无论是阅读得来的还是听来的）的方法是不足取的。尤其要反对的是，别人、书本或者教师，很可能提供给学生一些现成的答案，而不是给他材料，让他自己去加以整理，解决手头的问题。杜威指出，传统学校的方法是过分重视学生的知识积累及获得知识资料，以便在课堂回答和考试时照搬，结果使得知识被视为教育目的本身。在这种情况下，学生学习的目标就是堆积知识，需要时炫耀一番。这种静止的、冷藏库式的知识累积的方法有碍学生的发展。这种教育不仅放过思维的机会不加利用，还扼杀思维的能力。由于学生"脑子"里装满了各种从来不用的材料，当他们需要思考时，必然受到障碍。①

　　第三，教育的创新不仅需要为学生提供解决问题的资料，更需要培养学生的想象、猜测、假设和推论的能力。在杜威看来，在思维中与已知的事实、资料和知识相关联的是推论、猜测和假说等，前者是教育创新的基础，后者是教育创新的关键。杜威指出，在教学中需要记忆已知的和已有的东西，但是这些东西是确定了的东西。"它们不能提供所缺乏的东西。它们能解释问题、阐明问题、确定问题的所在；但不能提供答案。要找到问题的答案，还要进行设计、发明、创造和筹划。资料能激发暗示，只有通过参照特别的资料，我们才能判断这些暗示是否适当。

---

① ［美］约翰·杜威：《民主主义与教育》，王承绪译，人民教育出版社 1990 年版，第 168 页。

但是暗示的意义却超越当时经验中实际已知的东西。暗示预示着将来可能的结果，要去做的事情，而不是事实本身（已经做好的事情）。推论总是进入未知的东西，是从已知的东西产生的一个飞跃。"[1] 在杜威看来，教育的创新就是利用已知的材料，通过对这些资料的设计、猜测和假设，提出解决问题的方法，获得关于问题的答案。重要的是方法，而不是所用的材料。

第四，解决问题需要的猜测、假设、推论等都是可能的观念，观念的效果和应用还需要通过行动来检验。[2] 杜威指出，在解决问题中提出的任何观念都是可能的解决方法，或者是预料一个活动尚未显示出来的结果。观念是不完全的，它们只是暗示和迹象，是对付经验中情境的观点和方法。观念或者思想在实际的运用以前，缺乏充分的意义和现实性。只有应用才能检验观念或者思想，只有通过检验才能使思想或观念具有意义和现实性。

通过上述几个方面的分析，杜威指出："在教育上可以得出的一个结论就是：一切能考虑到从前没有被认识的事物的思维，都是有创造性的。一个三岁的儿童，发现他能利用积木做什么事情，或者一个六岁的儿童，发现他能把五分钱加起来成为什么结果，即使世界上人人都知道这种事情，他也是个发现者。他的经验真正有了增长，不是机械地增加了另一个项目，而是一种新的性质丰富了经验。……如果创造性一词不被误解的话，儿童自己体验到的快乐，就是理智的创造性带来的快乐。"[3] 在这里，杜威提出了如何认识教育的创新和儿童创造性的问题。在杜威看来，教育的创新最重要的是对儿童创造性的认识；对儿童创造性的认识不应以传统的成人的观点为标准。评价儿童的创造性应当以儿童的自我发展水平为基础，即在儿童的发展中，他们的成长只能是他们自己的成长，他们的发现只能是他们自己的发现，别人是不能替代的。儿童过去没有

---

[1] ［美］约翰·杜威：《民主主义与教育》，王承绪译，人民教育出版社1990年版，第168页。

[2] ［美］约翰·杜威：《民主主义与教育》，王承绪译，人民教育出版社1990年版，第170—171页。

[3] ［美］约翰·杜威：《民主主义与教育》，王承绪译，人民教育出版社1990年版，第169页。

发现而现在能够自我发现或使用的、所有的方法和结果都是具有创造性的。

与对儿童的创造性的认识相联系，杜威批评了传统教育强调"只有少数人具有创造性"的观点。杜威指出，传统教育认为平常学生和天才学生之间的区别，在于平常的学生缺乏创造性，这种关于一般心智的概念纯属虚构。"一个人的能力怎样和另一个人的能力在数量上进行比较，并不是教师的事。这种比较和教师的工作无关。教师所要做的事，是使每一个学生有机会在有意义的活动中使用他自己的力量。心智、个人的方法、创造性表示有目的的或有指导的活动性质。如果我们照这个信念去做，即使按传统的标准我们也将获得更多的创造性。如果我们把一个所谓统一的一般的方法强加给每一个人，那么除了最杰出的人以外，所有的人都要成为碌碌庸才。"[1]

总之，教育的探究与方法上的创新是密切联系的，教育创新的各个方面或者各个部分也是密切联系的。无论是探究还是创新，都需要考虑学生的现实需求和发展特点。正如杜威所指出的，既然在教育中每个学生的能力、特点、性向是不同的，那么儿童之间就不宜进行比较；教育也不应该只放在少数天才学生身上，而忽视大多数学生创造性的发展。在现代教育中，应当看到每个学生都是独特的，都是有发展能力的，教育应当根据每个学生自己的特点和方式促进他们的发展。

四 杜威"探究与创新"教育思想的现代意蕴

杜威关于"探究与创新"教育思想是杜威实用主义教育思想的重要内容之一，也是现代教育的重要组成部分。"探究"与"创新"是什么关系，从对杜威的思考和论述来看，探究是创新的基础，是创新的手段，而创新不仅体现在探究的每个阶段，是探究的结果，更是方法的创新；探究与创新之间有密切的联系，它们主要通过经验、反思、尝试、实验、假设，以及解决问题等方面联系起来。今天来看，杜威的"探究与创新"

---

[1] ［美］约翰·杜威：《民主主义与教育》，王承绪译，人民教育出版社1990年版，第183—184页。

教育思想具有重要的现代价值。

第一，杜威重视学生经验的积累和基于经验进行反思的做法，有利于教育教学中学生主动性的发展。杜威的实用主义哲学是一种强调基于经验的对知识、观念进行实验和检验的哲学，也是一种重视人的活动及反思的哲学。它反对知识与人的行动分离的状态，主张与人行动的联系和统一。这一思想不仅提供了批判传统教育的有力武器，也形成了现代教育发展的基本内涵：现代教育注重人的主体性的发展，强调教育不仅要面向每一个人，而且要关注个体的差异化、个性化和主动性发展；而学校教育和教学所提供的一切都是为学生的差异化、个性化和主动性发展服务的。一般来说，在教学中，教师主要面对的是学生和教材。过于强调学生的作用，则可能忽视教材的系统学习；过于强调教材的作用，也可能使学生的学习负担过重。因此，如何处理好二者的关系是教学的重要任务之一。在杜威看来，教学仅仅靠教师单向的传入式教学是不够的，它可能导致知识的灌输和学生的被动发展。在这种教学中，学生虽然能够记住许多知识，但是由于缺乏知识的运用，他们可能会成为知识记忆的仓库。杜威认为，教学必须以学生的经验为基础，重视学生经验的积累，并且让学生主动参与学习过程，为其进一步发展打下基础。当然，在教学中仅仅强调学生的经验积累还不够，还必须在基于经验的基础上引起学生对经验的反思。这种对经验的反思活动也就是探究活动，它可以帮助学生认识所做事情与其结果之间的关系，关注在做事情的过程中做事情的力量与所使用材料的力量之间的相互作用。这就是单纯的知识学习和通过做事情来学习的主要区别。在杜威看来，通过学生做事情可以激发学生有意识地注意人与事物之间，以及事物与事物之间的联系，让学生对所面对的问题有更多的思考和更好的解决办法。

第二，杜威所强调的基于问题解决和试验的教学，有利于学生形成对待知识的科学态度和获取知识的科学方法。杜威基于经验反思的教学也是解决问题的教学。在这种教学中，杜威十分重视通过探究和解决问题的方法让学生获得知识。杜威指出，由于学校教育中所传授的东西都是已有的事实、材料和知识，是已经确定的东西，这些东西可以解释和确定问题的所在，但不能提供解决问题所需要的答案，要找到答案，还要进行设计和提出假设等，因此学校教育需在教学方法上进行创新，帮助学生掌握发现解决问题、获取答案的方法，形成探究、发明、管理、指挥自然界的能力。杜威指出，这种帮助学生找到答案的方法，并不是学校教育中每一科目具体的方法，而是无论哪一科目都可以使用的方法，这种方法就是科学的、试验的方法。在杜威看来，这种科学的方法就是用人的动作（Action）将人的思考所形成的想法与要试验（Experiment）的事物联系起来，形成一种有创造的关系。他举例说，有一种金属，人们不知道是什么东西，旧的方法不过是看它的颜色或重量是什么，而科学的方法则通过人的动作先给它加点酸，看它有什么反应；没有反应，再加酸，看是否有变化；加酸不够，再加热，看其会变成什么样子。杜威认为，这种通过人的动作引起事物变化的方法，可以使事物的性质和作用变得比较清楚。按照杜威的解释，知识或者答案只有行动以后才可以知道，没有动作便不能发现新的知识。在科学方法上，杜威还重视"假设"（Hypothesis）的作用。杜威认为，科学的试验不是武断的、一成不变的，一切试验都具有假设的性质，都有待于证明和别人来改变它。杜威指出，试验方法和假设思想的提出，对于形成科学的态度具有重要意义。以往人们对于一种观点的提出只有两种态度，或者是对，或者是错，对的就承认它，错的就否认它；而试验的思想提出以后，开始形成第三种态度，就是对于一种主张，或真或假，只是把它看成一种假设，具有试验的价值，结果如何都要通过试验来决定。① 在杜威看来，试验方法在教育上的意义在于无论对于新思想还是旧思想，都不要一概推翻或者否定，也不把它看作最后的真理，而只是以试验的态度视为其存在的理由。

　　杜威强调教育上的"试验"和"假设"的思想，不仅反映了杜威探究思想在教学实践上的具体化，也反映了杜威对学校教育、教学形成科学精神的期盼。在他看来，强调试验方法可以使学校充满探究的气氛，可以打破传统武断的态度和教条的东西，形成教育科学精神的统一。

　　第三，重新解释创造性的含义，有利于保护学生创造性的发展。杜威教育思想的主要贡献之一，就是对儿童创造性的新的认识。杜威强调，

---

① ［美］约翰·杜威：《杜威五大演讲》，胡适口译，安徽教育出版社1999年版，第137—140页。

对儿童创造性的认识不应以传统的成人观点为标准;评价儿童的创造性应当以儿童的自我发展水平为基础;儿童过去没有发现而现在能够自我发现或使用的所有的方法和结果都是具有创造性的;在现代教育中,每个学生都是具有创造性的,教育应当发展每个学生的创造性。

为了保护学生创造性的发展,杜威主张学校应该是一个实验室,学生可以在学校里按照科学的方法检验他们的思想。同时,在教学上应把学生的学习与行动联合起来,进行科学安排,给他们以充分的反思时间,让学生根据自己的认识做出决定。学校建设的目标应该强调,学生在学校里可以自由地表达和检验各种思想、信念和价值;人类社会的任何文化遗产都可以成为学生个体批判、探索、研究和改造的对象;学校的任何设施、用具都为每一个学生开放和使用。

为了保护学生创造性的发展,杜威认为,在教学中要很好地使用教材和各种教学手段,要允许学生犯错误,给他们更多的成长机会。如果教学中"太热心选择不准有发生错误机会的材料和工具,就要限制学生的首创精神,使学生的判断力减少到最低限度,并强迫学生使用远离复杂生活情境的方法,以致使学生所获得的能力毫无用处"[1]。杜威强调指出,在教学上,"使学生形成创造和建设的态度,较之使他从事太细小和规定太严的活动,以求得外表上的完备更为重要"[2]。总之,在杜威看来,肯定所有学生的创造性是学校教育教学的基本任务,学校教育和教学应当创造条件,把学生创造性的培养放在重要位置上。

第四,关注儿童的创造性培养,有利于初等教育阶段把培养好奇心、好问心和探索心等习惯作为教学的主要任务,为儿童以后的发展打下基础。与强调探究和创新的思想相一致,杜威十分重视初等教育阶段在培养儿童好的习惯中的重要作用。杜威认为,初等教育的建立基于两个重要的事实:一是儿童期是人最初接受学校教育的时期,在这一时期,儿童的吸收力最大,伸缩力最强,变好变坏都是可能的;二是这一时期是

---

[1] [美]约翰·杜威:《民主主义与教育》,王承绪译,人民教育出版社1990年版,第210页。

[2] [美]约翰·杜威:《民主主义与教育》,王承绪译,人民教育出版社1990年版,第210页。

一个打基础的时期,不但是中学、大学的基础,尤其是人一生事业、习惯和爱好的基础。因此,初等教育是人一生发展的重要时期。但是由于初等教育受传统观念的影响,只注重知识的学习,不重视儿童良好习惯的养成,反而束缚了儿童的发展。在杜威看来,初等教育阶段是儿童好奇心、好问心和探索心等好习惯形成的重要时期,这些习惯正是儿童探究能力和创造性形成和发展的基础。杜威指出,这一时期,儿童有好奇的心理、冒险的心理,可以养成他探究的态度和勇敢的品质;如果不去鼓励它,利用它,使他形成试验和创新的态度,只是压抑它,儿童的心理就会变得麻木。杜威指出,这一时期,儿童所求的知识很少,但好奇心、好问心和探究心等好的习惯养成是非常重要的。因此,初等教育的目的不在于使儿童读许多书、掌握许多知识,而在于养成将来应用的能力、技能和习惯。当然,杜威也认为,在这一时期知识学习是不能放弃的,但学习的目的不是为求知而求知;知识应当从形成活动的能力、技能和习惯中得来,寓知识于养成习惯之中。

总之,杜威关于"探究与创新"的教育思想虽然是 20 世纪初期的产物,但从今天来看,其核心价值仍然值得我们关注。一般来说,教育与学校教育是有一定区别的。教育主要面对的是诸多的不确定性,学校教育主要面对的是确定性,因为学校教育需要把确定的知识交给学生,这种知识多是人类初期积累并被实践已经证明的知识。但是随着社会和教育快速发展,学校教育所传授的知识也会被更新、修正和淘汰,学校教育仅仅教会学生记忆知识是不够的。智利拉塞雷纳大学教育系的教授卡洛索·卡沃(Carlos Calvo)曾经指出,教育是创造可能的关系的过程,学校教育则是重复已经建立的关系的过程。不确定性是教育的基本特征,而学校教育拒绝教育过程的不确定性。他主张,提升学校教育的教育性、促进儿童的发展,是学校教育改革的关键。在现代社会,如何提升学校教育的教育性,实际上是对传统学校教育观念的重大挑战。现代教育是一个不断发展和变化的过程,传统的、一成不变的思想是不适应现代教育发展的。如果现代教育仍然延续单一地强调知识教育的传统,忽视儿童的动手能力,割裂知识与行动的联系,远离儿童的生活,只会限制儿童的发展,最终会阻碍现代社会和现代教育的发展。

五　杜威"探究与创新"教育思想的现代检视

杜威"探究与创新"的教育思想是其整个教育思想体系的重要组成部分，也是他实用主义哲学在教育上的反映。受实用主义哲学的影响，杜威"探究与创新"教育思想的核心是强调"行动""经验"基础上的"反思"和获得知识，他的教育"探究与创新"的基本内容主要是从这一思想推论出来的。在现代教育发展的今天，重新认识和检视杜威"探究与创新"教育思想的基础和基本观点，以及根据这些基本观点做出推论，仍然是必要的。

这里，首先分析杜威的实用主义哲学的"知行"关系问题。杜威"探究与创新"的思想基础是实用主义哲学。由于实用主义哲学特别重视"行"和"经验"的作用，因此，杜威教育思想的许多方面，包括他的"探究与创新"教育思想等，都是建立在这个认识基础上的。但是这一思想也遇到了一个问题，即在探究和发现真理的过程中，是否人人对每一事情都要亲自行动和经验呢？举一个现实的例子，如果要获得关于武汉长江大桥的认识，就要证明武汉长江大桥的存在，但是否每个人都要去湖北武汉亲自证实长江大桥的存在呢？如果不去的话，又如何相信别人讲的就是事实呢？只听广播或者只看传媒的报道，不经过自己亲自证实的事实可信吗？

按照杜威的理解，在"知与行"的关系上，应该行在前，知在后，知是行的结果，也就是"行先知后"。"行先知后"不仅可以验证以往的知识，也可以产生和检验新的知识。也正是这个原因，据说中国教育家陶行知早期赴美留学受杜威教育思想影响以后，把原来的名字"陶知行"改为"陶行知"。显然，"陶知行"名字的含义与中国古代王阳明的"知为行之始，行为知之成"的思想有密切联系。也就是说，中国古人是比较强调"知先行后"观点的。按照杜威的理解，"知先行后"是存在问题的，因为它忽略了知识的可检验性，忽略了人的能动参与性。我国学者也对这一问题提出了质疑，认为"杜威讲探究、思维要以知识为基础、为前提，那么这里的知识从何而来呢？杜威讲可以通过别人讲授、自己阅读得来。如果是这样，杜威就违背了自己反对向学生讲述系统知识的要求,就陷入自相矛盾之中。因为杜威正是为了反对传统的教学方式才提出'从做中学'、'从经验中学'的观点的。他认为知识的获得若不以儿童的经验为基础,就失去价值。然而,杜威同时又认为,做和经验要取得成效,却又必须以儿童具有的一定知识为前提。到底是知识在先还是经验过程在先?杜威没有明白这个问题"①。

在知识的获得上是不是一定要"行先知后"呢?是不是什么事物的学习或者知识的获得都要依靠"行动"呢?其实,对于这个问题,詹姆士早就提出过自己的看法。他认为真理(包括知识)不仅与行动密切联系,还具有"兑换价值"的特点,即真理是可以交换的。这种交换的功能使得真理具有公共性,即人们可以通过建立类似金融业的信用体系来相互交换被证实为有用的观念。因此,人们无须对所有的真理都加以亲身验证。不过,真理的最后基础总是有一些人具有证实真理的切身经历。②詹姆士的这一解释很有意思。按照他的逻辑,如果真理或者知识不要求每一个体都亲自经验或者证实,那么就应该注重间接经验或者知识的作用,并建立一个知识交换的信用体系。在这方面,杜威也曾经提出类似的观点:不是什么事情或者学习都要经过感官活动的。他指出,如果学生对某些事物已经很熟悉,或者能够独立回忆事实,教师还要学生坚持通过感官活动进行观察,这是愚蠢的。没有一个人能把一个收藏丰富的博物馆带在身边,利用收藏的东西帮助思考。

杜威关于任何知识都要通过"行动"或者通过"做"来获得的观点反映了实用主义教育思想的基本特征,如果用在低幼儿童的学习上还是可以的。不过,杜威的这一思想可能更多是强调知识的获得与经验实证的关系。杜威强调教育理论依赖于经验,教育探究过程中的猜想、假设等,都在强调经验检验和知识实证的重要性,这是有意义的。

其次,从上面的分析看,杜威的实用主义教育在一定程度上也可以说是实证主义教育。这一认识对于理解教育研究的性质及特点具有重要价值。我们知道,教育研究的主要目的是通过研究提出新的观点、新的思想和假设,增进新的、客观的知识。因为只有客观的知识是可以检验,

---

① 吴式颖主编:《外国教育史教程》,人民教育出版社1999年版,第525页。
② 赵敦华:《现代西方哲学新编》,北京大学出版社2001年版,第50页。

可以实证的。客观的知识是指那些建立在一个合理的基点之上，运用正确的逻辑思维方式组织起来的概念体系。为了增加新的、客观的知识和发现真理，教育研究需要不断追求，挑战和超越已有的知识。

在教育研究中，强调一个观点是可以证实或者证伪的，就意味着这个陈述必须是内容丰富的和具体的。因为只有内容丰富和具体的陈述，才可以进行验证或者证伪，才有可能增加新的知识。例如，"将来某一天会下雨"，这句话不能够证伪。因为"将来某一天"缺乏具体的内容和具体的时间。但如果说"明天上午10点会下雨"，这句话就可以证伪。因为到了明天上午10点看看是不是下雨，就可以验证这句话了。当然，要严格检验按照逻辑推演产生的推论是否与所要观察的事实相一致。如果一个观点在逻辑上挑不出毛病，其理论的推论也没有被事实所推翻，那么就可以暂时接受它。

当然，有人会说，教育研究也不完全是实证的研究，还可能包括一些价值研究，价值研究不需要事实进行实证。这里需要认识价值与事实的关系问题。美国哈佛大学编写的《哈佛通识教育红皮书》中指出，无论是社会科学还是自然科学，都必须认真对待价值与事实的关系问题。"价值根植于事实，人类的理想无论如何都是自然的一部分。"[1] 教育研究也是一样，无论是事实研究还是价值研究，都是根植于事实，都是一种科学的陈述。这种科学的陈述必须能够被观察到的事实所证实或者证伪，可以进行逻辑分析。英国哲学家斯蒂文森指出："假如一个陈述既不能被观察证实也不能被逻辑本身推证，那么，它在根本上就是无意义的，它不能对所涉及的情形做出任何断定，最多是一种语言的诗意运用，是一种态度和情感的表达。"[2] 可见，在教育的实证研究中需要避免"语言的诗意运用"和"态度和情感的表达"。当然，如果对事实证实和逻辑推理进行比较，事实的证实更重要，因为它是检验逻辑推理的最后尺度。可能有人会说，一些陈述现在不能证实，不等于以后不能证实。例如，在人死后的生活中，我们可以通过某种类似观察的方法证实以前不能被证

---

[1] [美]哈佛大学委员会：《哈佛通识教育红皮书》，李曼丽译，北京大学出版社2010年版，第57页。

[2] [英]斯蒂文森：《人和人的世界》，杨帆等编译，工人出版社1988年版，第35页。

实的陈述。斯蒂文森对此反驳道：这不过是通过提出另外一个不可证实的问题来面对一个不可证实的问题。因为，我们何以现在能够证实死后生活的实在性或者为它找到证据呢？任何事实的或者科学的陈述必定是可证伪的。

在教育研究中，需要注意的是一些可能没有增加新知识的情况。例如，为了研究某个教育家的主张，研究者常常需要收集大量的材料。研究中发现关于对这个教育家主张的理解有 A、B、C、D 四种解释。研究者分析后认为，其中 D 的解释比其他三种解释得要好，然后就花许多时间，收集大量资料来论证 D。这种研究会增加新的知识吗？显然，这种研究与一个人为了证实"水在 100℃沸腾"的道理而在各地收集大量的例子进行论证的情况是一样的。这种研究不会增加新的知识，因为这些例子都不会超过这一认识。要想超过这一认识，那就要看是否有与研究对象的认识不一致的地方。如果存在这种情况，那就可能有新的发现，有可能产生新的知识。知识的增长是在发现与原有的解释不一致并在尝试进行新的解释中实现的。当然，在教育研究中，发现或者提出新的知识是比较难的。在很多情况下，如果原有的解释没有被证伪、没有过时就仍然是比较好的解释，就仍然可以作为可接受的知识。

在教育研究中，为了获得新的解释或者新的知识，关于"假设"观点的提出就很有价值。假设主要是指建立在观察与思考基础上，依据已有的知识对所要研究对象的未知部分或者事件的总体做出的基本判断。如何判断某个观点是一种新假设，那就要看是否前人已经有了相关的研究或者提出了相关的假设。在教育研究中，别人的假设或者结论只是进一步研究的基础。只有在别人研究的基础上提出新的结论或者观点，才是真正的研究。当然，如果提出的假设对于要解决的问题解释不了，就需要对这个假设与问题的关系重新进行分析，看两者到底是什么关系，是提出的问题不明确还是假设本身有问题。如果是后者，就需要对假设重新进行思考，或者修改假设，或者提出一个新的假设。总之，在教育研究中，所要研究的问题是不会消失的，而提出的假设是可以改变的，假设是为研究问题服务的。

最后，与教育研究获取新的知识相联系，还需要对教育上的创新问题作进一步的分析。在这个问题上，杜威关于已有知识与新的知识关系的观点很有价值。杜威认为，在解决问题的过程中，已有的知识都是已经确定了的东西。它们能够解释问题、阐明问题、确定问题的所在，但是不能提供所缺乏的东西，不能提供解决问题的答案。要找到问题的答案，还需要猜想、设计、发明、提出假设等。从这个角度看，成人的创新与儿童的创新是完全不同的。那么，杜威要关注学生创新的哪个方面呢？在很多时候，杜威都强调儿童创新与科学家创新的一致性，并通过对成人创新的认识来解释儿童创新问题，但这里存在的问题是：如果说教育研究的目的是获取新的知识的话，儿童或者学生创新的任务还是要发现新的知识吗？如果不是，那么儿童或者学生创新的特点体现在哪里呢？其实，从杜威关于创新的观点来看，杜威更重视的是儿童关于创新的方法，而不是对象和结果。在杜威看来，即使一件事情，哪怕别人都知道，但只要是这个儿童或者这个学生亲自发现的，是他自己过去没有发现或者不知道的，那就是具有创新性。在这里，儿童或者学生创新的任务就不是增加新的知识，而是发现了新的方法，或者从一个新的视角看待已有的问题。也就是说，不能以成人发现新知识的做法作为衡量儿童或者学生是否具有创新性的标准，儿童创新的标准只能是他自己与他以前的发展水平。只要他比以前有进步，有了一个自己提出的新方法，就具有创新性，就值得鼓励。这个理解与杜威一直所强调的培养儿童的好奇心、好问心和探索心的观点是一致的。在儿童创新的问题上，杜威还特别强调，创新不是某一类人的特权，而是每一个人的权利；不仅包括成人，也包括儿童。从教育历史和实践来看，杜威关于"创新"的解释有利于认识教育上儿童的"创新"问题，有利于学校和教师鼓励学生进行更多的想象和思考，在提出解决问题的方法上进行大胆的尝试。

现代教育是人类教育发展的高级阶段，它对人的自由发展和教育提出了较高要求。在现代社会，个体生存不仅需要传承已有的知识，更需要解决问题的手段和创新的能力。杜威以实用主义哲学为基础的"探究与创新"教育思想在揭示和反映现代教育的规律和趋势方面做出了突出的贡献。杜威"探究与创新"教育思想的特点是，把对教育的理解建立在一个哲学视野下和框架内，来考察已有知识与新的知识的关系问题。通过对传统教学思想的批判、改造，探索基于经验基础上探究、反思、设计、假设的问题解决之道，形成了以个体为主体的独特研究问题的维度和方法论。杜威的教育研究注重从哲学的高度来思考教育问题，这使得他的教育思考更具有综合、思辨的特征。当然，杜威的教育思想也存在一定的不足，还需要不断接受发展着的现代教育实践的检验。通过检验，克服或者修补其不足的部分，使其教育思想体系得以更新和发展。

外国教师职业专业化的历史发展阶段与特点分析

刘 捷[*]

[摘 要] 进入近代社会以来,伴随着教育普及化、教育理论的丰富特别是师范教育(教师教育)的产生和发展,外国教师职业经历了教师职业经验化的解构与教师专业的始建,教师职业走向初步专业化,教师专业步入高学历化、证书化、终身化三个发展阶段,每个阶段都有其鲜明的特点。

[关键词] 外国;教师职业;专业化;发展阶段;发展特点

专业是一个历史的范畴。一方面,各个专业的形成是有先后之分的;另一方面,各个专业的产生、形成和发展也有一个过程。教师职业伴随着人类社会的产生而产生,是人类社会古老而永恒的职业活动之一。但作为专门培养学校教师的专业性教育却只有三百多年的历史[①]。教师作为人类文明的重要传递者和创造者,其社会功能、素质要求、职业劳动特点均不断发生变化和发展。起初是"养老与育幼相结合、师长合一"的古老习俗,后来是"官师合一""僧师合一"的漫长历程。进入近代社会以来,伴随着教育普及化、教育理论的丰富特别是师范教育的产生和发

---

[*] 人民教育出版社编审。
[①] 刘捷:《教师职业专业化与我国师范教育》,《天津师范大学学报》(社会科学版)2001年第2期。

展,教师职业才逐渐成为一种专门的、科学的职业,并逐步形成专业化的特征。

一 教师职业经验化的解构与教师专业的始建(17世纪末至19世纪末)

"师范教育代表一个使教学专业真正成为专业的正式过程"[①]。师范教育(教师教育)是培养、培训师资的专业教育,它是现代国民教育的产物,是适应普及教育的需要而产生的。它的诞生与变革,标志着教师职业专业化的发端与进展。

从18世纪下半期开始,欧洲一些国家先后开始了人类历史上以蒸汽机的发明与使用为标志的第一次工业革命。工业生产的迅速发展、科学技术的日益进步,要求教育不但要培养大量的、有文化的体力劳动者,而且要培养一大批科学家、工程师、管理人员。于是,脑力劳动者从体力劳动者中开始了第二次分离,受教育者开始面向社会的各阶级和各阶层的子女而不像过去那样仅限于统治阶级的子女,教育与生产劳动形成了第二次分离,普及义务教育提上了日程。17世纪捷克的教育家夸美纽斯(Comenius)提出了班级授课制,并具体规划了包括设置普及、义务的初等学校在内的新学制。而实施义务教育需要有两个最基本的条件,一是要有经费作为保障,二是要有受过专门职业训练的师资作为前提。因为到这个时候,人们已经认识到,仅有知识虽然可以做教师,但如果没有或缺乏职业训练,就会直接影响教育的质量和效果,就难以成为好的教师。于是,许多国家在伴随着大量设置初等学校、国民学校、初级中学的同时,也开始设置师范教育机构,以培养专职的小学教师。而自近代以来逐步繁荣和发展起来的教育思想,又为师范教育的产生提供了可能。这样,负责专门培养教师的任务的师范教育应运而生。系统、正规的师资培训体系的出现,标志着教师专业化的到来。这是外国教育史上的一个重大进步。

---

① [美]A.C.奥恩斯坦:《美国教育学基础》,刘付忱、姜文闵等译,人民教育出版社1984年版,第315页。

世界各国设立学校培养师资以法国为最早。1681年,法国"基督教兄弟会"神甫拉萨尔(La Salle)在兰斯(Rheims)创立了世界上第一所师资培训学校,成为人类师范教育的滥觞。1695年,德国佛兰克(A. H. Francke)在哈勒(Halle)创设教员养成所。之后,奥地利、德国开始出现短期师资训练机构。这些短期师资训练机构大都是非独立性机构,设在模范中学里,为教师或候补教师准备几周或几个月的短期课程,因为它有教学法课程而被称作"师范学校"。这是师范教育的雏形,水平很低,属于初等教育的高年级部分或初等教育后教育;主要采用艺徒制的方法,使学生获得一些感性的认识和教学的经验,教育理论知识尚未进入正式的课堂,教师的培训也仅被视为一种职业训练而非专业训练。

18世纪中下叶,随着普及初等义务教育为资本主义各国所普遍接受并以政府的名义要求实施,再加上涌现出卢梭、裴斯泰洛齐、康德、赫尔巴特、斯宾塞、第斯多惠、乌申斯基等著名的教育理论家和实践家大力推进"教育科学化"和"教育心理学化"的进程,现代教学方法渐成体系,教育理论有了长足的进步,为教师从事职业训练提供了理论上的指导和实践中的依据。这意味着"教学"(teaching)开始作为一门专业从其他行业中分化出来,形成自己独立的特征。在这个基础上,欧洲、北美各国相继出现了师范学校。1765年德国首创公立师范学校。1795年法国巴黎师范学校建立。19世纪初,英国因公共教育扩充、师资短缺,教师培养成为严重问题,从而产生了导生制(monitorial system)、见习生制等诸种办法,其后建立起职前教师教育机构。1839年,美国于马萨诸塞州创立第一所公立师范学校。18世纪末19世纪初,许多国家在陆续颁布义务教育法令的同时或稍后,也颁布了师范教育的法规,包括中等师范学校的设置、师资的训练、教师的选定、教师资格证书的规定以及教师的地位、工资福利待遇等,师范教育开始出现了系统化、制度化的特征。这些专门的师范教育机构除了对教师进行文化知识教育外,还开设教育学、心理学方面的课程,开展教学实习,对教师进行专门的教育训练,并把专门的教育训练看成是提高教育质量的重要手段。这可以说是教师职业专业化的初始阶段。

综观这一时期教师职业的变迁,可以发现有以下四个特点。

第一,"师范性"与"学术性"的严重对立与分离。由于近现代教育在发展的过程中所形成的"双轨"学校制度,师范教育自其产生就被划为群众性的学校这一轨,造成"师范性"与"学术性"的严重对立与分离。"学者为师"仍为人们所广泛承认,教师需要经过专门的培训也仍只局限于初等教育阶段。

第二,教育的科学性、学术性不强。在这一阶段,教育知识开始由一些零散的经验上升到系统的理论,但是,这些理论主要从哲学层面思考,提出一些教学的原则与方法,而少有教育的实践、实验做依据,故这些原则的应用就受到限制。教育作为一门科学,远未被人们所认可,教育理论的学术性、科学性仍在被人们所怀疑。

第三,教师的培训主要采用艺徒制的方法。教师的培训只能使学生获得一些感性的认识和教学的经验,教育理论知识尚未进入正式的课堂。正如1904年杜威在《教育理论与实践的关系》一文中所批评的那样:"学徒式从最佳做法的示范和练习中学习,注重照搬和模仿以往的经验和传统的做法,因而它是狭隘的、特殊的,受地点和环境的局限。"① 因此,这一阶段,教师的培训也还只是被视为一种职业训练而非专业训练。

第四,教师职业专业化的初始在世界教育史上具有划时代的意义。尽管当时教师的教育教学工作还主要是凭借个人经验与才智,因而教学具有经验化、随意化的色彩,但是专门的培训师资机构的出现,又标志着教师职业经验化、随意化的"解冻"以及教师职业专业化的发轫,这是人类教育史上的一大进步。

二 教师职业走向初步专业化
（19 世纪末至 20 世纪中期）

19 世纪末,发生了人类历史上以电气化为标志的第二次工业革命,对劳动者素质提出了更高的要求。实施普及初等义务教育已不能满足生产力发展的需要了。因此,第一次世界大战前后,许多国家把义务教育年限从初等教育阶段延长到初中教育阶段（9 年左右）,于是对中学教师

---

① [美]李·S. 舒尔曼:《理论、实践与教育的专业化》,王幼真、刘捷编译,《比较教育研究》1999 年第 3 期。

的需求量大幅度增加。同时由于初等教育水平的提高，要求初等学校教师也要有高等学校的学历。原来以中等师范学校为主体、以培养单一初等学校教师为目标的师范教育就发生了变革，中小学师资训练逐步归于高师统一体中。到了1900年，美国教育学领域已经发展到能授予"教育博士学位"的水平，人们可以专攻教育哲学、课程与教学论、教育史学、教育心理学、学校管理学等领域，并可达到教育学博士学位的水平。1935年，国际教育大会建议书反复强调"支持在完成中等学校学业后，应由大学或大学教育研究院或师范学院来培养小学教师的观点"[1]。在这种形势下，中等师范学校或者被撤销、兼并，或者升格为高等师范学校，高师教育迅速发展起来。这方面，美国是排头兵。1893年美国纽约州奥尔巴尼市率先把原来的师范学校升格为州立师范学院，而后其他各州纷纷效仿，师范学院在美国各州普遍建立，并逐步形成以四年本科为主的高等师范教育体系。据统计，1909—1910年，美国有州立师范学院10所，市立、私立师范学院各1所。1919—1920年增为州立39所，市立1所，私立6所。1929—1930年，增为州立125所，市立3所，私立6所。1941年，共增为185所。1948年更增为250所。与此相反，师范学校则江河日下。1930年，美国有州立师范学校66所，市立26所，私立58所。1942年总共降为60所。1945年只剩14所[2]。至第二次世界大战前后，德国、法国、英国、日本等一些欧美国家的中等师范学校已经完成其历史使命，而被独立的高等师范院校所代替。而且这一时期，由于教育科学和心理科学获得了长足的发展，更由于杜威（Dewey）、桑代克（Thorndike）、沛西·能（Percy Nunn）、马卡连柯（Makarenko）、蒙台梭利（Montessori）等有识之士所大力倡导的新的教育哲学和教育科学运动，为教育专业学科树立起了新的信任，教育学科与心理学科已经进入学术殿堂。特别是在他们提出了"教学专业化"的主张，要求做教师的资格是必须掌握教育理论和教学方法之后，教育学科的学术地位大大提高，得以插足于学术性大学。学术性大学也开始建立教育学院或师范学院等

---

[1] 赵中建主译：《全球教育发展的历史轨迹：国际教育大会60年建议书》，教育科学出版社1999年版，第25—28页。

[2] 滕大春：《外国教育史和外国教育》，河北大学出版社1998年版，第437页。

教育专业机构,培养教师。例如,1897年哥伦比亚师范学院并入哥伦比亚大学,成为美国大学中第一所师范学院。哥伦比亚大学师范学院在历史、哲学、教育学科方面创立了研究学科,成为最早创设教育博士学位的专业性机构之一。哥伦比亚大学师范学院也因此成为20世纪二三十年代国际教育研究的带头羊和教育科学学术中心。

综观这一时期教师职业专业化的变迁,可以发现以下四个特点。

第一,师范教育与学术教育开始从分离走向整合。在师范教育的制度化、系统化的过程中,在现代师范教育由中等师范教育体系向高等师范教育体系发展的过程当中,存在着两对不断冲突着的矛盾,一是经验化与科学化的冲突,二是师范教育中师范性和学术性的冲突。这两对矛盾的实质是一致的,冲突的焦点在于:如何使教育教学的工作卓有成效?师范教育应该形成未来教师的什么样的知识结构和技能结构?表现在师范教育的实践中,也就是课程的开设,是只对教师进行学科专业教育(被认为是师范教育的学术性),还是要同时进行教育专业的教育(被认为是师范教育的师范性)?学科专业的课程与师范专业的课程在师范院校的课程结构中比例如何?这两种矛盾的解决方式及其水平决定了教师职业的专业化水平。师范教育的升格,教师学历的提高,首先是因教师学科专业知识的不够而引起的。义务教育普及到中学,中师的学历提高到大学教育水平是顺理成章的事。其次是小学教师也要接受高等教育,则不仅是为了加深学科与教育专业知识,也是为了扩大、充实普通文化知识,使教师成为思想开阔、知识丰富、有较高文化教养的人,以利于教师借此不断吸收、更新知识,具有较快适应新兴学科及综合性学科教学的能力。当然教师学历的提高,也是为了增进教师的教育专业知识和技能,这毕竟更能反映教师专业的特色。至此,学术性大学与师范院校之间的矛盾"基本"解决,师范教育与学术教育开始从分离走向整合[1]。

第二,教育学科的学术地位已经树立但势单力薄。应该说,随着教育科学由单一的教育学分化为教育学科群以及"教学专业化"主张的提出,教育学的学术地位得到了极大的提高,教师教育理论开始形成并有所发展。但是,教育作为一种科学的活动尚未被社会广泛承认。西欧的

---

[1] 袁锐锷:《世界师范教育的过去和未来》,《高等师范教育研究》1997年第1期。

大学历来具有重视学术研究的传统，加上"双轨制"的影响，高等师范院校也有重学术而轻师范的倾向。故尽管到20世纪前半期，对教师进行教育专业的培训仍然显得薄弱，许多国家依然把教师的学术能力放到非常重要的地位，而忽视教师"师范"能力的培养，忽视教师"教育专业"的训练。

第三，教师职业的专业化向中等教育发展，但是教师的专业化水平依然不高。在这个阶段，师范教育以独立建制为主体，定向培养师资，师范教育从原来群众性学校这一轨开始与学术性学校这一轨合并，由招收小学、初中毕业生改为招收高中毕业生，培养小学和初中教师，但高中教师仍由学术性大学来培养。开始强调教育理论的传授与教育实践相结合，但从整体上看，较不重视教育专业的训练。

第四，对教师的在职培训缺乏足够的认识。教师的职前培养受到了充分的重视，但对教师的在职培训缺乏足够的认识，亦无必要的途径和措施。

三 教师专业步入高学历化、证书化、 终身化（20世纪中期至今）

第二次世界大战以来，在全球范围内兴起的以计算机的应用与开发为标志的第三次技术革命对教育领域产生了挑战性、紧迫性的影响。各国越来越认识到，培养跻身世界科学技术前沿的高层次专业人才及大批具有良好品德、文化知识和技术素养的劳动大军，已成为当务之急，教育和科学在国家发展中越来越受重视，"教育兴国"深入人心。因此，一些原来未曾实施普及义务教育的发展中国家，普遍实施了义务教育。而早已实施了义务教育的发达国家，则普遍延长义务教育年限。高等教育"大众化"在一些先发国家已经实现并向"普及化"迈进。所以，不但对高中教师，而且对小学和初中教师，也都要求有广博的文化科学知识和需要经受教育专业的训练。20世纪60—90年代全世界教师增长很快，增长率超过了学生入学增长率。教师人数绝对增长最大的是在中小学教育阶段。1960—1975年，亚洲小学、中学教师总数分别增长了81%、

145%；非洲分别增长了130%、245%[①]。1996年，全世界有6000万以上的人从事教学生涯，其中"大多数工作在初等或基础教育（47%）和中等教育（35%）的岗位上"[②]。也就是说，全世界80%以上的教师是辛勤耕耘在中小学教育战线，他们是教师队伍中的主体、大多数，是一个需要受到重视的专业群体。

数量如此巨大的教师队伍来自何方？单纯的师范院校是否能够满足中小学教师数量增长与质量提高的要求？实践证明，过分强调师范教育特殊性的封闭型师资培训体制，无疑已成为这时教师教育发展的一个瓶颈。尤其是，随着人类社会的进步和教育活动的不断发展，用以施教的教材逐渐成为系统化的知识，成为人类文化和文明的结晶。这时的教师，要想履行自己的职责，要想把人类创造的严整的知识体系分层次、有步骤地传授给学生，并从而转化为他们的智慧和能力，只靠记诵现成知识，只会原原本本地向学生灌输书本知识已经不行了。时代不但要求教师在学科专业方面是学者，而且要求他们在教育专业方面是专家，成为学科领域和教育领域的"双专家"。"那种以为精通某些知识就足以将它们传授给他人的说法已经过时，那种不是把个人全面发展而是把理论知识的简单传授作为目的的内容教育学已经被超越。"[③]

另外，20世纪50年代以来，教育科学的不断分化和发展也大大提高了教育科学的学术地位，师范性本身也更多地融入了科学性与学术性，师范性的学术层次和地位已不容否认。这一点也促进了教师职业专业化程度的提高。凯洛夫、赞科夫、苏霍姆林斯基、科南特、布鲁纳、皮亚杰、保罗·朗格朗、波伊尔、舒尔曼等卓尔不群的教育家为教育科学的发展做出了各自的努力。当今的教育科学已经从一门或几门比较抽象和一般的教育学原理，发展成为一个具有诸多分支学科和具体学科的教育学学科群，包括教育经济学、教育社会学、教育法学、教育评价学、教育管理学、教育心理学，等等。要学习、掌握和运用这些学科的知识和

---

① 顾明远、薛理银：《比较教育导论》，人民教育出版社1996年版，第318页。
② 联合国教科文组织国际教育局编：《教育展望》（中文版）1997年第3期。
③ ［伊朗］拉塞克等：《从现在到2000年教育内容发展的全球展望》，马胜利等译，教育科学出版社1996年版，第266页。

规律，就需要有必要的学科背景和专业化的训练①。例如，第二次世界大战前后，为积极改进教师教育、提高教师专业化水平，美国提出"教师教育的任务应由大学各院系共同承担"，单一目标的师范学院进一步改组扩充为具有多重目标的大学或文理学院，使师范学院成为综合大学的一个组成部分，单独设立定向训练师资的师范学院已寥寥无几。1950年，美国全国有144所师范学院，可是到1960年，师范学院减少到55所，而开设培养中小学师资课程的大学和学院有1234所②。60年代以后又对教师的学历和学位提出了新的要求。纽约州率先于1962年规定中小学教师在高等学校的修业年限由四年延长为五年，即前四年主要是普通教育与所教学科的教育，取得学士学位，然后再用一年的时间主要进行教育专业学习与训练。与此同时，在教育专业领域中，除教育学士（Bachelor of Education）、教育硕士（Master of Education）外，增添了教学硕士（Master of Arts in teaching）、教育博士（Doctor of Education）学位。1986年美国卡内基教育和经济论坛霍姆斯小组相继发表了《以21世纪的教师装备起来的国家》《明天之教师》两个报告。这两个报告同时提出以教师的专业发展作为教师教育改革的目标。其他如英国、日本、韩国、德国等国家也都从国家未来发展的战略高度积极制定了教师教育改革与发展的具体措施。教师教育已发展成为传统的"师范教育"与"教师在职进修"概念的整合与延伸。"学者未必为良师，良师必为学者"如今已成为教师教育的新概念。

综观这一时期教师职业专业化的变迁，可以发现有以下五个特点。

第一，师资人才高学历化，教师的专业发展制度已经成为大学教育制度的一个重要组成部分。教师培养制度的发展经历了一个从分级分层培养到最终在大学确立教师教育地位的过程，中小学教师的学历层次得到了提高。最初建立的是培养小学教师的中等师范教育，其后出现了培养中学教师的高等师范教育，再后高等师范教育在培养中学教师的同时又取代了中等师范教育培养小学教师。现在发达国家中小学教师的培养

---

① 谢维和：《论教育科学的普及》，《教育研究》1999年第4期。
② [美]科南特：《科南特教育论著选》，陈友松主译，人民教育出版社1988年版，第12页。

已发展成为大学教育制度的一个重要组成部分,大学在教师专业发展中所起的作用将越来越大,中小学教师的学历都提高到大学毕业以上程度,具有学士、副学士以上学位;同一教师培养机构分别培养小学、初中、高中教师,在学历培养程度上没有差异,只是所学课程有所不同。

第二,师资培养培训模式多样化,教师专业的学术性与师范性逐步找到了良性整合的空间。教师教育的过程不同于一般教育的过程。它不仅受个体发展规律的制约,要求教育者要遵循这一规律,而且要使受教育者也要懂得和掌握这一规律,学会如何遵循它,以做好未来的教育教学工作。一个合格的教师不仅要具有广博的文化科学知识和精深的专业理论基础,体现出较高的学术水平;还必须要求他们掌握教育科学,懂得教育规律,具备较高的教育教学能力,从而体现出较强的师范性。师范性不仅包含了学术性,而且有助于加强学术性;学术性是具有高师教育特点的学术性,并使师范性建立在坚实深厚的学术基础之上。学术性与师范性的辩证统一正是教师职业专业性的要求和表现。如今世界许多先发国家,教师教育在综合大学或大学与师范院校联合培养的空间下整合学术性和师范性,师范生既可以接受与其他专业的学生相同的四年大学文理基础知识和学科专业知识教育,使其学术水平不低于其他专业的学生,同时又能在此基础上接受一个相对独立和集中的阶段的教育科学方面的专业训练,使学术性和师范性很好地结合起来,教师教育的专业化也相应地被提高到与文、理、工、商等专业并驾齐驱的地位。

第三,师资培养体系一体化,教师专业成长越来越受重视。当今世界各国,除了努力延长中小学教师职前教育专业学习与训练的年限外,都在大力推广教师在职进修工作,教师的专业生长与发展越来越受重视。

第四,师资任用证书化,教师专业工作者的社会形象日益凸显。随着社会和教育的不断发展,特别是教师职业本身的专业性越来越突出,以及在这个基础上出现的教师职业知识、理论和专门化能力的不断分化,教师的教育和培养已经逐渐从一般的学历教育中分化出来了。一些发达国家为保证教师的专业发展和教学工作的专业水平,普遍实行了教师证书制度。凡欲从事教学工作的人,除了具备相应的学历证书外,还要取得教师资格证书。教师资格证书主要保证从事教学工作的人具有相关的教育教学的知识、技能、态度、方法。教师资格证书制度的实施,鲜明的特点不是培养"教书匠",而是教育教学专业人员。

第五,教师教育机构和课程认定化,教师教育专业化为教师专业化保驾护航。为谋求提高教师教育的专业标准,美国全国教育协会(National Education Association)于1946年创立了全国教师教育和专业标准委员会(National Commission on Teacher Education and Professional Standards)。其主要活动是加强教师教育,倡导未来教师都须接受高等教育并经过教育专业的专门训练,招收和选拔新教师。1952年,全国教师教育和专业标准委员会又建立了全国教师教育认可委员会(National Council for the Accreditation of Teacher Education)。其宗旨是:制定全国统一的教师教育认可标准;检查教师教育的课程和教学计划,认可和鉴定教师教育机构;改进教师教育教学计划,提高教师教育机构的专业化水平;传递信息,促进教师在各州之间的流通;激励学校之间的竞争。美国全国教师教育认可委员会下设几十个分会,主要出版《每年认可学院目录》以及定期(约5年)修订的《教师教育认可标准》,因此,在美国教师教育界具有不同平凡的影响。

四 结语

从师范教育的产生到今天的三百多年中,教师职业的培养机构、培养内容、培养模式、培养体系、培养制度越来越专业化。1966年联合国教科文组织《关于教师地位的建议》强调教师的专业性质,认为"教学应被视为专业"。1996年联合国教科文组织第45届国际教育大会强调教师专业化是一种改善教师地位和工作条件的重要策略。尽管当前国际社会对教师专业是否是一个完全专业还有不同的意见,但又认为教师这个行业正处于从形成中的专业(emerging-profession)向完全专业(full-profession)道路不断前进的过程当中。所以,我们可以说,师范教育从无到有、由低到高的发展史就是教师职业不断朝着专业化方向发展的历史。在西方教育史上,师范教育的英文写法为 normal education,从事师范教育的学校的英文写法为 normal school。英文 normal school 则由法文 ecolenormale 转译而来。而法文 normale 则是从拉丁文 norma 演化而成的,原意为木工的"矩规""标尺""图样""模型",均指"模范""规范"

"典范"的意思。但今天，教师培养已经进入到一个新的历史阶段。随着师范院校在一些国家教育舞台的"消失"，"师范教育"这一名词在发达国家的教育文献和研究资料中已经销声匿迹，西方许多人现在已经不理解"师范"（normal）有"教师教育"的含义了。不仅西方如此，其他开放程度高的国家和地区也都把教师培养称为教师教育。21世纪，人们应该以并不限于职前的师资培养阶段，而是将其外延一直延伸到教师专业生涯的最后阶段的教师教育（teacher education）的新理念，来代替原有的师范教育（normal education）的旧理念。教师教育作为传统的"师范教育"与"教师在职教育"的整合与延伸的专业教育，在经历了古代"长者化""教师圣者化"和近现代教师专业化之后，将成为人类文明发展新的高度上的专业教育。

美国教育研究的开拓者：首位教育学教授威廉姆·佩恩

陈 瑶[*]

[摘 要] 19世纪后半期是美国教育研究从实践探索转向专业取向的过渡时期，其标志性的转折就是1879年密歇根大学设立了美国历史上第一个永久性的教育学教席，而威廉姆·哈罗德·佩恩成为首位教育学教授。佩恩积极推动教育研究的大学化，以此提升教师培养的专业性，他身体力行，研究、整理和积累教育知识，并引导了一种理性与演绎的教育研究取向。身处教育研究专业化的过渡时期，他虽然没有建构起影响深远的教育思想体系，但其过渡性质也正是他作为开拓者的贡献所在。

[关键词] 美国；教育研究；教育科学；教育学教授

美国教育学科的形成过程是一段值得追溯的历史，这段历史的开端部分有一位重要的开创性人物——教育家威廉姆·哈罗德·佩恩（William Harold Payne），而国内的美国教育史研究者基本未对其予以关注。[①]

佩恩生于纽约州安大略县的法明顿，曾任密歇根州各类学校的校长、学监，担任过《密歇根教师》（The Michigan Teacher）杂志的主编，曾是

---

[*] 云南师范大学高等教育与区域发展研究院教授。
[①] 参见陈瑶《美国教育学科构建的开端》，浙江教育出版社2015年版。该书以学科的分析框架，从知识形态、组织形态和研究形态三个主题较为完整地考察美国教育学科开端的历史时，三个方面的史料都首先分别指向佩恩，他在美国教育学科史上是一位绕不开的重要人物。

伊普西兰蒂（Ypsilanti）师范学校的校长，1879—1887 年，成为密歇根大学教育学讲座教授，1887—1901 年，在田纳西州的皮博迪师范学院（Peabody Normal College）担任校长，并曾两度出任密歇根州教师协会主席。

他一生勤勉，著述颇丰，性情谦逊真挚，博爱悲悯，在美国教育界享有盛名，尤其对密歇根州的教育影响深远。其实，佩恩的重要成就还在于他是在美国大学正式讲授教育学的第一人，也是美国最早的教育学教授。他在密歇根大学的工作对美国教育研究的专业化发挥了重要的开创作用，尽管其本人基本是自学成才，从未上过大学或学院，鉴于杰出的学术成就，他获得过密歇根大学授予的文科硕士和法学博士学位，以及纳什维尔（Nashville）大学授予的哲学博士学位。虽然美国的教育史研究者就佩恩对教育实践的贡献有不少追忆和描述，但对其在教育研究转型中所起的重要作用则较少着墨，[1] 一方面是因为他在教育实践界的成就掩盖了其他方面的贡献；另一方面，从 19 世纪中期到 20 世纪早期，美国的教育研究正从实践取向转向专业取向，新的教育学研究范式正在建立之中，他身处这段历史中，深具过渡性质，后世的目光更多聚焦于在他之后的那些新时代的代表人物，如杜威、桑代克等。

本研究并非以教育思想史的角度介绍佩恩，而是从教育学科史的视角探究佩恩的独特价值。19 世纪后期开始，无论是外部社会知识生态发展的趋势，还是教育内部实践变革的推动，教育研究迫切需要进入大学发展成为一门专门的学问，佩恩的工作和兴趣横跨教育界的各种领域，

---

[1] 佩恩对教育的关注点比较全面，他横跨教育界的各种领域，其成就在当时即享有国内外声誉，当时的文献中有这样对佩恩的评价："很少有人像佩恩这样，集伟大的学者、伟大的教师和伟大的组织者于一身。"参见范德比尔特大学图书馆馆藏电子档案 Reprinted from "Editors'Table: Dr. William H. Payne" in The Peabody Record v2 n3（December1893）: 83 - 87. http://www.library.vanderbilt.edu/speccol/digcoll/paynewh.shtml.（2017 - 08 - 28）。如果单论及佩恩对教育实践的贡献，他当时在全美的影响或许不如同期的帕克，帕克虽然全力以赴于教学改革以及教师教育的探索，但并不关心教育研究的专业化问题。另外，对佩恩的研究多见于密歇根大学、皮博迪师范学院（Peabody Normal College）的一些校史类研究著作中。对其作为首位教育学教授的重要性也有学者曾经关注，如：George Pore, "The Establishment of the First Permanent Chair of Education in an American University" Peabody Journal of Education, Vol. 14, No. 7, 1936, pp. 20 - 28。

对教育发展有着较为广泛而高远的视域，他不但担纲教育实践变革的领导者，同时积极倡导和推动教育研究的大学化，并且身体力行，投身于专业化的教育研究，从事了大量的译介和著述工作，以支持专业化教师的培养。他对于美国大学中教育研究的开启功不可没，引领了美国教育研究专业化的趋势，这样富有想象力的开创性人物，终归不应被历史湮没。

同样，当我们以教育学科史的眼光来观察中国教育学学科发展的当下，很多颇有成就的教育学人，他们之所以赢得尊重，并非因为构建了庞大细致的思想和理论体系，而或许如佩恩一般，是因为他们在开拓和推进教育学术研究所做的大量工作，就算他们在教育思想史上还不足以彪炳史册，但就教育学科史而言，却值得浓墨重彩来描摹。

一 教育研究大学化的诉求

19世纪中期到20世纪早期，伴随着美国工业化发展，劳动分工和专业主义的时代到来，知识领域专业化的趋势也日益显现。博士学位制、学系制度、基金会制度、参考资料卡片目录制度、大学出版社机制和专业协会或学会体系构成了一个学术专业化的矩阵，知识被有效分类并强有力地组织起来。一种大学占中心地位、以学科制度为平台的学术专业化知识生态环境已明显形成。19世纪后半期，就大学来说，想要将所有"学问"都收入囊中，成为真正意义上的大学，同时，各知识分支也都想要在大学中安家落户，获得合法地位。教育学[①]也不例外，想要如其他现代社会科学一样成为一门大学的学科。

科学与否是各知识分支准入大学的一个最为重要的标尺。教育对科学知识的普及、传递乃至生产都至关重要，然而，教育本身可以是一门科学吗？19世纪以来，关于是否存在教育这样一门学科，以及教育是否是一门科学的问题不时被提出、被质疑、被争议。尽管如此，19世纪后期开始，教育学者们渴望发展一门教育的科学，期待有一种关于教育的

---

① 本文所涉及的"教育学""教育学科""教育科学""教育研究"，是为适应不同语境而使用的不同的表达，但基本含义都是指作为大学中的一门学科研究领域的"教育学"。

系统知识体系可以通过现代大学的制度结构来进行传播。这种期待可能是现实的,那时,法学、医学等在获得大学的承认和支持后,呈现出新的专业化发展态势,这为教育学提供了很好的经验。同时大量的学科,特别是社会学、人类学等现代社会学科正在出现并得到大学的确认。对于一些年轻的、尚未成熟的专业来说,进入大学意味着可以发展自身理论知识的独特体系,可以对其受众进行学术控制,进而对社会形成影响。创建一门以教育的理论和知识为主体的学科看起来合情合理。

在19世纪后期以前,美国的教育知识的产生一是源于欧洲的遗产,即从欧洲直接引进的先驱的教育思想,二是美国本土教育领导者和实践者[①]通过实践改良、创新的本土的教育思想和知识。这些知识主要通过翻译、著述、教育期刊、师范学校课程与教学、教师培训教材、协会会刊、官方教育报告、演讲等形式进行广泛的传播。以师范学校为主要形式的教师培训机构以及实践中的教师成为教育知识的主要消费者。师范学校主要是教授公立小学的课程,比如作文、写字、算术、历史和地理等。它们几乎没有对教育理论投入过系统的关注,虽然也有德国教育哲学、奥斯维格的教学法涉及一些理论,但实践经验是这些师范学校教育探究(study)的基本内容。教育领导者是教育知识的主要生产者,但作为"业余科学家"("业余科学家"没有贬义,而是与"全职"相对),生产教育知识并非他们的主要工作,包括那些思想先驱,他们可以说是自己那一领域的通才、天才,然而却不是"专家"。这样一种行动取向的、过于仰仗个人的、实践探究式的知识产生方式带着某种程度的偶然性,并且与正在形成中的学术职业化的知识生态不相协调,与时代所需要的"科学"旨趣相去较远。对实践经验的依赖没有发展起一门教育科学,这种教育知识的发展方式难以适应扩展中的教育体系和急剧变化的社会的需要。

从19世纪中后期开始,美国公立学校体系蓬勃发展,特别是高中(high school)的大量兴起将高中教师培养的问题提上日程,师范学校、学园等机构教师培养的质和量都不足以满足需求。教育实践对专业化高

---

① 教育领导者主要包括各级教育官员、督学、公立中小学校长、师范学校校长及其他引领性的教育改革家,实践者主要指公立学校的教师。

中教师的需求为教师教育大学化、教育知识进入大学提供了契机。此外，由于公立教育体系的贯通，教育科层发展到一个新的水平也导致了对教育管理者以及各类教育专业人才的大量需要。高中的兴起培育了新的教师和教育管理人员的就业市场，吸引了其他的教育机构，特别是研究型大学对教育研究产生兴趣。美国大学中的教育研究伴随着教育的现代化进程产生，满足大众化的教育体系对中学教师培养以及研究解决教育问题的需要。

在大学中开设教育学讲座或教授法课程的建议早已提出，1826 年，阿默斯特学院曾向院董事会提出过此类提议，此后，华盛顿学院（1831 年）、纽约大学（1832 年）、布朗大学（1850 年）也做过相关尝试，不过都不长久。原因主要是当时已有的师范学校足以应对小学教师培养的问题。从爱荷华大学开始，情况变得不同。1855 年，该校开始提供师范学校层次的教师培训的课程，1873 年正式建立了美国历史上第一个永久性的教育学系（department of pedagogy）。1879 年，密歇根大学仿效德国建立了全国第一个教育学全职教席（Chairs of the science and art of teaching），[1] 为中学培养教师。[2]

二　佩恩对教育研究大学化的推动

19 世纪晚期，变迁中的高等教育想要对公立学校教育施加影响，以提升生源质量并提高入学率，密歇根大学即为典型之一。密歇根大学很早就拥有政府授予的控制全州公共教学体系的权力，大学与学校体系的紧密关系由来已久。作为中西部新建的州，密歇根大多是来自新英格兰

---

[1]　德国的大学引入教育学（Padagogik）始于 1776 年康德在哥尼斯堡大学的讲座。1875 年左右，德国的大学为培养高中教师开设过 50 多种课程。1873 年爱荷华大学建立了美国历史上第一个永久性的教育学教席。爱荷华大学的教育学教席从时间上来看应该是美国第一个大学中的教育学教席，但大多数文献都称密歇根大学建立了全国第一个教育学的全职教席，而佩恩为首位全职教育学教授。因为首先后者更为正式，是"全职"教席；其次，从一开始就正式设置了教育学教授教职（"professorship of pedagogy"或"professorship of art and science of teaching"）；最后，佩恩全力以赴的努力也使他及其教席在当时即赢得了全国性的声望。

[2]　S. N. Fellows, "Chairs of Didactics in the State University of Iowa" *The Educational Weekly*, Vol. 14, No. 2, 1877, p. 162.

地区的移民，他们急需发展公共教育体系，甚至在 1837 年州宪法中规定密歇根大学可以在全州各地设点帮助建立中学和培养、培训教师。① 从首任校长亨利·塔潘（Henry Tappan）开始就规定大学教师须定期访问中学。1871 年，詹姆斯·安吉尔（James Angell）校长为了影响该州的公立学校，特地将大学教师派往中学去帮助进行课程改革，安吉尔还开始在该校引入教师教育项目，并将毕业生作为教学或管理的专业人士输送到密歇根的整个学校系统（19 世纪 80 年代的杜威是该校的一名年轻的教授，他也经常参与这样的活动）。② 密歇根大学首创教育学全职教席之举与佩恩多年的积极倡导有直接关系。佩恩当过中学教师，做过校长、学监，他本人从未上过学院或大学，但他坚信大学在提升教学的地位方面比师范学校更为有效。1869 年，任艾德里安市（Adrian）学监的佩恩已是密歇根州教育界的领袖人物，但他首次向州教师协会提出在密歇根大学建立教育学教席的建议并未获得通过，无论大学还是师范学校都极力反对，大学质疑教育科学研究的必要性和可能性，而师范学校则不满大学入侵其领域。随着教育变革的推进，实践对教育研究的需求已不是师范学校能予以满足的，师范学校无论在学术还是在机构形态上都处于被隔绝的状态，正在退出历史的舞台。十年后他再次向安吉尔校长提交报告，最终获得通过，佩恩成为美国历史上首位"教学艺术与科学"全职教育学教授。他以自身的从业经历和理论的论证，在不同的场合与著作中，一再表明这样的观点：③

第一，大学必须研究教育科学。自古以来大学的主要功能就是教学。学士、硕士、博士、教授都来自大学，同时他们也主要是各种学校的教师。所以从某种意义上来说，大学是整个教育系统的根基，也是教育的最高机构，因此它有责任为教育制定标准，有责任提升教师的质量，定义教育的原理和方法，传播教育的精神。大学还是将累积到一定程度的

---

① George Pore, "The Establishment of the First Permanent Chair of Education in an American University" *Peabody Journal of Education*, Vol. 14, No. 1, 1936, pp. 20 – 28.

② Woodie Thomas White, The Study of Education at the University of Chicago, 1892 – 1958, Ph. D. dissertation, The University of Chicago, 1977, p. 5.

③ William Harold Payne, *Contributions to the Science of Education*, New York: American book co, 1886, pp. 258 – 259.

知识进行有组织地传播和扩散的机构。无论多好的教育史、教育理论和教育实践都必须在大学中被组织、研究以及被传授。教育教学的问题不能只靠董事会、教师协会、报纸或是其他任何人来讨论和解决。大学教育学教席和学系的建立就意味着教育学术研究的开始。教育学教授职位的一个重要目的是发展教育科学、调查和累积教育的原理，即能给实践带来变化的新的原理。

第二，大学的教育研究有助于提升教学的专业性。大学是为国家提供大量受过高等教育的教师的唯一来源。因为一个教师要懂得比他需要教的东西更多的知识，一定级别学校的教师只能由更高级别的学校来供给，所以中等教育，特别是高级中学的校长、教师、督学等必须受过大学的训练。教育的艺术是教育专业的标志，但教育的艺术不是手工的（manual），而是心智的（mental），它必须基于一定的法则基础之上，因而它的产生机制也是科学的。只有获得大学的承认和支持，教育的专业化特征才可能延续下来。公立学校教育有权力要求避免错误、茫然和仅凭热情行事。目前教育的专业性还不强，教育中的不良习惯和错误代代相传。如果要发展一种具有历史延续性的教育进步的模式，就应当建立一些积累教育知识和观点的最好条件，这样的条件只有最高的学习机构能够提供。大学能为公共教学体系提供智力支持。

第三，大学必须为未来教师乃至所有人开设教育学。教育学是为什么人开设的呢？佩恩谈道："从我的教席的直接目的来说，是为专业教师开设的，但重读了斯宾塞的文字，我又感到疑惑，他说'这一学科（教育）涉及所有其他学科，这是每个人的教育应该达到的制高点，这就是教育的理论与实践'。"[1] 教育的艺术是斯宾塞开出的著名的"为完美生活做准备"的课程中关乎"德、智、体"目标的最重要的课程，"应当在每个人应修习的课程中占据最高和最后的位置"。教育有成为大学的一个研究领域的正当理由，且不说它关乎教学的专业化，就凭它作为人类文化的一个重要分支的这一通识的、博雅的功能就应该如此。

作为美国首位教育学教授，佩恩对大学引入教育研究的意义已经有

---

[1] William Harold Payne, *Outlines of Educational Doctrine*, Adrian [Mich.]: C. Humphrey, 1882, p. iii.

着非常清楚的自觉意识——研究教育科学，促进教育学术职业化、提升教学的专业性、提升个体的文化素养。大学中最初的教育研究常常起始于大学校长们试图影响公立学校教育的愿望。而教育研究得以延续下来，又是得益于那些对教育问题有着浓厚兴趣的学者将教育研究从师范学校的传统中解脱出来，并赋予它内容和实质。在那个时代，与佩恩一样渴望构建一门"教育科学"的大学学者有很多。如爱荷华大学的 S. N. 菲洛斯（S. N. Fellows）、斯坦福大学的埃尔伍德·P. 卡伯莱（Ellwood P. Cubberley）等。密歇根大学开风气之先，此后的 19 世纪八九十年代，美国的大学中集中出现了一批教育学教席或教育系。到 1890 年，已有 45 所大学建立了教育学讲座，进入 20 世纪，美国的 600 余所大学和学院中，超过 300 所提供教师教育的课程。[①] 教育教学的专业化水平由此得到提升，同时教育研究也逐渐成为一门学术职业，佩恩这一代人之后，要获得教育研究的学术专职，必须通过入学、培养、博士学位、晋升等机制层层筛选。

三 以专业化的教育研究推进专业化教师的培养

担任全美第一位教育学教席的教授以来，佩恩所面临的工作绝无易事。他要与"毕业自大学的教师不需再有额外的培训"这样的流行观点，以及"大量的教师来自高中和师范学校，水平超低"这样的事实相对抗。聘请佩恩出任教育学教授的教职之时，安吉尔校长就赋予佩恩全权设计、安排该教席的课程和教学工作的权力。然而这整个事业在美国没有前人可以模仿，而且作为一门大学新兴学科，高层次的专业文献奇缺是现实问题。佩恩认为教育科学最根本的力量来自对教育体系、方法和学说的历史与理论的专业研究，而非师范学校那样的方法训练。为了满足培养专业化教师的课程和教学的需要，佩恩展开了对教育史、教育理论的研究。

[①] ［美］埃伦·康德利夫·拉格曼：《一门捉摸不定的科学：困扰不断的教育研究的历史》，花海燕等译，教育科学出版社 2006 年版，第 20 页。

（一）教育史的译介和编著

19 世纪后期开始，教育史成为师范学校、教师学院、教育学教席和教育学系培训教师的一门主干课程。整理历史上积累的优质教育知识是第一代教育学家首选的重任，教育史教科书及相关读本纷纷出版。佩恩的教育学教席中，教育史、教育哲学和比较教育方面的课程占大部分内容。他深信教育史是每个专业教师必备的专业知识，在教育学课程中，其重要性与教育实践和教育理论等同。佩恩身先士卒，1886 年将自己非常赞赏的法国孔佩雷（G. Compayré）的《教育学史》（*The History of Pedagogy*）一书译为英文出版（佩恩在序言中还特地对之所以沿用欧洲"Pedagogy"一词进行了说明。因为在欧洲大陆的教育学文献中，"pedagogy"一词并无贬义，而在英语世界中它只是局限于教育实践、教学技巧方面，很多文献中已弃之不用，代之以范围更广的"education"一词。孔佩雷为法国某师范学校教授，同时是当时法国下议院成员。）[1] 该书对西方古典时期以来到 19 世纪后期的重要教育家及其思想进行了系统分析评价，佩恩的译本至 1909 年重印达十多次，影响颇大，"启发了一代美国教育史学家"。[2]

佩恩自己也撰写了一篇长文《教育简史》（*A Short History of Education*），正文百余页，1881 年最初在教育杂志《学校通告》（*the School Bulletin*）上发表，此后 1897 年又作为单行本出版。[3] 这本书中佩恩从古希腊教育讲到当时英国的公共教育，对欧洲教育理论和实践的历史进行了连贯系统的叙述和总结。此外，佩恩在文末大量列举了参考书目、注释、教育名著书目，为进一步学习教育史提供了指引。

1890 年，佩恩又翻译了一本孔佩雷的《教育学讲座：理论与实践》（*Lectures on Pedagogy: Theoretical and Practical*）。译序中佩恩一如既往向孔佩雷致敬，他认为美国的教育文献虽然有了长足的发展，但其水平还

---

[1] Gabriel Compayré, *The History of Pedagogy*, Boston, D. C. : Heath & company, 1886, pp. v – vii.

[2] 庄泽宣：《教育概论》，中华书局 1932 年版，第 258 页。

[3] William Harold Payne, *A Short History of Education*, C. W. Bardeen, Publisher, Syracuse, N. Y. , 1879. pp. 17 – 104.

未超越孔佩雷的《教育学史》。他认为还有必要向欧洲学习教育的理论与实践。另外，在威廉姆·哈里斯（William T. Harris）1907 年编辑的《阿普尔顿国际教育系列》第二卷（*Appleton International Education Series*, Vol. II）中收录了佩恩对卢梭的《爱弥儿》以及柏拉图的《理想国》、斯宾塞的《教育论》等 15 部欧洲教育名著的翻译（删节版）、注释和评论，这也是佩恩给教育史学习者和研究者列出的必读书单。直到 20 世纪中期，在教育学教授列出的类似书单中，佩恩最为推崇的《爱弥儿》依然名列榜首，而前 15 本中有 9 本仍是佩恩所选书目。[①]

佩恩也注重对美国此前有影响的教育家的理论和实践进行观察和分析，他编写了《佩吉的教学理论与实践》（*Page's Theory and Practice of Teaching*）一书。[②] 对佩吉的研究体现了佩恩对前一阶段师范学校时期教育学的借鉴和总结，以及对新时期教育学知识的展望。

（二）教育学知识体系的构建

1879 年，佩恩出版了《教学的科学与艺术讲座课程大纲》（*Syllabus of a Course of Lectures On the Science And Art of Teaching*），1882 年经修订后以《教育学学说纲要》（*Outlines of Educational Doctrine*）为名再度出版，是其教育学教席课程的重要内容。在这本书的序言中，佩恩强调了教育学在师范学校和大学中的区别。他谈到师范学校关注的是方法，而更高的专业要求应该包括学说和理论。

此外，对于大学中的一般学生，教育学有博雅教育的性质，对于有志于教学的学生，教育学则有专业训练的价值。《教育学学说纲要》一书体现了佩恩对教育理论知识体系的思考，如表 1 所示，这些内容体现了 19 世纪末期教育学作为一门学科的基本知识体系。[③] 从书中具体包括的内

---

① James, F. Davidson, "William Harold Payne on Rousseau's 'Emile'" *Tennessee Historical Quarterly*, Vol. 23, No. 3, 1964, pp. 279–283.

② 戴维德·佩吉（David Perkins Page）是纽约奥尔伯尼州立师范学校的校长，也是一位师范学校运动的著名领导人，他 1847 年出版了演讲集《教学的理论和实践》（*Theory and Practice of Teaching*），直到 20 世纪之前这本书多次再版，一直是很多师范学校该领域的首选教材。

③ William Harold Payne, *Outlines of Educational Doctrine*, Adrian [Mich.]: C. Humphrey, 1882, pp. i–iii.

容来看，佩恩综合了各种教育学说，融入了对教育的历史的、哲学的、心理学、学校管理、学科教学等方面的探索。既有对教育、教学、管理实践问题的研究与反思，又有对各种教育学说的理论批判，还有对教育哲学基本问题的思索。佩恩的讲座内容与同期师范学校中的教育学教材已经有了本质的区别，他的教育学已然超越了只注重方法技巧的师范层次，而融入历史的、理论的、科学的元素，上升到大学层次。

表1　　　　　　　　佩恩《教育学学说纲要》内容概览

	1	教学艺术的起源
	2	艺术与自然
	3	科学与艺术的相互关系
	4	教育科学的性质
	5	作为理想的教育，以及限制条件下的教育
	6	关于精神文化的一般性质
	7	极端的法则
	8	转变的原理
	9	关于语言和词汇
	10	关于组织和管理
	11	适宜的教学
	12	关于教师职业的利弊
	13	学校管理－Ⅰ.组织
	14	学校管理－Ⅱ.治理
	15	学校管理－Ⅲ.指导
	16	背诵
	17	新旧教育之间的对比
	18	理论批判
	19	方法学说
	20	呈现理论
	21	一些对抗（关系）
	22	动机、愿望、专注和获得
	23	关于与精细加工过程相关的记忆
	24	各研究领域（学科）的教育价值

(三) 教育学立场的确定

教育学初入大学之时，"教育是否是一门科学"的质疑之声不绝于耳，佩恩坚信教育作为一门科学存在的正当性。佩恩的"教育科学"概念与当时的欧洲哲学家对"科学"的理解更为接近，即在知识体系和学术严谨性意义上指称科学。其实，在一些古老的知识史中，科学的概念与宽泛的哲学理念相联系，包含一切系统化知识探寻的结果。这样的"科学"概念也包含在我们今天对科学的界定中——指"以范畴、定理、定律形式反映现实世界各种现象的本质和运动规律的知识体系"（20世纪以来，科学在很大程度上包含了实验、概念的严谨性和方法论的清晰性这些标准，其核心就是近代发展起来的自然科学。自然科学的规范和方法成为权威，这一概念也被社会科学援引为"真正"的科学内核）。[1]

佩恩自己是这样理解"教育科学"的："在理想的和形式的方面，教育致力于'人'的形成，并包含为实现这一目的的人们设置的所有机构。当所有涉及这一整个复杂过程中的原理被系统地加以组合就构成了教育科学。"[2]

1886年，佩恩将其对"教育科学"相关的思考集结成册，以《教育科学文集》（Contributions to the Science of Education）一书付诸出版（其内容概览见表2），表达了他对大学中的这门新兴学科的理解、总结和期待，也引导了与他同一时期的第一代教育学教授们的教育研究取向。

表2　　　　　　　　　　佩恩《教育科学文集》内容概览

1	教育科学存在吗？
2	教育科学：性质、方法和问题

---

[1] 冯契主编：《哲学大词典》，上海辞书出版社2001年版，第722页。
[2] William Harold Payne, Contributions to the Science of Education, New York: American Book Co., 1886, p. 5.

续表

3	教育价值	
4	心智成长的概念及相关教学原则的运用	
5	人类知识的起源	
6	教育进步的模式	
7	关于"nature"和"natural"两个术语	
8	"理念"和"理想"的力量	
9	"从已知探究未知"	
10	教育历史中的经验教训	
11	学校的世俗化	
12	教学作为一种行业以及作为一种专业	
13	教师作为博爱主义者	
14	教育作为一门大学的课业	
15	师范学校的问题	
16	教师学院及读书会	
附录	密歇根大学的教育研究	

佩恩的"教育研究"(the study of education)包括三个阶段：一是实践的（艺术的）、二是历史的、三是科学的。而就方法而言，则是以理性和演绎的方法来寻求教育科学。[①] 这就是佩恩的教育学立场。他的讲座课程也是围绕着这三方面来设计。在实践层面上，关注的是学校研究、学校体系、组织模式和教学模式等，即关于当前国内外学校实践问题。在教育历史的层面上，无论是中国、印度、埃及，还是希腊、罗马、德国、法国、英国等的教育历史中都有可以借鉴的成功经验和失败教训。在科学的层面上，必须以心理学为基础，因为教师要处理与心智相关的问题。同时心理的问题与身体也有密切关系，因此还要了解生理学，此外还有伦理学、语言学、逻辑学等，这些还不是全部，但这样的科学基础已经十分充分，研究者应当基于此发展教育的原理和学说。[②] 三个层面的教

---

① William Harold Payne, *Contributions to the Science of Education*, New York: American Book Co., 1886, p. V.

② William Harold Payne, *Contributions to the Science of Education*, New York: American Book Co., 1886, pp. 265-266, V.

研究，都应当以教育理论为最高目的。

他努力遵循黑格尔学派发展一种教育理论。这是德国教育学传统中的一种，即以黑格尔、赫尔巴特和福禄贝尔演绎的哲学为基础的教育探究，试图将教育学的科学性建立在一种结构严密的逻辑演绎系统上。所以，佩恩向来重视历史地研究教育，他的教育研究和教学工作主要围绕着那些伟大的教育名著。他认为教育史学及哲学揭示了人类心智的发展或人类种族的演变，因此，要使教育成为学术研究和专业学习的独特领域，教育史学及哲学须是其基本组成部分之一。对教育历史与哲学的深入研究，其最终目的还在于揭示出教育的原理与法则，指导教师走向成功而避免失败。他认为基本原理胜过具体的规则或方法。在密歇根大学，佩恩只想生产和教授教育理论，将原理转化为实践的任务则由学生自己去完成。佩恩认为系统的理论明显要优于随机而不可控的经验，认为越是理论的，就越是实践的。专业训练要求的不是规则，而是原理，不是技艺和技巧，而是科学，科学能够证实和解释艺术。大学中的教育学也正是通过这一点与师范学校区别开来。对事实的观察者存在于各种学校中，而思想者能够联合这些事实，进化原理，并建立一门真正的科学，它主要存在于高等教育机构中。[1]

佩恩本人并非科班出身，他的教育工作经历丰富而完整，从基础教育、师范教育到大学教育研究，从理论到实践、从教学到管理，贯穿了教育的各种层次和领域。然而，在佩恩的教育研究和教育实践工作中，推动他不断前行的中心理念就是专业化的教师培养，最终归结到以教育研究的专业化推动教师培养的专业化。佩恩的教育学教席一开始只设置了两门课程："实践"和"历史、哲学及批判"，随着研究的进展，1881年扩展到7门课程（每门课开设一学期）："实践课程"（讨论教学和管理的艺术）、"理论和批判""学校督察""研讨班""教育史"（两学期）、"教育体系的比较研究"。密歇根大学1886年有200名毕业生，其中有83名学生选修了这些课程中的一门或者多门。[2] 在卸任讲席教授教职之后，

---

[1] S. N. Fellow, "Chairs of Didactics in Colleges and Universities" *The Educational Weekly*, Vol. 8, No. 2, 1877, pp. 88–89.

[2] Edmund J. James, *Chairs of Pedagogics in Our Universities: A Discussion of the Science and Art of Education as University Disciplines*, Philadelphia: Social Science Association, 1887, p. 27.

1887—1901年,佩恩来到田纳西州纳什维尔的皮博迪师范学院担任校长,在此期间该校的办学水平、社会声望和入学率显著增长。他亲身实践了自己的观点:教师不是被训练,而只能被教育,并且应在大学的水平上被教育。在其生命的最后几年,他又回到密歇根大学担任教育系(department of education)主任。他的一生几乎毫无间歇地致力于教育知识、教育理论的构建,以及在大学的水平上培养教师。

四 结语:过渡时期的开拓者

教育研究进入大学后,与佩恩一样,有相当一部分教育学教授们期望将教育学转变成为一门学术学科,努力提升教育研究的学术地位。发展一种广泛、自由的教育学术成为一部分教育学教授的追求。他们着重从教育哲学和教育史的角度来进行教育研究。不久之后,以哲学为基础构建教育科学的思想开始发生变化,呼吁将教育学的基础放到哲学以外的更宽泛的基础科学上,教育史、心理学、生理学、伦理学、社会学、政治经济学等学科都成为教育学的基础学科,"从学术学科中汲取与教育相关的部分构建教育科学的方式体现了一种观念,即自由性质的教育研究是教育科学的关键。"[1] 此时的"教育科学"是从这样一些基础学科中产生的关于教育的基本原理和法则,并据称可以引申出适用于任何教育情境的具体方法。这一条教育研究的线索在早期的教育学教席和教育学系中最为盛行,到后来的教育学院中也并没有中断。[2]

就现在看来,佩恩对教育理论研究的观点也不无可取之处,教育学的人文性质、教育科学的博雅、自由性质也是当代教育学所追求的方面,而且理性与演绎的教育研究范式对中国教育学界从来也不陌生。不过佩恩等人对理论的看法难免过于乐观,在工作中,理论始终难以自然而然地转化为实践。就当时大学中教育学院的情况来看,培养课程专家、教

---

[1] 刘静:《20世纪美国教师教育思想的历史分析》,北京师范大学出版社2009年版,第72页。

[2] Michael B. Katz, "From Theory to Survey in Graduate Schools of Education" *The Journal of Higher Education*, Vol. 37, No. 6, 1966, pp. 325–334.

材编写人员、测试编制人员、学校管理人员的课程中，实践性的课程、具体的、科学的方法更受到欢迎。理论的教育学不时被看作"哲学的冥思"，而"教学原理"依然被指责为基于一些过时的问题、个人化的经验和普通常识。当时哈佛大学校长查尔斯·W. 艾略特（Charles, W. Eliot）对"教育科学"的看法就不同于佩恩，艾略特认为教学的知识来自实践经验，而不是从原理到理论的推导。1881 年，艾略特特别请来年轻的心理学家霍尔（G. Stanley Hall）在哈佛讲授教育学。霍尔认为教育应当通过对事实和现象的观察而不是通过现成的理论推导来进行研究，科学意味着一个调查的过程而不是一种原理既定的秩序。历史探究更不是新教育理论的来源，现代学科的教学方式并不能从历史中得到教训。20 世纪之后，经验的、归纳的、定量的"科学"方法在教育研究中愈演愈烈。贾德（Charles Hubbard Judd）在芝加哥大学、桑代克（Edward, L. Thorndike）在哥伦比亚大学都在引导着这种实证的教育科学，并逐渐成为此后美国教育研究的一个主流派别。"从 1890 年到 1920 年，教育研究逐渐成为一种实证的和专业的科学，它主要建立在行为主义心理学和定量测量的技术与思想的基础上。"[1] 同是理论取向的教育研究，杜威对佩恩有了极大的超越。在美国实用主义的影响下，杜威的教育研究并不是从理论到理论的思辨和演绎，而是强调理论从自然实验中来，并能运用于实践。[2] 而杜威在美国教育思想史中几乎自成一派，成为一座影响巨大的丰碑。[3]

任何在历史中有影响的人物，他们常常顺应历史发展，甚至在某些

---

[1] [美] 埃伦·康德利夫·拉格曼:《一门捉摸不定的科学：困扰不断的教育研究的历史》，花海燕等译，教育科学出版社 2006 年版，第 17 页。

[2] Michael B. Katz, "From Theory to Survey in Graduate Schools of Education" *The Journal of Higher Education*, Vol. 37, No. 6, 1966, pp. 325–334.

[3] 美国教育史家米歇尔·B. 卡茨在文中探讨了 20 世纪初美国教育研究从理论取向到实证取向的转变过程。在卡茨看来，杜威对于教育研究的定位也是一种理论取向，其强调的理论基础是心理学、方法论、伦理学和思想史。另外，他提到，这一教育研究的理论取向虽然后来并未成为主流，但始终没有消失，比如 20 世纪 30 年代后很多教育学教授们着手在教育学院开设涵盖社会学、心理学、生物学、教育的历史与哲学等关于"教育的基础"的课程群，就是一种发展和继承，其主旨在于为未来的教师和管理者提供广阔的社会视野，更好地参与教育决策并引领社会进步。

方面引领历史发展。历史的背景是他们施展抱负的坚实而丰富的舞台，当然也框定了他们的边界和限度。作为美国第一代教育学教授的典型代表，佩恩的杰出贡献在于排除种种阻碍，完成了在大学中引入教育学的具体工作，提高了教师的培养层次、完成了教育学术职业化的转型，为大学层面教育研究的开端铺设了道路。他对美国教育研究专业化的影响是开创性的，但同时也深具过渡性质。"过渡时期"是历史研究的一个独特视角，一方面意味着创新和开拓，是一个新时代来临的先兆；另一方面，也意味着稍纵即逝，意味着一种时代的局限性。佩恩就身处这样的时代，1879 年他开创了美国第一个教育学讲座，引领风潮，① 但进入 20 世纪后，这种机构形式迅速发展为更符合美国大学特征的教育专业学院，而教育类课程也从通识取向过渡为专业取向。② 他勤于译介和写作，为美国教育学积累了第一批资料、教材，广泛传播了教育知识，构建了偏于历史和哲学的教育知识体系并使其超越于师范时代，但他终究没有构建起影响深远、跨越时空的教育思想；他独有自己的教育学立场，并在理论和实践中一以贯之，但他倡导的理性与演绎的教育理论研究取向迅速被杜威的"综合的"教育科学，以及桑代克等的"实证的"教育科学所超越。但是，过渡性质也正是他作为开拓者的贡献所在，当然，这种开创性影响并非他一人完成，而他是第一代教育学教授中的典型代表，他们承上启下的贡献值得后人记取。一如一切领域中的"马前卒"，在他之后，美国教育学术和教育思想的大发展时期以及教育变革的重大时期随即而来。

---

① 佩恩成为美国首位教育学教授之后，"名声远扬海内外，安娜堡（指密歇根大学——本文作者注）成为美国教育科学开创者们的麦加（指朝圣地——本文作者注）。"参见范德比尔特大学图书馆馆藏电子档案 Reprinted from Crabb, Alfred Leland. The Historical Background of Peabody College. Nashville：George Peabody College for Teachers, 1941. http：//www.library.vander-bilt.edu/speccol/digcoll/crabbal5.shtml. （2017 - 08 - 28）

② 仿照德国的单科讲座制在新兴的美国大学中被逐渐改造成为学系的体制，这种以学科为基础的学系制在 1890 年后成为美国大学中主流的学科组织形式。19 世纪末至 20 世纪初，教育系的课程不断膨胀，教育系的功能也在教育实践需求的压力下迅速扩展。进入 20 世纪后，教育学院作为一种综合教育学科专业相关问题与事务的组织形式开始在一些研究性大学中建立。在 20 世纪 20 年代以前，教师学院和大学中的教育学院（这种把德国的专门研究和高级训练模式同英美古老的自由教育模式结合起来的机构）已发展为一种普遍的教育学科的组织形态。

高校教师职业化的萌芽

——由中世纪大学教师薪酬制说起

王 璞[*] 石佳丽[**]

[摘 要] 高校教师职业化的萌芽始于中世纪大学,教师薪酬制伴随着它一起发展变化。大学教师以专业活动作为其生存的主要手段,其收入财源经历了由学生感谢费到公共资源的转变;教师薪酬制对教师群体及个人的职业地位产生影响;教师专业活动逐渐制度化。教师薪酬制在给教师职业带来稳定的同时也禁锢了其发展。

[关键词] 教师职业化;中世纪大学;薪酬制

在遭遇了若干世纪的否定以后,中世纪开始受到公正的对待,人们开始用实事求是的态度评价中世纪的功过是非,学者们也试图重新认识中世纪在社会、思想、政治、管理、体制等方面的遗产。中世纪大学是现代大学制度的温床,教师的职业化就是肇始于此。哈斯金斯认为:"狭义的学术职业(大学教师)发端于中世纪大学。"[①]

中世纪大学教师薪酬制的产生与发展一波三折,中世纪大学教师的角色和权力发生了重要的变化,在其职业化的过程中得到了充分的体现:

---

[*] 厦门大学教育研究院副教授。
[**] 北京师范大学教育学部博士研究生。
① [美]查尔斯·霍默·哈斯金斯:《大学的兴起》,王建妮译,上海人民出版社2007年版。

(1) 大学教师通过其专业活动获得薪酬回报来负担生活支出；(2) 教师薪酬制对教师群体及个人的职业地位产生影响；(3) 教师专业活动逐渐制度化。

一 教师职业的薪酬回报

教师是伴随着学校产生的。然而，教师成为社会分工下的一种职业，还要以从事教育活动的教师"以学术为业"为主要标志。换句话说，教师通过教学活动向学生传授知识，并凭借此获得相应的经济及精神回报[①]。但是，在中世纪大学成立的初期，教会秉承苏格拉底的教育理念，认为"教育是上帝赐给人类的礼物，不应该用金钱来衡量"，倡导无偿教育的政策。随着整个社会的发展，人们对知识的渴望在极速地增大。在产生大学 12 世纪的欧洲，知识的传授已经在教会的范围外大量地开展了起来，并成为许多私营企业或者行会的专门职业，学生为教师提供谢礼的活动传播之广，已经超越教会所能控制的范围[②]。逐渐地，教会的观念也在转变，忏悔神父的手册确认了这一点："作为工作与辛勤劳作的回报，教师可以接受学生们的金钱"[③]。于是，作为专门的工作的"教书"这一职业就应运而生。

教师职业的薪酬回报经历了三个发展阶段：

13 世纪以前，牧师津贴占据主导地位，在这一阶段，大学教师以教会牧师居多。在教皇的支持下，他们不仅享有完全的自由，还可以获得牧师薪俸，还有学生缴纳的考试等费用。他们可以教学赚钱两不误。此时，这些具有牧师身份的大学教师还不能被完全视作以"教书"为职业，因为维系他们生活的主要经济收入是因其牧师身份获得的，他们是以牧师作为主要职业的。

13 世纪，随着中世纪大学的发展，优质的教师资源成为各所大学争

[①] [德] 马克斯·韦伯：《学术与政治》，冯克利译，生活·读书·新知三联书店 2005 年版，第 17、50 页。

[②] [日] 横尾壮英：『大学の誕生と変貌——ヨーロッパの大学史断章』，东信堂 1999 年版，第 51—52 页。

[③] 宋文红：《欧洲中世纪大学的演进》，商务印书馆 2010 年版，第 374 页。

夺生源的有力武器。大学像捕捉蜂蜜那样追逐着知名学者，而教师薪酬就成为吸引蝴蝶到处翻飞的花蜜①，将这些"行游者"变成了拥有稳定收入的职业教师。当时，动用公共资源提供教师薪俸的做法还没有风行欧洲，学生型大学的多数教师以收取学生感谢费（collecta）以及相应的考试费为生。在一些著名的教师型大学实行一种"regent"制度②，即取得学位者有义务要承担2—3年的教学工作，这些青年教师没有牧师职位，只能依靠学生的感谢费支撑着来完成大学的基础教学工作。还有少量知名教授从国王或城市当局那里领取一定的薪俸或年俸，最早的关于教师职业薪俸回报的历史纪录是：1224年，西班牙巴伦西亚（Palencia）大学的创办者阿方索第八世（Alfonso Ⅷ）创立教授职位津贴制度，向从巴黎和博洛尼亚等地挖过来的教师提供薪俸，这里薪金来自主教的"什一税"以及教皇额外收入之和③。教师职业薪酬回报的制度化，为教师职业化进一步谋求到可靠的财源奠定了基础。

14—15世纪是中世纪大学迅速发展并成熟的时代，教师职业化也在教师薪酬制的推进下愈演愈烈：由世俗政权控制的财力更雄厚、更稳定的公共资源为教师提供薪金，使教师获得了更多的职业安全感；教师薪酬制逐渐推广开来，采用薪酬制的大学增多，就连一向保守的牛津大学也于1437年设置了哲学教授席位，随后于1497年设置了神学教授席位④；受俸教师增多，以博洛尼亚大学为例，学生数量下降的情况下受俸教师的数量却在增加，1448年该校有44个讲座，教师122名，与14世纪末的47名教师相比增长迅猛；薪酬形成了完备的制度，不仅教授职业薪酬与教师的职位、承担课程的类型以及学科性质相关联，甚至还将浮动工资制度引入大学中，在牛津大学的新学院，在物资短缺的时候，津贴可能会增加到1先令4便士，一旦1蒲式耳麦子在牛津或周围市场上的价格超过了2先令，津贴就会由原来的1先令3便士增加到1先令6

---

① ［法］爱弥儿·涂尔干：《教育思想的演进》，李康译，上海人民出版社2006年版。

② 参见 Hilder de Ridder-Symoens ed., *A History of the University in Europe. Vol. 1*, Cambridge: Cambridge University Press, 1992, p. 145。

③ Alan. B. Cobban, *The Medieval Universities: Their Development and Organization*, London: Methuen & Co Ltd., 1975, pp. 175 – 176.

④ 张磊：《欧洲中世纪大学》，商务印书馆2010年版，第384页。

便士。

　　教师薪酬制的成熟与完善意味着大学教师职业的确立①。长期稳定的经济来源使得中世纪大学教师的任职观念发生改变，只有极小经济保障的状况已成为过去，这使他们预期到长期的职业前景。正是这种任职形式（薪酬回报方式和数量）的改变，使得大学教师成为与律师、医生或牧师一样的职业变成可能。从这个角度看，如果没有有薪金的教师职位制度，大学很难成为存留上千年的高等教育机构②。

二　教师的职业地位

　　薪酬制度的影响主要是促使社会承认大学教师这一职业是社会职业分工中的一部分③。教师职业地位主要体现在三个方面：教师组织在社会中的地位、教师个人在社会中的地位以及教师在师生关系中的地位。

　　中世纪大学的教师组织主要是教师行会，博洛尼亚大学教师行会是有着巨大影响力的教师组织，如教皇出教令集都会派人送给博洛尼亚大学的法学教师行会。加入教师行会是成为职业教师的必要条件，随着教师薪酬制的逐渐完善，教师组织显现出了其"世袭性格"：加入教师行会必须是博洛尼亚市出身，并在博洛尼亚大学取得学位④。教师行会组织在拥有大量社会资源的情况下极力地标榜自己的高贵地位，将他们认为不合适的人拒之门外，这样极力追求稳定学术"圈子"的行为来确保他们的收入和权威⑤。

　　中世纪大学教师个人的社会地位，在某种程度上可以体现在其收入来源及其收入水平上，随着教师薪酬制的创立及完善，有薪金的教师职位制度（tenure for lecturing staff）的概念在该时期的大学中逐渐形成和确

---

① 张磊：《欧洲中世纪大学》，商务印书馆2010年版，第384页。
② 贺国庆等著：《欧洲中世纪大学》，人民教育出版社2009年版，第128页。
③ ［日］横尾壮英：『大学の誕生と変貌——ヨーロッパの大学史断章』，东信堂1999年版，第74—78页。
④ Alan. B. Cobban, *Universities in the Middle Ages*, Liverpool: Liverpool University Press, 1990, pp. 9-10.
⑤ ［比利时］希尔德·德·里德—西蒙斯：《欧洲大学史》（第一卷），张斌贤等译，河北大学出版社2008年版，第164页。

立。世俗政权主导下的公共资源提供教师薪金,取代了依赖学生学费的或获得捐款资助的教师任职的思想①。有薪酬教师的生活水平逐步提高,一些人甚至融入城市有产阶层的社会生活中②。在教师集体内部收入水平存在比较大的差异,其社会地位因其收入水平的高低各有差异。对15世纪帕维亚大学情况的研究表明,少数几位法学教授位于教师收入金字塔的顶端(5%),他们的收入在600—2000个金币(florins),是那些艺学院教师收入(50个金币)的12—40倍,凭借着高额的收入,这些富人教师可以过上奢侈的生活③。在以民法(罗马法)教育闻名于世的博洛尼亚大学,民法教授享有最高的荣誉、最高的社会地位。他们优于市政府评议会中的所有其他成员,他们的建议、发言,即使是城市里最高权威者也不能拒绝,他们甚至充当博洛尼亚市与其他城市之间冲突的调停者。当时,市民称民法教师是"高贵的人,至高无上的市民"④。社会对一个教师的尊崇一直体现到死亡。在博洛尼亚,当有教授亡故,全城要为其哀悼。死后墓室的修建也是极其华丽,彰显着逝者的无上荣耀,如于1383年去世的乔万尼·莱尼亚诺(Giovanni da Levnano)的墓雕是雅克贝罗和帕奥罗(Jacobello et Paolo delle Masegne)的代表作。墓雕展现了逝者生前教学的场景,仿照贵族的墓雕,记载着博士的职业生涯,彰显其个人的尊严,地位的显赫⑤。然而,随着中世纪末,中世纪大学每个讲座教师数量的增加致使教师职位含金量被稀释,以及教师职业群体的封闭等原因,博士学位在后来被削减为纯粹的"学术学位",或者是检验学生是否具有"教学资格"的凭证,其原有的特权象征、政府公职地位、完全的执教权和对学院员工的管理权被剥夺。

教师在师生关系中的地位变化分为两种类型:一种是学生型大学中教

---

① 贺国庆等:《欧洲中世纪大学》,人民教育出版社2009年版,第127页。
② Alan. B. Cobban, *The Medieval Universities: Their Development and Organization*, London: Methuen & Co Ltd., 1975, p. 204.
③ [法]雅克·韦尔热:《中世纪大学》,王晓辉译,上海人民出版社2007年版,第139页。
④ Alan. B. Cobban, *Universities in the Middle Ages*, Liverpool: Liverpool University Press, 1990, pp. 9 – 10.
⑤ [法]雅克·韦尔热:《中世纪大学》,王晓辉译,上海人民出版社2007年版,第139页。

师在师生关系中地位不断上升,另一种是教师型大学中教师控制学生地位的稳固。这两种变化,均是由教师职业回报——薪酬来源的变化导致的。首先,以博洛尼亚大学为代表的学生型大学,起初是以学生行会为中心建立起来的,学生负责选聘教师、考核教师、给教师提供薪金,学生占据绝对的主导地位,学校的几乎每个活动都要经过学生的允许。学生对教学的管理更是严格,学生检查委员会秘密地选择学生作为间谍,他们向学生负责人报告教师行为,教师某些不适当的行为会被学生检查委员会罚款,而这罚款必须在开学之初预先存入城市银行中[1]。随着教师职业回报的经济支撑逐渐转入世俗政权的手中,学生地位一落千丈,而教师因为掌握学生考试合格及学位授予的权力,地位上升。其余以巴黎大学为代表的教师型大学,教师行会的权力之大是学生行会无法比拟的,牧师占据多数教师席位的教师构成模式意味着教师职业回报的经济来源是教会,学生的影响微乎其微,教师因其掌握丰富的知识资源成为师生关系的主导方。

三 教师职业的专业活动

大学的章程规定了教师这一职业专业活动的细节[2]。中世纪大学教师专业活动以教学为主,把教学作为一个全职的活动,一种真正的职业。相应的薪酬制度与其专业活动相配套,教师的专业活动包括"读",即发表他关于依据教学大纲详细制定教材的讲演,这种讲演以课程的形式安排下来,称为主干课,一般在上午进行且持续一个半到两个小时。一份来自费拉拉大学1474年10月课程安排即教师薪金发放的表格显示,负责早上主干课教师的规定薪金是非常高的,最高可以达到800里拉,是辅助课(130里拉)的6倍还多[3];博士还需要组织辩论,辩论一般在下午举行,教师需要帮助学生选择辩论的主题并主持辩论。这些课程是有频次

---

[1] Alan. B. Cobban, *Universities in the Middle Ages*, Liverpool: Liverpool University Press, 1990, pp. 9 – 10.

[2] [比利时]希尔德·德·里德—西蒙斯:《欧洲大学史》(第一卷),张斌贤等译,河北大学出版社2008年版,第169页。

[3] [日]横尾壮英:『大学の誕生と変貌——ヨーロッパの大学史断章』,东信堂1999年版,第74—78页。

地安排的，比如说法学院的辩论一般是每周不超过一次辩论，安排在日常教学日程之外，属于教师与学生的个人行为，不会额外发放薪金①。为了准备演讲和辩论，教师必须有自己的藏书以及空余的时间准备教学，这就需要教师有一定的经济基础，教师薪酬是解决这一问题风险最小的方法。当然，除去日常的课程教学工作，教师也需要负责学生学业的考核及学位的授予。

另外，与专业活动相关的活动还有：定期的和偶然的宗教仪式，召集考试委员会以及大学、学院、博士协会的集会和会议等②。教师可能会有机会出任大学管理部门的职务，如校长、学监、估价者（大学城里租金和价格的估价者）、财务官和学院院长。即使在博洛尼亚这种学生型大学中，也存在着博士协会的官员。这些职务的契约书一般是短期的（最长的一年），也有继续聘任的可能。任职期间，大学的官员们处于不断忙碌的状态，他们要维持账目和档案，解决日常问题。这些职务不仅会带来经济收入，也会赋予在职者权威和声望。

后期薪酬制度的变化调整使得教师忽视本职工作——教学，趋向新的权力中心——世俗贵族。教师的出勤率降低，到1317年，教皇约翰二十二世开始不断地担心"许多教师（在法学院），本应该专心于他的教学，却在致力于审判、辩护和其他外面的活动"。正如许多教师的传记所显示的（他们是著名的，也许不具有代表性），教学工作的缺席在中世纪末似乎变得更加糟糕。到15世纪后期，大多数大学都普遍实行了有薪金的教师职位制度（tenure for lecturing staff），这种制度的传播引起了教师任职形式的变化，使得教职从有限的和中期的契约合同转变为具有终身职业保障职位。这种制度可以在很大程度上稳定教师队伍，保证教学质量，但也有其消极方面。在南欧，这种提供给教师的进一步的保证助长了教师缺席率的提高，他们牺牲学校事务参加校外事务。教师将视线投向新的财富权力中心，他们为追求更多的收入以及更高的社会地位，将

---

① ［比利时］希尔德·德·里德—西蒙斯：《欧洲大学史》（第一卷），张斌贤等译，河北大学出版社2008年版，第169—170页。

② ［比利时］希尔德·德·里德—西蒙斯：《欧洲大学史》（第一卷），张斌贤等译，河北大学出版社2008年版，第170页。

自己推向王侯的宫廷。事实上，中世纪后期的大学生们不断抱怨许多教师把非常多的时间用于城市的、贵族的或者王室的事务上[①]。很多教师更愿意向王公或者教会服务，或者连续访问康斯坦斯或巴塞尔的会议，致使他们长达数月甚至数年地打乱了教学计划，且带来严重的后果。

中世纪大学教师职业化伴随着教师薪酬制的发展起起落落，教师薪酬制为教师职业化提供经济支持，结束了大学教师的流动状态，使其趋于安定。但是，安定的背后是管理和束缚，大学教师职业化与大学财政来源日益依赖于公共资源的状况交织在一起，导致了大学教师的官吏化。获得有薪金的职位的代价是顺应体制者才能享受并占有职位，大学教师日渐失去了追求知识和真理的自由。亦转变了其对于知识和职业的态度，无功利的科学情趣、与他人分享的欲望、对辩论成果价值的确信，以及12—13世纪教师们为之奋斗的思想都丧失殆尽[②]；知识变成一种致富的工具，维持个人的社会地位及整个社会结构的稳定。另外，人事管理制度的等级化还会严重堵塞年轻有为者的发展空间。

但是，不论是稳定的职业生活以及职业带来的心理安全感、社会地位的变化，还是教师自主自由学术权力的削弱，教师薪酬制度一直是各方为获得大学控制权而进行力量博弈的战场。在中世纪大学教师职业化萌芽的路途上，教师薪酬制度是教师在各种历史作用的影响下，朝着改善自己生活状态、提高自我专业活动水平而逐渐走向职业化的重要标志。

---

① Alan. B. Cobban, *Universities in the Middle Ages*, Liverpool: Liverpool University Press, 1990, pp. 16 – 17.

② ［法］雅克·韦尔热：《中世纪大学》，王晓辉译，上海人民出版社2007年版，第146页。

中世纪大学之"学术自由"辨析

张 弢*

[摘 要] 学术自由的概念经历过历史的衍变。中世纪大学中的"学术自由"主要是指大学和大学师生作为个体以及由其组成的社团整体所享有的特许权的总和,包括结社自治、罢课、迁徙、教会司法、通行执教资格等。博洛尼亚和巴黎是中世纪大学的主要策源地,它们获得的特许状(令)是中世纪大学之"学术自由"的例证;中世纪大学教师加兰的约翰留下的信札对理解与阐释中世纪的"学术自由"也有重要的辅助意义。本文通过对官方与私人两类史料进行考察与释读,厘清中世纪大学的"学术自由"与近现代学术自由的分野,剥离教研自由与大学在中世纪起源时期的关系。

[关键词] 中世纪大学;学术自由;特许权;特许状

一 绪论

学术自由的理念在不同的历史时期、在大学发展的不同阶段,有着迥异的内涵,中世纪大学的"学术自由"(libertas scholastica)具有鲜明的时代性而有别于近现代的理念。近代以来的学术自由以思想自由为基础,其理念与实践肇启于18—19世纪的德意志大学,包含两个最基本的要素:教师的教学自由(Lehrfreiheit),包括授课、研究、出版等;学生

---

* 清华大学人文学院历史系副教授。

的学习自由（Lernfreiheit），包括择校、选课、学习方式等。① 1810 年新建的柏林大学就是新理念的综合实践。学术自由的理念与实践先是推动了德意志大学向现代大学的转型，又在 19 世纪下半叶影响美国的大学，逐渐成为美国大学不可或缺的特征之一。大学起源于欧洲的中世纪时期，中世纪却是存在诸多禁锢的时代，如此的历史背景与学术自由的理念岂不相悖？其实，在中世纪的欧洲，所谓的"自由"大致可以分为三类：根据出身而生来就有的等级特权，自下而上从统治力量那里争取而来的豁免权，自上而下由统治阶层颁发的特许权以及特殊的庇护等。② 在中世纪的人看来，绝对的自由乃是上帝的自由意志，只有它是无条件的、不言自明的，这样的自由只停留于经院学者的著述；在现实中，中世纪的"自由"与豁免权、特许权息息相关。由此可知，中世纪大学的"学术自由"主要是指中世纪大学的学人所享有的特许权。③ 在中世纪流传下来的文献中，其表述是 libertas sc（h）olastica，也可直译为学人自由。不过，由于中世纪没有留下对"学术自由"这一表述的制度描述和理论解释，无法从中世纪史料中直接提取这个概念的定义。本文旨在通过对史料进行考证、释读、比较、分析，总结中世纪大学"学术自由"的含义，并给予符合时代背景的阐释。唯有如此，才能分辨出它与近现代的学术自由之区别，否则会以偏概全地理解大学史中的学术自由而忽略其历史性。

最古老的大学是 12 世纪末 13 世纪初在博洛尼亚、巴黎、牛津等地出现的，由教师与学生组成的行会（guild）。这种师生共同体（universitas magistrorum et scholarium）的组织形式是自治的社团（corporation）。学术自由在历史上是否与中世纪大学共生？在中世纪时期，指称社团、团体的名词 universitas 本是一个抽象名词，它并不特指某个共同体或者某个行会，起初也并非专指大学。在加上一个说明其属性、特征或者所属行业

---

① 陈洪捷：《德国古典大学观及其对中国的影响》，北京大学出版社 2006 年版，第 58—60、77—78 页。

② L. Boehm, "Libertas Scholastica und Negotium Scholare. Entstehung und Sozialprestige des akademischen Standes in Mittelalter", in H. Rössler & G. Franz Eds., *Universität und Gelehrtenstand 1400-1800*, Limburg/Lahn: Starke Verlag, 1970, pp. 15-61.

③ P. Classen, "Libertas scolastica-Scholarenprivilegien-Akademische Freiheit im Mittelalter", in J. Fried Ed., *Studium und Gesellschaft im Mittelalter*, Stuttgart: Anton Hiersemann, 1983, pp. 238-284.

的定语之后，universitas 才能充分表达是"某类人群的共同体""某个行业的行会"，例如教师的共同体（universitas magistrorum）、商人的社团（universitas mercatorum）、手工业者的行会（universitas fabrum）等。① 然而，行会的内部自治乃是这种组织的共通之处，这是历史悠久的罗马法赋予各种团体（universitas）的法律地位。② 中世纪的各类行会依然在践行此项法条，作为学人共同体的中世纪大学于此并无特殊之处，并不因为他们是教师与学生组成的行会就独享自治权利，其他行业的社团组织也是如此。甚至有很多中世纪的城市因为其法律身份是市民共同体（communitas civium），也享有自治的地位，例如德意志帝国境内的法兰克福、科隆等城市以及意大利的威尼斯等城邦。③ 可见，将中世纪大学的"学术自由"定性为学人社团自治或者大学自治并不适当。④ 自治可以被视作中世纪大学享有的特许权之一，但不是中世纪大学"学术自由"的全部内涵。

既然如此，对于中世纪大学"学术自由"的形式与性质，不妨先从话语的角度予以简要的考察。现代学术自由的概念源自德语的 akademische Freiheit（也作 Wissenschaftsfreiheit），其英语译文通常是 academic freedom，再字对字地逐译为拉丁语是 libertas academica，在这三门（甚至更多的）欧洲语言之间，现代学术自由概念的用语可以进行颇为工整的逐字对译。但在欧洲中世纪的拉丁语中——它是当时的官方语言和学术用语，相关的表述是 libertas scholastica 或者 libertas scholarium。在 13 世纪初，此类表述在与中世纪大学相关的官方文诰与私人文书中时而出现。若严格按照其字面翻译，那么 libertas scholastica 以及 libertas scholarium 均应译为"学人自由"——前一表述中的 scholastica 是形容词，词义为学人的，它修饰阴性名词 libertas（自由）；后一表述中的 scholarium 是名词 sc

---

① 有关中世纪大学的名称和性质问题，参见张弨《大学之名的中世纪起源与考释》，《清华大学学报》（哲学社会科学版）2014 年第 4 期。
② ［意］彭梵得:《罗马法教科书》，黄风译，中国政法大学出版社 2005 年版，第 39—41 页。
③ ［美］汤普逊:《中世纪晚期欧洲经济社会史》，徐家玲译，商务印书馆 2009 年版，第 180 页。
④ 有学者根据大学自治的原则认为现代的学术自由就是源自中世纪大学，参见［英］科班《中世纪大学：发展与组织》，周常明、王晓宇译，山东教育出版社 2013 年版，第 259 页。

[h] olar（学人）的复数属格形式，直译为属于学人们的自由，再具体到中世纪大学就是大学师生享有的自由。由于有大学、学人、师生、自由等核心概念为纽带，中世纪大学的学人自由与近现代大学的学术自由有了前后相承的关系；加之文字性史料的支持（详见下文），所以一般而言，西欧的中世纪时期被视作学术自由（akademische Freiheit/academic freedom）这一表述的诞生时代。①

作为创办大学的后起国家，中国的学术界对学术自由理念的发展史颇为关注。② 不过，由于既有的汉语研究缺乏原始史料的支撑，脱离了产生 libertas scholastica 这一表述的中世纪语境，对于什么是中世纪大学的"学术自由"的解答似是而非，出现了如中世纪大学的师生在"戴着铐镣跳舞""享有受到束缚的自由"等难以自圆其说的结论。其实，国内学者早就提出资料匮乏的研究会流于空洞，同时也呼吁对一手文献的研读和分析。③ 本文将以中世纪留传下来的文字性资料为依据并结合相关史实，对中世纪大学的"学术自由"做出历史性解读，探究中世纪大学的"学术自由"的维度。鉴于相关的史料比较集中地出现在中世纪大学刚刚兴起的几十年内，文中的阐释也更符合中世纪大学在 13 世纪初的情形。在 13 世纪初期，欧洲的大学本就寥寥无几，而博洛尼亚和巴黎是中世纪大学的主要策源地，将它们获得的官方特许状（令）作为例证加以研究应具有典型性；而私人文书是对官方文献的重要补充和佐证，中世纪学人在私人书信也出现过"学术自由"的表述。将私人书信与官方文诰进行比较和辨析，是全面阐释本文研究对象的必要途径。

需要说明的是，本文的研究限定在中世纪大学的范围之内。其实，从思想自由的角度看，学习、思考、研究的自由无论古今都不仅局限于大学之内。仅就中世纪时期而言，在大学产生之前，受过教育的学人就

---

① R. C. Schwinges, "Libertas scholastica im Mittelalter", in R. A. Muller & R. C. Schwinges Eds., *Wissenscha Ftsfreit in Vergangenheit und Gegenzvart*, Basel: Schwabe Verlag, 2008, pp. 1 - 16.
② 教育学领域的梳理参见王一军《大学演进中"学术自由"的意义嬗变》，《复旦教育论坛》2013 年第 4 期；和震《西方学术自由：走向自觉的历程》，《清华大学教育研究》2003 年第 1 期；历史学领域的梳理见陈列《关于西方学术自由的历史演进》，《世界历史》1994 年第 6 期。
③ 张斌贤、李子江：《我国"学术自由"研究的回顾与展望》，《江苏高教》2004 年第 1 期。

产生了对神学的不同解释，形成过不同的学说，由此而产生的学术分歧与纠纷不在少数。12 世纪哲学家阿伯拉尔（Abelardus）的从学、从教经历就是学人为捍卫自己的学说而争论的典型例证。① 另外，中世纪的学人撰写过大量的政治理论性著作，对王权与教权之间的关系做出过系统的论述。由于这些并不直接与中世纪大学相关，不在本文的考察视野之内。

二 特许权与特许状（令）

考察中世纪大学的"学术自由"即学人自由，离不开对中世纪大学的特许权（特权）、豁免权的研究。② 从中世纪大学与其他社会成员——主要指君主、教会、城市——所产生的关系来看，中世纪大学的发展史也是它不断获得特许权、扩展生存空间的过程。在《欧洲大学史》（*A History of the University in Europe*）第一卷《中世纪大学》③ 书后的主题索引中，编者将自由与豁免（liberties/immunities）的词条等同于特许权（privileges），将所有的相关出处全都归于特许权的词条之下。④ 不过，中世纪史学中的拉丁语词 privilegium 具有双重含义，而《中世纪大学》原书的作者群并不都是中世纪史的专业人士，他们在行文中难免出现将 privilegium 混同于现代英语词汇 privilege 的讹误，这也给汉语译文造成了困难，将该词概而论之地通译为特权、特许权。因此，必须先解释中世

---

① ［法］勒高夫：《中世纪的知识分子》，张弘译、卫茂平校，商务印书馆 1999 年版，第 37—45 页。

② 参见对中世纪大学特许权的专论，如 P. Kibre, *Scholarly Privileges in the Middle Ages: The Rights, Privileges, and Immunities, of Scholars and Universities at Bologna, Padua, Pari and Oxford*, Cambridge（Mass.）: Mediaeval Academy of America, 1961；国内学者的研究可参见张斌贤、孙益《西欧中世纪大学的特权》，《北京师范大学学报》（社会科学版）2004 年第 4 期；陈伟《论中世纪晚期西方大学和学者社群的社会特权》，《广东教育学院学报》2006 年第 4 期。

③ W. Ruegg, & H. D. Ridder-Symoens, Eds., *A History of the University in Europe*, Vol. 4, Cambridge: Cambridge University Press, 1992—2011. 在此书英文版编写过程中，同时出版有德语、西班牙语、葡萄牙语、俄语、汉语等译本。

④ ［比利时］希尔德·德·里德—西蒙斯：《中世纪大学》，张斌贤、程玉红等译，河北大学出版社 2000 年版，特别是索引中的第 571 页和第 580 页；并参见英文原版 W. Ruegg, H. D. Ridder-Symoens, Eds., *A History of the University in Europe*, Vol. 4, Cambridge: Cambridge University Press, 1992, pp. 496, 501 – 502。

纪历史中的 privilegium 为何物，才能进一步澄清中世纪大学的特许权及学人自由。

在古典拉丁语中，privilegium 指的是例外法条、特别颁布的法令，由此引申为优先权、特许权。① 该词的基本含义在中世纪仍旧适用，帝王诸侯以及教会自上而下承认或者授予臣属某些特殊的权利，这些不同寻常的特许权可以称作 privilegium（复数 privilegia），英语可以译为 privilege(s)，同时，privilegium 在中世纪时期也指一种具有固定格式的官方文诰，即特许状（令）。② 它是权力阶层颁布政令、法律、公告，或者颁发特许权、豁免权以及馈赠，乃至签署合约时所使用的一纸公文——当然，在中世纪时期它是写在一张畜皮纸（parchment）上的。从 12 世纪开始，特许状的形质和行文格式有了固定的模式，一份正规而完整的特许状包括开头、正文、结尾三个部分：开头部分需写明特许状的颁发方与接受方，正文是所列的具体内容，结尾是颁发的时间、地点、颁发人以及见证人的签名等。为了确保特许状的真实性与有效性，其下端一般缀有颁发者（有时也有见证者）的印玺（bulla），也就是英语中的 seal。③ 印玺大多为蜡质，非常重要的特许状则用金质，这就是通常所说的"金玺诏书"（bulla aurea）。如果是帝王颁发的特许状，它就类似于中国古代的圣旨、诏书。另外，从 13 世纪开始，本指印玺的 bulla 也被用作教宗发布的教廷文诰和特许状的代名词。④ 本文译为特许令，与特许状（privilegium）稍作区别。总之，作为特许状的 privilegium（以及特许令 bulla）是记载、颁发、确认特许权的诏令，它以文字的形式将特许权固定下来，并加盖了授予方的印玺，具有官方的权威与持久的法律效力。作为特许状的 privilegium（也包括特许令 bulla）的贴切英语译文应是 charter 或者 certificate，也就是德语中的 Urkunde 或者 Diplom。

对于中世纪大学而言，privilegium 既指大学及其学人获得的某项特许

---

① 谢大任：《拉丁语汉语词典》，商务印书馆 1988 年版，第 440 页。
② 对特许状的解释引自《中世纪大辞典》（Lerikon des Mittelalters. Stuttgart: Verlat Metzler, Vol. 7, 1999, pp. 224 – 228）。
③ 有关 bulla 的含义，参见 Lerikon des Mittelalters, Vol. 2, pp. 934 – 936。
④ 在［比利时］希尔德·德·里德—西蒙斯主编的《中世纪大学》中，第 124 页提及的教宗赐予的"特权"明显应是指特许状，其他处的误译不再枚举。

权,同时又指为了颁发、昭告以及确认特许权而签发的那张特许状。[1] 从 13 世纪开始,中世纪大学在创建之初就向教宗(后来也包括皇帝)申领特许状(令),作为大学正式成立的官方认可和法律凭证。大学史家把这种通过从最高权威那里申领特许状而获得大学(studium generale)身份认可的情况归类为"奉诏创立"(ex privilegio)。它与在早先通过"自发形成"(ex consuetudine)的博洛尼亚大学、巴黎大学、牛津大学以及由这些大学"迁徙而成"(ex secessione)的剑桥大学和帕多瓦大学,共同构成了中世纪大学产生的三种主要方式。[2] 第一所获得帝王的特许状而宣告成立的大学是位于意大利的那不勒斯大学。皇帝腓特烈二世(Frederick II)于 1224 年颁发特许状,为在那不勒斯创建一所新的大学而昭告天下。特许状中规定,将所有针对大学生以及学人的民事法律诉讼都交给大学的教师处理(Item omnes scholares in civilibus sub eisdem doctoribus et magistris debeant conveniri),由此保证了那不勒斯大学的自治权利,它虽是"敕建",但并不是帝国的官方机构,而仍保持学人共同体的法律身份。这不啻为皇帝给予那不勒斯大学及其学人最重要的一项特许权。那不勒斯大学的实例基本说明了中世纪时期特许状与特许权之间的表里关系。

三 "学术自由"文献释义

下文将分析最古老的大学博洛尼亚与巴黎从 13 世纪初流传下来的史料,既包括官方的文诰也有私人的文书,根据文献的不同种类考察其具体的语境,并结合当时的历史背景,逐一做出阐释。

(一)博洛尼亚大学的官方文诰

博洛尼亚大学是在其悠久的城市学校的基础之上自然而然地成长起来的[3],在 12 世纪末 13 世纪初的形成阶段并没有留下任何官方给予它确

---

[1] P. Kibre, "Scholarly Privileges: Their Roman Origins and Medieval Expression" *The American Historical Review*, Vol. 59, No. 3, 1954, pp. 543–567.
[2] [法]韦尔热:《中世纪大学》,王晓辉译,上海人民出版社 2007 年版,第 32—35 页。
[3] 博洛尼亚大学并没有确切的建校日期,其校徽上 1088 年的年份是 1888 年该校自行认定的,并没有获得历史学界的普遍认可,因为没有可靠的史料作为证据。

认的文字凭证，直至 1217 年。当时，博洛尼亚市订立了新的法令，规定在博洛尼亚的师生只能组成一个社团（universitas/societas）、选出一位主事人或者校长（rector），同时禁止大学师生再组其他社团而迁离博洛尼亚。由此使博洛尼亚学人的权益直接受到侵害，大学遂向教宗霍诺留斯三世（Honorius Ⅲ）求援。霍诺留斯三世在 1217 年、1219 年、1220 年分别向博洛尼亚大学以及当地的教会发布了多份特许令，力图从中调停并保护大学。这些特许令就是博洛尼亚大学保留下来的最早的官方文诰，被视作博洛尼亚大学从教廷获得的身份确认和特许权的权威文件。① 其中，教宗在 1220 年的特许令中明确表态，博洛尼亚市的法令与学人自由相抵触（…statute…manifeste obvient scolastice libertati），市府应该收回法令；学人自由乃是由来已久的习惯，教廷允许学人享有习以为常的自由（permittentes eosdem solita libertate gaudere）。②

教宗霍诺留斯三世并没有在 1220 年的特许令中展开解释 sc[h]olasticalibertas 的具体所指，只是笼统地提及对既有的学人自由给予保护。根据博洛尼亚市针对大学师生的不利法令来看，教宗的保护与结社自治和自由迁徙直接有关。博洛尼亚大学的师生长久以来就享有结社、自行选举主事人的权利，这其实就是民众结成团体（universitas）并自治的权利，是罗马法早已确立的，并非大学的师生所独享。而事实上博洛尼亚市府的法令并没有奏效，博洛尼亚大学的学生在 13 世纪初组成了两个社团并各选了一位主事人——山南人社团（universitas citramontanorum）与山北人社团（universitas ultramontanorum），也就是来自阿尔卑斯山以北的学生与山南的学生各有自己的团体。③ 来自山北的学子在亚平宁半岛属于"陌生人"，需要结成自助的社团维护自己的利益，不受当地人以及地方权势的压榨和勒索；而山南的学子虽然来自亚平宁半岛本土，但对于博

---

① 教宗的特许令均刊于 H. Rashdall, *The Universities of Europe in the Middle Age*（Vol. 1）, London: Oxford University Press, 1895; F. M. Powicke & A. B. Emden, new eds., Oxford: Oxford University Press, Vol. 1, Appendixes 1, 1936, pp. 585–588。

② H. Rashdall, *The Universities of Europe in the Middle Age*（Vol. 1）, Oxford: Oxford University Press, 1895, pp. 587–588。

③ ［比利时］希尔德·德·里德—西蒙斯：《中世纪大学》，张斌贤、程玉红等译，河北大学出版社 2008 年版，第 51 页。

洛尼亚当地人而言他们依旧是"外乡人",其境遇比山北学子也好不到明里去,依然需要自己社团的保护。此外,学人还根据家乡出身组成了同乡会(natio),这也是组成团体自我保护的措施。① 学生的社团越多,利益诉求就越分散,对于城市的权力阶层而言,就越不好管理,压缩社团数量自然是便于治理的较好途径。而在学生一方,个人以及社团出于对自身利益的保护,例如人身安全、食品供应、平价房租、司法诉讼等方面,与市民和市府的龃龉不断。当矛盾上升至冲突时,学子以及他们的社团最有力的武器就是离开该地另觅他处。因为此举不但会对城镇的经济造成严重的打击——学人大规模地迁离会直接造成消费市场的萎靡——而且是对大学城声誉的严重损害。② 牛津大学的学人因为与城镇冲突而集体出走,于1209年在剑桥另创大学就是著名的例证。③ 主动迁出也好、被迫撤离也罢,自由迁徙是中世纪大学及其学人所掌握的行之有效的维护团体以及个人利益的方式方法。罗马教廷也承认并保护这项权利,可见迁徙自由应在学人自由的范围之列。而迁徙其实又是以在原地罢课为前提的,否则也无须离开本地去异地教学。教宗霍诺留斯三世的特许令明令市府收回法令,而允许学人享有惯常的自由,不但强调了学人的结社权利,更相当于授予他们特许权,即自由迁徙权以及相关联的罢课权。

但是,教宗霍诺留斯三世的从中斡旋只让博洛尼亚市府与大学的矛盾获得了暂时的缓解。博洛尼亚的师生先是保留、后又使用了上述特许权。1222年,博洛尼亚大学的历史上最重大的一次师生罢课外迁爆发,而且造成了意义非凡的结果。师生来到帕多瓦,在该地组建了新的大学④,从此扩大了中世纪大学在亚平宁半岛的版图。

---

① 参见[比利时]希尔德·德·里德—西蒙斯《中世纪大学》,张斌贤、程玉红等译,河北大学出版社2008年版,第126—128页;以及对此问题的专论 P. Kibre, *Scholarly Privileges in the Middle Ages: The Rights, Privileges, and Immunities, of Scholars and Universities at Bologna, Padua, Pari and Oxford*, Cambridge (Mass.): Mediaeval Academy of America, 1961。

② 张弢:《西欧中世纪大学与城市之关系探微》,《古代文明》2013年第3期。

③ [英]拉斯达尔:《中世纪的欧洲大学》(三卷节译本第二卷),崔延强、邓磊译,重庆大学出版社2011年版,第167页。

④ G. Arnaldi, Le origini dello studio di Padova. Dalla migrazione universitaria del 1222 alla fine del periodo ezzeliniano, La Cultura: Rivista di Filosofia Letteratura e Storia, nuova serie, 1977, pp. 15, 388–431.

(二) 巴黎大学以及图卢兹大学学人的私人文书

中世纪提及"学术自由"表述最著名的私人文献是一位大学教师的书信。此人是巴黎大学文学院教师——加兰的约翰（John of Garland，也作 Johannes de Garlandia）。① 他的生卒年约在 1195 年至 1252 年（一说 1272 年），本是英格兰人，起初被称为英格兰的约翰（Iohannes Anglicus）。他在牛津大学接受教育之后，于 1220 年左右成为巴黎大学的拉丁语文法教师。约翰在巴黎塞纳河左岸授课的地点叫作加兰（Clos de Garlande），故以加兰的约翰而闻名。他于 1229 年参与了图卢兹大学（Toulouse）的创办，并在当地任教至 1232 年，后又返回巴黎大学任教直至辞世。加兰的约翰专注研究拉丁语的文法与修辞，擅写六音步的拉丁语诗。1252 年他完成了一部重要著作《教会之胜》（De triumphis ecclesiae），专论 12—13 世纪的宗教异端问题，其中详述了基督教会针对阿尔比教派的十字军征伐（Albigensian Crusade/Cathar Crusade，1209—1229 年）书中也涉及图卢兹大学的创立，下文要讨论的书信就收录在这部著作第 5 卷的结尾部分，从而得以流传至今。这是他在 1229 年底于图卢兹写就的一封类似通告的公开信，目的是为新创立的图卢兹大学广揽人才，特别是来自巴黎大学的师生。由于这封公开信的书写背景涉及图卢兹大学及其与巴黎大学的关系，所以有必要先简述当时这两所大学的情况。

图卢兹大学的创立源于对阿尔比教派的征讨。② 该教派在 12 世纪末 13 世纪初盛行于法国南部的图卢兹地区，阿尔比城（Albi）是该教派的活动中心，故而得名。阿尔比教派否认正统的三位一体学说，在神学观点上与罗马教会的正统教义有诸多冲突，遂被定为异端。教宗英诺森三世（Innocent Ⅲ）于 1209 年发起十字军，讨伐该教派以及支持该信仰的图卢兹地区的伯爵，由此开启了欧洲中世纪历史上持续 20 年之久的十字

---

① 加兰的约翰的生平及其著作参引自 Lexikon des Mittelalters, Stuttgart: Verlag Metzler, Vol. 5, 1999, pp. 577 – 578。

② C. E. Smith, *The University of Toulouse in the Middle Ages. Its Origins and Groweth to 1500 A. D.*, The Marauette University Press, 1958, pp. 32 – 55, 207; E. Delaruelle, De la croisade à l'université. La fondation de l'Université de Toulouse. "Les universités du Languedoc au XIII siècle" *Toulouse*, 1970, pp. 19 – 34.

军西征。在武力镇压的同时，罗马教会也看重信仰上的说服工作，力图在精神层面使图卢兹地区的民众重新皈依正统。1217 年，教宗霍诺留斯三世向巴黎大学的师生发出呼吁，号召他们到图卢兹去讲学、布道，宣扬罗马教会的教义。① 可以说，从 1217 年开始，教宗就有意在图卢兹创办一所新的大学，以此作为维护教会正统信仰的坚实堡垒，与该地的异端相抗衡。② 新大学的师资必然离不开巴黎大学的支持。巴黎大学是在强大的教会学校群的基础之上自发组织起来的。③ 长久以来，无论在巴黎大学诞生之前还是之后，巴黎都是教会看重的研习和传播正统神学思想的中心。更何况在信仰之战中，教宗尤要依仗巴黎大学的学人在课堂上以及在街头巷尾的宣讲，夯实民众头脑中的正统教义。加兰的约翰就在应诏前往图卢兹的学人之列。他前往图卢兹的具体时间不得而知，但在 1229 年图卢兹大学创立的时候，他已在该地。当时，十字军西征以罗马教会的胜利而告终。图卢兹的伯爵雷蒙七世（Raymond Ⅶ）于 1229 年向法国国王统率的十字军投降，并于同年的四月签订了战败后的《巴黎条约》（Treaty of Paris—Meaux），该条约的第 13 款规定，要在图卢兹城内创办一所新的大学，伯爵雷蒙七世须在接下来的十年之内出资 4000 银币，作为图卢兹大学为聘请 14 位教师而支付的薪金。自 1217 年教宗发出呼吁以来，不断有巴黎大学的师生来到图卢兹讲学、布道，所以图卢兹大学的创立可谓水到渠成，在 1229 年就已开堂授课。加兰的约朝正是图卢兹大学最早的教师之一。④

对于任何一所新创立的大学而言，充足的师资和生源是基本的立校前提之一。中世纪大学也不例外，当时的图卢兹大学也亟须补充师生以求稳固。恰在此时，巴黎大学正在经历一场师生大举外迁

---

① 教宗的数令刊于 Les statuts et privilèges des universités fransaises depuis leur fondatior jusqu'en 1789, 4 tomes, Ed., Marcel Fournier, Paris: Larose et Forcel, 1890 – 1894; rep. Aalen 1970, pp. 502, tom, Ⅰ, pp. 437 – 438。

② H. Gilles, "Le rôle de l'Université de Toulouse dans l'effacement du catharisme", in H. Gilles Ed., *Université de Toulouse et Enseignement du Droit（XII XVI siècles）*. Paris, 1992, pp. 197 – 211.

③ S. Ferruolo, *The Origins of the University*, *The Schools of Paris and Their Critics*, 1100 – 1215, Palo Alto: Stanford University Press, 1985.

④ Y. Dossat, Les premiers maitres à l'université de Toulouse, Jean de Garlande, Hélinand. Les universités du Languedoc au XIII" siècle. Toulouse, 1970, pp. 179 – 203.

的危机。① 事件的起因是巴黎大学的一群学生酒后与市民发生冲突，事态不断升级成全城的骚乱。王室与主教均对此袖手旁观，致使大学师生遭受攻击，甚至有多人伤亡。巴黎大学的师生停止了教学活动作为抗争，但仍旧不见成效，于是大批师生决定离开巴黎，另觅新地继续讲授课业。

加兰的约翰正是趁此时机于1229年底发出了一封公开信②，目的就是尽可能将离开巴黎的师生招揽到图卢兹大学。③ 加兰的约翰将书信的受众设定为来自各地的学子，邀请他们加入图卢兹大学的师生共同体继续学业。不过在1229年前后，在高卢境内除却巴黎大学之外并无第二所大学。④ 所以，加兰的约翰在信中所指的学子主要是针对从巴黎大学外迁的学生们。他在信中翔实地描述了图卢兹地区物产丰富、饮食充足；而且着重说明，图卢兹大学已然开课，文学、法学、医学、神学门类齐全，讲课与论辩在按部就班地进行，亦如巴黎大学。他还强调，在巴黎大学被禁止的亚里士多德的自然哲学著作是可以在图卢兹大学讲授的。紧接着，加兰的约翰以反问的口气继续写道："你们还缺少什么呢？学术自由么？绝无可能，因为你们将不受任何人的束缚而畅享属于自己的自由。"（Quid deerit vobis igitur? Libertas scolastica? Nequaquam, quia nullius habenis dediti propria gaudebitis libertate）然而加兰的约翰行文至此都还没有具体说明，他所指的"学术自由"乃是何物。在这段之后的文字中，他并未就此概念展开解释，却转而宣扬图卢兹的伯爵何等慷慨：他并非暴君而是愿为学人提供充分的旅行保护；如果外来的学人路遇劫匪，图卢兹的法庭将严惩不贷，亦如保护图卢兹本地的民众一般；另外，伯爵还自己出资为教师提供薪金云云。

---

① ［英］拉斯达尔：《中世纪的欧洲大学》（第二卷），崔延强、邓磊译，重庆大学出版社2011年版，第37—38页。

② H. Denifle & E. Chatelain, Eds., *Chartularium Universitatis Parisiensis*, 4 tomes, Paris: Culture et Civilisation, I, 1891–1899, pp. 72, 129–131.

③ 这封公开信的传播范围多广及其实际效力如何已无从考证，本文所探讨的仅是信中谈及的内容。不过从史实上看，图卢兹大学、奥尔良大学（Oriléans）正是在1229年接收了大批从巴黎大学外迁的师生之后而成功立足的。

④ 参见［比利时］希尔德·德·里德—西蒙斯《中世纪大学》，第66页"中世纪欧洲大学一览表"需要说明的是，现位于法国境内的蒙彼利埃大学（Montpellier）虽然也源自13世纪初，但该地在当时处于伊比利亚半岛的阿拉贡王室治下。

加兰的约翰虽然在 1229 年的公开信中提出了"学术自由",却通篇都没有对此做出明确的定义,也没有说明他所言的学人自由到底涵盖了哪些内容与权利。只有一点是不言自明的,就是图卢兹大学也是师生共同体的组织形式(universitas magistrorum et scholarium tholose studium),从巴黎前来的师生可以加入行会、行使他们结社的权利,当然也可以组成其他形式的团体例如同乡会(natio)。这是基于罗马法的传统,亦如在博洛尼亚大学。在大学内各种形式的团体和社团内部,学人们自然会要求行使自我规范与自我决断的权利。这在中世纪任何一地的大学都是相同的。

如何诠释加兰的约翰笔下的"学术自由",学界长久以来不无争议。英语学界没有对此表述做出深入的阐释,但不同的学者对 libertas scholastica 均给出了相同的英语译文,即 scholastic liberty。这是与拉丁语原文的逐字对译,虽然有别于现代学术自由的用词 academic liberty,但 academic 和 scholastic 两者在英语中几乎是同义词,均指"学术的"。[①] 可见,英语学界在翻译过程中已把加兰的约翰信中的 libertas scholastica 视为"学术自由",只是并未说明其内涵及其与 academic liberty 有何区别。德语学界的一般观点认为,由于公开信中说明了图卢兹大学可以讲授巴黎大学禁止的亚里士多德的自然哲学,此处的 libertas scholastica 可以看作大学史上第一次——乃至中世纪时期唯一的一次——提出教学自由(Lehr—und Lernfreiheit)的理念。[②] 或者说,加兰的约翰对教学自由的理念应该已经有所考量,至少在正面触及过。

然而,通过分析加兰的约翰公开信的整体语境,再联系 13 世纪初的大学史,可以看出将 libertas scholastica 定性为教学自由并不契合加兰的约翰之本意。这可以从两个方面给予解释。

首先,看一下巴黎大学禁止讲授亚里士多德部分著作的情况。1210年,巴黎等地的一众主教们联合发布通告,严禁在巴黎公开或者私下讲

[①] 这尤其体现在美式英语中,例如 Scholastic Assessment Text(SAT)就是美国的高中生在申请大学之前必须参加的"学术能力评估测试"。

[②] L. Boehm, "Libertas Scholastica und Negotium Scholare. Entstehung und Sozialprestige des akademischen Standes in Mittelalter", in H. Róssler & G. Franz Eds., *Universitat und Gelehrtenstand 1400 – 1800*, Limburg/Lahn: Starke Verlag, 1970, p. 23.

授亚里士多德的自然哲学著作以及对它的注释，否则将受到逐出教会（excommunicatio）的惩罚。① 换个角度看，这说明时至 1210 年，在巴黎师生的教学实践中是包括亚里士多德的自然哲学著作的，它不但出现在巴黎大学的课堂上，也可以在课外传授。虽然亚里士多德对自然的理解有悖于基督教的神学观，但这则禁令并非来自罗马教廷或者教宗，只是地方教会做出的决定，而且禁令中也没有写明禁止讲授的具体原因，其效力大多本身就值得怀疑。直到五年之后即 1215 年，巴黎大学的首部章程才正式确认此项禁令，亚里士多德的形而上学、自然哲学的著作及其相关的注释均不可以在巴黎大学讲授（Non legantur libri Aristotelis de methafisica et de naturali philosophia, nec summ de eisdem）。② 巴黎大学 1215 年的章程是在教宗的特使、枢机主教库尔松的罗伯特（Robert of Courson）的监督之下制定的，可以说代表了罗马教廷和教宗的态度。该章程并不是由外部的权威强加给巴黎大学的，而是在巴黎大学与罗马教廷相处和谐的背景下由学人自行制定的。③ 所以，巴黎大学的章程只适用于巴黎大学而不涉及其他大学，也就是说，在当时的大学圈内没有对亚里士多德的形而上学与自然哲学进行全面的封杀。即便是在巴黎大学，这则禁令的实际效力也甚为微弱，尤其无法约束师生们在课堂之外的传授。后来在 1255 年，巴黎大学文学院的课程表中正式恢复了对亚里士多德的形而上学与自然哲学的教学。④ 可见在 1229 年的时候，除巴黎大学受到禁令约束之外，其他大学——也包括图卢兹大学——本就可以讲授亚里士多德的所有已知著作，此乃当时各大学文学院通常的教学内容。图卢兹大学并不需要为此去特别争取解禁，图卢兹大学的教师也不是根

---

① H. Denifle & E. Chatelain, Eds., *Chartularium Universitatis Parisiensis*, 4 tomes, Paris: Culture et Civilisation. I, 1891 – 1899, pp. 11, 70 – 71.

② H. Denifle & E. Chatelain, Eds., *Chartularium Universitatis Parisiensis*, 4 tomes, Paris: Culture et Civilisation. I, 1891 – 1899, pp. 20, 78 – 79.

③ S. Ferruolo, The Paris Statutes of 1215 reconsidered. History of Universities, 1985, pp. 5, 1 – 14.

④ H. Denifle & E. Chatelain, Eds., *Chartularium Universitatis Parisiensis*, 4 tomes, Paris: Culture et Civilisation. I, 1891 – 1899, pp. 246, 277 – 279. 该文献中巴黎大学必读书目可参见 [美] 克伯雷《外国教育史料》，任宝祥、任钟印译，华中师范大学出版社 1990 年版，第 182、184 页，第 113 号。

据自己的意志判断去设定课程以及讲读的书目,这些都不能与教学自由的权利联系在一起。

加兰的约翰在公开信中提及两所大学之间在教学内容上的区别只是想借此吸引巴黎的师生,图卢兹大学的授课内容是各所大学在当时的教学常态,并没有特殊之处。反过来,违反通行教学常规的恰是制订禁令的巴黎大学自身。图卢兹大学并非教学自由的乐土,加兰的约翰更没有在此为取得"教学自由"而抗争——无论为亚里士多德的著作,还是为正统的神学学说。当异端教派在1232年发起反扑,图卢兹城重陷危机的时刻,加兰的约翰没有驻守图卢兹大学去捍卫讲授正统教义的教学自由,却返回巴黎大学继续任教,再也没有离开过。在此,加兰的约翰行踪的时间点值得关注。通行执教资格,也就是在某一大学获得任教资质的学人可以到其他任一大学授课而无须再经过考试,首次出现是在1233年,是教宗格里高利九世(Gregory IX)于当年的4月30日率先颁发给图卢兹大学的特许权(Et ut quicumque magister ibi [Tholose] examinatus et approbatus fuerit in qualibet facultate, ubique sine alia examinacione regendi liberam habeat potestatem)。[1] 而这时,加兰的约翰已离开图卢兹返回巴黎,距离他写1229年的公开信更是间隔了四年的时间。所以,此项特许权必不在他笔下的"学术自由"之列。在13世纪下半叶,各所中世纪的大学逐渐认识到通行执教资格的重要性与必要性,遂陆续为此向教廷申领。巴黎大学是在1292年从教宗尼古拉斯四世(Nicolas IV)手中申领到了这项特许权。[2] 加兰的约翰在此之前早已作古。

其次,从加兰的约翰在公开信中的行文来看,他先写明了在图卢兹大学可以讲授巴黎大学禁止的教学内容,之后紧接着就是自问自答式的表述——"你们还缺少什么呢?学术自由么?绝无可能"。从上下文内容的整体关系来看,这里的"自由"与教学活动不再相关,否则在笔墨上

---

[1] Les statuts et privilèges des universités francaises depuis leur fondation jusqu'en 1789, 4 tomes, Ed., Marcel Fournier, Paris: Larose et Forcel, 1890 – 1894; rep. Aalen, 1970, no. 506, tom. I, p. 441.

[2] H. Denifle & E. Chatelain, Eds., *Chartularium Universitatis Parisiensis*, 4 tomes, Paris: Culture et Civilisation. I, 1891 – 1899, pp. 578, 54 – 55, 中文节译可参见[美]克伯雷《外国教育史料》,任宝祥、任钟印译,华中师范大学出版社1990年版,第181—182页。

过于重复。加兰的约翰自己身为文法教师,又是在写给受过教育的学人的公开信中,想必不会采取如此赘述的笔法。加兰的约翰一生著作颇丰,传世的著作就有 20 余种,其中的大多数讨论的是文法、修辞、诗歌,其本人是一位虔诚的文法学家,也是诗人和修辞学家。他没有理论性的著述传世,起码没有留下任何专论学术自由、学人权利或者中世纪大学制度的文稿。① 他一贯注重在书信中对文法与修辞的运用,并著有一部《巴黎诗人》(*Parisiana Poetria*) 专论此道,还在课上给学生讲授书信的写作。② 毫无疑问,他想以优美的笔法与动人的文辞说服迁离巴黎大学的师生使尽其浑身解数争取他们转投图卢兹大学。所以,1229 年的公开信更多地表现出了加兰的约翰笔下华丽的文采和丰富的辞藻,以此来博人眼球,并不是以表达或者宣扬"学术自由"理念为宗旨。"学术自由"是加兰的约翰为吸引视听而采取的文辞上的策略,而不是就此问题的申论。他在信中没有就此概念深入展开地解释也就不足为奇了。

无独有偶,还是在 1229 年,同样是为了招揽从巴黎大学出走的师生们,英王亨利三世 (Henry Ⅲ) 降诏邀请巴黎大学的教师和全体学生迁到英格兰继续学业,承诺他们可以享有自由与平静 (libertas et tranquillitas)。③ 英王诏书中也没有具体说明"自由"的含义,但这个概念在此处用来作为一项美好的许诺、引人的"招牌幌子"的意味再明显不过了。

(三) 巴黎大学的官方文诰

虽然如此,加兰的约翰在信中所写的"学术自由"并不是天马行空式的无中生有或者巧舌如簧地夸张许诺。围绕着加兰的约翰,有两点线索可以用来分析他所言的"学术自由"所指为何:其一,加兰的约翰本人巴黎大学教师的身份,他所认知的大学一定是以巴黎大学为参照的标

---

① 其所著的《学人的品德》(Morale scolarium) 乃是一部讽刺诗集,与学术自由无涉。参见 Paetow, L. I. Ed., *Two Medieval Satires on the University of Paris: La Bataille des VII Ars of Henri d'Andeli and the Morale Scolarium of John of Garland*, University of California Press, 1927。

② G. Leff, *Paris and Oxford Universities in the 13th and 14th Centuries*, London: John Wiley & Sons Inc., 1968, p. 126.

③ H. Denifle & E. Chatelain, Eds., *Chartularium Universitatis Parisiensis*, 4 tomes, Paris: Culture et Civilisation. I, 1891 – 1899, pp. 64, 119, 英王诏书的中文节译可参见 [美] 克伯雷《外国教育史料》,任宝祥、任钟印译,华中师范大学出版社 1990 年版,第 180 页。

准；其二，他在公开信中将"学术自由"描述为学人"专享的自由"（propria gaudebitis libertate），两者相结合，就将考察的视线引向1229年之前的巴黎大学及其学人所获得的特许权，由此自然要再次释读巴黎大学时至1229年所获得的特许状（令）。

巴黎大学在13世纪初获得的最重要的特许权非1200年法王菲利普二世（Philippe Ⅱ Auguste）颁发的特许状莫属。当年，巴黎大学的学子与市民发生流血冲突，学生当中颇有伤亡，师生遂向国王菲利普二世求援。菲利普二世于1200年（可能是在7月）颁下特许状，不但惩戒了巴黎的官吏而支持学人，更一举奠定了巴黎大学作为学人共同体的身份地位。① 于是，巴黎大学将这份特许状视作王权认可其合法身份的最早的权威凭证。史学界也由此认定，中世纪巴黎大学的正式形成一定不晚于1200年。② 尤其值得注意的是，在这份特许状中，国王将巴黎的学人（Parisienses scolares）直接置于教会的司法权之下（justicie ecclesiastice），而不受巴黎市长以及世俗法庭（prepositus noster et justicie nostre）的审判。而且，教会的司法权不但适用于巴黎大学的学人自身，也覆盖了他们的仆从以及财产。也就是说，巴黎大学的学人如果触犯了律条——无论是世俗的法律还是教会的规章，他们都不接受世俗法庭的审判，而只能交付教会法庭处理。这其实是承认了巴黎大学的学人全都拥有教士的身份，而无论他们在现实中是否只是普通的平信徒。此项特许权对大学的学人无疑是一种极大的宽容乃至赦免，因为直到13世纪，教会还是垄断教育事务的机构，将犯罪的学人置于教会的司法权之下无异于将犯错的孩子交给孩子的家长处理。

不过，巴黎是教堂林立的城市，教堂中的教士团的成员也都拥有教士的身份。他们是否也享有与学人相同的特许权？答案是否定的。国王菲利普二世在1200年的特许状中对此做出了明确的补充规定：他并不想把巴黎教士团的成员及其仆从等包括在享有这项特许权的范围之内

---

① H. Denifle & E. Chatelain, Eds., *Chartularium Universitatis Parisiensis*, 4 tomes, Paris: Culture et Civilisation. I, 1891-1899, pp. 1, 59-61. 法王特许状的中文节译可参见［美］克伯雷《外国教育史料》，任宝祥、任钟印译，华中师范大学出版社1990年版，第170—172页。

② ［比利时］希尔德·德·里德—西蒙斯：《中世纪大学》，张斌贤、程玉红等译，河北大学出版社2008年版，第63页。

（nolumus ut canonici Parienses et eorum servientes in hoc privilegio contineantur），很明显，教会司法权是巴黎大学的学人自1200年起独享的特许权。加兰的约翰本人从未担任过任何教会职务，他在巴黎大学任教时正是以平信徒的身份享有不受世俗法庭审判而受制于教会法庭的特许权。至此可以说明，加兰的约翰1229年公开信中提及的学人们"专享的自由"应该包括教会司法权。

另外，加兰的约翰曾经响应教宗的号召，主动离开巴黎大学到图卢兹传道并任教，本身就行使了自由迁徙的权利。再加之，1229年公开信的主要目标受众是从巴黎大学迁出的师生，加兰的约翰对他们发出邀请已然表明了他对此事的态度，即对巴黎师生的外迁之举以及之前的罢课行为是赞同和支持的。难道他不想向迁离巴黎的师生声明，他们在图卢兹大学依然拥有与在巴黎同样的权利吗？所以，加兰的约翰发出公开信这一举动的潜台词就是，学人"专享的自由"还包括罢课与迁徙的权利。或许在加兰的约翰看来，这些特许权早就是长久以来众所周知的，是巴黎的学人习以为常的"学术自由"。

果不其然，罗马教廷在1231年正式向巴黎大学的学人颁发了享有罢课权和迁徙权的特许令。发生在1229年的巴黎大学师生的大举外迁导致巴黎大学停课整整两年，直到1231年才有学人陆续回流逐渐恢复教学。教宗格里高利九世为了平息事端并促进巴黎大学尽快全面复课，于1231年4月13日颁布了著名的特许令《知识之母》（*Parens Scientiarum*）[①]，以此授予巴黎大学多项特许权。[②] 作为来自教宗的官方文诰，该特许令非但没有对两年前的师生外迁徙给予惩戒，相反还做出了有利于巴黎大学的裁定，这相当于以颁发特许令的举动从事实上承认了巴黎大学师生外迁的正当性。同时，特许令正式承认巴黎大学的学人享有罢课的权利。当学人在巴黎遭遇不公的房屋租赁价格、偷盗或者人身伤害时，如果在15日之内得不到满意的赔付，大学有权停课（suspendere lectiones）；当学人

[①] 常见的汉译是"科学之父"，然而中世纪大学常被喻为"哺乳的母亲"，即母校，故本文译为"知识之母"。

[②] H. Denifle & E. Chatelain, Eds., *Chartularium Universitatis Parisiensis*, 4 tomes, Paris: Culture et Civilisation. I, 1891-1899, pp. 79, 136-139, 中文节译可参见［美］克伯雷《外国教育史料》，任宝祥、任钟印译，华中师范大学出版社1990年版，第178—179页。

被非法速捕或者受到迫害时，如果他们认为有必要，就可以立即罢课（statim a lectione cessare）。此外，特许令还明确规定，那些既不上课、也不拜师却佯装成大学生者，均无法享有学人的自由（Et illi, qui stimulant se scolares, nec tamen scolares frequentant nec magistrum aliquem profitentur, nequaquam scolarium gaudeant libertate）。换句话说，罢课权是巴黎大学的学人独享的特许权。除此之外，教宗的特许令还承认，巴黎大学在安排讲课与论辩的形式和时间、确定其成员的葬礼仪式等事务方面，拥有制订或者废黜规章与条例的权利等特许权。总之，从1231年始，罢课权以及迁徙权正式成为官方承认的巴黎大学的特许权。1231年的教宗特许令《知识之母》由此也被视作巴黎大学的《大宪章》（Magna Charta）。[1]

《知识之母》不但对正处在发展初期的巴黎大学意义重大，而且深刻地影响了其他中世纪大学。后来，特别是在14世纪和15世纪，在教宗、帝王也包括地方诸侯向新创立的大学颁发的特许状（令）中，巴黎大学以及博洛尼亚大学经常被指定为新大学均须参照的典范，新大学及其学人享有与巴黎大学和博洛尼亚大学相同的各项特许权。也就是说，罢课权与迁徙权随着大学版图在欧洲中世纪晚期（特别是14世纪至15世纪）的扩展而成为获得普遍承认的、各所中世纪大学的学人均享有的特许权。特许状（令）中也逐渐无须再具体说明学人享有的自由与特许权的详尽内容，而是给予概括地承认。例如，德意志神圣罗马帝国的七位选侯人之一、帕拉丁伯爵鲁普莱希特一世（Ruprecht Ⅰ）于1386年10月1日颁布文诰，宣布创立海德堡大学（Heidelberg）。文诰明确写道：海德堡大学的创立将以巴黎大学为楷模（studio Heidelbergensi ad instar studi Parisiensis fundando）；如同巴黎大学的教师、学子及其仆从享有的每一项特许权……海德堡大学现在以及将来的教师、学生包括所有从属于大学的人员均可凭此特许状而毫无折扣地享有这些特许权、免役权、豁免权以及自由等。在这份文诰中，privilegium（特许权）、immunitas（豁免权）、libertas（自由）等表述并列出现，而且集中出现过两次，但均未对特许权的内容详加解释。由此说明，时至中世纪晚期，中世纪大学的特许权

---

[1] H. Denifle, *Die Entstehung der Universitaten des Mittelalters bis 1400*, Berlin：Wei-dmann Verlag 1885；rep. Graz：Akad. Dr, - u. Verlagsanst, 1956, p. 363.

以及学人的自由所包含的内容已是不言自明的普遍概念，至少对于中世纪大学、学人、教会以及大学创立人等相互关联的几方而言，对此早已心知肚明、司空见惯。在中世纪大学的特许状（令）中已无须再详细说明，"授予特许权与自由"逐渐成为官方文诰中例行公文的套话。

四 结语

上述研究已然展示出，在中世纪大学维度内的"学术自由"就是学人自由（libertas scholarium），它是中世纪大学的学人所享有的特许权（privilegium scholarium），中世纪大学在13世纪初期获得的几项重要的特许权包括罢课权、迁徙权、教会司法权等。同时，学人还享有源于罗马法传统的结社权，这在当时乃是自然之事——这其中又包括自行选举主事人、自行制定行会内部规章等一系列连带的社团自治权。随着时间的推移，新的大学不断创立，大学的版图在中世纪晚期逐渐扩展到整个欧洲，在此过程中，中世纪大学及其学人所享有的特许权也在逐渐增加。其中，通行执教资格（licentia ubique docendi）是最重要的也是中世纪大学不可或缺的特许权，事关中世纪大学（studium generale）的地位与身份。它经历了13世纪的发展，最终确立为中世纪大学及其学人独享的特许权之一。[①] 此外，中世纪大学的学人还从世俗君主那里获得了免劳役、免军役、免税赋等特许权；有教会职务的学子们还从教宗那里获得了脱离所任圣职的驻地义务而去异地上大学、但仍享有圣俸的特许权（beneficium in absentia）。不过，学人是否享有这些与生活和财产直接相关的种种特许权，或者何时享有、享多久，均要视情况而定，因为学人所在的不同大学从不同的权力主宰者那里获得特许状（令）中的规定也不尽相同。

纵观大学在中世纪时期的整体历史，中世纪大学的"学术自由"可以看成大学与学人所享有的特许权的总和，其核心内容包括结社、罢课、迁徙、教会司法、通行执教资格等，它们是各中世纪大学普遍享有的特许权。然而，对于其中的一些特许权还是要做出补充说明。首先，中世

---

① 张弢：《欧洲中世纪执教资格的产生与演进》，《世界历史》2013年第3期。

纪学人共同体的结社和自治与现代常被提及的大学自治不可同日而语，后者是 19 世纪以后才有的概念。教会权力与世俗权力一直都试图介入中世纪大学的组织和管理，例如大学校长的人选问题在中世纪晚期时常成为大学与地方权势对峙的焦点。中世纪晚期的大学多数是由地方诸侯和城市出资创办的，创办人自然要求染指大学的日常事务，甚至包括教学内容。另外，教宗僭越大学执教资格授予权的情况也并不少见。所谓"奉令教师"（doctores bullati），就是教宗通过颁布特许令将没有获得通行执教资格的学人直接擢升为大学教师。[①] 此举从根本上看，损害了社团自治的基本权利，因为奉令教师没有经过师生共同体接纳新成员的程序，而是被教宗直接指定加入了该共同体。最后再看巴黎大学的罢课权。在获得官方承认近三百年之后，巴黎大学在国王路易十二世（Louis XII）的高压之下被迫终止了对这项特许权的行使自由，最后一次罢课发生在1499 年。[②] 那么，这个时间点是否可以被视作大学的中世纪历史的终结？1500 年是不是近代大学的开端？要回答这些问题均须再做出专门的考察。

在诸多学人的特许权中，最为特殊的一项要数中世纪大学的学子获得的教会司法权。1200 年法王菲利普二世颁发给巴黎大学的特许状承认了大学学子的教士身份。这项特许权将对犯罪学生的司法审判权完全交给教会，使大学的学人免于世俗法庭的约束，这是在现代社会无法想象的。更有甚者，教会司法权还从中世纪大学的学人身上延伸至他们的仆人、随从以及为他们的大学生活提供各种相关服务的人员，包括抄手、写工、书商、笔匠、畜皮纸匠等人。这极大地扩展了享有中世纪大学"学术自由"的主体，与近现代的大学颇为不同。所以，不乏学者将这项司法审判特许权（privilegium fori）直接等同于学人的特许权（privilegium scholarium）。[③]

本文至此已然阐明，学术自由的概念具有历史性，它在不同时代的

---

① H. Rashdall, *The Universities of Europe in the Middle Age* (Vol. 1), Oxford: Oxford University Press, 1895, pp. 591 – 593.

② [英] 拉斯达尔：《中世纪的欧洲大学》（第二卷），崔延强、邓磊译，重庆大学出版社 2011 年版，第 99—100 页。

③ M. B. Hackett, Ed., *The Original Statutes of Cambridge University. The Text and Its History*, Cambridge: Cambridge University Press, 1970, p. 115.

内涵不尽相同。中世纪大学的"学术自由"指的是特许权,它与今天所说的围绕教学与科研等事务的学术自由有天壤之别。从学术自由概念的历史起源来看,教研自由与中世纪大学没有必然的联系,不是大学与生俱来的特性;以教研为核心的学术自由是近现代以来大学的基本特征,是现代学术自由概念的内容。本文论及的"学术自由"限定在中世纪大学的范围之内。其实从根本上讲,求知的行为与求真的探索是每一个人的权利,未必与机构相系,也不一定与职业挂钩,并不是只有专业人士或者出于职业要求才享有此项"殊荣";只不过,大学师生由于以教研为业甚至以此为天职,才凸显大学奉行学术自由原则的必要性。由于大学起源于中世纪时期,所以在追溯学术自由概念的根源时容易与大学的起源混为一谈。本文所努力达到的就是以史实为依据,在中世纪的语境中理解中世纪大学及其"学术自由",避免对中世纪大学以及相关概念的过度理想化。

民族认同和外来思想的碰撞

——20 世纪初至二战前德国对杜威教育思想的吸收

赵 康[*]

[摘 要] 20世纪末以前，杜威教育思想在德国教育理论和实践中一直不被看重。虽然在德意志帝国时期古利特和凯兴斯泰纳等对杜威教育思想有所吸收，但主要是从民族主义立场对其著作进行翻译和阐释。魏玛共和国时期对自由民主的崇尚和许拉对《民主主义与教育》的译介，使这一时期德国教育学界对杜威教育思想的吸收有所扩大加深；一些教育学家将其民主思想转化在学校改革实践中。然而，这一时期杜威教育思想在德国教育实践中不仅没有产生可观影响，还遭到德国主流教育界的篡改、冷遇和贬损，导致后来杜威在德国长久被误解。为究其根源，以教育史学家特罗勒的"教育语言"概念为研究工具，发现当时德国的教育领域被精神科学教育学以及支撑此学派的"教化"语言所主导；它与德国人眼中的杜威民主教育思想发生强烈碰撞和冲突。

[关键词] 杜威教育思想；德国；学校改革；民族认同；外来思想；民主主义

---

[*] 浙江大学教育学院教授。

一　引言

　　杜威教育思想的全球性扩散与吸收，深刻影响了世界近代众多国家的教育实践。然而总有例外，而这样的例外在德国体现得尤为突出。德国学者诺贝特·格鲁伯（Norbert Grube）指出，1945年之后，即第二次世界大战之后，杜威对德国的教育学影响甚微。[1] 教育哲学家于根·欧克斯（Jürgen Oelkers）在1993年德文版的《民主主义与教育》的后记中提到，在德国，杜威一直是一个"边缘人"，较其他许多国家而言，"很少被阅读，很少被翻译，更不被讨论"[2]。似乎到了20世纪末，德国才出现对杜威教育思想的关注。可事实上，早在20世纪初期至二战前，德意志帝国和魏玛共和国对杜威教育思想就有所吸收了，只是没有在当时教育界产生可观影响，反而遭到冷遇、篡改、批判和贬损。德国纳粹党执政后，政府强令彻底中断了对杜威的研究。二战后，东西德对杜威教育思想的吸收活动充满挫折。[3] 在欧克斯看来，这些现象源于德国对杜威思想的早期吸收的失败，以及因这一失败经历造成的对杜威的长期误读。[4] 本文力图对20世纪初至二战前，德国对杜威教育思想的吸收状况做一考察，同时探究杜威教育思想在当时德国不被看重的原因，以作为案例呈现跨国性教育思想在不同文化和意识形态中可能遭遇的困境。

---

[1] Grube, N., "A 'New Repulbic'? The Debate between John Dewey and Walter Lippman and Its Reception in Pre-and Postwar Germany", In Rosa Bruno-Jofre Jürgen Schriewer. *The Global Reception of John Dewey's Thought: Multiple Refractions Through Time and Space*, New York and London: Routledge, 2012, p.208.

[2] Oelkers, J., *Dewey in Deutschland-ein Mißverständnis. Nachwort in John Dewey: Demokratie und Erziehung. Eine Einleitung in die Philosophische Pädagogik*, Weinheim / Basel: Weinheim: Julius Beltz, 1993.

[3] Bitter, S., "The Perception of Dewey's Pragmatism in Germany after 1945", in Daniel Tröher and Jürgen Oelkers. *Pragmatism and Education*. Rotterdam: Sense Publishers, 2005.

[4] Wegner, R., Dewey's Ideas in Germany: The Intellectual Response, 1901–1933, Ph. D. Dissertation, The University of Wisconsin-Madison, 1978.

二 德意志帝国时期：学校改革、民族主义与杜威教育思想的引入

20世纪初期的德意志帝国是一个君主立宪制的联邦国家，其境内已有一批教育学家对杜威教育思想有所接触，并以其思想支持各自的理论，服务于各自的目的。自由进步主义教育学家威廉·芒奇（Wilhelm Münch）在柏林以杜威的《学校与社会》支持其"劳作活动"（arbeitsbethätigung）的思想；慕尼黑大学教育改革家威廉·弗尔斯特（Wilhelm Foerster）通过杜威教育思想展示学校与社会可以怎样和谐地结合起来；汉堡学校改革家卡尔格茨（Carl Götze）在德国北部对杜威的教育思想给予支持；文学启蒙家约翰·格拉泽（Johannes Gläser）在不莱梅使用杜威的教育思想支持其"体验教育"（Erlebnispädagogik）的理念；教育学家和哲学家保罗·巴尔特（Paul Barth）在莱比锡将杜威模式的学校视为一种"劳作团体"（Arbeitsgemeinschaft），并在当地教师培训学校中获得支持。此外，"学校改革者联盟"（Bund der Entschiedenen Schulreformer）的成员借助杜威的著作力图把课程与现代工业联结起来。因此，美国学者罗伯特·韦格纳（Robert Wegner）指出："有证据表明德国教育学家和改革者在1908年之前就熟悉杜威的教育学著作，也很欣赏和看重他的著作。"但他同时指出，"这种熟悉主要是基于杜威的《学校与社会》这部著作"。[①] 而说到这本著作在德国的传播，不能不提到路德维希·古利特（Ludwig Gurlitt）。

古利特是柏林施泰格利茨区（Steglitz）高级中学的一名古典学科教师，也是一名直言批判德意志帝国学校教育的激进改革派。他认为德意志帝国旧有的教育系统陈腐而虚伪，只关注国家及其层级制度的维持，而传统教育限制着儿童的潜能，父母把自己的意愿强加在儿童身上。因此，他抨击旧学校体制漠视儿童的本性、自然发展、好奇心和艺术表达；他鞭挞忽视儿童兴趣与需要的教学方法，主张"儿童中心"观，支持杜威教育思想。参照杜威关于学校作为"雏形社会"的概念，他指出德国

[①] Wegner, R., Dewey's Ideas in Germany: The Intellectual Response, 1901 – 1933, Ph. D. Dissertation, The University of Wisconsin-Madison, 1978, p. 104.

学校"应当像杜威所解释的,成为小型有机体和社会团体,使国家、城市和乡村的共同财富得以在其中再生。"① 他创立了"新教育学会"(Gesellschaft für neue Erziehung),致力于完善学校改革的新原则,把杜威教育思想引入德国教育改革运动。他指出,杜威和德国学校改革者一样,对公立学校的管理问题非常不满。在他看来,杜威能充当他们的顾问,解答他们的问题,所以翻译杜威的《学校与社会》具有建设意义。他期望学校改革者们能通过阅读这本书而反思其中的教育原理,增强各自的改革信念。

1903年古利特翻译了《学校与社会》的第一章,并以"学校与公共生活"为题在期刊《教育心理学杂志》上发表。② 次年,他的妹妹埃尔丝·古利特(Else Gurlitt)负责翻译了《学校与社会》的第三、四章。1905年他们也把第二章翻译出来,与其他章节合并成书出版。虽然译者的署名最终为埃尔丝·古利特,但至少有一章由路德维希·古利特翻译,而且译文很可能经过两人共同协商而成。这个译本流传极广,是其出版后数十年里德国读者对于杜威教育思想的重要认知来源。③

尽管这个译本有助于杜威教育思想在德国的早期传播,但问题在于该译本并没有完全忠实于杜威的原著。古利特是德国教育学会(Verein für deutsche Erziehung)的成员。该组织由卡尔·格茨领导下的学校改革派成立,从民族主义立场出发,试图改革德国学校体系。因此古利特非常热衷于民族主义教育。他与杜威一致的地方在于"反对传统学校体系,关注教育过程中的儿童,并使教育系统能够社会性地更新。"④ 但是,古利特却借用杜威思想支持自己的民族主义导向的教育政治主张,支持德意志帝国当时的社会政策。他担心美国通过教育改革而在精神力量上超越德国,因此希望加强德意志民族的精神力量。他指出"拯救"德国有

---

① Gurlitt, L., "Die Schule und das öffentliche Leben I" *Zeitschrift für Pädagogische Psychologie, Pathologie und Hygiene*, Vol. 5, 1903, pp. 344 - 364.

② Gurlitt, L., "Die Schule und das öffentliche Leben I" *Zeitschrift für Pädagogische Psychologie, Pathologie und Hygiene*, Vol. 5, 1903, pp. 344 - 364.

③ Bittner, S., "German Reader of Dewey-Before 1933 and After 1945", *Studies in Philosophy and Education*, Vol. 1, No. 19, 2000, p. 84.

④ Bittner, S., "German Reader of Dewey-Before 1933 and After 1945", *Studies in Philosophy and Education*, Vol. 1, No. 19, 2000, p. 87.

赖于适合的"国民教育"(Volkserziehung)。他在译本的前言中声称:"当观念继续进步,学校教育问题就必须从宏观的国家与社会意义层面讨论。目前在这条精神道路上几乎没有人能超越美国教育学家杜威。"[1] 其实,此处误读了杜威。杜威在《学校与社会》中并没有谈到民族性(nationality)与社会性(soicality)的联系,而只是提到通过教学中的手工活动将个体与社会连接起来。而古利特声称:"成长的青年一代,无论出身什么阶层,都会因这样的国民教育而获取人民的最高和最普遍的精神财富。"[2] 这好像是在说杜威的目的与德意志帝国的主张是一致的。[3] 他总结:"杜威这篇著作的基本理念是,我们尽可能使青年人不受陈腐的书本知识打扰,可以激起他的自省和自觉,更加注重能力和倾向。他应该更好地去准备理解和领会周围的自然界和社会。这一基本观念在德国通常都获得赞成和拥护,并在保持这一特定传统之下尽可能地付诸实践。"[4]

古利特的译本与杜威原著意思的分离还体现在一些核心概念的翻译上。在翻译书名时,他特意把"社会"(society)翻译为"公共生活"(öffentliches Leben),强调"履行公共期望"的意思,至于杜威意义上的教育新一代"创造"或"改造"社会的含义则已缺失。[5] 这也使得"社会"与"共同体"(community)概念不好区分。此外,他在书中把"education"笼统翻译为"erziehung",在德语语境中未能准确表达杜威教育理论中含有创造性意味。[6] 古利特带着自己的政治和教育立场解读和翻译杜威,以服务于自己的政治和教育主张,在很大程度上曲解了杜威原本的教育思想,造成大量德国读者对杜威的长期误读。

德意志帝国后期,凯兴斯泰纳(Georg Kerschensteiner)是另一位民

---

[1] Bittner, S., "German Reader of Dewey-Before 1933 and After 1945", *Studies in Philosophy and Education*, Vol. 1, No. 19, 2000, pp. 88 – 89.

[2] Gurlitt, L., "Schule und öffentliche Leben" *Türmer-Jahrbuch*, Vol. 3, 1904, p. 163.

[3] Bittner, S., "German Reader of Dewey-Before 1933 and After 1945", *Studies in Philosophy and Education*, Vol. 1, No. 19, 2000, p. 89.

[4] Gurlitt, L., "Schule und öffentliche Leben" *Türmer-Jahrbuch*, Vol. 3, 1904, p. 164.

[5] Bittner, S., "German Reader of Dewey-Before 1933 and After 1945", *Studies in Philosophy and Education*, Vol. 1, No. 19, 2000, p. 89.

[6] Bittner, S., "German Reader of Dewey-Before 1933 and After 1945", *Studies in Philosophy and Education*, Vol. 1, No. 19, 2000, p. 89.

族主义倾向显著的教育学家，而且是更为系统研究、阐述和推崇杜威教育思想的德国教育学家。在他担任慕尼黑公立学校系统督导期间，不仅吸纳了杜威的大量思想，而且把其思想融汇到自己的教育思想体系中。他对杜威教育思想推崇备至。1915年，在给德国教育学家斯普朗格（Eduard Spranger）的信中，凯兴斯泰纳谈到实用主义哲学和教育时这样写道："除非他们也以我们灵魂的语言表达，不然我们不会吸收他们的思想。尽管多年来我很专注地阅读威廉·詹姆斯的实用主义，但是他的书并没有影响我。然而，就许多问题的彻底性而言，我大大地受益于杜威的思想。我相信自己不是一个顺从的学生。我只是跟他学习我自己靠直觉而选择要学习的东西。"[1]

20世纪初，德国的教育领域被唯心主义哲学统领，尤其是黑格尔的客观唯心主义。以制度统领的学校被视为"绝对观念"的体现。所有儿童的兴趣和欲望都要围绕魏玛学校的制度及相应设施展开。外在设置的课程凌驾于学生兴趣之上，学生的活动被固化于学校的建筑和设置之中。杜威教育思想与这种传统是相悖的。同杜威一样，凯兴斯泰纳认为传统学校必须加以改造，且这种改造需要基于对儿童的尊重，儿童将成为杜威所类比的哥白尼"日心说"中的"中心"——这无疑对传统制度具有颠覆性。凯兴斯泰纳写道，杜威关于"改造学校的实际建议很大程度上与我自己的想法一致，但是他的哲学思想和心理学思想的清晰性和明确性，他的教育逻辑的纯粹性和敏锐性，在我漫长的反思中激励我坚持自己的信念，并践行它们。通过研读他的著作，我之前模糊的观念变得彻底清晰了"[2]。

凯兴斯泰纳把大量杜威教育思想融汇到自己的教育思想中。1909年他刊登在《南德意志月刊》上的论文《女子学校改革》大量援引了杜威关于道德原理的理论，借用了大量杜威在同年出版的《教育中的道德原理》中的内容。在界定品格概念时，他采纳了杜威对品格概念的三个要素：行动（force），判断（judgement）和个体回应（personal responsive-

---

[1] Kerschensteiner G., "Letter Sent to Eduard Spranger. Briefwechsel", 21 March, 1915.

[2] Kerschensteiner, G., "Selbstdarstellung," Ausgewählte pädagogische Schriften, Paderborn: Ferdinand Schöningh, 1968, p. 135.

ness），自己加入一个要素"情感回应的深度"（Aufühlbarkeit）。他还在论文中大量援引了杜威关于道德原理的理论，如：认可道德的养成和发展是学校教育的目的；认为学校是道德养成的推动力之一；品格需要通过行动才能养成；品格培养是间接的、缓慢的等。[①] 此外，他在1912年的著作《劳作学校要义》中提出"Arbeitisschule"（劳作学校）的概念。书中引用了杜威的《学校与社会》和《兴趣与努力》中的大量内容。劳作学校的理念是让儿童在各种学习形式中都积极和明智地参与。同杜威一样，他主张学校要包括体力活动与手工活动，"而最重要的是，两种活动都含有智力方面的努力"。[②] 另外，杜威关于反思过程的分析也明显反映在他1910年以后的著作中。韦格纳认为凯兴斯泰纳的著作《自然科学课程的本质与价值》中的"逻辑思维"概念（der Begriff des logischen Denkens），基本上是借用了或直接引用了杜威的《我们怎样思考》中的五步思维分析。凯兴斯泰纳的这本书陆续出了6版，翻译成数种语言，其中大量篇幅是"杜威文本的直接摘录",[③] 他还运用杜威的《教育中的兴趣和努力》中的内容发展他的"兴趣理论"，来回应赫尔巴特主义。[④] 他甚至翻译了《我们怎样思考》（并未公开出版）供自己写作使用。可以说，杜威教育思想凭借凯兴斯泰纳的著作，在德国获得了传播扩散的载体和产生影响的机会。

比利时教育哲学家弗兰茨·德·霍弗曾写道："凯兴斯泰纳的作品中，不仅字词和短语，而且整页整页的内容似乎都从杜威那里借来。不难看出，他1907年以后的著作几乎就是对杜威名言的详细阐释。"[⑤] 霍弗故此认为凯兴斯泰纳的声誉很大程度上是靠阐释和宣扬杜威教育思想而

---

① Wegner, R., Dewey's Ideas in Germany: The Intellectual Response, 1901–1933, Ph. D. Dissertation, The University of Wisconsin-Madison, 1978, pp. 133–137.

② Wegner, R., Dewey's Ideas in Germany: The Intellectual Response, 1901–1933, Ph. D. Dissertation, The University of Wisconsin-Madison, 1978, p. 148.

③ Wegner, R., Dewey's Ideas in Germany: The Intellectual Response, 1901–1933, Ph. D. dissertation, The University of Wisconsin-Madison, 1978, p. 153.

④ Wegner, R., Dewey's Ideas in Germany: The Intellectual Response, 1901–1933, Ph. D. Dissertation, The University of Wisconsin-Madison, 1978, pp. 157–162.

⑤ Franz de Hovre, *Philosophy and Education: The Modern Educational Theories of Naturalism, Socialism, and Nationalism*, New York: Benziger Brothers, 1931, p. 135.

确立的。鲁道夫·普朗特（Rudolf Prantl）发现凯兴斯泰纳对杜威思想的吸收不加任何批判，认为他对杜威的吸收是"单一的依靠"（eineausschieβliche Anlehnung）和"纯粹的收取"（einreines Herüberholen）。① 韦格纳也认为凯兴斯泰纳的大量著作，要么是大量引用杜威的《学校与社会》《教育中的兴趣和努力》以及《我们怎样思考》中内容，要么是对这些著作的解释。② 可是，凯兴斯泰纳对杜威教育思想的大量借用并不意味着他与杜威有着共同的哲学基础。不同于杜威的实用主义的本体论、认识论及其提倡的实验性的方法论，凯兴斯泰纳认为世界存在普世而永久的价值观和客观真理。这种分歧突出体现在：他试图引导儿童接受康德所推崇的永久性价值以及费希特所主张的民族主义原则。与杜威不同，凯兴斯泰纳认为国家主权是最为重要的理想，教育最终只是为了国家的利益。他把杜威的"雏形社会"的概念错误地翻译为19世纪传统德国的"国家"概念。③"……他依然是一个有着强烈民族倾向的、供职于政府的教育学家。"④ 事实上，20世纪初期，他的著作的基调显得"更具民族主义而缺少自由主义"。⑤ 韦格纳也认为："他对杜威的解释依然狭隘地局限于民族主义教育哲学，显然与费希特的民族主义哲学更为相似，而杜威一定不会接受这种民族主义教育哲学。"⑥

三 魏玛共和国时期：教育改造、民主理想与杜威教育思想的实验

第一次世界大战之后，德意志帝国覆灭，德国历史上第一个议会民

---

① Prantl, R., *Kerschensteiner als Pädagogik*, Paderborn: Ferdinand Schöningh, 1917, p. 130.
② Wegner, R., Dewey's Ideas in Germany: The Intellectual Response, 1901 – 1933, Ph. D. Dissertation, The University of Wisconsin-Madison, 1978, p. 151.
③ Wegner, R., Dewey's Ideas in Germany: The Intellectual Response, 1901 – 1933, Ph. D. Dissertation, The University of Wisconsin-Madison, 1978, p. 150.
④ Val Dean Rust, *German Interest in Foreign Education Since the World War I*, Ann Arbor: Michigan Unversity, 1965, p. 40.
⑤ Schorske, C., *German Social Democracy*, 1905 – 1917, New York: Harper & Row, 1972, p. 156.
⑥ Wegner, R., Dewey's Ideas in Germany: The Intellectual Response, 1901 – 1933, Ph. D. Dissertation, The University of Wisconsin-Madison, 1978, p. 163.

主制共和国——魏玛共和国成立。其间又一批教育学家和教育领导者从杜威那里寻求资源和灵感。鲁道夫·普朗特是当时系统传播和解读杜威教育思想的一位教育哲学家。他在自己的著作中比较了凯兴斯泰纳与杜威，评论了凯兴斯泰纳对杜威毫无批判性的借用。1922 年，普朗特还翻译了杜威的《我的教育信条》，并附上自己写的序言。1925 年，即他去世后的一年，他妻子将其手稿《教育家杜威》发表在了《科学教育学季刊》。这一论文被认为是魏玛共和国时期"对杜威思想最基本的解读来源"[1]。

在魏玛共和国崇尚自由民主的旗帜下，德国的学校改革者与进步主义教育学家都认为，魏玛德国人民的生活发生巨大改变，教育系统也要有所改造。一批德国教育学家前往美国考察新式的学校体系。他们返回德国后，积极介绍和传播美国的教育思想和现状，埃里希·许拉（Erich Hylla）就是其中一位。1926 年，许拉获得普鲁士文化部部长卡尔·海因里奇·贝克（Carl Heinrich Becker）的支持，被派往美国哥伦比亚大学教师学院研习美国的学校体系，以期为改造普鲁士学校体系提供建议。他在那里结识了杜威，并常去听杜威的讲座，二人遂建立了友谊。1927 年，许拉返回柏林，为政府撰写出关于美国学校体系的报告。1928 年，报告出版成书，名为《民主学校：美国教育事业概述》。1929 年，许拉发表了《杜威的教育理论》（*Die Bildungstheorie John Deweys*），认为在杜威主张的教育理论中，受教育者应该成为"坚定地在他工作中扎根的人，并能创造性地进行工作，能将工作塑造得充满精神意义"[2]。

当时，新教育运动已经在德国学校展开。德国教师联合会呼唤新式的普通初等学校，以吸收各个社会阶层的儿童。这个联合会提出给儿童更多自由，强调实验与知识的实际应用。不同于传统的魏玛学校制度，魏玛共和政府建议给学校更多自主性。一些学校改革者主张学校应关注社群的需要，并把学校视为改造社会的推动者。1929 年，一些德国读者

---

[1] Wegner, R., Dewey's Ideas in Germany: The Intellectual Response, 1901 – 1933, Ph. D. Dissertation, The University of Wisconsin-Madison, 1978, p. 200.

[2] Hylla, E., "Die bildungstheorie John Deweys", *Pädagogisches Zentralblatt*, No. 9, 1929, p. 711.

发现德国学校改革者和杜威类似于"思想同盟",而且杜威思想足以拿来支持德国"劳作学校"的理念。许拉也看到了这种共同性。就学校改革而言,许拉本人希望把德国的学校民主化,并且希望把传统的死记硬背型的学校改造为劳作学校。① 他认为杜威的著作可以帮助自己实现这两个理想。在此背景下,他决定把杜威的《民主主义与教育》翻译成德文。同时,出于实际考虑,他认为此书的德文版可以帮助德国读者更容易地理解他写的关于美国学校体系的报告。1928年,他在《民主学校》中写道:"在过去20年中,杜威的思想对德国教育学思想产生了强烈而恰当的影响,特别是在凯兴斯泰纳的著作中,他一次次以极大的推崇引用杜威思想。不幸的是,杜威自己的著作,可能除了《学校与社会》之外,还没有被翻译为德文。有人希望至少他最重要的著作很快会有德文版。对他们来说,我国学校工作者将第一次意识到,我们因为有了这样宝贵的教育新观念,会感到大大受益于美国。"② 1949年,在给杜威90岁生日的贺信中,许拉写道:"当我返回德国后,我力图给我的同行们叙述美国的学校生活。我发觉这项工作必须通过一本书来介绍其背后的哲学。我觉得把您1916年的经典之作《民主与教育》翻译为德文,是再好不过的做法了。"③ 1930年,许拉翻译的《民主主义与教育》德文版问世。1949年此书再版,1964年经修订出了第三版。据统计,译本出现后,立刻涌现出来自哲学家、教育理论家和实验学校校长等至少三十多篇书评,反映出该译本在当时德国教育界产生的强烈回应。④

这一时期,有些改革派教育官员在实际工作中对杜威教育思想在德国的吸收也给以支持。贝克在1921年和1925—1930年任普鲁士文化部部长,是改革魏玛共和国教育系统的重要官员和执行者之一。为了改革魏玛共和国的教育系统,他派遣许拉赴美考察美国的学校制度。1930年11

---

① Val Dean Rust, *German Interest in Foreign Education Since the World War I*, Ann Arbor: Michigan Unversity, 1965, p. 87.

② Hylla, E., *Die Schule der Demokratie*: *Ein aufri βdes Bildungswesen der Vereinigten Staaten*, Langensalza: Beltz, 1928. 转引自 Wegner, R, Dewey's Ideas in Germany: The Intellectual Response, 1901-1933, Ph. D. Dissertation, The University of Wisconsin-Madison, 1978, p. 208。

③ Hylla, E., Hylla's Letter to John Dewy for Celebrating His 90th Birthday. 6 October, 1949.

④ Wegner, R., Dewey's Ideas in Germany: The Intellectual Response, 1901-1933, Ph. D. Dissertation, The University of Wisconsin-Madison, 1978, p. 225.

月10日,他以普鲁士文化部部长的身份,在哥伦比亚大学教师学院演讲时说:"美国的教育理念支持了魏玛共和国的基本的民主改革,杜威的许多思想已经被采纳,而他的其他一些思想则对实际改造我们的教育体系有直接或间接的影响"。[1] 魏玛共和国末期,在贝克的支持和许拉的推动下,杜威教育思想一时间获得德国官方默许——他们推荐"初等和中等学校的教师都阅读杜威的《民主主义与教育》,作为这些学校培训教师不可分割的一部分。"[2]

另有一些教育学家则在实践中运用杜威教育思想。弗里茨·卡森(Fritz Karsen)是当时德国一位具有国际声誉的学校改革家。他把杜威教育思想用于自己的教育实践中。卡森在1921年创办了"卡尔·马克思学校"并担任校长。其宗旨并非要固化马克思的意识形态,而是力图赋予学生更多自由,同时培养他们强烈的社会责任感,使他们成为具有民主意识的公民。他抨击传统教育和政治生活中的权威主义,认为民主不仅是一种政府形势,更是一种生活方式,而学校恰恰是民主生活中的一种实验。他认为,"旧的教育系统建立在权威基础之上,遵照着德国皇帝的意志。魏玛共和国面临的问题是如何把这一系统民主化。"[3] 卡森显然从《民主主义与教育》中寻找到解决这一问题的资源,因为它呈现了一个民主社会与教育实践的理想关系,促进了他形成自己的教育理论与实践。1927年,卡森赴美考察进步主义教育,会见了杜威和克伯屈,深受"设计教学法"影响,遂打算将其引入自己在柏林的劳作学校。杜威对卡森的影响,可从其创办的卡尔·马克思学校与杜威学校的诸多相似之处看到。如学生通过自己的经验获得知识;课程基于"设计教学法";学校的活动强调集体与合作精神;学校表达一种民主社群的生活等。其间,耶拿大学的教育学教授彼得·彼得森在阅读凯兴斯泰纳的著作时,关注并

---

[1] Becker, Carl Heinrich, "The Present Educational Situation in Germany" *School and Society*, Vol. 32, 1930, p. 608.

[2] Wegner, R., Dewey's Ideas in Germany: The Intellectual Response, 1901 – 1933, Ph. D. Dissertation, The University of Wisconsin-Madison, 1978, p. 249.

[3] Karsen, F., "German Education Under the Weimer Republic", in Harry N. Rivlin & Herbert Schueler (Eds.). *Encyclopedia of Modern Education*, New York: Philosophical Library of New York City, 1943, p. 332.

系统阅读了杜威《学校与社会》，促使自己发展了"按小组教学活动"的思想。1925—1930 年，他在耶拿创办了一个实验学校，将这一思想付诸实践。他使用杜威具有民主特色的教育思想支持其"倡导社群生活的学校"的理念，并希望自己办的学校能实现这个理念，使学生的个人兴趣与社会取得和谐。他制订了《小耶拿计划》，类似于《学校与社会》中的内容，将学生分为 6—7 个组，分组的原则与杜威的思想如出一辙，并与杜威的实验学校有许多相似之处。在这所学校中，教师的角色不是发号施令和扮演权威，而是学生的同道人和引导者。儿童之间彼此配合，分担学校的工作和责任。

四 二战前德国对杜威教育思想的负面解读：篡改、批判与贬损

如上所述，德意志帝国时期，一批学校改革派已关注杜威的教育思想。遗憾的是，种种现象表明这种吸收活动只是零星出现，并未形成大局面。故杜威教育思想在德国的教育实践中的影响是边缘性的，其声音是微弱的。古利特在当时被认为是激进而危险的改革派，当政者对他的思想听之任之，没有积极回应。由于长时间内大多数德国读者都参阅他翻译的《学校与社会》，其民族主义倾向的翻译导致在很长一段时间内阻碍了德国对杜威的理性理解。凯兴斯泰纳虽对杜威极为推崇，但他主要把杜威的思想放在自己的著作中诠释，与杜威原著界线模糊。这一时期，"公共意见、政府、政党和学校当权者，或者没有注意到杜威的教育思想，或者即使注意到，他们也很少抱以赞成的态度，而是采取一种敌视的姿态"。[①] 魏玛共和国时期，德国对杜威的吸收和理解也没有重大突破。虽然杜威关于"民主社会"的教育思想相当程度上加深了当时魏玛共和国的教育改革信念，然而由于纳粹党的篡权，这一影响却非常短暂而有限。虽然卡森和彼得森等人在各自的实验学校践行了与杜威相似的思想，但当时的政治环境以及各自的哲学和宗教立场使其

---

① Wegner, R., Dewey's Ideas in Germany: The Intellectual Response, 1901 – 1933, Ph. D. Dissertation, The University of Wisconsin-Madison, 1978, p. 106.

不敢公开表明自己在实验杜威教育思想。如比特讷所言:"教育改革者采纳了杜威学校的实践结果和结论,但他们却将其植入别的意识形态和思想体系之中。"①

可以说,在二战之前,德国主流教育圈基本没有太关注杜威教育思想。退一步说,即使他们偶尔对杜威教育思想有所注意,却往往带来类似篡改、批判和贬损其思想等负面现象。首先,如上所述,这一时期的德国教育学家都或多或少篡改了杜威教育思想,使其服务于各自的意图。许多教育学家都戴着民族主义的眼镜解读杜威,就是到了20世纪30年代后的德国,众多知识分子对杜威的重新诠释还是带着浓重的民族主义色彩。在哲学家爱德华·鲍姆加藤(Eduard Baumgarten)和金特·雅各比(Günther Jacoby)等看来,杜威试图表述的"个体创造性"需要诠释得与德意志民族意志相符合,而民族意志体现为遵从政治领袖和政府。② 另一些德国知识分子脱离美国具体环境,把"社群"(community)概念篡改为德国语境中的"共同体"(Gemeinschaft)概念。③ 其次,这一时期杜威的教育思想在德国的教育圈中遭遇了尖锐批判。瑟加斯·赫森(Sergius Hessen)在1930年出版的《约翰·杜威的教育原理》(*John Dewey's Erziehungslehre*)中,从基督教立场出发对实用主义教育学进行批判,指出杜威的许多观点都特指芝加哥的实验学校,而且几乎没有讨论实用主义教育学在中等学校的可行性。这不仅质疑了美国教育思想在德国学校体系的可行性,也质疑了从杜威哲学中抽取教育学的可能性。他的批判其实源于他对杜威实用主义哲学的抵制。另外,杜威教育思想在当时的德国还遭到强烈的贬损。德国当时最具影响力的教育学家爱德

---

① Bittner, S., "German Reader of Dewey-Before 1933 and After 1945", *Studies in Philosophy and Education*, Vol. 1, No. 19, 2000, p. 95.

② Grube, N., "A 'New Repulbic'? The Debate between John Dewey and Walter Lippman and Its Reception in Pre-and Postwar Germany", In Rosa Bruno-Jofre Jürgen Schriewer, *The Global Reception of John Dewey's Thought: Multiple Refractions Through Time and Space*, New York and London: Routledge, 2012, p. 207.

③ Grube, N., "A 'New Repulbic'? The Debate between John Dewey and Walter Lippman and Its Reception in Pre-and Postwar Germany", In Rosa Bruno-Jofre Jürgen Schriewer, *The Global Reception of John Dewey's Thought: Multiple Refractions Through Time and Space*, New York and London: Routledge, 2012, p. 207.

华·斯普朗格，就直接贬损杜威教育思想的价值。在 1915 年给凯兴斯泰纳的信中，他认为杜威把教育简约为经济性的和技术性的活动，认为杜威的教育思想远远低于"德国教育的广度"。① 可究竟是什么原因造成这些现象的呢？

五 20 世纪初德国的"教育语言"与杜威教育思想

为探究以上历史现象的原因，笔者试图从德国的"教育语言"（Languages of Education）及其与杜威教育思想之间的关系中寻找答案。"教育语言"作为一个概念由教育历史学家丹尼尔·特罗勒（Daniel Tröhler）提出。他指出，"教育语言"中的"语言"，"不是理解为反映'真实世界'的一种符号系统，而是一种产生意义的系统"。②

"教育语言"是人们思考、言说和书写教育的"方式""风格"或"模式"。他揭示，"我们怎样思考、言说和书写教育（即我们的教育的主导性语言），以隐秘的方式受惠于宗教信仰和政治理想。"③ 特罗勒认为，从"教育语言"入手研究教育历史现象，能再现特定历史时空中意识形态的样貌，以及意识形态与教育现象之间的关系，乃是教育研究的一种方法。参照主导性教育语言，我们能够"分析出（某个历史时空中）基本的规范性态度，绘制出关于（教育）建议、论述、体系和概念的当代根源和历史根源布局图。当我们力图把最具承诺性的教育论述追溯回其关注的意识形态核心时，这样的布局图显得尤为关键。也因此，这样的布局图成为评价教育领域中不同方法和不同主张的工具。"④ 那么，19 世

---

① Spranger, E., "Letter sent to Georg Kerschensteiner on 14 March 1915", In L. Englert (Ed.), *Georg Kerschensteiner—Eduard Spranger. Briefwechsel 1912 – 1931*, Munich/Vienna, Germany/Austria: Oldenbourg, 1966b, p. 30.

② Trölher, D., *Langauge of Education: Protestant Legacies, National Identities, and Global Aspiration*, New York: Routledge, 2011, p. 10.

③ Trölher, D., *Langauge of Education: Protestant Legacies, National Identities, and Global Aspiration*, New York: Routledge, 2011, pp. 2 – 3.

④ Trölher, D., *Langauge of Education: Protestant Legacies, National Identities, and Global Aspiration*, New York: Routledge, 2011, p. 17.

纪末20世纪初德国的主导性教育语言是什么？与当时作为外来思想的杜威教育思想之间是一种怎样的关系呢？

19世纪末20世纪初，德国的教育界受到狄尔泰精神科学的影响，出现了"精神科学教育学"（Geisteswissenschaft Pädagogik）。此派教育学成为这一时期乃至20世纪德国的主导性教育语言，因为它来自德国根深蒂固的Bildung传统。Bildung传统可追溯到16世纪德国路德宗的新教主义以及后来的德国唯心主义哲学。18世纪末Bildung概念不仅涉及培养个体灵命，而且演变得具有哲学和政治含义。德国哲学家赫尔德把Bildung的意义从人的精神生命的生成延伸到民族（Volk）发展的问题。沿袭赫尔德关于Bildung的传统，歌德、洪堡、费希特、黑格尔和狄尔泰等，都对Bildung的意义做过各自的诠释和发展，使其意义与个体的自我生成和民族发展紧密相关。1918年，德国著名文学家托马斯·曼把Bildung概括为"内在精神生命的培养与生成"[①]。1933年，狄尔泰的学生、精神科学教育学代表人物之一赫尔曼·诺尔定义Bildung为"文化中的一种主体性存在——是灵魂的内在形式和精神姿态。在主体自身的作用下，主体具有了某些外在事物所具有的特质（那些事物是由外而内达及主体的任何事物），力图生成统一的内在生命。正是这种内在生命塑造了主体的每个外在表达和行动"[②]。诺尔认为这种教育方式只有在具备全面的国民教育的国家中才是可能的。[③] 显然，在这一时期，精神科学教育学不仅关注个体内在精神生命的生成，而且演变得具有鲜明的民族主义色彩。

精神科学教育学的出现，与当时德国思想界弥漫着的二元主义分不开。[④] 这种二元主义体现在实证主义与人的精神之间，多元与统一之间，以及外在与内在之间。首先，在实证主义与人的精神之间，精神科学教育学派信奉狄德罗的观点——"我们说明自然，我们理解内在生命"，与

[①] Mann, T., *Betrachtungen eines Unpolitischen*, Frankfurt: Fischer Verlag, 1993, p. 249.

[②] Trölher, D., *Langauge of Education: Protestant Legacies, National Identities, and Global Aspiration*, New York: Routledge, 2011, p. 163.

[③] Trölher, D., *Langauge of Education: Protestant Legacies, National Identities, and Global Aspiration*, New York: Routledge, 2011, p. 163.

[④] Nohl, H., "Die Einheit der pädagogischen Bewegung", Die Erziehung, Vol.1, 1926, pp. 57–61.

实证主义划清了界限。其次，在当时新教育运动的大气候下，德国充斥着多种多样的教育改革运动。诺尔认为在它们之间一定有一个终极的统一体，于是在1926年提出了"德国人新理想的统一体"。这不仅统一了多种形式的进步主义教育，而且用进步主义教育发展出精神科学教育学的民族观。特罗勒认为，这种"统一"实际是排斥与德国Bildung传统的教育理论相冲突的、外来的和多元的教育思想，包括杜威的实用主义教育思想。[①] 这可以解释除了杜威之外，为什么德国当时其他进步主义教育学家的教育方法和思想也没有在德国学校实践中广泛采用。另外，当时德国存在两种整体性的建构需要有所统一：内在人格（personhood）和民族国家（national volksstaat）。1914年，诺尔（Nohl）的导师、唯心主义哲学家鲁道夫·欧肯（Rudolf Eucken）在其著作中提出德国的民族性格体现为"内在精神生命"（aninnerspirituallife）。这种生活起初是路德宗新教性质的，随着历史发展逐渐演化为德国人生活与思想的特征。这也使得德国哲学显出与其他国家不同的特征。托马斯·曼也认为，人不仅是一个社会存在，而且是一个形而上的存在，与之相关的是通过Bildung而生成的"人格"（personhood），即通过努力和自我修养而产生的内在精神生命。对于外在于个体的"民族"，德国人则理解为共享语言、文化、宗教与风俗的共同体。因此，在曼看来"民族"（英语：nation；德语：volksgemeinschaft）是先于"政治"和"社会"而存在的。[②] 国家应视"民族的统一性"为内在人格生长的土壤；而民族教育是Bildung的基础，以此培养德意志民族认同感。[③] 这样，曼将人的内在与外在建立起了关系。

因此，德语中的"共同体"含义与杜威意义上的共同体/社群并不相同。格鲁伯写道："在德国，Gemeinschaft的含义有和谐的意思，有因意志、态度和倾向一致而形成的共同体的意思，有所谓人民自愿从属于民

[①] Trölher, D., *Langauge of Education: Protestant Legacies, National Identities, and Global Aspiration*, New York: Routledge, 2011, p. 167.

[②] Mann, T., *Betrachtungen eines Unpolitischen*, Frankfurt: Fischer Verlag, 1993, p. 518.

[③] Trölher, D., *Langauge of Education: Protestant Legacies, National Identities, and Global Aspiration*, New York: Routledge, 2011, pp. 154–159.

族道德和民族习俗的意思。"① 而民族共同体（volksgemeinschaft）在德国思想界中被认为是上帝意志的体现。德国教育学家认为在以 Bildung 为目标培养下一代的过程中，必须以"民族共同体"的理念（而不是社会或公共领域）为参照开展国民教育。斯普朗格写道："我们需要的是……与德意志、民族、与国家捆绑在一起的个体精神和全面教育。"② 显然当时德国主导性教育语言主张发展具有统一性的民族教育，基于多元性的民主原则必然被视为异类。

六 结语

本文考察表明，20 世纪初至二战前，杜威教育思想之所以出现在德国，与其社会系统和教育系统内部的需求有关。从社会系统来看，德国当时的社会变革与现代化进程要求在学校与工业社会之间建立联系，要求对学校进行改革。改革派希望通过建立新式学校，培养具有民族精神、适应工业社会的新一代，以满足新技术时代的需求，杜威的教育思想为此提供了一种解决方法。在教育系统内部，从个体层面来看，教育学家出于自己的教育理想与实践目的，主动翻译、吸收和推崇杜威教育思想；从教育运动来看，杜威教育思想与当时欧洲新教育运动的声音一致，激励了当时德国基于儿童中心和经验的教育思想。杜威关于通过职业而进行教育的思想则支持了德国的"劳作学校"的概念，赋予其一个恰当的意义和结构。魏玛共和国时期，国际进步主义教育运动促成德国人赴美国考察教育，形成一批推崇美国教育的德国教育学者，推动了杜威思想在德国的吸收。杜威著作代表了民主社会与教育实践的关系，与魏玛德国新民主宪法的精神一致。然而，德国教育改革派没有认识到，那时德

---

① Grube, N., "A 'New Repulbic'? The Debate between John Dewey and Walter Lippman and Its Reception in Pre-and Postwar Germany", In Rosa Bruno-Jofre Jürgen Schriewer, *The Global Reception of John Dewey's Thought: Multiple Refractions Through Time and Space*, New York and London: Routledge, 2012, pp. 207–208.

② Keim (Hrg.), W., *Paedagogen und Paedagogik im Nationalsozialismus-Ein Underledigtes Problem der Erziehung-swissenschaft 16 (Studien zur Bildungsreform)*, Frankurt am Main: Verlag Peter Lang. 3. Auflage 1991, p. 79.

国在政治和社会意识形态方面的保守势力依然强大，在文化方面的传统更是根深蒂固。在当时德国唯心主义哲学思想主导着的教育领域，"精神科学教育学"成为主导性教育语言。它聚焦于德国 Bildung 传统的教育理论，强调心性，强调个体内在的、具有统一性的生命的生成；同时，精神科学教育学与当时宣扬德意志民族主义的国民教育统一起来，强调培养具有德意志民族认同感的国民。这一切与杜威强调的基于个体经验的知识观和教育观、强调个体与社会结合的、基于民主主义的教育理论有极大冲突。精神科学教育学家聚焦内在生命的养成，不关注教育的社会性，反对实用主义的基于经验的教育观，反对多元化和民主观念。杜威的实用主义被等同于功利主义。在这样的教育语言环境下，杜威的实用主义教育思想不仅很难得到德国主流教育学界的接受，而且难于在实践层面广泛深入地吸收。总之，二战前德国对杜威教育思想的吸收过程中，没有合适的"教育语言"环境，使得杜威教育思想在德国没有形成足够的影响。通过分析当时德国的教育语言，我们看到由于意识形态的原因，德国读者对杜威思想造成"误解"和产生偏见，对德国二战之后及 20 世纪后半期理性吸收杜威教育思想造成了困难。从更宏观的层面来看，一国的教育系统中，主导性教育语言，即一个时空下主流意识形态对教育领域的所思、所说和所写的方式，会划定甚至构成人们所看到的、所听到的、所知道的，以及所实践的教育。换句话说，一种教育语言使得某些教育言说和实践具有可能性，同时，也会使得其他教育言说和实践受阻，甚至不具有存在的可能性。

渗透与抗争

——近代日本国家主义、军国主义与日本大学

傅　林　夏志刚[*]

[摘　要]　日本在德川幕府时期，西学渐入，早期高等教育机构初现萌芽。明治维新后日本仿效德国高等教育体制，建立了近代大学体制，并逐渐形成了大学自治、学术自由和教授治校的精神传统，但与此同时国家主义和军国主义也严重渗透到了日本大学中，践踏和破坏了其传统的大学精神。大学知识分子不断用自己的行动维护着大学的精神传统，20世纪上半叶发生在日本大学的户水事件、木下事件、泽柳事件、泷川事件等就是典型例证，这些事件对日本高等教育产生了深远影响。这一历史过程是一个渗透与抗争相互交织的过程。

[关键词]　近代；日本大学；日本国家主义；军国主义；渗透与战争

日本近代高等教育发轫于德川幕府时期，明治维新以后有了巨大的变化。日本大学在其发展过程中逐渐形成了大学自治、学术自由、教授治校等精神传统，但与此同时也深受日本国家主义和军国主义的消极影响。本文将论及从明治维新至第二次世界大战结束这段时间日本国家主义和军国主义对日本大学精神传统的践踏和破坏，以及大学知识分子为

---

[*] 四川师范大学教育科学学院教授；四川师范大学历史文化与旅游学院副教授。

维护大学的自治和自由而不断进行的抗争。

一

日本德川幕府时期随着兰学的传播和普及，日本人对西方文明有了新的认识。18世纪后半期，以1774年杉田玄白翻译了荷兰语本的人体解剖学书籍《解体新书》（原名 *Anatomische Tabellen*）为标志，兰学在日本得到迅速发展。1783年大槻玄泽写成兰学入门之作——《兰学阶梯》，推动了兰学的传播和普及，他还在江户开办芝兰堂，从事兰学教育长达40余年，芝兰堂成为当时兰学研究和传播的中心。除芝兰堂外，早期研究和传播兰学的高等教育机构还有大阪的适塾、长崎的鸣龙塾、佐仓的顺天堂、江户的象先堂和开成所等。1868年，德川幕府垮台，明治维新拉开帷幕，确立了"富国强兵""殖产兴业"和"文明开化"的政策。在文化教育方面，主张脱亚入欧、全面西化，当时日本的派出使团出访欧美数国，学习西方先进文明。在这样的背景下，日本的近代高等教育逐步发展起来。1872年日本颁布的《学制令》规定在全国八大学区各设一所大学，大学分为理学、化学、医学、数理学等学科，德川幕府时期建立的昌平坂学问所、开成所和西洋医学所等在明治时期被改造成了大学。1877年昌平学校、东京开成学校和东京医科学校合并，创立了东京大学，这是日本第一所近代大学。根据1886年《帝国大学令》，东京大学改组为东京帝国大学。1892年，23位国会议员向国会提出在京都建立一所新大学的议案，1897年议案通过，京都帝国大学诞生。日本后来又陆续在本土设立了东北帝国大学、九州帝国大学等7所帝国大学[①]。帝国大学处于日本高等教育的核心，专门培养精英人才。1894年颁布的《高等学校令》，将高等中学改为高等学校，成为大学预科。1918年《大学令》明确规定可设置私立大学，这使日本的私立大学有了较快发展，比较知名的私立大学有庆应大学、早稻田大学等。

---

① 帝国大学是日本明治维新以后根据《帝国大学令》（1886）建立起来的国立大学的统称，日本在本土中心城市相继建立了7所帝国大学——东京帝国大学、京都帝国大学、东北帝国大学、九州帝国大学、北海道帝国大学、大阪帝国大学和名古屋帝国大学。

明治维新以后，国家主义逐渐成为日本社会起主导、支配作用的思想，日本大学随之产生了很大变化。"国家主义"一词虽从西方传入，但经日本本土化以后，呈现出以天皇主义、家族国家观和武士道精神为显著特征的一种极端国家主义，并成为军国主义的思想基础。国家主义不仅左右着日本的政治、经济、军事、外交，也对近代日本大学产生了极其消极的影响。

1885年森有礼成为明治政府的第一任文部大臣，他宣扬国家主义，主张培养忠君爱国的人才，他的国家主义教育思想的核心是"国体教育主义"，即教育要绝对服从和服务于国家利益，他说："学政的目的，归根到底是为了国家。譬如在帝国大学提高教务，凡涉及学术的利益和国家的利益，应以国家的利益为重，把国家的利益放在最前面。"① 森有礼是日本《帝国大学令》的积极推动者和制定者之一，1886年，在他任职期间，日本颁布了《帝国大学令》，其中规定："帝国大学适应国家的需要，以教授学术、技术理论及研究学术、技术的奥秘为目的。"② 该法令体现了浓厚的国家主义色彩。根据《帝国大学令》建立起来的帝国大学作为日本最高学府，是国家意志和国家荣誉的象征，建立之初文部省将官立学校总经费的40%都投给了帝国大学，但与此同时，帝国大学也成了国家权力操控的对象，是日本高等教育体系中国家主义渗透最深的地方。

首先，国家主义的影响表现在帝国大学根据国家需要设置学科专业，如日本最早成立的帝国大学是东京帝国大学③（以下简称东京帝大），东京帝国大学以国家的实际需要设置学科，最初设法、理、工、医、文科，所培养的学生毕业后在政府的各大重要机构担任要职，成为国家行政体系的中坚力量。

其次，国家主义的影响体现在帝国大学的领导权掌握在国家手中。根据《帝国大学令》，帝国大学的校长应由文部大臣任命和监督，大学内

---

① 朱文富、刘山：《森有礼国家主义教育思想及其对日本近代普及义务教育的影响》，《河北师范大学学报》（教育科学版）2010年第1期。
② 刘海峰、史静寰主编：《高等教育史》，高等教育出版社2010年版，第429页。
③ 该学校最初由江户幕府时期的几所高等教育机构和部门合并而成，于1877年成立东京大学，1886年改称为东京帝国大学。

的评议会成员也要由文部大臣任命。帝国大学以及所有国立高等教育机构的教师都被赋予了国家官员身份，校长和分科大学学长（类似于大学二级学院院长）是敕任官，由天皇敕令任命（文部省代理天皇任命）；教授、副教授和事务长是奏任官，由学校确定再报批文部省；一般教师和事务员是判任官，由学校任免。大学教职员属于国家公务员，国立大学的教师长期被称为"教官"，第二次世界大战前不少日本大学的教授还兼任政府机关的官员，而官员也可申请调到大学任教师。这种亦师亦官的身份，使得大学教师必须受命于天皇，服从国家利益。如东京帝大成立之初几乎完全由文部省操控，最初几任总长都是由政府官员担任。

近代日本大学有着追求学术自由的传统，学术自由不仅表现为教师自由地教学和科研，还表现为学生可以自由地学习。京都大学本着"创造一个自由而生动的学术氛围"的理念，从建校开始就引入了师生共同研究的研讨式教学体制，同时拓宽学生的课程选择权利，使学生能自由选择课程以培养他们的自主性和创造力，从本质上说："有权利选择你所想选的课程，就要求你对自己的选择要有信心，与此同时你也必须为你的选择尽到责任。"① 汤川秀树②是日本第一位诺贝尔奖得主，系京都帝国大学教授，另一名诺贝尔奖得主朝永振一郎③也出自京都大学，并且和汤川秀树是同学，有人问汤川秀树：为何二位都出京都大学？汤川秀树认为他能取得独创性的研究成果并不是偶然，是与他的恩师玉城嘉十郎先生重视自由研究这一点分不开。日本著名学者泷本裕造曾访问中国，他在中央音乐学院的演讲中曾说"自由的学风是京都大学的显著特征，在那里教授和学生可以自由地研究。"④ 正是这种自由的学风使京都大学成为"科学家的摇篮"。

但帝国大学的学术自由是有限度的自由，是以服务和服从于国家利益

---

① ［日］京都大学大学文書館：『京都大学の歴史』，京都大学大学文書館/京都大学總務部広報課 2011 年版，第 12 页。

② 汤川秀树，1929 年毕业于京都帝国大学理学部物理学科，后在京都大学任教授，1949 年因提出核子的介子理论并预言介子的存在获得诺贝尔物理学奖。

③ 朝永振一郎，1929 年毕业于京都帝国大学理学部物理学科，1965 年因"重正化理论"获得诺贝尔物理学奖。

④ ［日］泷本裕造：《日本京都学派的学风——独创性的学术研究方法与态度》，张前译，《中央音乐学院学报》1999 年第 1 期。

为前提的自由。"大学的学术自由应优先考虑国家利益,'服从国家需要','应用与实用为学术之生命',大学所培养的'人物才能'应满足国家之急需。"①帝国大学从校长、教授到职员都属于国家官员,校长的任免权在文部大臣手里,学校经费由国家划拨,也就是说帝国大学的人事权和财权都管控在政府手里,不得不受制于政府,学术自由受到了极大限制。

国家主义的影响并不局限在帝国大学,日本政府对私立大学的设置和认定也全面插手。长期以来日本的私立高校设置认定的权限属于地方,认定程序和形式简单,国家并不染指,私立学校的发展是相对自由的,但1903年的《专门学校令》和1918年的《大学令》打破了这种局面,《专门学校令》颁布后,"私立学校设置认定的权限移交到文部大臣之手"②,《大学令》更是规定在私立大学设置认定时制定严格的标准,从而将私立大学也纳入了国家主义教育体系中。

二

国家对大学的操控局面并非一成不变,大学在发展过程中不断争取自治权力,深受西方民主自由思想影响的大学知识分子与政府之间展开了激烈博弈。1893年日本政府迫于压力对《帝国大学令》做了修改后,大学与政府的关系有了微妙变化,具体体现在大学最高行政管理者总长和文部大臣的关系的规定由以往"(总长)接受文部大臣的命令"改为在文部大臣监督之下"掌管帝国大学的常规事务",从中可以看出帝国大学在和政府的博弈中政府做出了让步,而大学逐渐赢得了办学的自主权,这奠定了日本大学自治模式的基础,形成了大学自治的精神。东京帝大也在1897年后教员开始参与总长选举,菊池大麓③、山川健次郎④等都是

---

① 金龙哲、王东杰:《东京大学》,湖南教育出版社1992年版,第45—46页。
② [日]天野郁夫:《高等教育的日本模式》,陈武元译,教育科学出版社2006年版,第56页。
③ 菊池大麓,曾留学英国,1877年回国任东京大学数学教授,1898—1901年任东京帝国大学校长。
④ 山川健次郎,曾留学美国,1876年在东京开成学校(次年和东京医学校合并,改组成东京大学)任助理教授,后升任物理学教授,1901年接替菊池大麓担任东京帝国大学校长。

从教员中选出的大学总长。

在国家主义泛滥、政府严格管控大学的时代，大学（尤其是帝国大学）知识分子表现出了极大的抗争精神，他们用自己的行动维护大学自治、学术自由和教授治校的大学精神传统，20世纪上半叶发生在日本大学的户水事件、泽柳事件、泷川事件等就是典型例证。

日俄战争后，日本与俄国签订了《朴茨茅斯停战条约》，东京帝国大学户水宽人、福井政章、金井延、寺尾亨、高桥作卫、小野塚喜平次和中村进午七名教授，通过报刊等媒体指责政府对俄外交太软弱，没有获取到更多国家利益，主张日俄乘胜再战。文部省责成东京帝国大学校长山川健次郎解除户水宽人等人的职务，校长劝阻7人节制言论，法学部教授们继续舆论攻势，文部省给予户水停课处分。这更激起了法学部教授们的强烈不满，他们联名提出抗议，京都大学法学部教授们也表示声援。迫于内外压力，山川健次郎辞去了大学总长职务。最终政府方面做出让步，免去久保田让文部相职务，恢复户水宽人的职务。这是国家管控下的帝国大学争取自治权力的一场大规模运动，表现了大学的自主独立精神。

1907年京都帝国大学法科大学学长（法学院院长）、行政法学家织田万教授辞职，法学部的教授会要求通过教授会自行选举新的学长，文部省认为大学只有行政职位人选推荐权，并无任命权，法学部教授此举侵犯了天皇的任命权（实际由文部大臣代行），遂令京都帝国大学校长木下广次阻挠这次选举，木下广次却支持了教授会的行动，选举出井上密担任新学长，选举结果上报文部省得到了默许。木下广次因对抗文部省，支持自行选举学长而承受了很大的压力，2个月后不得不以健康为由提出辞职。此次事件虽然以校长的辞职而告终，但京都大学赢得了争取教授治校权力的初步胜利。

京都帝国大学在创立之初就倡导"自重自敬，自主独立"[①] 的风气，也是日本较早确立大学自治原则的大学。1913年文部省任命东北帝国大学代总长泽柳政太郎为东京帝国大学总长，他上任后不久未经教授会同

---

① "自重自敬，自主独立"系1897年京都大学第一任大学总长木下广次在该校第一次入学宣誓会上的演讲中的话语。

意就解除了七位教授的职务,这引起了法学部教授们的抗议,他们认为教授会应具有校内人事任免权,在长达一年多的争议、辩论无果的情况下,法学部17名教授提出辞职,法学部学生要求全部转入东京帝国大学,局势一度紧张,泽柳政太郎与教授代表一起到东京与文部省协商解决方案,结果达成协议:"关于教授的任免,校长在行使职权时,不能不与教授会达成协定,而且是妥当的"①,意即在教授任免问题上校长须与教授会协商决定。泽柳事件助推了京都大学教授会自治制度的形成,京都大学制定内部章程规定,总长、教授等的任免需经教授会同意,继1915年京都帝国大学率先进行总长公选后,其他帝国大学也陆续实行了总长公选制,帝国大学人事任免权逐渐摆脱政府一手操控的局面,获得了更多的自治权。

日本近代大学受德国大学的影响,有着学术自由的风气。但在20世纪20年代后学术自由受到限制,政府当局大肆镇压持非主流思想意识形态的学生,1925年发生"京都学生事件",京都帝国大学、东京帝国大学、庆应义塾大学等校的38名学生因组织社会科学研究团体,学习社会主义理论而遭到逮捕。不仅如此,1926年文部省还向全国高校发出了弹压自由思想言论的秘密指令。在这样的局势下,大学师生于是发起了捍卫学术自由的斗争。1926年日本多个大学的学生联合成立了"全日本学术维持自由同盟",发表宣言:"为了争取学术研究的自由,必须反对封建的专制政策。"② 1933年京都大学发生的泷川事件则更加彰显了大学的学术自由精神。时任京都大学法学部的泷川幸辰教授,在著作《刑法讲义》《刑法读本》中对"通奸罪"只适用于妻子一方的法律提出批评,结果遭到政客攻击,被指责为共产主义的学说,他的著述被禁止发售,文部大臣对京都大学总长(校长)小西重直提出罢免泷川的要求,小西校长虽拒绝了这一要求,但由于帝国大学的教授都被赋予了国家官员的身份,根据文官分限令,泷川幸辰仍被迫辞职。此事引起京都大学法学部教授们的强烈不满,他们认为蜷缩在象牙塔里是不能赢得学术自由的,

---

① 孙传钊:《京都大学的惯例及其局限》,《复旦教育论坛》2011年第1期。
② [日]羽仁五郎:《日本人民史》,马斌等译,生活·读书·新知三联书店1958年版,第92页。

必须勇敢站出来斗争，于是集体提出辞职以向文部省抗议。此次事件中辞职的教授达 30 多人，学生也参与到了抗议活动中，影响波及全国。泷川事件成为日本大学捍卫学术自由的典型事件，在日本大学精神的形成过程中具有里程碑的作用，它的影响重大而深远，直到今天，每年 5 月 26 日，东京都还要举行"京大泷川事件纪念会"。

三

明治维新后日本国力增强，对外扩张侵略的野心膨胀，加之受世界经济危机的影响，日本酝酿着发动侵略战争。军国主义以军事至上、崇尚武力、谋求霸权为特征，是日本发动侵略战争的思想理论根源，军国主义侵蚀到了包括大学在内的整个教育体系中。1890 年《教育敕语》的公布成为日本开始推行军国主义教育的标志，它与后来颁布的《日本民族实体的基本原则》（1937）和《臣民之道》（1941）一并构成了日本军国主义教育的三大指南性文献。如《教育敕语》中明确提出"义勇奉公"的"忠良臣民"，以"扶翼"天皇，这是军国主义扩张需求下对教育的要求。

明治维新后建立起来的帝国大学具有浓厚的国家主义和军国主义色彩，学生被称为"帝大生"，被赋予了极端的国家责任感和民族荣誉感。帝国大学的开学典礼上，各学部的学生要站在学部长面前宣誓，并在誓言上签字，而研究生要站在大学总长（校长）面前宣誓签字。每年帝国大学的毕业典礼上天皇都会出现，亲自为优秀毕业生颁发银手表。第一次世界大战后至第二次世界大战结束，是日本军国主义急剧扩张的时期，军国主义在大学的渗透日益加强。1923 年日本政府企图率先在早稻田大学推行军事化教育，以实现大学军队化目的，训练学生骑乘军马，在大学建立所谓"军事研究团"，后遭到师生强烈反对，这一计划才搁浅。这一时期大学里右翼势力猖獗，1927 年日本的几所帝国大学都增设了"书记官"以监督学生思想，1928 年又增设"学生科"以加强对学生思想和活动的管控，1931 年针对学生中的"左"倾思潮设立"学生思想问题调查委员会"（文部大臣任会长），严控学生的言行。1928 年"三一五事件"发生后，文部大臣水野炼太郎召集各大学校长，下令解散各大学的社会科学研究会，并处分"左翼"学生和教授。随着军国主义强化，镇压对象扩大到大学中的自由主义思想者及反法西斯运动者。一时间大学处于军国主义的阴影笼罩和右翼势力的控制之中。

从20世纪30年代起，日本大学转入了战时教育体制，其教学和研究皆围绕战争展开，大学沦为服务于战争的工具，大学师生成为战争的殉葬品。大学里新增了和军事相关的军工、航空专业。帝国大学和6所医科大学还增设了四年制的临时附属医学专门部，以满足战争对医师的需要，临时附属医学部专门部的毕业生大部分被派往战场当了军医。20世纪40年代后，日本逐渐在侵略战争中陷入泥潭，为了挽回颓势，取消了原来的"大学生缓期征兵"的政策，在大学生中扩大征兵，大学被迫缩短学制。东京帝国大学两次提前举行毕业典礼，1943年，该校"1980名学生提前毕业，走上战场"，时任学校总长的内田祥三在毕业典礼上鼓动学生说："这一战，将决定皇国的安危兴亡，国家对人才的需求比任何时候都迫切……毕业生的大部分不久要穿军装，成为光荣的皇军一员"，"我相信诸君一定勇于拿枪，英勇奋战，并祝愿诸君健康，武运长久"①。1943年后，立命馆大学约3000名学生被送往战场，仅1/3的人生还；京都大学约4500名学生应征入伍，其中有264名在前线阵亡。②"这些学生出生在1920年前后，处在战争扩张和战争总动员的环境中，被卷入到了各种无法控制的事件中，自然注定了他们惨遭厄运。"③除了大学生外，卷入侵略战争、为法西斯效力的人中不乏大学教授，有确凿证据显示，第二次世界大战中九州大学医学部的教授曾参与对被俘美国飞行员的活体解剖，而在军国主义笼罩大学的时期，教师成为最大的受害者，第二次世界大战结束后，1名曾参与活体解剖的教授自杀身亡，14名九州大学教职员工因战争罪行被判终身监禁、死刑等。④此外还有大量学生被动

---

① 金龙哲、王东杰：《东京大学》，湖南教育出版社1992年版，第75页。
② [日]京都大学大学文书馆：《京都大学の曆史》，京都大学大学文书馆/京都大学總務部広報课2011年版，第11页。
③ [日]京都大学大学文书馆：《京都大学の曆史》，京都大学大学文书馆/京都大学總務部広報课2011年版，第11页。
④ 杨舒怡：《日本九州大学教授反省：曾活体解剖8名美飞行员》，《北京晨报》2015年4月6日。

员赴军需工厂、农场当劳工。大学校园里经常举行各种仪式提升师生对战争的信心和增强团结一致的精神，如所谓"庆祝胜利"和纪念阵亡者仪式等，但这些带有官方意志的活动都徒劳无益，师生们并不愿意参加这些活动，悲观失望的情绪在校园蔓延，教学秩序完全被打乱，大学自由和自治的精神传统被疯狂运转的战争机器所蛀蚀。

第二次世界大战结束后，日本高等教育有了飞速发展，战后高等教育得到恢复，新大学体制也逐渐建立起来，对军国主义进行了反思。为了消除军国主义的影响，第二次世界大战后帝国大学的校名中都去除了"帝国"二字。不仅是校名的变化，战后日本大学师生在思想上还对战争进行了反思，出现了大学和平主义思潮。

汤川秀树获得诺贝尔奖的时间是1949年，他成为战后日本的励志人物，给因战败而失去信心的日本人带来了希望，他站在科学家的立场发表对政治问题的看法，同爱因斯坦一起不遗余力地致力于和平运动，呼吁废除核武器，这代表了大学追求和平的精神力量。日本著名私立大学立命馆大学反思战争给人类带来的痛苦，确立了"和平与民主主义"的教学理念，倡导"民主的学园运行"和"自主的学习尊重"，这一校风被称为"立命馆民主主义"。1950年12月，立命馆大学在"阵亡学生纪念会"上做出决议：永不再投笔从戎，宣誓永不参与战争。本着以史为鉴，祈望未来和平的目的，立命馆大学于1992年5月在世界上第一个建立了由大学设立的和平博物馆。该馆坚持"真诚面对过去"的理念，主张"日本政府和日本人民应该真诚地面对日本曾经发动的侵略战争的事实，在认真反省的基础上开拓与亚洲各国增进相互理解的道路"，不仅举办了自1931年至1945年侵华战争15年间日本的加害责任的相关展出，还与我国南京市的"侵华日军南京大屠杀遇难同胞纪念馆"缔结了友好合作关系。如前所述，九州大学医学部的教师曾参与侵略战争中的不法活动，这是日本大学历史上的黑暗篇章，过去校方对此一直讳莫如深，在九州大学医学部多名教授的促成下，2015年4月，校方终于在校内的医学史博物馆中公开展出了这段黑暗的历史。

凡此种种表明，纵然日本社会存在右翼势力，但战后日本大学知识分子对战争和军国主义的反思没有停止，日本大学中的一些知识分子还存有良知，也不乏和平力量。

20世纪50年代以后,日本高等教育的理念发生变化,高等教育从为少数人提供教育转向为大多数公民提供平等的受教育机会,很多新型大学如雨后春笋般建立起来,大学内部的管理方式也更趋于民主,民主平等成为大学精神的主流。日本大学具有自主办学的传统,但近代历史上在极端国家主义思想的影响下,大学不时被政府所操纵,尤其是国立大学,在享受文部省财政拨款的同时,也受到政府在经费预算、人事等方面的制约。2003年伴随着国立大学法人化改革,这一局面有所改变。"国立大学法人化"意即国立大学具有法人资格,"由之前的隶属于政府的行政组织改变为具有法人资格的社会组织;国立大学的地位及其与政府之间的关系由过去的行政隶属转变为相对独立"①,大学在人事权、经费分配、学术管理等方面具有更大程度的自主性。日本著名高等教育学家天野郁夫认为,国立大学法人化的施行是日本高等教育130余年来最大的变革。② 再如对"讲座制"的改革也是一个例证。讲座制是近现代日本仿效德国大学而设立的大学基层学术组织,传统的讲座制利于学术传承和学术共同体的形成,在一定历史时期内发挥了积极作用,但随着现代社会的发展,门派森严、论资排辈、缺乏活力等弊端也显现出来。于是日本大学对传统讲座制进行了改革,将多个小讲座合并为一个大讲座,多名教授整合在了一个大讲座中,打破偏狭的学科界限,有利于开阔学术视野,同时也体现了民主平等的理念,"教师之间不再是依附从属的关系,而是彼此平等的,避免了产生讲座的学阀或论资排辈现象,便于年轻教师的成长"③。京都大学人文科学研究所1949年开始实行的共同研究班制度历经半个多世纪后已被改良,过去一般由教授发起一个话题,组织相关学者参与"会读"和"讨论",而现在强调平等,不单是教授,"副教授、助手也可以组建共同研究班"④。正是因为这种学术制度体现了平等

---

① 胡建华:《"国立大学法人化"给日本国立大学带来了什么》,《高等教育研究》2012年第8期。

② [日]天野郁夫:『国立大学・法人化の行方:自立と格差のはざまで』,东信堂2008年版,第127页。

③ 张昌:《日本研究型大学的构架——以京都大学为例》,《清华大学教育研究》2010年第6期。

④ 狭间直树:《京都大学人文科学研究所共同研究班:以中国近代史为例》,《近代史研究》2007年第2期。

对话、互相依赖的精神，才能"在半个世纪里作为知识生产的一种方式存续下来"①。

综上，我们可以看到日本在德川幕府时期，西学渐入，日本早期高等教育机构初现萌芽。明治维新后日本仿效德国高等教育体制，建立了近代大学体制，并逐渐形成了大学自治、学术自由和教授治校的精神传统，但与此同时日本国家主义和军国主义也严重渗透到了日本大学中，破坏了其传统的大学精神。大学知识分子不断用自己的行动维护着大学的精神传统，户水事件、木下事件、泽柳事件、泷川事件等对日本高等教育产生了深远影响。这一过程是一个渗透与抗争相互交织的过程。大学是近现代国家力量的重要体现，是社会进步的推动力，是文明的中心，任何践踏大学精神传统、悖逆大学发展规律的极端思想终将被抛弃，这是大学发展的历史逻辑。

---

① 狭间直树:《京都大学人文科学研究所共同研究班：以中国近代史为例》,《近代史研究》2007年第2期。

托马斯·杰斐逊教育观中的精英话语释义

陈露茜[*]

[**摘 要**] 杰斐逊的教育观根植于他那"高贵"的出身、弗吉尼亚的地方主义情节和"进步"学说的引领。在其飞扬的文采之中,我们发现,杰斐逊所谓的"人民"的真实含义是拥有土地的"自耕农",是以杰斐逊为代表的革命精英们的自称。他们的土地成为他们的"自由""平等"与"美德"的证明,使其成为"天然的贵族",而教育的所有目的与意义,就是要将这样一代不依靠门阀血缘,而是依靠美德才能的"天然的贵族"一代一代地"世袭"下去。从这个意义上说,在杰斐逊的教育观中,教育不是未雨绸缪的理想主义,而是为了精英权力的巩固;教育不是为了实现"全民参与"的民主情怀,而是社会精英自我延续的上层策略。

[**关键词**] 托马斯·杰斐逊;人民;贤能主义;民主教育

谈起托马斯·杰斐逊的教育观,国内学界一般认为他是美国最早、最完整地提出美国公共教育制度设计的最重要的人物之一。他主张要培养"天然的贵族",建构了一个"民主"的、"现代"的"人人参与"的教育蓝图,创办了被布鲁贝克誉为美国第一所州立大学的弗吉尼亚大学,这一切都代表了18世纪启蒙思想家们对于教育美好的期许,代表了现代

---

[*] 北京师范大学教育学部副教授。

教育制度的萌芽，代表了启蒙时代"进步"的教育理想。但是我们在杰斐逊的表述中也会发现一些互相矛盾而又联系紧密的概念，比如——"人民"：他既勾勒出作为一个道德整体的"人民"——这是一切权力的来源，又描绘出现实的政治世界之中的"人民"——愚昧、轻率的"废物"；他既勾勒出作为一个自由的、独立的"人民"——这是上帝完美的"选民"，又描绘出现实世界中"没有头脑的乌合之众"——这是"垃圾堆"中的"暴民"；他既用"我亲爱的人民"来称呼这一"天赋权利"的群体，又用"牲口""妖魔""白痴""群氓"来表示对下层大众的厌弃。因此，我们不禁要问：他在他的教育观念和教育实践中真实地表达了什么？我们非常熟悉的由杰斐逊起草的《关于进一步普及知识的法案》，我们非常熟悉的杰斐逊对于"天然的贵族"的培养与选拔，我们非常熟悉的、连杰斐逊自己都认为是其一生中最重要的功绩之一的弗吉尼亚大学的筹建，在诸如此类的美好表述与实践中，"人民"究竟指称什么？什么是"自由"？什么是"平等"？什么是"天赋权利"？什么是"天然的贵族"？这些美好的抽象概念的实际落脚点在哪里？建构一个完整的教育系统对于杰斐逊而言，究竟意味着什么？是目的还是手段？是未雨绸缪的政治先贤的理想主义情节还是精英权力的巩固？是为了在真正意义上实现"全民参与""共同建构"的民主情怀，还是为了抵消来自下层精英的挑战的上层策略？而回答这一切都需要我们回到真实的历史情境之中。

一

几乎从杰斐逊的第一代职业传记作家开始，人们大多这样评价：杰斐逊是美国历史上神话般的存在，他代表了美国民主的传统、美国民主的希望；甚至可以说，他就是美国的化身——正如詹姆斯·帕顿在1874年赞叹的那样："如果杰斐逊错了，那么美国就错了。如果美国是对的，那么杰斐逊就是对的。"[①] 而这一形象从美国史学的奠基人班克罗夫特开

---

① James Parton, *Life of Thomas Jefferson*, 1874. 转引自 Merrill Peterson, *The Jeffersonian Image in the American Mind*, New York: Oxford University Press, 1960, p. 234。

始——班克罗夫特在其巨著《美国史》中盛赞杰斐逊的民主思想，认为这是美国之精神核心——一直到条顿学派——杰斐逊在美洲确立了"盎格鲁—撒克逊"世界"自由"政治的发展，给世界树立了一个楷模；而杰斐逊对未来国家美好前途的自信满满的阐释，毫无疑问也是极具感染力的，从而赢得了众多心怀感激之情的政治信仰追随者——不断得以强化，并被普遍接受。在教育学中，我们也这么认为：可以说，在美国革命时代，杰斐逊是"最富有想象力"①的思想家之一，他发出了"人人普及教育"的呐喊，要求实现"现代"的"民主"教育，培养"天然的贵族"，鼓励由政府来资助、管理教育，让教育成为"公共的事业"，"没有任何人比我更真诚地希望在人类中间传播知识，没有人比我更相信它对与支持自由和良好的政府的作用"②。

但随着杰斐逊神话的流传，对他的质疑也悄然出现，20 世纪初期冷静的知识分子们开始发现这位一再强调自己的父亲彼得·杰斐逊靠自己的奋斗起家的美国总统，似乎不愿意提及他的母亲简·伦道夫出身于弗吉尼亚的名门望族，而他和他的父亲却正是通过母亲的家族而获得牢固的社会地位的事实；开始发现这位之所以能够有闲暇并能自由地撰写关于人类自由、平等、博爱的最伟大作品的启蒙思想家，似乎得益于供养他的一万英亩土地以及一两百名的黑人奴隶③；开始发现这位一再表明自己将永远忠诚于早亡的爱妻的理想鳏夫，事实上在爱妻去世后不久就在蒙蒂塞洛藏匿了一位名叫萨莉·海明斯的黑人女奴，并与她产下了私生子④……对于长期以来业已形成的对杰斐逊的理想主义想象与他那不太光彩、不太体面或者不那么高尚的事实行为之间的断裂，使得新一代职业史家们断定这位来自弗吉尼亚的大种植园主其实是一个道貌岸然的大伪君子。这一观点事实上得到了起源于 20 世纪初期以弗雷得里克·特纳

---

① 朱旭东：《杰斐逊的现代化教育制度思想》，《比较教育研究》2000 年增刊。
② Thomas Jefferson, *Writing*, New York：The library of American, 1984, p. 1222.
③ ［美］理查德·霍夫斯塔特：《美国政治传统及其缔造者》，崔永禄、王忠和译，商务印书馆 2012 年版，第 25 页。
④ 有关 DNA 研究对我们理解托马斯·杰斐逊、奴隶制和种族关系的讨论，可见 Jan. Lewis, Peter Onuf, *Sally Hemings and Thomas Jefferson：History, Memory, and Civic Culture*, 1999, 转引自［美］彼得·奥鲁夫《杰斐逊的帝国：美国国家的语言》，余华川译，华东师范大学出版社 2011 年版，第 3 页。

(Frederick J. Turner)、查尔斯·比尔德（Charles Beard）和沃侬·帕灵顿（Vernon L. Parrington）为代表的进步学派的有力支持。他们在讨论杰斐逊的时候，反对空谈所谓的"人人平等""一般福利的增进"或者"自由""正义"之类的空洞模糊的暧昧概念，而强调这些抽象事物背后的决定性因素——"利益"——也就是说，这些政治词汇构成的美好理想并非"全民"的产物，而只不过是希望从中获利的经济利益集团的诉求；也就是说，杰斐逊笔下的"自由""民主"与人类理想无关，而只同"财产"相关。因此，理解政治家的精英词汇，要从挖掘政治家们"谋生"的手段开始；从挖掘他们关于"家规"以及"谁来当家做主"的种种斗争开始。[①] 他们依托经济文献，使用经济分析的观点，从其社会立场、所属的社会阶级、所拥有的财产的性质以及依靠何种手段能够更好地通过推翻旧制度来获得直接或者长远的利益来讨论杰斐逊的语言与行为。但是进步学派所宣扬的"政治的经济决定论"实际上是将社会的进化简单地划分出两个互相竞争的利益集团——一方面拥护变革，而另一方面反对变革；或者说精英上层和劳苦大众对抗冲突——的结果，但这种过分简单的强调差别的论调却不能有效地解释杰斐逊的世界主义情怀——他指明了社会应发展的方向，寄望于社会的进步，寄望于某一伟大时刻人类终将实现他的理想；也不能使人信服地相信这位在晚年能为弗吉尼亚大学倾其所有的耄耋老者实际上是一个唯利是图的政治掮客。[②] 因此，到了20世纪50年代，进步学派便偃旗息鼓，取而代之的是"和谐学派"（又称为"共识派"，或者"一致论派"）[③]。

以霍夫斯塔特和布尔斯廷为代表的和谐学派在杰斐逊的问题上虽然并不完全反对经济解释的观点，但是他们反对过分简单地强调冲突、对抗和差别，认为在革命时期，与其说存在着因激烈的意识形态斗争而引

---

① ［美］查尔斯·比尔德：《美国宪法的经济观》，何希齐译，商务印书馆2012年版；Carl Becker, *The History of Political Parties in the Province of New York*, Madison: University of Wisconsin Press, 1909.

② ［美］理查德·霍夫斯塔特：《美国政治传统及其缔造者》，崔永禄、王忠和译，商务印书馆2012年版，第29页。

③ ［美］理查德·霍夫斯塔特：《美国政治传统及其缔造者》，崔永禄、王忠和译，商务印书馆2012年版，第3页；胡锦山：《20世纪美国史学流派》，《厦门大学学报》（哲学社会科学版）2000年第3期。

发的阵营分化，不如说存在着一个牢固的"辉格"中心——共同的政治与社会信念贯穿并连接着整个美国意识①：他们都强烈地信奉"土地"，都有家族利益需要维护，都试图将英国式的乡绅文化移植到新大陆；而杰斐逊这位来自弗吉尼亚的"英国乡绅"只能尝试从地方利益的平衡中来寻求政治办法，传统主义——古典主义情节的贵族式道德观、惯习、品位、生活态度——与地方主义——忠实于弗吉尼亚的种植业——在实质上贯穿着杰斐逊一生的政治诉求，而这位弗吉尼亚人的"力量"与"软肋"实际上都来自他"甘受其支配"②——这在 1785 年杰斐逊劝导他侄子小彼得·卡尔的一封信中得到了很好的体现——"个人抱负应当是自身利益和关心公益的缜密的掺和"③——"一旦你的头脑很好地用科学武装起来，那么，只要你能本着最正直无私的精神以最光明正大的方式去为你的国家、你的朋友和你自己谋利益，你就不愁不能高瞻远瞩了。"④ 这实在是太容易看出他所服务的利益，因此，杰斐逊并非不食人间烟火的国家"先贤"，而仅仅是一个"出身高贵"的、"仁慈"的奴隶主——"他对养活了自己而又不得不依附于他的下人有一种惯有的关切之心"⑤，"他始终远离民众，如果说他要求人人平等，并非由于他认为人人生而平等，而是由于他推想人人必须平等"⑥，他所主张的"平等"与"民主"显然是一种"弗吉尼亚王朝"贵族式的恩赐。

可以说，凡是历史学家都无法回避关于杰斐逊的种种争议。正如当代研究杰斐逊问题最重要的一位历史学家梅利尔·彼得森（Merrill Peterson）"遗憾地承认"，"托马斯·杰斐逊对我来说，最终仍然是一个看不

---

① [美]理查德·霍夫斯塔特：《美国政治传统及其缔造者》，崔永禄、王忠和译，商务印书馆 2012 年版，第 3 页。

② [美]丹尼尔·布尔斯廷：《美国人：民主的历程》，谢廷光译，上海世纪出版集团 2009 年版，第 150—153 页。

③ [美]丹尼尔·布尔斯廷：《美国人：民主的历程》，谢廷光译，上海世纪出版集团 2009 年版，第 151 页。

④ [美]梅利尔·彼得森：《给彼得·卡尔，1785 年 8 月 19 日》，载《杰斐逊集》（上下），刘祚昌译，生活·读书·新知三联书店 1999 年版，第 901—905 页。

⑤ [美]理查德·霍夫斯塔特：《美国政治传统及其缔造者》，崔永禄、王忠和译，商务印书馆 2012 年版，第 25 页。

⑥ Charles Wiltse, *The Jeffersonian Tradition in American Democracy*, North Carolina: Chapel Hill, 1935.

透的人"①。因此，在尝试理解杰斐逊的教育观的过程中，任何单因素的分析都是站不住脚的。我们必须既分析他的思想，又分析他的行为；必须既要看到他对于古典主义崇高道德的向往，又要看到这一崇高道德所要粉饰的利益集团；必须既要分析他在政治语言中飞扬的文采，又要对其在美好概念中隐藏着的真实意图有清醒准确地认识。

二

"历史是继往开来的哲学"，而不是"用拼凑法则、法令、政治演讲、报纸文章、私人信札、会议录和外交照会的办法写成的"。② 查尔斯·比尔德一语中的地指明：历史应该是"一辆飞奔直指终点的高速列车"，而非"一辆停在栅栏围得很严密的贮木场旁轨道上货车里的朽木"。③ 也就是说，历史书写的无意识时代早已终。历史是建构的过程，为了揭开这些"不透明的窗户"，为了黑暗之中寻找到"某种东西"，历史研究者们就必须用"思想之光"④ 来照亮它们。

我们对于历史人物的探究，也是如此。一方面，对杰斐逊教育观的讨论，所展现出来不仅仅是他一个人的行为与思想，更是整体社会的特征。这是一个多因素复杂互动的过程，受他所处的时代、所属的阶级、当时的社会思潮以及社会与经济的互动紧张关系而形成的有意识或者无意识的完整网络⑤；而不仅仅是理想主义的政治概念、经济动机或者地方主义的保护行为简单堆砌而成。另一方面，对于杰斐逊在其教育态度、教育观念的表述以及对教育系统和教育制度的设计过程中所使用的精英

---

① Merrill Peterson, *Thomas Jefferson and the New Nation*, New York: Oxford University Press, 1970.

② Charles Beard and Mary Beard, *The Rise of American Civilization*, New York: The MacMillan Co., 1947, p. xiv.

③ Charles Beard and Mary Beard, *The Rise of American Civilization*, New York: The MacMillan Co., 1947, p. xv.

④ [美] 彼得·诺维克：《那高尚的梦想："客观性问题"与美国历史学界》，杨豫译，生活·读书·新知三联书店2009年版，第354页。

⑤ Merle Curti, *The Social Ideas of American Educators*, New Jersey: Pageant Books, INC., 1959, pp. xiii – xv.

话语系统，我们也需要有足够清醒的认识。实际上，在精英话语系统的建构过程中，词语在读者想象之中的含义与其在政治精英实际运作之中的意义存在着巨大的鸿沟。① 正如维特根斯坦提醒我们的那样："文字的含义蕴含在它的运用之中。"②

这很好地解释了杰斐逊政治文字作品中所出现的概念准则与其事实行为之间相脱节的现象；而实质上，这就是现代政治的"两面性"：第一是以追求实体利益为目标的"斗争政治"，它指明了以实体利益为目标的、理性的政治动机；第二是以利益分配正当化为目标、以象征为媒介的"秩序政治"，它指明了以政治合法化为目标的、以人的感性认识为基础的象征政治。"斗争政治"的达成离不开"秩序政治"的胜利。"政治只是一连串抽象的符号"③，"个人对公共问题的立场是不固定的、可以随时改变的、政府的活动及政府自身政治态度变化和动员，对民众个人具有潜在的影响力。政治活动的重要产出，不是被贴上政治目标这个标签的特定公共政策，而是创造对于政治的顺从和支持"④。这就意味着，之所以不平等能够被接纳和认同，是因为政治精英操纵着社会舆论的缘故。在政治精英构建"秩序政治"的过程中，所使用的词语多半是带有强烈的感情色彩与象征意味的，例如"民主""自由""平等"等，大众在舆论宣传中不知不觉地接受和容纳了政治精英通过象征词语所传达的意义。因此，这些用政治语言表述的"政治神话"，便成了社会的"优势符号"或者"主流象征"。由于政治精英或者主流社会控制着意义的解释权，使得这些"优势符号"或者"主流象征"能够帮助建立、转移或维持权力的实行。事实上，我们也有证据相信，作为"开国元勋"的杰斐逊深谙现代政治之道：他明白"西塞罗式的雄辩"为的不是辩明分歧，而是为了达成"和解"与"妥协"；他明白"向大众呼吁"为的不是民主参与，

---

① Bernard Bailyn, *The Ideological Origins of the American Revolution*, Harvard: Harvard University Press, 1967.

② L. Wittgenstein, *Philosophical Investigations: the German Text*, New Jersey: Wiley-Blackwell, 2001, p. 3e.

③ Murray Edelman, *The Symbolic Use of Politics*, Urbana: University of Illinois Press, 1964, p. 5.

④ Murray Edelman, *Politics as Symbolic Action: Mass Arousal and Quiescence*, New York: Academic Press, 1971, p. 2.

而是为了刺激"代表";他明白鼓励"选民"为的不是让选民们按照自己的本意进行投票,而是为了让选民们按照代表们的意愿投票。① 而这便是我们理解杰斐逊教育观的"思想之光"。

三

1743 年 4 月 13 日,托马斯·杰斐逊出生于弗吉尼亚的阿尔伯马尔的一户人家。他的父亲彼得·杰斐逊是威尔士人的后裔,没有贵族血统,属于"自耕农"阶层——这是一个来自英国的概念,但与当时英国目不识丁、粗野鄙陋的"自耕农"以及"巴黎的下层人"截然不同,在 18 世纪初期的弗吉尼亚,这指的是有文化的、有一定教养的、有一定知识技能的小土地的所有者②;和华盛顿一样,他是一名勘测员。虽然没有受过什么教育,却有很强的学习能力和旺盛的精力,遵守英国式的风俗礼仪,向往英国式的生活方式,酷爱莎士比亚的作品。③ 他因在土地勘测方面的杰出才能而得到了当地的名门望族——伦道夫家族——在 18 世纪初期的弗吉尼亚,伦道夫家族是当地的"头等"大族,起源于英格兰中部的一个贵族家庭,与英国许多贵族有着血缘或者姻亲关系④——的赏识,很快就成了威廉·伦道夫(William Randolph)的好友。1735 年,彼得·杰斐逊也因此获得了 1000 英亩的土地,成了一名种植园主;与威廉·伦道夫的土地正好相邻。由于彼得·杰斐逊的土地不适宜盖房子,因此威廉·

---

① Charles Beard and Mary Beard, *The Rise of American Civilization*, New York: The MacMillan Co., 1947; Charles Beard, *An Economic Interpretation of the Constitution of the United States*, New Yokr: MacMillan Co., 1947.

② Charles Beard and Mary Beard, *The Rise of American Civilization*, New York: The MacMillan Co., 1947, pp. 150 – 151;[美]丹尼尔·布尔斯廷:《美国人:民主的历程》,谢廷光译,上海世纪出版集团 2009 年版,第 104、304 页;[美]理查德·霍夫斯塔特:《美国政治传统及其缔造者》,崔永禄、王忠和译,商务印书馆 2012 年版,第 28 页。

③ [美]亨利·蔡尔兹·默文:《美国国父列传:托马斯·杰斐逊》,钟琦译,北京大学出版社 2014 年版,第 2 页。

④ [美]梅利尔·彼得森:《自传》,载《杰斐逊集》(上下),刘祚昌译,生活·读书·新知三联书店 1999 年版,第 4 页。

伦道夫又将自己名下的 400 英亩土地以"一大碗潘趣酒"①的价格转让给了彼得·杰斐逊,供其盖房,该契约至今仍可见。1738 年,彼得·杰斐逊迎娶了伦道夫家族的一位新娘——简·伦道夫(Jane Randolph),她是当时弗吉尼亚副将艾沙姆·伦道夫(Isham Randolph)的大女儿,出生于伦敦。就这样,彼得·杰斐逊这个小人物通过自己的奋斗,与弗吉尼亚最显赫的贵族紧紧联系在了一起。

彼得·杰斐逊向上流动的过程在早期的北美殖民地并不是一种偶然巧合,而是一种较为普遍的流动模式,与欧洲相比,殖民地是一个相对开放的社会,是一个社会等级相对宽松的社会;与欧洲将社会等级与血缘、财产、门阀紧紧捆绑在一起相比,早期殖民地的人们可以也有可能更多地依靠个人奋斗,进而获得精英集团的赏识,而实现向上流动。可以说,几乎我们能数得出的殖民地与革命时期最重要的人物几乎都是通过这种"能力+扶持"路径实现向上流动的。华盛顿是通过弗吉尼亚北岭镇的费尔法克斯和他的家族的帮助,开始担任测量员和民兵军官的。富兰克林(Benjamin Franklin)的升迁也是如此,在他向上流动的每一个步骤中,依靠的不仅仅是他的勤奋、睿智和人品,更重要的是他有足够的智慧和能力来吸引有权有势的人来注意他。② 早期殖民地的这种庇护制与欧洲的门阀贵族是有区别的,因为它的确是要求个人依靠自己的"才华与能力"去吸引"大人物"的注意,进而助其一臂之力。而之所以会出现这样的现象,其原因在于:与欧洲相比,在 18 世纪早期的殖民地,"土地"还不是一个十分稀缺的物品;广袤的殖民地空间与"唾手可得"的"良田"稀释了这一切③,较为松散而非僵化的社会结构使得有才能的人,的确可以通过学识才干而实现向上流动。同时,也正是因为这样,教育是值得重视的。托马斯·杰斐逊也是如此。

---

① [美]亨利·蔡尔兹·默文:《美国国父列传:托马斯·杰斐逊》,钟琦译,北京大学出版社 2014 年版,第 3 页。

② J. A. Leo Lemay and Paul Zall, eds., *Benjamin Franklin's Autobiography*, New York: W. W. Norton, 1986, pp. 23, 26, 45, 51, 75.

③ 在早期的弗吉尼亚,弗吉尼亚公司向每一个愿意亲自去弗吉尼亚承担风险的冒险家提供 100 英亩的土地。从 17 世纪 70 年代开始,弗吉尼亚开始效法英国,确定财产的资格限制;但是实际上"限定继承权"等仿英国的措施没有在弗吉尼亚发挥实际上的作用。弗吉尼亚土地情况的变化与社会结构的真正"冻结"大致发生在 18 世纪的中后期,也就是在美国革命前后。

彼得·杰斐逊于1757年染病身亡，他与他的妻子一共养育了10个孩子，托马斯·杰斐逊是活下来的第一男孩①，是长子，除他之外，还有一个男孩，但幼年不幸夭折。② 关于托马斯·杰斐逊母亲的情况，由于杰斐逊自己不愿过多地提及，因此后人了解得不多。但仍可知托马斯·杰斐逊拥有伦道夫家族优良的基因，他身形修长③、纤瘦，很结实，身手敏捷，在母亲的影响下酷爱音乐，感性、优雅。在杰斐逊5岁的时候，就进入英语学校学习，9岁进入拉丁文法学校。④ 在父亲去世后，杰斐逊毅然决然地转学向一位精通拉丁语与希腊语的古典主义学者莫里牧师求教，并在两年后进入了威廉·玛丽学院。⑤

威廉·玛丽学院位于弗吉尼亚的威廉斯堡。威廉斯堡在英语中的意思是"品位、时尚、优雅中心"⑥，是殖民地总督府邸的所在地，聚集着十几个贵族家庭。正是在这里，杰斐逊既接受了英国式的传统贵族精英主义教育，又接受了"合乎理性与科学"的教育；杰斐逊结交了当地的三位显贵——斯莫尔（威廉·玛丽学院的数学教授）⑦、弗朗西斯·福基尔（王室任命的代理总督）和乔治·威思（威廉·玛丽学院的第一位法律教授，是弗吉尼亚的大法官），形成了一个莫逆"四人集团"。⑧ 而当地的其他贵族和种植园主们也因为与杰斐逊母亲家族的关系，慷慨地为杰斐逊打开了上流社会的大门。青年时代的杰斐逊过着"上流社会"的生活，他频繁地出入福基尔总督所举办的音乐聚会——他是一位出色的

---

① ［美］梅利尔·彼得森：《自传》，载《杰斐逊集》（上下），刘祚昌译，生活·读书·新知三联书店1999年版，第4页。
② ［美］梅利尔·彼得森：《自传》，载《杰斐逊集》（上下），刘祚昌译，生活·读书·新知三联书店1999年版，第4页。
③ 杰斐逊的身高在189厘米左右。
④ ［美］梅利尔·彼得森：《自传》，载《杰斐逊集》（上下），刘祚昌译，生活·读书·新知三联书店1999年版，第4页。
⑤ ［美］梅利尔·彼得森：《自传》，载《杰斐逊集》（上下），刘祚昌译，生活·读书·新知三联书店1999年版，第4页。
⑥ ［美］亨利·蔡尔兹·默文：《美国国父列传：托马斯·杰斐逊》，钟琦译，北京大学出版社2014年版，第5页。
⑦ 杰斐逊曾说斯莫尔确定了他一生的命运。参见［美］梅利尔·彼得森《杰斐逊集》（上下），刘祚昌译，生活·读书·新知三联书店1999年版，第1791页。
⑧ ［美］梅利尔·彼得森：《自传》，载《杰斐逊集》（上下），刘祚昌译，生活·读书·新知三联书店1999年版，第5页。

小提琴手，技术娴熟，富有激情；对服装、马车装备非常挑剔并乐此不疲——他所使用的马车一直都有血统最优良的马驹，事实上，从其青年时代开始，他就拥有了一批狄俄墨得斯血统的小雄驹。① 在杰斐逊的社交活动中出现的几乎都是弗吉尼亚的名人。②

杰斐逊24岁的时候加入律师协会，26岁被选为州议员，任职长达6年之久。29岁时已经是咨询律师了。1772年1月，杰斐逊与一位年轻的寡妇玛撒·斯克尔顿（Martha Wayles Skelton）结婚。杰斐逊夫人身材高挑、年轻貌美、仪态优雅，她受过良好的教育，热爱文学，能娴熟地拨弦古钢琴，她的父亲是一位富裕的律师。这次婚姻为杰斐逊的财产增添了一大笔地产——11000英亩的土地和135名奴隶，杰斐逊自己也说："在清偿很大数目的债务后，大体上与我自己所继承的遗产相等，因而使我们的富裕程度倍增。"③

正是这样的生活，将贵族精英情节深深地植入杰斐逊的骨髓，他接受了上流社会的价值观——语言、习惯、爱好、生活方式，以及对贵族式的精英主义"高尚道德"的认可。这一点可以从1770年杰斐逊所居住的沙德威尔的房子所遭遇的火灾中看出——此后，杰斐逊修建了著名的蒙蒂塞洛宅邸。据记载，当时一位黑奴来向杰斐逊报告火灾的损失，杰斐逊问："我的书救出来了吗？"奴隶说："主人，没有，不过我们把小提琴救出来了。"后来杰斐逊自己写道："我估计了一下，烧毁的书有200磅。要是烧的是钱就好了，我就不会那么心疼了！"④ 后世的许多批评家认为这是杰斐逊的矫揉造作，但如果将这一细节放入杰斐逊当时的生活情境之中的话，我们就会发现，杰斐逊当时已经是弗吉尼亚的社会名流了——1769年杰斐逊当选为立法机关的议员——他没必要如此，而且将一位初出茅庐、血气方刚的年轻人描绘成一个老谋深算的政客，似乎也

---

① Merrill Peterson, *Thomas Jefferson and the New Nation*, New York: Oxford University Press, 1970, p. 173.

② 当时杰斐逊交往亲密的人物还包括佩奇、曼、卡特、纳尔逊、李、布兰德、耶茨等重要的姓氏，这些姓氏都是弗吉尼亚名人录上最重要的姓氏家族。

③ ［美］梅利尔·彼得森:《自传》，载《杰斐逊集》（上下），刘祚昌译，生活·读书·新知三联书店1999年版，第6页。

④ ［美］亨利·蔡尔兹·默文:《美国国父列传：托马斯·杰斐逊》，钟琦译，北京大学出版社2014年版，第21页。

不合逻辑；与其说这是杰斐逊的惺惺之态，不如说这是他发自内心的想法，也就是说，他已经从骨子里接受了上流社会的观念——"钱"是腌臜之物，总是提"钱"是粗俗、不体面的行为；要有"品位"地、"讲究"地、"高尚"地生活，要有合乎体统的行为举止；或者说，他的身体里流淌的就是贵族的血液——又或者说杰斐逊与真正的贵族之间只差一个世袭的头衔、名分和身份而已。这在杰斐逊晚年的行为中也得到了很好的证明：杰斐逊对自己自幼养成的品位、格调以及开明的修养是非常自豪的，而他在蒙蒂塞洛的生活"从园林到美酒，从绘画到诗歌，样样都养追求英国或者欧洲的最近款式和风格"。①

四

可以说，杰斐逊的贵族情怀既得益于他母亲高贵的出身，又源自弗吉尼亚"英国式的乡村"。弗吉尼亚是一个酷似英国的社会，它向往英国式的生活方式、热衷于英国式的传统道德，18世纪早期的新大陆"在行为、道德和娱乐方式同母国的一样……只是在程度上……稍逊一筹而已"②。弗吉尼亚人不仅移植来了英国式的时尚与风貌，更移植来了英国式的社会结构，只不过在18世纪这种社会结构是较为松散的。关于当时社会阶层的构成，实际上是有不同表述的：第一种表述认为，当时的弗吉尼亚可以分为"富人""中层"和"穷人"三大群体；所谓的"富人"大致等同于种植园主；所谓的"中层"大致包括了自耕农、技工等小财产的所有者；所谓的"穷人"则是不明确的，有的时候把社会上层以外的人都包括进去，有时候又仅指社会的最下层，还有时候用来指称可以投票的人。第二种表述认为，在当时存在4个阶层：大土地的所有者、律师和法官、商人、农夫与工匠；并认为最后一个阶层构成了殖民地的主体，是殖

---

① Gordon S. Wood, *The Radicalism of the American Revolution*, New York: Alfred A. Knopf, 1993, p. 203.

② Adam Gordon, "Journal of an Officer Who Traveled in America and the West Indies in 1764 and 1765", in Newton D. Mereness, ed., *Travels in the American Colonies*, Macmillan 1916, p. 403; Virginia Harrington, *The New York Merchant on the Eve of the Revolution*, New York: Faculty of Political Science, 1935, p. 21.

民地的力量所在，是"最有用和最有道德的人"。第三种表述认为，弗吉尼亚存在着三个层次：一是上层阶级，他们是来自英国的门阀贵族，受过良好的教育，风度翩翩；二是中等阶级，既高雅又粗俗，他们中有人很有钱，但由于家系不够古老，所以仍属于中等；三是下层，这一阶层人数很少。杰斐逊对弗吉尼亚的社会结构也有自己的判断，他认为弗吉尼亚存在着五大社会阶层：大土地的所有者、没有继承家族遗产的贵族家庭的次子和次女、暴发户、自耕农以及堕落和不守规矩的人。[①]

我们发现，实际上无论哪种表述，奴隶、契约奴、妇女以及没有到达各地法律规定的财产标准而无投票资格的男性实际上都被排斥在社会系统之外；也就是说，他们所关注的"人民"都是"自由"人口。而"自由"源自"财产"、"独立"源于"土地"，殖民地不动产的拥有者实际上成为未来共和国的领导者，而没有土地财产也有没有其他任何形式财产的人都是"干坏事的帮手，全面破坏国家自由的工具"[②]，是群氓，是暴民，是不足为道的。这是因为，在18世纪的殖民地，体力劳动不是财富的源泉；与宗教道德观所宣传的勤勉工作恰恰相反的是，劳作是辛劳，是痛苦，是强迫，是不具有道德价值的；也正是这一观念带来了对劳动人民的鄙视，而革命的领袖们所珍视的"自由"，"是不必为温饱而劳作的自由"[③]。同时，按照同时代的英国标准来看，在殖民地真正意义上的贵族也几近凤毛麟角，"没有什么公爵，没有侯爵，没有宫廷"，殖民地的贵族和英国的贵族都是些"小字辈"，顶多是个中小地主，"在任何一处殖民地，几乎没有哪个富人能够名副其实堪称英国的富人的那种'富'字"，例如：华盛顿的庄园在18世纪70年代的收入，"根据弗吉尼亚的时价，每年仅有300英镑"，在一个来访的英国人看来，这种经济状

---

① 李剑鸣：《美国通史：美国的奠基时代，1585—1775》，人民出版社2002年版，第392—393页。

② [美] 理查德·霍夫斯塔特：《美国政治传统及其缔造者》，崔永禄、王忠和译，商务印书馆2012年版，第37—38页；[美] 查尔斯·比尔德：《美国宪法的经济观》，何希齐译，商务印书馆2012年版，第31页。

③ Gordon S. Wood, *The Radicalism of the American Revolution*, New York: Alfred A. Knopf, 1993, pp. 33–34.

况使得华盛顿"只相当于英国富裕的自耕农"。① 当时波士顿的一位大富翁托马斯·汉考克（Thomas Hancock）在身后留下了将近 10 万英镑的遗产，可是这笔在殖民地的巨额财富还不如英国商人亨利·拉斯卡莱斯（Henry Lascalles）1753 年留下遗产的 1/3。②

因此，可以说，在 18 世纪早期的弗吉尼亚，事实上存在着三个社会等级：最高等级是源于英国高贵姓氏的小贵族，他们是英国在殖民地统治的代理人，独立战争或是驱逐或是转变改造了这一批人；最低等级是没有任何形式的财产的、没有自由和人身独立的"大众"，他们是被杰斐逊等革命领袖唾弃的"无赖"与"猪猡"③，这些人是"每个国家的苦力"，"当我们衡量一个国家的国民性时，他们这些人是决不应加以考虑的"④；中间最核心的一个等级就是拥有土地的"自耕农"，他们在整个殖民地年代从贫困的处境不断奋力上进，坚决谋求舒适、安全的生活和权势；他们借助殖民地丰富的自然资源，获得了比旧大陆更快的向上流动的路径，并通过这个过程，成为美国革命的核心力量——"如果说一位地位颇高的弗吉尼亚绅士统率了军队，加入了行伍，扛起了步枪的正是刚扔下了犁的自耕农"⑤。无怪乎，霍夫斯塔德和查尔斯·比尔德都曾感叹，美利坚天生就是一个"中产阶级"社会。这才是杰斐逊所谓的"人民"的真正含义——拥有小土地的"自耕农"——"在土地上劳动的人们是上帝的选民，如果他曾有过选民的话，上帝有意使这样的选民的胸怀成为特别贮藏他那丰富而纯真的道德的地方。这里才是上帝保持神圣之火旺盛地燃烧的中心，否则这个神圣之火就会从地球上消失。耕

---

① Alan Gowans, *Images of American Living: Four Centuries of Architecture and Furniture as Cultural Expression*, Philadelphia: Lippincott, 1964, pp. 141, 142, 149.

② William Baxter, *The House of Hancock: Business in Boston*, 1724-1775, Cambridge: Harvard University Press, 1945, pp. 75, 224.

③ [美] 理查德·霍夫斯塔特：《美国政治传统及其缔造者》，崔永禄、王忠和译，商务印书馆 2012 年版，第 35 页。

④ Jefferson, "Jefferson's Hints to Americans Traveling in Europe", in Julian Parks Boyd ed., *The Papers of Thomas Jefferson*, Vol. 13, Princeton: Princeton University Press, 1954-1955, p. 268.

⑤ Charles Beard and Mary Beard, *The Rise of American Civilization*, New York: The MacMillan Co., 1947, p. 131.

种土地的广大群众道德腐化的例子在任何时代任何国家都没有过"①。正是如此,杰斐逊断言,"国家将是有产者的国家,未来也就建立在这个国家的有产阶级基础上","一个有教养、有知识并且有自由的体制的农民的国家是最适合的民主共和国"。②

实际上,以托马斯·杰斐逊为代表的美国革命领袖大多属于"自耕农"阶层。他们是他们的家族中第一代或者是第二代实现了向上流动的人——据研究,在美国99名建国领袖中,即那些签署了《独立宣言》的人或者是参加了"制宪会议"的人中,只有8个人的父亲上过大学。③ 例如,杰斐逊是杰斐逊家族中第一个接受过高等教育的人;亚当斯也是一个殷实的农场主和鞋匠的儿子,是亚当斯家族中第一个进入上流社会的人;富兰克林、华盛顿、纳撒尼尔·格林都没有上过大学,都要是通过刻苦的自学来弥补教育上的不足——这种不足甚至使得华盛顿无法亲自写下一本美国革命的回忆录。④ 正是由于这种"天生"的遗憾,使得这些拥有经济上独立地位的"自耕农"们缺少文化上的独立性和自信心。"寒微的出身"使得他们对英国式的古典主义贵族精英文化可以说是"既爱又恨":他们"心比天高",可偏偏"身为下贱";他们无法从家族和亲属那里世袭获得身份、地位与头衔,因此他们醉心于证明贵族的身份与品格不是"生来就有"的;他们既艳羡、模仿贵族们的举手投足、文质彬彬,又对年少攀附上流社会的时候所遭受到的"富人们"的冷眼与排挤耿耿于怀,因此对他们的养尊处优、不劳而获与奢靡铺张深恶痛绝。所以,他们热衷于证明他们也是贵族,是"天然的贵族",是有才德的人;他们"优雅而不浮华,彬彬有礼而不孤芳自赏,有品位而不自以为

---

① [美] 梅利尔·彼得森:《弗吉尼亚纪事,询问十九》,载《杰斐逊集》(上下),刘祚昌译,生活·读书·新知三联书店1999年版,第311—312页。

② [美] 理查德·霍夫斯塔特:《美国政治传统及其缔造者》,崔永禄、王忠和译,商务印书馆2012年版,第38页。

③ Richard Brown, "The Founding Fathers of 1776 and 1787: A Collective View", *William and Mary Quarterly*, Vol. 33, No. 3, 1976, pp. 465–480.

④ James Thomas Flexner, *George Washington: Anguish and Farewell*, 1793–1799, Boston: Little Brown, 1969, p. 488.

是，品德高尚而不装腔作势，天然质朴而不粗鄙庸俗"①；他们是洛克（John Locke）笔下身披灵光的"绅士"——礼貌、优雅、趣味和有学识，深信洛克所言"最应得到重视的应该是绅士阶层，因为这个等级的人在教育上一旦走入正轨，他们很快就会带领其余的人做到井然有序"②；他们既痛恨"迷信"与"顽固不化"，又唾弃"懒惰"和"奴役"，他们要向"愚昧"和"野蛮"宣战，要把"文学和科学请到我们中间来……让我们鼓励赞许一切使得我们的品德变得高尚的事物"。③

因此，可以说，以杰斐逊为代表的美国革命领袖们实际上并不指望那些穷困、没有社会地位的人，如农民、工匠或小商贩们能够通过教育获得到较高的社会地位；他们眼中的教育不是目的，而是手段；不是为了任何抽象意义上的社会整体的公平与正义，而是希望如果这些人的孩子们有才能的话，可以像他们一样进入威廉·玛丽或者哈佛读书，学习拉丁文、希腊文，学习古典作品，接受开明的绅士教育，并由此进入上层社会；他们所希冀的教育是一种"自我复制"的方式，复制出和他们一样的人，通过教育的灌输创造出属于他们自身的"绅士文化"，铸造一个"知识的共和国"——在这个"共和国"中只有知识、才能和道德发挥着作用，并将他们的精神与情怀一代又一代地"世袭"下去。④

五

美国革命使得新大陆的"自耕农"们的社会等级得到了前所未有的实质上的提升⑤——"包括总督、军官、法官和形形色色随从人员在内的

---

① Gordon S. Wood, *The Radicalism of the American Revolution*, New York: Alfred A. Knopf, 1993, p. 196.
② [英] 约翰·洛克：《教育漫话》，傅任敢译，教育科学出版社1999年版。
③ William Livingston, *Independent Reflector*, 1735; Julian Boyd, *The Papers of Thomas Jefferson*, Princeton: Princeton University Press, 1950, p. 600; John Clement Fitzpatrick, *Writing of Washington*, Montana: Kessinger Publishing, 2010, p. 504.
④ Robert East, *Business Enterprise in the American Revolutionary Era*, Gloucester: Columbia University Press, 1938, pp. 220, 227, 232.
⑤ Robert East, *Business Enterprise in the American Revolutionary Era*, Gloucester: Columbia University Press, 1938, pp. 220, 227, 232.

英国官僚阶级遭到驱逐或自行逃亡,使得美国社会的第二个阶层即商人、自由农民、种植园主和农场主上升到一个比较得意的地位……华盛顿不能在英国军队里得到重要的职位,但他成了大陆军队的最高统帅。约翰·亚当斯年轻的时候在马萨诸塞种植玉米,成年时期收到波士顿英国官僚集团上层的冷遇,后来却成为美国派驻英王乔治宫廷的公使。托马斯·杰斐逊也从弗吉尼亚一名默默无闻的农夫之子,被提升到州长的职位,担任过驻法公使,又以总统的身份指导国家大事达 8 年之久"[1],因此,革命成功之后维持社会秩序和点拨民族命运的重大任务就落到这些"手握实权"的人们手中。但杰斐逊这位来自弗吉尼亚的"假"贵族已经长期习惯于英国国王君临天下所恩赐的"高度自治",却对未来社会的走向惴惴不安,因为"没有人感断定何时纪律变成了独裁,何时自由又滑向了无法无天"。[2]

幸运的是,杰斐逊是一位"恰逢其时"的政治家。源自 15 世纪的"进步"火种,到了 18 世纪初期已经燃烧成最富有生气的熊熊烈焰——"人类由于增进了知识和使物质世界服从人类福利的要求而不断改善其人世间的命运"[3] ——"自耕农"们"珍视"劳动与勤勉等平凡之事务;新大陆的广袤领土不仅"净化"与"消散"了浓烈的宗教精神[4],刚刚崛起的"新贵"们不仅不需要在盲从信奉欧洲"教父"们的哲学,而且使得他们对自然科学产生了浓厚的兴趣[5];而来自 17 世纪英国的、开明的、洛克学说也为重新定义"权威"奠定了新的智力基础[6]——"家长

---

[1] Charles Beard and Mary Beard, *The Rise of American Civilization*, New York: The MacMillan Co., 1947, p. 462.

[2] Charles Beard and Mary Beard, *The Rise of American Civilization*, New York: The MacMillan Co., 1947, p. 440.

[3] Charles Beard and Mary Beard, *The Rise of American Civilization*, New York: The MacMillan Co., 1947, p. 444.

[4] [美]梅利尔·彼得森:《杰斐逊集》(上下),刘祚昌译,生活·读书·新知三联书店1999年版;[美]丹尼尔·布尔斯廷:《美国人:民主的历程》,谢廷光译,上海世纪出版集团2009年版。

[5] [美]理查德·霍夫斯塔特:《美国政治传统及其缔造者》,崔永禄、王忠和译,商务印书馆2012年版,第29—30页。

[6] [美]克雷明:《美国教育史:殖民地时期的历程,1607—1783》,周玉军等译,北京师范大学出版社2003年版。

们不要把他们的权威建立在孩子的畏惧的基础之上";家长的权利不是绝对的,孩子既有权利也有义务;家长要赢得孩子们的尊重,也要信任他们;洛克所建构的"父慈子孝"的原型从根本上刺激了一个"反对家长制的美国革命"①。如果包括上帝在内的统治者在弗吉尼亚都失去了统治的合法性的话,那么世俗世界中统治者的合法性与合理性更是不消提及。1776年,杰斐逊在《独立宣言》中写下了现代政治的千古绝唱:"人人生而平等,他们被造物主赋予他们所固有的(某些)不可转让的权利。"②

在推翻了旧制度之后,杰斐逊们认为按照古典主义的传统,可以采用的政体一共有三种:君主制、共和制和民主制③。对于刚刚获得独立的"人民"而言,重新建立一个君主制政府,无论从理智还是从情感上都是不可能接受的④;而民主制对于杰斐逊而言,也是万万不妥的:因为无产者是危险的,是不值得信任的,是叛乱和社会动乱的根源——因为无产者没有土地财产,而没有土地财产就意味着没有经济上的独立,没有经济上的独立就意味着人身上的依附关系,而"依附产生奴性,容易被收买,扼杀美德,而且是他人实现野心的得心应手的工具"⑤——人性如何可以脱离田园耕种和不动产的"天然"滋养呢?所以那些"被无知、贫穷和压迫所折磨的人"是不安全的,"15人中必有14人是无赖",城市里的无产者是国家"肌体"上的"脓疮、罪恶的教唆者和革命的制造者","如果人民拥挤在城市靠变幻莫测的商业谋生,美国的自由制度必

---

① 目前大多数主流的美国史研究认为,杰斐逊的政治观来源于英国的洛克,而非法国的孟德斯鸠;而洛克的学说尤其是他的《教育漫话》,而非《论政府》,在殖民地发挥了实质上的作用。而洛克的《教育漫话》实际上采用隐喻式的写法,用家庭权威影射君主权威,用家长与孩子之间正确关系的讨论来影射君臣关系,要求实行开明君主。洛克的《教育漫话》实际上成了摧毁菲尔默式的父权制的理论基础。

② [美]梅利尔·彼得森:《独立宣言》,载《杰斐逊集》(上下),刘祚昌译,生活·读书·新知三联书店1999年版,第22页。

③ 李剑鸣:《"共和"与"民主"的趋同:美国革命时期对"共和政体"的重新界定》,《史学集刊》2009年第5期。

④ Gordon S. Wood, *The Radicalism of the American Revolution*, New York: Alfred A. Knopf, 1993, p. 177.

⑤ [美]梅利尔·彼得森:《弗吉尼亚纪事》,载《杰斐逊集》(上下),刘祚昌译,生活·读书·新知三联书店1999年版。

然会完结"。① 由此看来,既然"人民"是反复无常的城市群氓,像"一头巨兽",那么"共和"政体是一种微妙地加以平衡的传统安排。② 当然,共和制也是更符合古典主义贵族情怀的选择,是贵族政治的基础。

在抽象的共和制传统中,人在本质上是一个政治的人,是一个通过参与自治的共和国的活动来实现极大程度的自我完善和自我道德的公民;即参政议政的政治自由是实现个人自由、权利、道德的全部基础,反之亦然,个人的自由、权力和道德也保障了政治自由。在共和制政体中,独立与道德的丧失就是腐败的根源。因此,共和制是十分脆弱的,它对公民的道德水平的要求要远远高于君主制和民主制;要真正实现"共和",就要保持公民的独立和提高其道德修养是最重要的两条路径。在现实世界中,这是一条"虚无缥缈"的"不归路",正如亚当斯和汉密尔顿批评的那样,共和制被"五花八门地加以利用","从不清楚共和制到底是什么","过去没有人知道,将来也不会有人知道",共和制"可以是指任何事物,所有的事物,或者是一无所指"。③ 但对政治词语的使用已炉火纯青的杰斐逊,却为美好的共和制想象找到了一个完美的落脚点。

而理解这一落脚点我们又必须回到杰斐逊对于"人民"的定义中去。在杰斐逊的政治话语中,所谓"人民"即不动产的拥有者,"拥有一定财产为思想充分独立的必需而主张有产者方有选举权",美国就应该也必须是一个农场主的国家,"耕者有其田"使得他们独立、有知识、有道德,"既不会盲动,又不会堕落"④;因此,殷实的"自耕农"是可靠的"善良之辈"——杰斐逊深深地信任着"自耕农",就如同相信他自己一样——"向一个农夫和一位教授陈述一个道德事例。前者也能判断,而

---

① [美]理查德·霍夫斯塔特:《美国政治传统及其缔造者》,崔永禄、王忠和译,商务印书馆2012年版,第35页;Charles Beard and Mary Beard, *The Rise of American Civilization*, New York: The MacMillan Co., 1947, pp. 339–401.

② [美]丹尼尔·布尔斯廷:《美国人:民主的历程》,谢廷光译,上海世纪出版集团2009年版,第122页.

③ Gerald Stourzh, *Alexander Hamilton and the Idea of Republican Government*, Stanford, CA: Stanford University Press, 1970, pp. 44, 53; Franco Venturi, *Utopia and Reform in the Enlightenment*, Cambridge University Press, 1971, pp. 62, 71.

④ [美]理查德·霍夫斯塔特:《美国政治传统及其缔造者》,崔永禄、王忠和译,商务印书馆2012年版,第38页.

且时常比后者更好，因为他没有被人为的准则引入歧途"①。而这种直接将抽象政治与土地财产等同起来的做法，使得"如果说普通选民被要求去投票，那么拥有巨额财产的人则被期望肩负更大的责任。"② 实际上，弗吉尼亚一直是由"富人"治理的，"凡是殷实富裕的家族，都有人在总督参事会、民众代表院、县政府或其他统治机构里当官，殖民地的统治机构也没有一个不是由富人控制的"；而土地是所有统治家族和弗吉尼亚财富的基础。③ 早在1776年，杰斐逊为弗吉尼亚起草宪法的时候，就尝试规定选举人的财产资格——"选举人须为在农村完全拥有24英亩地产者，或在城市拥有1/4亩地产者，或必须是在选举的两年内均完税者"④；而我们想象之中作为美国"民主"代言人的杰斐逊在实质上从未在任何时间、任何地方考虑过推行政治的普选权问题。因此，在杰斐逊的"共和制"假设中，作为共和制基础的"独立"与"道德"在实际上为"财产"和"土地"所取代；"土地"不仅仅成了一种财物，更是个人独立和个人权威的标识，是人格的标志；高官显职要由"最有道德的人"——"最有利害关系"的、财物最多的人来担任，重大问题的决策显然也要以他们的意志为转移⑤；可见，杰斐逊苦苦经营的是有产者的利益，而非抽象的共和或者民主的政治理论，这是因为杰斐逊深知，"要驾驶国家这艘巨舟，靠的是地头畦界，而不是遥远的恒星"⑥。

在弗吉尼亚，"要满足获取土地的渴望，只有强壮的体格还不够，还要有敏锐的政治嗅觉。觅取地产富源的途径不仅要穿过茫茫荒野，而且要穿过威廉斯堡政府大楼的走廊过道。这是弗吉尼亚头面人物走熟了的

---

① ［美］梅利尔·彼得森：《给彼得·卡尔的信》，载《杰斐逊集》（上下），刘祚昌译，北京：生活·读书·新知三联书店1999年版，第1009页。
② ［美］丹尼尔·布尔斯廷：《美国人：民主的历程》，谢廷光译，上海世纪出版集团2009年版，第115页。
③ ［美］丹尼尔·布尔斯廷：《美国人：民主的历程》，谢廷光译，上海世纪出版集团2009年版，第125页。
④ ［美］梅利尔·彼得森：《弗吉尼亚宪法草案，1776》，载《杰斐逊集》（上下），刘祚昌译，生活·读书·新知三联书店1999年版，第358—368页。
⑤ ［美］丹尼尔·布尔斯廷：《美国人：民主的历程》，谢廷光译，上海世纪出版集团2009年版，第116页。
⑥ Charles Beard and Mary Beard, *The Rise of American Civilization*, New York: The MacMillan Co., 1947, p.387.

通向荒无人烟的南部和西部浩瀚沃土的'捷径'。"①这很好地诠释了杰斐逊的、强烈的政治现实主义，使得抽象政治与实体经济紧密地杂糅在一起，成了"一个硬币的两面"。而这种紧密的联系，使得经历革命的血洗而完全实现了向上流动的"开国元勋"们"一朝得道，鸡犬升天"，而那些想借由革命来解除枷锁的、处于社会底层的白人以及迫切渴望摆脱被奴役地位的黑人奴隶们却发现改变社会地位比登天还难。

由此可见，在从"臣民到人民"的转变过程中，贵族政治的情怀与弗吉尼亚人对"土地"的渴望再次在杰斐逊的政治经济设计中发挥了作用。而教育的必然性也由此而生：一方面，良好的"贵族政治"的目的不是要挫伤"人民"的积极性，而是要使"人民"避免犯错。因此，教育是至关重要的。革命摧毁了旧制度，而要完全建立起一个新社会，对"人民"进行启蒙就显得至关重要。洛克告诉他们，人的心灵是一块白板，人的感觉可以改变人的性格及其一切；通过支配人的感知来塑造人是可行的。同时，"进步"的火花也让他们坚信"头脑一旦被启蒙之光照耀，就再也不可能回到无知蒙昧的状态"②，所以要驱逐"黑暗"与"野蛮"，传播"光明"与"知识"。因此，杰斐逊们十分关注教育，不仅仅是制度化的教育，还包括各类"高雅的"修养品位的达成，这是塑造新观念、铸造新文化的重要手段。而另一方面，经营土地和种植园，也必然要求"自耕农"们的知识要多样化，因为他们必须规划园圃，适时决定耕种收割、觅取制鞋缝衣的材料、照看奴隶等。因此，如何精明、谨慎、权威地经营种植园也要求种植园主们必须既要有聪明的头脑，又要有丰富的知识；既要将政治权术、法律条款了然于心，又要对自然发展史感兴趣，对医药和机械学有相当精深的知识，对气象学也必须十分内行。

最后让我们回到文章的开篇，我们从杰斐逊的真实出身、弗吉尼亚的社会环境以及在"进步"的洛克学说、贵族情节与弗吉尼亚地方主义等因素影响下的杰斐逊对美国革命后的政治经济学设计等方面来理解杰

---

① ［美］丹尼尔·布尔斯廷:《美国人：民主的历程》，谢廷光译，上海世纪出版集团2009年版，第126—127页。

② Henry Dwight Sedgwick, *In Praise of Gentlemen*, Boston: Little, Brown, 1935, p. 130.

斐逊的教育设计。我们泄气地发现,在杰斐逊飞扬的文采之中,我们所想象的、由其诠释的美好社会政治理想与杰斐逊真实的意义有着巨大的差别。研究杰斐逊的另一位重要学者奥鲁夫认为,"杰斐逊从不怀疑'人民'到底是谁"[①],即"人民"的真实含义对杰斐逊而言是确定,是拥有土地的"自耕农",他们在整个殖民地年代从贫困的处境不断奋力上进,坚决谋求舒适、安全的生活和权势;他们借助殖民地丰富的自然资源,获得了比旧大陆更快的向上流动的路径;换句话说,"人民"就是以杰斐逊为代表的革命精英们的自称。他们的土地成为他们的"自由""平等"与"美德"的证明,使其成为"天然的贵族",而教育的所有目的与意义,就是要将这样一代不依靠门阀血缘,而是依靠美德才能的"天然的贵族"一代一代地"世袭"下去。毫无疑问,杰斐逊是一个理想主义者,他的理想主义就在于他对斐然的文采运筹帷幄,引人入胜地让我们进入了一个纯粹的古典主义贵族美德的时代,在这里教育是万能的,通过受教育进而获得智慧与美德,"吃得苦中苦,方为人上人";但杰斐逊也是一个现实主义者,强烈的政治经济上的现实感,使得他深深地明白,带领民众进入这样一个美好的古典主义时代,不是为了所有的人能够在这个"流着奶和蜜"的伊甸园中自由的发展,而是为了灌输与植入政治精英们希望民众了解与接受事物。这便是"秩序政治"与"斗争政治"的有机结合。从这个意义上说,教育不是未雨绸缪的理想主义,而是为了精英权力的巩固;教育不是为了实现"全民参与"的民主情怀,而是社会精英自我延续的上层策略。因此,杰斐逊所持有的教育观并非最"进步"的教育观,恰恰相反是与过往一切的利益集团一样,教育对杰斐逊而言,是一种灌输、教化和改造的工具;是一种由精英集团定义的意识形态,而非抽象意义上全民参与、共同建构的过程。

但在杰斐逊所设计的依托"知识""能力"与"扶持"而实现向上流动的教育系统中,的确使得有才能的个人有可能依靠自己的智慧和能力得到上层的赏识,进而获得社会地位的擢升;的确松开了血缘、氏族、身份在社会结构与社会流动中的"紧箍咒",使得由教育获得知识、能

---

① [美]彼得·奥鲁夫:《杰斐逊的帝国:美国国家的语言》,余华川译,华东师范大学出版社2011年版,第15页。

力、才干成为通过上层社会的"安全阀",进而开启了现代教育中"贤能主义"(Meritocracy)的信条。① 从杰斐逊所处的时代来看,毫无疑问,这是具有积极意义的。

---

① Michael Young, *The Rise of the Meritocracy*, 1870 – 2033, Harmondsworth: Penguin Books, 1961.

斯内登与杜威关于职业教育归属性的争论

——以二人的教育观比较为视角

吴 婵[*]

[摘要] 20世纪初期,职业教育的归属问题成为美国教育变革过程中极具争议性的焦点问题之一,支持建立独立职业学校的大卫·斯内登与支持综合教育计划的杜威,更是针对该问题进行了几番笔墨较量。本文以二人教育观的比较为视角,试图在历史语境中还原争论本身,同时对其进行综合评论,以期为职业教育与自由教育关系的进一步思考提供参照。

[关键词] 职业教育;斯内登;杜威;自由教育;教育观;争论

1914年第52届全国教育协会开会期间,与会专家们就20世纪初期美国作为世界经济的一股重要力量与不断强大的德国之间的竞争问题进行讨论。时任马萨诸塞州教育委员会主席的斯内登(David Snedden)站在美国亟须一种新的教育形式,即一种独立的职业教育的立场上极力推崇职业学校,认为这是美国作为经济强国与德国抗衡的一种手段,而时下基于传统和教条的学校教育已经不适合急剧变化的社会形势。此时,

---

[*] 陕西师范大学教育学院讲师。

就职于伊利诺伊大学的教授威廉·巴格莱（William C. Bagley）则针锋相对地提出相左意见，坚定地维护传统自由教育。他否定斯内登关于美国学校存在问题的诊断与解救方式，义正词严地认为斯内登所陈述的问题在美国社会并没有显现出来，并告诫与会人员要警惕"职业学校分离所带来的社会分层的危险"。[①]

而此时，杜威正处于写作《民主主义与教育》时期，思考在美国与德国竞争的大环境下，教育与经济发展之间关系的问题，杜威觉得有必要就相关问题发表自己的看法。不久，《新共和》（The New Republic）发表了杜威有关职业教育的文章，出乎意料的是，这篇文章竟拉开了与斯内登在职业教育问题上进一步辩论的序幕。当然，一开始杜威并没有公开提到斯内登的名字，对斯内登在年会上发言的回应在某种程度上也是温和的、间接的。但当斯内登看到杜威的文章后，终于忍不住，即刻做文澄清自己，矛盾也就随之公开化了，之后杜威又对斯内登的回应再次做文反击。最终，二人针对职业教育及其归属性的相关问题进行了几番笔墨较量。当然，这两轮笔墨较量仅仅是二人关于职业教育，乃至整个美国教育的认识的缩影，其迥异的教育观更多地散见于二人其他的相关文章与著作中。本文意在还原二人就职业教育归属性问题的相关争论，最重要的是，试图分析争论背后，二人教育思想的差异，以期对职业教育与自由教育关系的进一步思考提供历史参照。总体而言，杜威与斯内登的争论涉及了与职业教育归属相关的以下几个问题。

一　对于中等教育现状的不同认识

关于中等教育的现状，斯内登认为主要存在以下亟待解决的问题：首当其冲的是目标问题，"那些具体的、直接的目标在指导美国中学的大部分管理与教学过程中显得尤其重要，而我们并没有依据人类福祉来界定它们，且我们似乎无法在努力实现目标时合理地评估其价值"，过去我们对教育目标的模糊表述"其实很少在现实与实践中指导我们做出选择，

[①] David F. Labaree, How Dewey Lost: the Victory of David Snedden and Social Efficiency in the Reform of American Education, Ph. D. Dissertation, Stanford University, 2008, pp. 165–166.

而我们也很少停下来去思考并评估这些模糊且多变的表述到底产生了怎样显著的结果",① 教育工作多依赖于主观而非客观的标准,一直以来显得混乱、模糊和无效,因而迄今为止并没有取得什么新进展。② 斯内登认为当前中等教育最需要解决的问题是发现、分析、表述并确定有效的教育目标来指导教育过程,并评估教育结果,以从传统目标中脱离出来。其次,在各门学科的教学方面,斯内登认为,诸如现代语言、代数、英语文学、商业教育、体育等都存在诸多不足,它们缺乏具有实际价值的教育内容、多样有效的教学方法、深厚的专业基础。以商业教育为例,虽然目前商业课程在中等教育中占据了很大的比例,但目前的商业课程是一种"杂交"课程,看起来是职业性的,实际上却只是部分地职业化,甚至是混乱的职业化。对于许多学生来讲,它仅仅是第二种通识教育,③或仅仅是通识教育的变种而已。最后,就教育效果来讲,目前中学所教授的课程并没有达到其所宣称的那种"高尚"的效果。中学的科学课程并没有给予学生现代生活所需求的科学常识及相关知识,也没有教会学生基本技能,而对于公民、历史等的教育也并没有与教育宗旨相得益彰。对于解决办法,斯内登指出首先要确定青少年的需求,然后制定出明确的学科教学目标,并结合相关材料、实验、项目等最终确定整体的教育实质与目标。目前美国需要的教育是在职业指导的前提下达到两种目的的课程,一个是实践的(practical)目的,另一个是文化的(cultural)目的。前者通过有目的地学习不同职业的要求,系统地检验个人的潜能,以及精心培养的职业理想,使得青少年最终能找到合适的人生道路;后者通过对所有学生进行职业调查,并使其学习可能从事的职业,从而培养出富有同情心的、社会化的、视野宽广的有修养的公民及真正的民主个人文化。④ 从以上两种目的的阐释中不难看出,在斯内登的思想中,实

---

① David Snedden, "New Problems in Secondary Education", *The School Review*, Vol. 24, No. 3, 1916, pp. 177 – 178.

② David Snedden, "New Problems in Secondary Education", *The School Review*, Vol. 24, No. 3, 1916, p. 179.

③ David Snedden, "New Problems in Secondary Education", *The School Review*, Vol. 24, No. 3, 1916, p. 183.

④ David Snedden, "New Problems in Secondary Education", *The School Review*, Vol. 24, No. 3, 1916, p. 186.

践的目的在很大程度上等同于职业目的，且职业目的是首要的，在职业目的之后才是文化目的，且职业目的是文化目的的基础与前提。而对于文化目的本身，也是需要通过职业的途径来达成，在职业中培养文化目的，且是在对职业目的的执行中，自然而然地达成的。斯内登对教育的这种重新定位在1914年全国教育协会的发言中也曾表露过：

> 长期以来，教授通识文化的那些方法和程式已固化过时，它们既耗时耗力又很难适应需求……公众迫切需要一种更加有指向性的、更加科学的、更加有效的学校自由教育。这种需求一直没有清晰地表达出来，或者说总是缺乏明确的界定，但是，这种需求是真实存在的……现在到了20世纪，像其他文明国家一样，美国也需要在学校中发展职业教育的机会，以使那些有追求的男男女女们有更多样化的追求，以为世界做出有益的贡献。[①]

在这次发言中，斯内登重申了对14—20岁学生进行职业教育，以及他们作为未来经济社会生产者的重要性。他反复强调教育目标的转变与更新，强调在组建学校之前重新明确教育目标，形成新的教育理论，这种用意在当时教育大环境下是"明智的"。因为对斯内登而言，教育最终是要成为一门应用科学的，它的有效行动必须要建立在清晰的教育目标上，而教育目标统领着整个教育过程，只有教育目标将重心转移至职业教育，具体的教育过程和教育设计才会在教育目标的指导下向职业教育倾斜，整个教育才会发生根本改变。批判时下教育目标的模糊多变，及其指导下的课程杂乱、教学低效，在某种程度上是斯内登达成职业教育理想的第一步，但这第一步就让斯内登陷入了困境。

在了解了斯内登的用意后，杜威觉得别扭，这与他正在思考的教育与社会问题有很大的出入，他感觉有必要将自己的观点表达出来，一方面可以谈谈自己对目前教育与经济、社会发展关系的认识，另一方面也能在某种程度上回应斯内登的观点，激发自己更加深入地思考问题。杜

---

① David Snedden, "Fundamental Distinctions between Liberal and Vocational Education", *Curriculum Inquiry*, Vol. 7, No. 1, 1977, pp. 41–52.

威的文章很快就发表在《新共和》上,从戏谑职业教育国家援助委员会开始,杜威清晰地表达了对于目前工业教育进入普通中学的立场。他先幽默地讽刺了该委员会的成立,认为其成员多为教育领域的"门外汉",却在喋喋不休地议论传统教育的缺陷,以及改革的必要性,而且还在草拟为他们所谓的教育"蓝图"增加公共经费的方案。① 杜威坚信这个方案不可能得到支持,且工业教育也只会被作为普通教育政策的一部分,而非独立进行,因为目前关于引入工业教育的问题,以及教育目的将主导教育过程的观点并没有在公众中达成共识,仅仅是一小撮人的一厢情愿。同时,杜威不否认工业教育的必要性,但他对目前已进行的工业教育的效果表示不满,"现有数据表明工业教育对工人工资的影响甚微,有技能的工人并没有比没有技能的工人多赚多少钱,或幸福多少。"② 杜威特别强调,德国职业教育的发展模式是由其独特的历史与现实环境决定的,而美国不应该人云亦云地照搬德国模式。在此基础上,与斯内登相对,杜威提出了自己对于目前教育状况及其目标的见解,认为目前的教育目标首先必须是使所有青少年更长久地留在学校接受教育,而非将学校变为"预备工厂";其次是教育目标必须在培养个人工业智力(industrial intelligence)③ 和首创性方面有所建树,而非专注于工业技术的提升。最后,杜威总结道:"这个国家当前的主要问题是教育问题,即为了满足工业革命后环境变化对公立学校重组提出要求的问题,而非德国那样的商业或技术问题",④ 对现状定位的不准确,以及将教育专家排除出职业教育国家援助委员会之外而独立制定计划的行为,再加上专业教育者自身对教育重组问题的回避,必将对中学的长久发展有害无益。

---

① John Dewey, "A Policy of Industrial Education", *The New Republic*, Vol. 19, Dec 1914, p. 11.

② John Dewey, "A Policy of Industrial Education", *The New Republic*, Vol. 19, Dec 1914, p. 11.

③ 关于"工业智力",杜威在另一篇文章中做出了界定,即对于当前工业生产、交通、商业发展状况及进程的了解,使个人能够做出自己的选择,或做出相关调整,从而成为自己经济命运的主宰。参见 John Dewey, "Learning to Earn: The Place of Vocational Education in a Comprehensive Scheme of Public Education", *School and Society*, Vol. 5, 1917, p. 334。

④ John Dewey, "A Policy of Industrial Education", *The New Republic*, Vol. 19, Dec 1914, pp. 11 – 12.

在这里，杜威看到的是因缺乏适应个体发展的经验性与连续性，而造成的严重的学生辍学现象，以及民主制度不健全造成的诸多教育与社会相分离问题，而所有这些问题都指向个人理智能力发展的教育问题，工业教育的参与最终也是指向学生整体发展的教育问题，工业教育是全面的公共教育的一部分，通过对个人的全面的教育来达成社会进步与民主的目的；而斯内登，更专注于教育作为促进社会效率与经济发展的中介作用，教育最终指向的是社会效率的提升，经济的强力发展，综合国力竞争的不断升级。另从教育立场分析，杜威坚持职业（工业）教育只能是提升当前学校教育效率的途径，通过汲取工商业资源和经验来解决学生辍学及学校教育缺乏连续性等教育类问题。而斯内登则将职业教育作为另一种手段，即试图通过教授国外的工业教育技术和经验达成提升社会效率的经济目的。二者对于教育目的的不同定位，以及对于现实问题终极指向的不同认知造成了看待教育问题的不同立场，而这也成为导致二人选择不同教育路径的理论基础。

二　对教育与社会效率关系的不同认识

在斯内登看来，当时美国的学校体制是"无效率的""非民主的"，因为它只满足了准备上大学的小部分人的需求，而忽视了有实用需求的大多数人。为了更加"民主地"对待这部分人，并对社会需求的工业、商业、农业人才做出回应，斯内登建议为普通民众建立新的职业学校，通过使全体社会成员变得更加有用，同时更富有社会责任感来寻求人与人之间机会的平等，以及整个社会的进步，即达到社会效率。因而，在斯内登看来，效率就与社会责任感，以及青少年将来的社会地位紧密地结合在了一起。每一位青少年都应该被教育或培训成为担任特定社会角色的人，这样，所有人都具备了以职业为导向的相关知识、技能与价值观，而社会也会变得更加丰富、有效。

他期待设置基于"效率"的相关课程，以使学生能够在社会生活中谋得生计。这种教育思想与他对学校的定位密切相关，在斯内登的价值体系中，"学校能为美国带来什么""美国人民需要学校做什么"是衡量学校教育成败的标准，学校应该以此作为指导，来全面规划各项工作。

他说道,"作为一种社会力量,公立教育旨在发觉、改善和传送社会资源来发展每个人的一般的社会效率和特殊的社会效率。"一般社会效率是指社会知识以及有效地处理社会问题的能力。特殊的社会效率则是指职业效率,即某一特殊行业的效率。[1] 二者相结合,就是学校作为社会机构所应该承担的义务。这种价值观指导下的教育必然趋于"学校工具说",更注重学校社会角色的扮演,以及社会责任的承担,正如斯内登对职业教育所做的解释,"它(指职业教育)是一种为了公共事业(recognized calling)而对年轻人进行训练的教育形式",[2] 旨在把年轻人训练成一个具备一定生产知识和生产技能的有效率的社会生产者。

而杜威并不认同斯内登对于效率即是"教育能为社会、为经济做些什么"的看法,他对效率有不同的理解。在《民主主义与教育》一书中谈到教育目的时,杜威特别分析了社会效率作为一种目的的状况。在杜威看来,如果效率就是狭隘的行动,而不是活动的精神和意义,那么文化和效率在根本上就是对立的。[3] 在封建社会,高贵者有时间和机会发展自己成为人,而卑贱者受到限制,专为高贵者提供外部产品。一个号称"民主"的社会,如果仍用产品或产量来衡量社会效率,就是接受贵族社会所特有的贬低群众的传统,并把它继续下去。[4] 杜威认为,社会效率这个目的若和个人发展分开的话,就是对民主主义的致命打击,采用比较狭隘的效率,就是丧失效率的正当理由。在他看来,社会效率在最广的意义上就是"心智的社会化",而效率的目的必须包括在经验的过程之中,且能主动地使个人的经验可以相互传授,打破使个人对别人的利益漠不关心的社会分层的障碍,否则效率的目的就变成生硬的物质主义的

---

[1] Jeffrey Laurance Dow, The New Vocationalism: A Deweyan Analysis, Ph. D. Dissertation, University of Florida, 2002.

[2] David Snedden, "Fundamental Distinctions between Liberal and Vocational Education", *Curriculum Inquiry*, Vol. 7, No. 1, 1977, pp. 41 – 52.

[3] [美] 约翰·杜威:《民主主义与教育》,王承绪译,人民教育出版社1990年版,第133页。

[4] [美] 约翰·杜威:《民主主义与教育》,王承绪译,人民教育出版社1990年版,第133页。

东西了。① 教育，尤其是工业教育，如果存在着个人的活动屈服于阶级的权威，它就有迁就现状的危险，受过这种专门职业训练的人就会落后，甚至比没有受过特定训练的人更缺乏适应的能力。② 在这里，杜威批判斯内登采取的是使天赋能力服从的办法，而不是利用天赋能力的办法来获得效率。这会造成社会阶级的分化，不但不能适应社会工业化的实际需求，甚至还会损害美国社会与政治的民主。杜威的做法是试图将个人发展与社会进步统一起来，正如他试图将知与行统一起来一样，而民主社会的真意恰恰就存在于这种统一与融合之中。

三　对学校变革路径的不同认识

斯内登作为"社会效率"的支持者，秉承着教育为社会效率服务的理念，必然更关注学校教育对工业秩序的适应与工业需求的满足，这就要求学校摒弃传统的"教育公民"的旧模式，转向另一种"教育工人"的新模式，来应对不断分化的社会结构以及不断膨胀的工业人口。此时，分化（differentiation），在某种程度上成了决定课程设置的新标准。而效率，则成为判断学校教育及课程成功与否的指标。但是，由于每个人的兴趣、潜力各不相同，必然会从事各异的职业，要使个人能够最大限度地适应未来的职业生活，学校教育就要尽早地为这种未来做好准备，这就使得学校必须尽早地考量学生的智力、学习基础、发展潜能、兴趣爱好，对学生进行分门别类地教育与训练，挖掘他们的内在潜力，而这种教育无论在内容上，还是形式上、方法上与传统教育都是大不相同的。同时，职业教育的课程指导、培训、学生的管理与通识教育也存在诸多差异。两种存在根本分歧的教育必然不适合在同一所学校进行。斯内登坚持使职业教育与通识教育相分离，"摆脱传统的学术氛围和学术环境，

---

① ［美］约翰·杜威：《民主主义与教育》，王承绪译，人民教育出版社1990年版，第133—134页。

② ［美］约翰·杜威：《民主主义与教育》，王承绪译，人民教育出版社1990年版，第132页。

而与经济领域的培训与训练尽可能地加强联系",[1] 建立与通识教育独立并行的职业教育体系,通过在专门的职业学校中实施分化(differentiation)与"做中学",使学校内每门专业、每个部门各司其职,最终完成社会赋予的使命,达成个人价值与社会效率的统一。斯内登声称,这种对"效率"的追求是民主社会所亟须的,而民主与效率并不矛盾,二者都可以通过建立以特定职业为导向的多样化学校来实现,而德国分离的职业教育模式即是美国需要的。他反对在原有的中学内部加入职业训练因素的综合性教育,因为在他看来,将职业教育与通识教育纳入同一所机构,极易导致职业教育的流失,[2] 使其逐渐失去其原有的职业性与专门性,而进入通识教育的大染缸,与其"同流合污"。且在当时的转型浪潮中,传统教育已经在各种冲击与碰撞中自身难保,若再加入职业教育,恐怕会加剧学校教育衰败的进程。"两手都要抓,但两手都不硬"的局面是斯内登最不能接受的结果。因而一方面基于职业教育的特殊性,另一方面基于怕被传统教育拖下水的防范心理,斯内登坚定地将职业教育与传统教育划清界限,认定职业教育必须独立发展才会保有独特的功能和持久的魅力。

与试图从外在配置改变传统教育面貌,志在设置独立职业学校的斯内登不同,杜威批判专门化的职业教育过于狭隘,最终会导致"社会先验"(social predestination)的"狭隘的商业培训",使劳动者从一种机器上换到另一种机器上工作;且课程职业化、分化的倾向,以及过早地对学生进行分类,会扼杀学生自主选择课程的权利,对学生的学习欲望产生阻碍作用,影响学生对更广泛、丰富、多样化的知识的学习,进而对民主社会的发展产生不利影响。杜威转而从广泛的职业教育概念入手,将其界定为"一个表示有连续性的具体名词",[3] "就是指任何形式的连续不断的活动,这种活动既能为别人服务,又能利用个人能力达到种种

---

[1] John L. Rury, *Education and Social Change: Contours in the History of American Schooling* (*Third Edition*), New York: Routledge 270 Madison Ave, 2009, p. 154.

[2] David Snedden, *The Problem of Vocational Education*, Boston: Houghton Mifflin, 1910, p. 132.

[3] [美]约翰·杜威:《民主主义与教育》,王承绪译,人民教育出版社1990年版,第326页。

结果"。① 他认为随着生产的社会化，在分工越来越细的同时，协作化生产已成为大势所趋，一个人终身只选择一次职业的时代已经过去，那种认为教育只致力于把学生培养成某一领域的能手的观点荒谬至极。他把文化知识与职业知识紧密地联系在一起，使其成为一个问题的两个方面，然后用一种综合化的学校和课程体系来贯穿这相互关联的两个方面，从而建立一个"完满的中学，一个更加广泛的中学（a wider high school），把学生个体带入更加广泛的联系之中，使对学生的表现和资质进行最彻底和最完整的评估成为可能"，② 他建议在中学开设职业课程，但这种课程并不是为了某种特定职业训练工人，也不是要学生专门钻研一门专业，而是作为对现有课程的补充，赋予中学课程以一种实用的目的，使学生获得与通识教育相结合的职业教育，养成对职业及社会的理智的态度。他认为这种以兴趣的方式加强学校与社会联系的课程不仅不会加重学生的负担，反而可以在很大程度上减轻负担，使学生的学习变得有趣和多样化，进而变得从容和有序。在这个过程中，他关注"智慧的首创性、创造性和执行能力，以使工人在工业生活中成为自己的主宰"。③ 他认为职业教育应该通过职业进行教育（education through occupation），而非为了职业而教育（education for occupation），换句话说，职业教育应作为对通识教育的补充，作为满足青少年了解社会、了解工业秩序、了解自己的一种途径而存在。在这种情况下，职业教育应该与通识教育出现在同一所学校中，相伴而生，共同进步，否则将会使二者都受到束缚。在这里，杜威反对过早地对儿童进行职业方向的指引，尤其反对预先为学生定向，用狭隘的职业训练使学生作为劳动者去适应既定职位的秩序与命令，而应看到学生是有无限潜力去从事多种职业的。他认为这种"宿命式的"职业训练只有通过建立一个整合的教育系统才可以避免。

对杜威而言，民主是最高原则，达到民主的最优途径是教育。但是

---

① [美] 约翰·杜威：《民主主义与教育》，王承绪译，人民教育出版社 1990 年版，第 338 页。

② John Dewey, *The Educational Situation*, Chicago: The University of Chicago Press, 1902, pp. 74–79.

③ David F. Labaree, How Dewey Lost: the Victory of David Snedden and Social Efficiency in the Reform of American Education, Ph. D. Dissertation, Stanford University, 2008.

这种教育排斥急功近利和盲目的"效率崇拜",排斥先验论,以及将理论与实践进行分离的"二分法"。而对于斯内登这位深受社会控制论与社会效率运动熏陶的改革家而言,民主也是其终极目的,达到目的的途径是"效率",而教育最多只算是达到"效率"这一途径的"途径"。多了一个环节,似乎就多了许多不同,而这种不同最核心地体现于二人对于职业教育内涵及定位的不同看法上。

四 对职业教育内涵与定位的不同认识

看到自己长期以来敬重的学者杜威与自己意见相左,还对自己提出了质疑,斯内登感到困惑与伤感,不久,《新共和》1915年5月刊中一篇名为《职业教育》(*Vocation Education*)的文章出现在公众视野中,作者正是大卫·斯内登。他想借此文来回应杜威及其他反对者们的质疑,开篇即提到:

> 我们已无奈接受了诸多反动者及既得教育利益与教育传统受惠者的误解,但看到杜威先生旗帜鲜明地给予反对者们以帮助与安慰,与他们一道反对这种更广泛、丰富、有效的教育计划,并深深地误解了学校中扩展职业教育的支持者们的动机,(真的令我)感到沮丧。①

斯内登先重申了自己对于职业教育的认识,职业教育就是"一种追求职业的教育"(education for the pursuit of an occupation),② 与通识或自由教育比起来,它没有那么多的神秘性和不确定性,且作为一种古老的、范围广泛的教育形式,虽一直没有进入正规学校,但人们无时不刻不在学习它。因而应该将职业教育视为一种对青少年个人乃至社会都极其重要的教育形式。而目前讨论的焦点在于职业教育应该由哪些课程组成、什么时候该进行职业教育、由谁来教,以及怎样与其他形式的教育有效

---

① David Snedden, "Vocational education", *The New Republic*, Vol. 15, May 1915, p. 40.
② David Snedden, "Vocational education", *The New Republic*, Vol. 15, May 1915, p. 40.

地结合起来等。① 在第一个问题上，斯内登认为各种关于商业贸易、农业、工业、家政等的课程都可以教授；对于青少年什么时候进入职业学校学习的问题，斯内登承认目前还存在争议，但据马萨诸塞州规定，学生离开常规公立学校即有资格进入职业学校，一般是14岁及以上；而对于应该怎样处理职业教育和通识教育的关系时，斯内登坦言二者"不能混杂在一起"，"现在，我们中的许多人已经意识到了，如果职业教育要在普通青年中得到推广，我们就必须提供特设的独立的职业学校，"② 在这里，斯内登再次公开提出了独立发展职业教育的想法。

在斯内登撰文不久，杜威就再次做文回应了斯内登的反馈，从文章题目《教育 VS 商业训练——杜威的回应》（Education vs. Trade-Training—Dr. Dewey's Reply）就可以看出二人的争论已经从间接的、温和的状态上升到了公开的、针锋相对的局面。这次，杜威的回应显得直截了当且态度强硬，他直指斯内登在文中将他作为反动者的"帮凶"，而将自己视作"职业专制主义受害者"的评价，之后再次明确地阐明了他对职业教育的看法：

> 在教育应该是职业性的这点上，我比他（指斯内登）走得更远。但是，在真正的职业教育的名义下，我反对在18—20岁之前就确定学习与从事商业贸易之类的职业；我反对以牺牲建立在科学和社会问题与状况知识基础之上的工业智力为代价，而仅学习管理机器的特殊技能的那种教育；我也反对将职业教育看作是一种不关注智力的首创性、创造力、和执行力的简单训练，反对忽视工人自身对其命运主宰的职业教育。我对神学先验论（theological predestination）持怀疑态度……我坚决反对给予社会先验论以支持，反对任何通过狭隘的商业训练（来实现其目的人），不管他们的本意和愿望是多么善良美好。③

---

① David Snedden, "Vocational education", *The New Republic*, Vol. 15, May 1915, pp. 40 – 41.
② David Snedden, "Vocational education", *The New Republic*, Vol. 15, May 1915, p. 41.
③ John Dewey, "Education vs. Trade-Training – Dr. Dewey's Reply", *The New Republic*, Vol. 15, May 1915, p. 42.

杜威指出斯内登的观点受社会先验论的影响颇深，过于急功近利，使教育更像是社会的附属品，而非是教育本身。他表示自己并不是反对职业教育，而是反对将职业教育简单地理解为商业训练，反对过早地将职业和技能教授给学生，因为学生首先要发展智力、创造性，而后方可进行其他学习。这一观点从杜威的另一篇文章中也能看出来，在一篇名为《学会收获：公立教育综合性计划中职业教育的定位》的演讲中，杜威告诉听众，他并不反对职业教育，"（现在的）问题不在于是否应该将职业教育引入学校作为大众教育的补充或替代品，而是应该引入哪种类型的工业教育，以及在发展过程中主要是基于谁的利益考虑的。"① 杜威对于职业教育应该进入普通中学已确定无疑，现在要关注的是职业教育的目的，即学生学习所谓的职业知识和技能，最根本是为了在工业社会中主宰自己的命运，而非为了适应既存的工业制度。在这里，杜威认为，与将职业课程积极地、科学地引入传统教育中进行重组相比，职业教育与通识教育的分离将不可避免地导致一种倾向，即职业教育和通识教育都会变得更狭隘、更微弱、更低效。② "如果斯内登能够指出职业教育与通识教育的分离将如何使教育变得更加'广泛、丰富和有效'，我想他会离我的观点越来越近"，③ 杜威指出自己与斯内登的不同不仅仅是教育上的，更是政治上的、社会上的，这反映到对职业教育的内涵的认识也是不同的：

> 我所感兴趣的那种职业教育不是使工人去适应既已存在的工业强权，我非常不喜欢那种强权。对我而言，那些不想成为教育的时间服务器（educational time-servers）的人们的事业就是去反抗每一个即将走向强权的举动，而为一种先改变既已存在的工业体制，并最终使其得到转型的职业教育而努力。④

---

① John Dewey, "Learning to Earn: The Place of Vocational Education in a Comprehensive Scheme of Public Education", *School and Society*, Vol. 5, 1917, p. 332.

② John Dewey, "Education vs. Trade-Training – Dr. Dewey's Reply", *The New Republic*, Vol. 15, May 1915, p. 42.

③ John Dewey, "Education vs. Trade-Training-Dr. Dewey's Reply", *The New Republic*, Vol. 15, May 1915, p. 42.

④ John Dewey, "Education vs. Trade-Training – Dr. Dewey's Reply", *The New Republic*, Vol. 15, May 1915, p. 42.

在杜威看来，职业学校与普通学校的分离在本质上是强权的、不民主的。只有在同一所学校中同时接受各种兴趣、能力、潜力的学生，排除他们在社会地位、职业目标、出身等外在条件的差异，才能使学生自由地发展，自由地受教育，最终成为民主社会的自由公民。在这里，职业教育的真正内涵得到揭示，即它与民主社会的精神意义是相通的。最后，杜威在文章结尾处表达了对于斯内登及其教育观的直观感受，"我可以真切地理解一个实践管理者在为社会进程的缓慢发展而寻找捷径时是多么的热切而没有耐心……"似乎杜威能够体会到斯内登在追求社会效率与职业教育的过程中的急切心情，并对这种急迫表示深切地理解，但在探讨严肃的教育问题时，杜威依旧站在"民主教育"的立场，坚定不移。

二人的争论以杜威的这篇文章做结，之后斯内登没有再著文回应，看起来似乎无果而终，但关于"输赢与得失问题"的探讨，相关研究已从不同角度进行了解读与分析。且本文通过对二人教育思想的比较，也得出了相关结论，即不可否认的是，这段时期支持职业教育与通识教育在同一所学校实施的计划似乎更深入人心。因为1913年，一个全权负责中等学校重组的委员会——中等教育改组委员会（Commission on the Reorganization of Secondary Education）已经成立，而重组的标准，就是综合中学，即在民主教育的目标下，将所有阶层的学生容纳在同一所学校中，同时教授所有学生通识课程、职业课程和学术性课程，满足学生的各种需求。这在某种意义上算是对二人的争论做出了历史宣判，即杜威的教育理论更能得到公众认可。另外，中等教育改组计划却也吸收了斯内登"教育的社会效率"思想，将教育作为改良社会，提升效率的途径来推广，尤其是中学里社会学科的课程就是以"社会服务""社会效率"为目的而设计的。同时，重组计划中决定将职业教育引入，作为学生自主选择的一种重要路径为其提供各方面的指导，而中等学校也承认职业课程就是为工业社会提供专门化人才的，而不仅仅是作为对现有课程的补充，赋予高中以一种实用的目的，这在很大程度上恰恰是杜威所反对的职业教育类型。而且，虽然公众认可了中等学校的综合性与民主性，但在学校内部以"效率"为根基，职业教育作为学生归途选择的一种重要路径登堂入室，进入正规的公立学校体系，与学术教育并行不悖，从这种意义上理解，斯内登似乎也大有所得。另外，虽然否定了斯内登根据学生潜力提前决定其命运与前途，通过分化的学校来实行分化的教育这一路径，但美国中等教育却继承其"分化"思想，用另一种形式完成分化的目的，即在同一场所提供多样化的分化课程。这又是一次对斯内登思想的认同与践行。在这个层面上，斯内登不但没有输给杜威，反而将其思想植入了中等学校的根基深处，影响了整个20世纪美国学校教育的职能转向于社会属性。这可以算作更大的胜利。

除却输赢的探讨，将关注点转移至争论背后的教育思想，我们发现，对职业教育的归属性问题的不同看法仅仅是二人迥异教育观的一个缩影，换句话说，思想差异是导致方法差异的决定性因素。斯内登站在"为了效率而职业、为了职业而教育"的立场上，试图将教育作为改善经济条件和社会状况的途径，通过教育实现国家和社会效率，这种教育更多地指向社会和国家生活的物质或财富层面，而精神和理智层面的收获是附加于这一过程中的。杜威站在"通过职业进行教育、通过教育推行民主"的立场上，更多地强调教育主体本身的情感体验，即一种自愿的倾向和创造性、理智能力的发挥，所有的教育活动都服务于这种精神层面的教育，通过精神的解放来改良社会，以达成两种层次的进步：其一，个人的智力、道德、审美、艺术、精神等各种能力得到最大限度地发展；其二，社会朝向一个更加互助友爱、合作的方向发展，世界和平成为未来社会秩序的主旋律。[①] 两人教育思想的差异，正如杜威自己所言，不仅仅是教育上的，更是政治上的，社会上的。而正是这种差异，使得二人从"教育"这一相同起点出发，朝着相反方向越走越远。

[①] Paul Arthur Schilpp, *Dewey on Education—Appraisals*, New York: Random House, 1996, p. 176.

二战后美国高校学术休假制度的新动向

李子江[*]　王玲令[**]

[摘　要]　学术休假制度是美国高校教师专业发展的常规制度之一。二战后美国高校的学术休假制度不断改革和调整，学术休假目标逐渐注重教学目的，缓解了教学与科研的价值冲突。学术休假主体进一步多元化，低级职务的教师和教学行政管理人员开始纳入学术休假的范围，保障了大学教师的学术民主权益。通过颁布学术休假相关法规和政策声明，学术休假制度更加规范透明，逐渐从校内规定上升为州一级的统一规定，并致力于建立统一、全面、公正的学术休假制度，学术休假有了全国性的规范标准可供借鉴。

[关键词]　学术休假；教师发展；美国高校

学术休假制度初创于 1880 年美国哈佛大学，经过 100 多年的发展，该制度已经成为美国高校普遍实行的高校教师专业发展制度。据统计，在美国约 3400 所公立和私立大学中，大约有 2500 所大学建立了学术休假制度，比例达到了 74%[①]。从学校类型来看，经历第二次世界大战前大约半个世纪的发展，"学术休假制度已经成为研究型大学教师专业发展的常

---

[*]　北京师范大学教育历史与文化学院教授。
[**]　北京师范大学教育历史与文化学院硕士研究生。
[①]　Kang Bai, Miller Michael T., "An Overview of the Sabbatical Leave in Higher Education: A Synopsis of the Literature Base", http://files.eric.ed.gov/fulltext/ED430471.pdf.

规制度之一"①。二战后，社区学院等非研究型院校也开始实施学术休假制度。学术休假制度也从最初高校吸引教授的一种特殊福利，演变成为美国高校教师专业发展的一项常规制度。尽管学术休假制度在不同类型的学校和不同历史时期存在差异，但总体来说也存在一些共同的做法。

一　学术休假目标：研究还是教学？

学术休假的目标在不同类型学校有不同的规定，但都服务于学术本身。休假目标可分为"提高专业素养"和"身体上的休息"两大类。1974年乔根森对23所加利福尼亚社区学院进行的调查表明，学术休假目标主要分为三类：进修深造（advanced study）、研究（research）和旅行（travel）②。在进修深造方面，有些休假者选择利用休假去获得学位。莱昂纳德·斯怀特（Leonard Stright）回顾自己的学术休假时提到"学术休假政策的重心通常在于给予年轻教师一个完成博士学位的机会……"③。在研究方面，休假者通常的研究成果包括书籍出版、文章发表以及其他学术性成果。而对于旅行，有17%的学校要求对旅行日期和地点进行详细说明，并且被调查的很多学校表示在此方面有一定的限制，例如旅行必须是出于研究或进修的需要，是"附属品"。20世纪80年代以后，美国高校的教学与科研的矛盾进一步受到大众的关注，公众希望教师能够在教学上投入更多时间，因此在学术休假目标上更加强调教学的突出地位。查尔斯·J. 安德森和弗兰克·J. 阿特塞克进行的调查结果表明，有96%的学校学术休假目标为教师发展，其次为研究（78%）和学术工作（72%）④。1998年康柏和米勒对62所大学的100名熟悉学术休假政策的

---

① John R Thelin, *A History of American Higher Education*, Baltimore: The Johns Hopkins University Press, 2004, p. 280.
② Jorgensen Vern F., *Aspects of Existing Sabbatical Leave Policy within California Community Colleges*, 1974, Davie: Nova Universtiy, 1974, p. 19.
③ Leonard Stright, "Sabbatical Leave: A Critique" *The Journal of Higher Education*, Vol. 7, 1964, pp. 388 – 390.
④ Andersen Charles J. and Atelsek frank J., *Sabbatical and Research Leaves in Colleges and Universities*, 1982, Washington D. C: American Council on Education, 1982, p. 21.

高级教务管理人员进行问卷调查的结果显示：30%的学校将改进教学作为休假主要目标，其次是获取学位（进修深造）（29%）和进行研究（19%）。同时，康柏和米勒在进行学术休假效果测评时，大多数（68%）被访问者认为学术休假的主要成果在于教学方面的进步和提高[1]。显然，进修深造和研究仍是休假的重要目标，但教学的目标性已经极大的提高。同时，偏向职业技术等实用类人才培养的学校更加强调教学效果的快速达成，而研究型大学学术休假仍然以研究等方面为主要目标。琳达 R. 奥托和迈克尔·克罗特对普通高等教育和职业技术教育的学术休假政策进行比较研究后，认为"普通高等教育学术休假目标更倾向于研究的需求，而职业技术教育的学术休假目标更倾向于提高专业技术，有利于更好的技术教学"[2]。除此之外，二战后随着科技在教学和研究领域的广泛应用（尤其在一些理工学领域），对新科技和新设备的熟练使用成为高校教师的一个重要任务，因此，很多教师选择在学术休假期间对自己学术领域的前沿性科技进行学习。学术休假的目标从专注研究到强调教学，缓解了教学与科研的价值冲突，也是学术休假制度不断调整、完善的体现。学术休假目标向来存在着"以个人利益为导向的学术休假哲学和以机构利益为导向的学术休假哲学"[3]，即学术休假究竟是以教师的利益还是以学校的利益为上？尽管教师和学校二者的利益是相辅相成、互为一体的，但学术休假的目的只是在二战之后初期强调教师的身心发展（如旅行属于休假目标的内容之一），到 80 年代之后几乎没有学校再明确将旅行作为休假目标。再加上返校义务的规定，都意味着高校更加在乎的是教师对学校的回报，实质上学术休假目标还是不可避免地倾向了机构利益。

---

[1] Kang Bai and Miller Michael T., *Sabbatical as a Form of Faculty Renewal in the Community College: Green Pastures or Fallow Fields*, 1998, Tusaloosa: Alabama University, 1998, p.10.

[2] Linda Rotto and Michael Kroth, *An Examination of the Benefits and Costs of Sabbatical Leave for General Higher Education, Industry, and Professional-Technical/Community College Environments*, Journal of STEM Teacher Education, Vol.3, 2011, p.37.

[3] 李红惠：《美国高校的学术休假制度透视》，《当代教育科学》2014 年第 13 期。

二 学术休假资格：谁能够享受学术休假？

（一）职称要求

学术休假制度初始建立原因之一就是作为吸引教授接受聘任的条件。因此，早期授予对象几乎只限于教授和副教授，随着制度的发展学术休假的职称覆盖范围有愈来愈宽广的趋势。首先从教授和副教授扩展到助理教授，再到全体教师，从20世纪60年代开始，学术休假逐渐覆盖大学全体教职工（包括行政人员）。1962年，沃尔特·克罗斯比·埃利斯（Walter Crosby Eells）和欧内斯特·V.霍利斯（Ernest V. Hollis）对美国48所最先建立学术休假制度的大学当时的学术休假情况进行了调查，大多数学校的学术休假政策惠及范围为教授、副教授和助理教授（43%）。一些学校将学术休假推及至所有教师（34%），少数学校仍然将学术休假仅授予教授和副教授（11%）甚至仅授予教授（4%），还有2%的学校只为有博士学位的教职工提供学术休假[1]。

20世纪60年代以后，人们开始思考学术休假政策是否应该推广至大学行政人员。1970年，马里恩·K.班德勒（Marion K. Bandley）针对加利福尼亚社区学院的行政人员学术休假情况的调查结果显示，虽然有大约超过2/3的学校在理论上已将行政人员纳入学术休假的授予对象，但真正在实践中实行的学校并不多[2]。最大的原因在于行政人员的流动较小，工作任务难以安排和衔接。加利福尼亚南部的一所初级学院在调查报告中表示："我们通常不会雇佣他人来替代某个行政职位的工作，而是对工作进行划分，由他人协助完成日常行政工作"[3]。因此，为行政人员安排两三个月的短期休假（可以和年假连在一起）呼声较高。报告中指出，一所旧金山港湾区附近的学院表示："为了解决行政人员进行一个学

---

[1] Walter Crosby Eells and Ernest V. Hollis, *Sabbatical Leave in American Higher Education: Origin, Early History, and Current Practices*, 1962, U. S. Office of Education Bulletin, 1962, p. 17.

[2] Bandley Marion K., *A Report on the Status of Sabbatical Leaves for Administrators in California Junior Colleges*, 1972, California: San Joaquin Delta, 1972, p. 9.

[3] Bandley Marion K., *A Report on the Status of Sabbatical Leaves for Administrators in California Junior Colleges*, 1972, California: San Joaquin Delta, 1972, p. 9.

期或一年休假造成的困难,我们正在努力为行政人员制定一个新的'三月全薪'的休假政策"①。在实践上,该调查样本中有10所学院已经制定这样的政策。实际上,在这之前已经有学校开始实行类似的休假。如1964年蒙特圣安东尼奥大学为行政人员提供了一种特殊的全薪制式为期两个月的休假以及一个月的度假来代替学术休假。由此,行政人员享受学术休假在20世纪60年代以后逐步实现。

(二) 教学年限要求

获得学术休假的一个必要条件是教师或行政人员必须在本校教学或服务达到一定年限。根据学术休假的历史渊源,一般要求连续服务7年。如1963年的《加利福尼亚州教育法规》中第13458条规定:学术休假不得授予对本地区未提供满七年连续服务的教职工②。这意味着如果某位教师中间"跳槽"到另一所学校,只要在本地区之内,之前的服务年限可以继续累积。而1972年出版的《有关休假的原则声明》中指出教师在其他院校的服务时间都应计算在内,意味着跨学校工作服务在学术休假计算服务年限资格时已经没有了地域的限制③。七年的年限规定并不是唯一的准则,在不同的学校有不同的规定。在埃利斯和埃尔斯的调查中,大部分学校采用七年或六年的规定,也有极少数学校规定可以三年、五年甚至十年。同时还有一些特别的服务期要求,如伯里亚学院以学期计算,满20个学期可进行学术休假。肯塔基大学在教职工服务期满四年以后、可修一个学期半薪的假期,六年以后,可修全年半薪的假期,十年以后,可享受一学期全薪的假期。

---

① Bandley Marion K., *A Report on the Status of Sabbatical Leaves for Administrators in California Junior Colleges*, 1972, California: San Joaquin Delta, 1972, p. 9.

② Dulcie LeGrand and Herbertt L., *A study of Sabbatical Leave Practices in California Public Junior Colleges*, 1964, Torrance: El Camino College, 1964, p. 31.

③ Committee of the Association of American Colleges and the American Association of University Professors (CAACAAUP), "Statement of Principle on Leaves of Absence" *AAUP Bulletin*, Vol. 4, 1971, pp. 522–523.

三 学术休假申请程序：谁负责评估和批准？

一般来说，学术休假的申请过程遵循从院系到评估部门再到董事会的程序。每一个环节都需要得到主管的批准。评估环节主要在权力部门，其主要任务在于筛选学术休假申请，提供优先推荐名单。评估部门在不同的学校有不同的类型，一种是专门成立的学术休假委员会，如雷德赛尔大学的学术休假委员会隶属教授评议会下的学术事务委员会。另一种是利用学校已有的委员会，如研究委员会（Research Committee）、专业人事委员会（Certificated Personnel Committee）、专业关系委员会（Professional Relations Committee）、专业标准委员会（Professional Standards Committee）以及薪资和评估委员会（Salary and Evaluation Committee）等。委员会的成员组成也各不相同，一般来说，包括教师、副校长、校长、董事会成员等。

1974年乔根森调查显示，加利福尼亚州的阿兰·汉考克社区学院学术休假委员会由三名教师成员、校长以及教务长组成；格罗斯芒特学院学术休假委员会成员包括两名行政人员和五名教师成员。雷德赛尔大学的学术休假委员会对成员做出了更加详细的规定，包括一名由学术评议会选举出的学院教授，且必须为已获得任职两年以上四年以下的终身教授，委员会主任由学术事务委员会每年选举一人担任。教务长作为协助人员参与休假计划评估。就成员组成来看，教师成员所占比例较大，并且要求学术休假委员会主任应当由教师成员担任。当然，休假申请过程也与学校规模大小有关，在小型的学校申请者可以省略和减少中间的环节或直接向校长申请。以西玛·M. 塞莱纳（Celina M. Sima）和威廉·E. 丹顿（William E. Denton）在1995年对193所已建立学术休假制度的大学进行的研究为例（见图1），学术休假申请过程主要包括以下几个步骤：申请者准备申请表和详细的学术研究计划；申请者将材料提交给院系主任（有的学校要求院系主任对申请者的休假计划做出价值说明），院系主任将材料上报给学院院长和掌管学术事务的副校长；副校长将申请提交至学校研究委员会进行评估；最后将评估和推荐结果提交董事会批准，董事会有权因经费等问题否决申请。

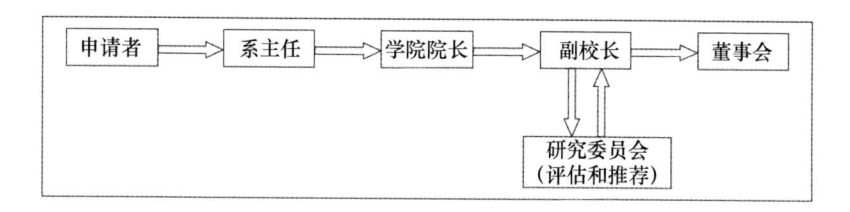

```
申请者 → 系主任 → 学院院长 → 副校长 → 董事会
                              ↕
                          研究委员会
                         （评估和推荐）
```

图1 学术休假申请过程

注：根据西玛·M. 塞莱纳和威廉·E. 丹顿在1995年发表在阿西娅年会论文上的调查结果整理而成。Celina M. Sima and William E. Denton, "Reasons for and Products of Faculty Sabbatical Leaves", ASHE Annual Meeting Paper, November, 1995。

从图1中可以看出，学术休假申请过程中一个重要环节在于研究委员会的评估，由此涉及休假申请评估标准问题。假如在同样的时间申请休假，因名额的限制，需要根据什么样的价值标准来确定休假的通过与否？1971年华盛顿州出版的《学术休假指南》在此方面的规定值得借鉴：第一，要考虑休假项目或计划对教师教学的意义；第二，从学术背景和已有经验判断申请者是否有能力完成休假项目或计划；第三，要考虑该学术领域是否有必要进行新的拓展；第四，考虑替代申请人的教师人选能否胜任工作；第五，考虑资金支持以及其他相关人的推荐情况。因此，休假项目或计划本身的价值应是最优先考虑的因素。申请者自身的情况（资历、先前休假情况）、人事安排（休假名额和工作分配问题）以及资金等问题是评估学术休假时必须全面衡量的因素。

四 学术休假指标分配：多少教师能享受学术休假？

学校每年允许多少名教职工进行休假？每个学院每年允许多少名教职工进行休假？学术休假的名额分配比例问题对于学术休假制度的运行至关重要。良好的休假分配不仅可以促进学术休假制度有序运行，也是学校行政工作平等性、公平性的体现。但是，资金是否到位直接关系着休假名额多少，尤其是必须雇佣其他教师的时候。因此，学术休假每年的名额并没有随着制度的发展而增多。在一些名牌私立大学，他们的筹款方式更加多样化，基金会和个人捐赠等资金资助方式可以承担学校更多的教师享受学术休假的负担。相对来说，公立学校的休假名额远不如私立大学，在社区学院面对3.8%的名额愤愤不平，要求提高到10%时，斯沃斯莫尔学院享受着每年20%的休假名额[1]。有的学校按照每年只给予每个院系一个学术休假名额，还有的学校依照当年财政状况来决定休假人数。

五 学术休假权利和待遇：如何确定休假时长和薪资水平？

学术休假时长和薪资有几种固定形式，最为普遍的是"全年半薪"和"半年全薪"这两种形式。大部分学校采取这两种方式并存的政策，但有少部分学校只允许其中一种方式存在。美国主要有"学期制"和"学季制"两种不同的学年形式，"学期制"基本采用上述最普遍的两种休假形式，而"学季制"则会相应地采取"一季度全薪，三季度半薪"或至少保证一个季度全薪的方式。此外，《加利福尼亚州教育法规》中规定可采取"三年之内修两个学期或三个季度"的方式进行休假，这两个学期或三个季度可以分开。从原则上说，享受学术休假的教职工不得寻求有报酬的工作。在《学术休假指南》和《有关休假的原则声明》这样的一些权威文件中都明令禁止休假期间进行其他有报酬的工作。但在实践中，一般会允许特殊情况的发生。奥古斯特·W. 埃伯利（August W. Eberle）和罗伯特·E. 汤普森（Robert E. Thompaon）在1972年对386所高校进行调查的数据报告中指出，有52%的高校允许享受学术休假的教职工参加有报酬的工作，并且这一比例在公立学校中要高出私立学校[2]。另外，教师在享受学术休假的过程中各种待遇不变，《有关休假的原则声明》中指出，院校不应该因为休假等原因影响教师的职务晋升或

---

[1] Celina M. Sima, "The Role and Benefits of the Sabbatical Leave in Faculty Development and Satisfaction" *New Directions for Institutional ReseUiverstity*, Vol. 6, 2000, pp. 67 - 75.

[2] August W. Eberle and Robert E. Thompson, *Sabbatical Leaves in Higher Education*, 1973, Bloomington: Student Association of Higher Education in Indiana, 1973, p. 14.

者薪水增长，在教师休假期间，应照常发放各种保险金，个人和学校应继续缴纳养老金。

六 学术休假的责任和义务：如何规定休假计划与返校义务？

递交学术休假计划并不是强制性的要求，不同学校有不同的规定。例如，科罗拉多州立大学要求没有博士学位的申请者才需要递交休假计划，迈阿密大学则要求详细地说明休假计划的价值所在。如果学术休假计划与学校或地区规定的休假目的不甚吻合，可以给予两周左右的时间进行改进。为了防止学术休假计划在休假期间无法完成，准许在休假申请时准备备选计划。大部分学校都会要求教职工在学术休假结束之后必须返校。1964年达尔西·勒格朗和斯旺森·赫伯特对弗吉尼亚州的73所公立初级学院进行的研究调查发现，有58%的学校要求休假者必须返校服务两年，有25%的学校要求必须有公证人公证过的书面担保，以免在休假之后不履行返校的义务[1]。但如果在休假期间发生意外受伤等事故，教职工可以不履行或延迟返校义务。休假返校之后，教职工的职位级别保持不变，而返校报告的要求则要相对较高，有63%的学校要求休假者在返校后要提交书面报告，主要陈述休假者认为休假对自己和学校带来了什么利益[2]。部分学校对书面报告的字数做出要求，并且报告要按照可以出版的标准进行撰写，并将报告的质量作为下次休假和职位晋升以及提薪时的参考。有极少数的学校要求休假者在返校时进行口头报告。值得一提的是，根据美国的国内税收法规（Internal Revenue Code）中"日常且必要"的相关原则，如果想要减免休假过程中旅行费用的税收，休假者必须证明这样的旅行"并不是为了个

---

[1] Dulcie LeGrand and Herbertt L., *A Study of Sabbatical Leave Practices in California Public Junior Colleges*, 1964, Torrance: El Camino College, 1964, p. 31.

[2] Dulcie LeGrand and Herbertt L., *A Study of Sabbatical Leave Practices in California Public Junior Colleges*, 1964, Torrance: El Camino College, 1964, p. 31.

人利益去获得教育"①。1954年,在美国大学教授协会(AAUP)的帮助下,印第安纳大学通过学校的学术休假计划以及返校报告证明了该校休假者的旅行是其单位授予的且与工作相关的旅行,并不是为了个人利益,因此获得了税收减免。由此可见,学术休假计划和返校报告是校方利益的重要体现,也是休假者的责任和义务。

七 学术休假经费支持:谁来为学术休假买单?

学术休假期间产生的资金花费实际上是由教职工和学校共同承担的。教职工在休假期间的工资和福利是由学校和学院承担的,包括继续为教职工上缴退休保险金,同时还包括雇用兼职教师的费用。但学校往往会依据"收支相抵"的原则,"为休假教师支付的薪资绝不超过教师正常工作的薪资"②。因此,为了"收支相抵",学校尽量不会雇用外校教师来完成休假教师的工作。而是选择利用工作年限不长、薪资较低的青年教师来工作。在达尔西·勒格朗和赫伯特·斯旺森的调查中,只有一所学院表示会为教师支付在社区外的旅行和生活费用。在这样的条件下,要进行研究,教师就必须寻求外部资助,而且学校为减轻财政负担,也鼓励教师寻求资助。尽管从原则上说,在进行学术休假计划价值评估时,不得将外部资助看作评估标准之一,但在实际操作中,显然获得外部资金资助的休假计划更具优势,鲍宁对阿拉巴马大学在1986—1996年的学术休假申请与批准数据的研究中发现,有97%获得外部资助的学术休假申请得到了批准。③ 因此,教职工往往会采取申请个人基金、补助金、奖学金以及贷款等方式去支付研究费用。在私立大学,基金会的资助是学术休假资金主要来源之一,例如哈佛大学公共卫生学院就是直接使用资助人陈曾熙基金来资助学院的教授进行学术休假。20世纪80

---

① William W. Oliver, "Sabbatical Leave Travel Expenses and the Federal Income Tax" *AAUP Bulletin*, Vol. 3, 1957, pp. 507 – 511.

② Dulcie LeGrand and Herbertt L., *A Study of Sabbatical Leave Practices in California Public Junior Colleges*, 1964, Torrance: El Camino College, 1964, p. 31.

③ Boening C. H., *Who Gets a Sabbatical? A Ten Year Study of Sabbatical Application Patterns at the Universityof Alabama*, 1986 – 1996, Tuscaloosa: University of Alabama, 1996, p. 15.

年代，美国国家财政紧缩，大学财政日益感到吃力，"高校能够自主决定用途的资金越来越少"①，学术休假制度的资金资助也在一定程度上受到影响。面对这样的情况，北卡罗来纳大学和英国斯特林大学的教师提出一种替代性休假方式，可以在两国学校之间建立一种合作关系，教师可互换至对方学校进行交流、执教。如此可以在人事和资金方面节省大量资源，同时也为教师和学生提供了不同的思维碰撞和交流机会。

八 结语

二战之后，美国学术休假制度无论是应用范围，还是制度本身的完善和规范，都有较大的发展。首先，学术休假主体逐渐多元化，学术休假形式多样。学术休假主体二战之前已经开始由终身教授扩展到副教授、助理教授等职位，到20世纪60年代开始应用于行政人员，虽然仍具有一定的限制，在实践上也没有得到很好的贯彻，但休假申请的职位条件放宽已经是一种不可逆转的趋势。学术休假的形式因院校类型等因素的不同而多种多样，有的学校为了缓解休假人数过多，将休假资格中的服务年限延长至十年；有的学校根据当年的财政状况来灵活决定学术休假人数等；其次，学术休假规范程度不断提高。学术休假规范的主体是一个自下而上的发展过程，它的法律效力在发展过程中逐渐增强。学术休假规范最初是由学校相关委员会制定。二战之后，美国各个州开始高度重视高等教育的总体规划，并据此将学术休假规范纳入到州一级的教育法规之中。加利福尼亚州在1963年出版的《加利福尼亚州教育法规》中第13457—13461条对学术休假的资格限制、休假薪酬等方面作了详细规定。1970年，华盛顿州立法预算委员会向高等教育委员会提交了一封倡议书，呼吁"为州内所有的高等教育机构建立统一、全面、公正的休假制度"。很快，高等教育委员会组织了对学术休假的讨论，并在第二年通过了《学术休假指南》。学术休假制度逐渐从校内规定上升为州一级的统一规

---

① ［美］亚瑟·科恩：《美国高等教育通史》，李子江译，北京大学出版社2010年版，第347页。

定。1972年，美国大学教授协会（AAUP）和美国大学协会（AAU）联合发表了《有关休假的原则声明》，学术休假有了全国性的规范标准可供借鉴。

达特茅斯学院案与美国高等教育的公私之辨

王慧敏[*]

[摘　要]　达特茅斯学院案是美国高等教育史上的重要事件，在该案的意义和影响方面，国内学者几乎一致认为它划分了美国高等教育的公私界限。然而，这个结论却缺乏一定的历史根据。本文通过运用史料和国外研究成果，基于对文献的分析和史实的考察，重新认识关于该案划分公私界限的历史评价。本文认为，该案的关键不在于高等教育的公私性质而是对财产权的保护，案件最后的判决只是对高等教育的公私性质做出了模糊的界定而没有在事实上划分高等教育的公私界限，美国高等教育甚至从一开始就没有清晰的公私性质之分，马歇尔和联邦最高法院关于公私问题的论述已经被很多研究者和大法官所抛弃。公立和私立这种看待美国高等教育的二元维度应该被纠正，美国的学院和大学在很大程度上是多种社会力量共同作用的产物而从未被单一力量所主导。

[关键词]　达特茅斯学院案；公立；私立；韦伯斯特；马歇尔

一　引言

达特茅斯学院案（下文简称"学院案"）对于国内教育学术界来说不

---

[*] 浙江大学教育学院副教授。

是一个陌生的话题，自20世纪80年代末以来国内一些通史研究和专题研究都注意到了该案的重要性。几乎所有的研究结论都认为，达特茅斯学院案的标志性意义在于划分了美国高等教育的公私界限。有研究者认为该案"导致公私立高等教育的分野"，进而导致"美国的高等教育明确地划分为公立和私立两个子系统"，还有研究者认为美国高等教育在学院案之后明确分为公立和私立两个系统，并由此形成了美国高等教育特有的竞争机制，也有研究者回避了这种并不可靠的绝对表述，但是仍然在公私分立的框架下论述该案，并将该案作为私立高等教育发展中的重要事件。[1] 进入21世纪之后，研究者仍然不断地重复此类表述，例如认为该案"以法律的形式为公、私立高等教育划定了明确的界限"，认为该案分别以不同的方式促进了公私立高等教育的发展，更有研究者直接宣称该案是"美国公私立高等教育发展在制度上的分水岭"。[2] 在过去二十多年中，研究者对达特茅斯学院案的评价一直在重复几乎雷同的观点，问题是，这些研究在给出相同结论的同时既没有解释达特茅斯学院案如何划分了美国高等教育的公私界限，也没有给出任何史实依据。

在美国的学术界，也有很多学者持这种观点，如唐纳德·乔治·图克斯伯里（Donald George Tewksbury）在20世纪30年代认为该判决在促进私高等教育发展的同时推迟公立高等教育的建设达半个世纪之久[3]，五六十年代约翰·S. 布鲁巴克（John S. Brubacher）和弗里德里克·鲁道夫（Frederick Rudolph）分别又重申了这一观点。国内的学者在重复这种传统观点的同时，完全忽视了六七十年代以来美国学者的反思，如理查德·W. 莫林（Richard W. Morin）批评了大法官约翰·马歇尔（John Marshall）对机构公私性质绝对而草率的划分，并指出这种简单划分的负

---

[1] 此类观点可见于陈学飞《美国高等教育发展史》，四川大学出版社1989年版，第44页；王廷芳主编《美国高等教育史》，福建教育出版社1995年版，第129页；王英杰等《美国教育》，吉林教育出版社2000年版，第76页；滕大春《美国教育史》，人民教育出版社1994年版，第217页。

[2] 此类观点可见于王保星《美国现代高等教育制度的确立》，河北教育出版社2005年版，第67页；贺国庆等《外国高等教育史》，人民教育出版社2003年版，第271页；杨捷《19世纪美国达特茅斯学院案及其影响》，《河南大学学报》（社会科学版）2000年第5期。

[3] Donald, G., Tewksbury, *The Founding of American Colleges and Universities before the Civil War*, Hamden: Archon Books, 1965, p. 151.

面意义①；约翰·S. 怀特海德（John S. Whitehead）的专著讨论了美国高等教育史上学院和政府分离的历史，指出私立高等教育是内战后才有的概念②；约翰·塞林（John Thelin）认为："大肆庆祝达特茅斯诉讼案的裁决即创建并加强美国'私立学院'这一行为夸大了案件本身。这个声明是把当代的名称强加在早期成立的机构身上，也就违背了历史史实。"③ 美国学术界近半个世纪的研究成果并没有引起国内学者相应的重视，有必要发掘更多的史料，从不同的角度对达特茅斯学院案是否划分了美国公私高等教育的界限这一问题进行重新考察，国内的美国教育史研究者应该做出自己的反思。

二 达特茅斯学院案中的公私问题再考察

由于长期以来的史料缺乏，国内研究者通过一些二手文献了解到丹尼尔·韦伯斯特（Daniel Webster）的辩护演说和联邦最高法院首席大法官约翰·马歇尔的判决意见在达特茅斯学院案中有举足轻重的作用，通过理查德·霍夫斯塔特（Richard Hofstadter）和威尔森·史密斯（Wilson Smith）编纂的《高等教育文献史》之类的文献汇编接触到韦伯斯特和马歇尔的部分观点，但这些观点的片段也往往使研究者犯下以偏概全的错误，忽略一些重要信息。1819年，学院董事会成员之一蒂莫西·法勒（Timothy Farrar）在案件结束之后立刻将新罕布什尔州高等法院和联邦最高法院中的发言和意见等所有资料汇集出版，从中可以看到法庭上律师和法官的完整意见，为重新考察学院案是否划定公私界限提供了最重要的史料依据。

第一，本案的关键并不是学院的公私性质，而是对财产权的保护。韦伯斯特在联邦高等法院辩护的一开始就指出，本案的根本问题是：在未得到学院董事会认可的情况下，新罕布什尔州议会对达特茅斯学院的

---

① Morin, R. W., *Will to Resist*: *The Dartmouth College Case*, Dartmouth Alumni Magazine, 1969, pp. 38 – 40.

② Whitehead, J. S., *The Separation of College and State-Columbia, Dartmouth, Harvard, and Yale*, 1776 – 1876, New Heaven and London: Yale University Press, 1973, pp. 230 – 241.

③ ［美］约翰·塞林：《美国教育史》，孙益等译，北京大学出版社2014年版，第68页。

改革法案是否具有法律效力。这是对州政府之于学院的管理权和监督权的考量。这种权力源于何处？质疑州政府改革合法性的基础又是什么？韦伯斯特给出了他整篇辩护的逻辑起点，即财产权要受到绝对的保护，监察权源于财产权，唯有机构的创建者才拥有机构的财产权。[1] 由此出发，以利亚撒·惠洛克（Eleazar Wheelock）是达特茅斯学院唯一的创建者，学院的管理权和监察权属于他个人以及他所指定的董事会，而州议会只是学院的赞助者。州政府单方面的改革改变了学院财产的属性，是对创建者和董事会之财产权的侵犯。因此，对财产权的保护是韦伯斯特所有辩护的基础，这是他的根本论点。要知道，从美国独立革命到建国初期，对财产权的保护是一个至关重要的论题，用查尔斯·A.比尔德（Charles A. Beard）的话说，韦伯斯特是美国建国初期经济势力的代言人[2]，他在一生中对财产权的保护不遗余力。正如韦伯斯特在学院案一年多之后的一篇演说中所指出的："政府的性质在本质上是由持有和分配财产的方式决定的……一个共和政府更加依赖于管理财产世袭和转让的法律而不是政治制度。"[3]

可以说，学院案最后的判决保护的并不是所谓的"私立"学院，而是所有合法机构和组织的财产权，无所谓"私立"或者"公立"。在程序不当的情况下，即便对于"公立"机构，政府也不能侵犯其独立的财产权。1799—1800年，北卡罗来纳州议会试图通过法案收回此前划拨给北卡罗来纳大学的部分土地，这一企图在1805年被州高等法院驳回，其法理根据也是对财产权的保护。[4] 该案件是韦伯斯特辩护时所援引的判例之一，北卡罗来纳大学是早期州立大学的代表之一。可见，财产权的保护与公私立性质并无直接关系，只要不经正当程序，对财产权的侵犯就是不合法的。马歇尔以及其他两位联邦最高法院大法官布什罗德·华盛顿

---

[1] Farrar, T., *Report of the Case of the Trustees of Dartmouth College against William H. Woodward*, Portsmouth: John W. Foster, 1819, p. 249.

[2] ［美］查尔斯·A.比尔德、玛丽·R.比尔德：《美国文明的兴起》（上卷），许亚芬译，商务印书馆2010年版，第704—705页。

[3] Webster, D., *The Works of Daniel Webster* (Vol. I), Boston: Little, Brown and Company, 1853, p. 35.

[4] Herbst, J., *From Crisis to Crisist American College Governmentt 1636 - 1819*, Cambridge, Massachusetts and London: Harvard University Press, 1982, pp. 220 - 221.

（Bushrod Washington）和约瑟夫·斯托里（Joseph Story）都是围绕着财产权从两个方面阐述了自己的意见：一是学院章程的契约属性，二是州议会的改革法案是否成立。前者决定了学院的财产是否能够像自然人一样受法律保护，后者则是考察程序正当问题。

第二，之所以认为本案的关键在于对财产权的保护，还有另一个原因是达特茅斯学院案的起源就是财产权问题，而不是公立和私立的分歧。达特茅斯学院案又被称为"达特茅斯学院董事会诉伍德沃德案"（Trustees of Dartmouth College V. Woodward），威廉·H. 伍德沃德（William H. Woodward）本来就是达特茅斯学院的董事会成员兼财务主管，1816年6月27日，改组达特茅斯学院的法案在州议会获得通过并经由州长签署生效，伍德沃德被任命为新组建的"达特茅斯大学"（Dartmouth University）的财务主管，伍德沃德接受了这一任命，这就意味着他承认了州政府对学院的改革而与原来的学院董事会站到了对立面。这在学院董事会看来是不合法的任命，是对学院财产的不合理占有，因此他们要求伍德沃德退还学校财产并赔偿5万美元的损失，达特茅斯学院案由此拉开了帷幕。因此，从法律角度来说，当学院董事会向法院提起诉讼时，案件的焦点也只是学院财产权的归属问题，原告方认为自己的财产权受到了州政府的非法侵占，而不是要把自己定义为一所私立机构。其实，对于达特茅斯学院董事会来说，他们对于学院的公私性质也没有严格的概念，这从后来案件结束之后董事会的行为上可以看出来。

第三，虽然公私界定并不是案件的关键所在，但韦伯斯特和大法官们都涉及了学院的"公私性"问题，那么他们对公私的表述是否如以往研究者所想象的那样划分了美国高等教育的公私界限？韦伯斯特根据英国普通法体系的标准，认为法人机构有两种类型：一是民事的（civil），仅指政府组织，如市、郡、镇等各级政府机构，它们是公共的（public）；二是慈善的（eleemosynary），这类机构是根据捐赠者和创建者的意愿为了更好地管理私有财产而设立的，包括所有的医院和学院，它们是私立的（private）。[①] 马歇尔对此表示完全赞同，他认为虽然政府应该关注高等教

[①] Farrar, T., *Report of the Case of the Trustees of Dartmouth College against William H. Woodward*, Portsmouth: John W. Foster, 1819, p.248.

育，但除非学院由政府创立、完全受政府的控制、所有的教职员都是政府官员，否则任何学院都不能被归为公立机构。[①] 在他们看来，私立机构的对立面是政府部门，唯有政府机构才能被称为是公共的。在整个美国高等教育史上，从来没有一所高等教育机构被认为是政府部门，因此，按照韦伯斯特和马歇尔的标准，美国所有的高等教育机构都应该是私立的，根本不存在真正意义上的公立高等教育。他们根本没有在高等教育领域划分所谓的公私界限，而是笼统地把所有学院机构都划归私立。

第四，学院案中首次提出学院公私性质问题的是约翰·惠洛克（John Wheelock），他在新罕布什尔州议会呼吁政府干预学院事务时以达特茅斯学院是一所公立机构作为政府干预的合理性，州长威廉·普卢默（William Plumer）和州高等法院的法官们对此都表示认可，认为学院的公私性质应该由其目的的性质来决定。[②] 这是惠洛克和州政府为学院改革合法性辩护的重要原因，因此从州高等法院到联邦最高法院都要对这一问题表态，尽管它不是最关键所在。如果从这一逻辑出发，美国自殖民地时期以来建立的所有高等教育机构都应该是公立机构了，因为它们的章程几乎都宣称学院的建立是为了宗教或知识的目的，并要为公众的利益考虑，这完全是一种"公共"目的。因此从正反双方的辩护逻辑来看，学院作为一种法人机构，要么全是公立的，要么全是私立的，只能有一种属性而不是分为公私两种，任何一方都没能在这两种性质上对高等教育机构做出明确的划分。韦伯斯特和马歇尔的翻案并不是基于重新划分学院性质的界限，而是赋予学院性质一种新的属性定义，他们的胜利不是论辩的胜利而是观念的胜利，是联邦最高法院在概念解释权上的胜利。

三 被忽略的州高等法院中的公私标准争论

在以往的相关研究中，达特茅斯学院案似乎仅仅被认为是发生在联

[①] Farrar, T., *Report of the Case of the Trustees of Dartmouth College against William H. Woodward*, Portsmouth: John W. Foster, 1819, p. 314.

[②] Farrar, T., *Report of the Case of the Trustees of Dartmouth College against William H. Woodward*, Portsmouth: John W. Foster, 1819, pp. 71–72.

邦最高法院中的一场法律辩论,而韦伯斯特律师和马歇尔大法官是仅有的主角;国内研究者几乎完全忽略了在上诉至联邦最高法院之前,达特茅斯学院案已经在新罕布什尔州高等法院中经历过一次法庭交锋。尽管州高等法院的判决结果与联邦最高法院完全不同,但这场交锋中双方的法律意见已经为韦伯斯特和马歇尔之"观念的胜利"奠定了基础,并初步体现了双方对于公私标准理解的差异。

1817年9月19日,新罕布什尔州高等法院开庭审理"达特茅斯学院董事会诉伍德沃德案",作为原告方的学院董事会聘请了实力强大的三人律师阵容,韦伯斯特是其中之一,另外两位是新罕布什尔州资深律师耶利米·梅森(Jeremiah Mason)、耶利米·史密斯(Jeremiah Smith)[1]梅森和史密斯抓住案件的核心问题——学院的财产权或合法权利不可被侵犯——进行辩护。梅森在长达两个小时的慷慨陈词中认为,学院董事会没有义务接受州议会的改革法案,"不可否认的是,法案确实在很多方面从根本上影响和变更了旧董事会的集体和个人的权利和权力,而这些变更和限制都是被强加的"。[2] 梅森进一步认为,对个体和机构之合法权利的保护是一个自由政府最有价值和最重要的原则,学院董事会的权力最初虽然也是殖民地议会通过法案赋予的,但是被赋予的权利不可以随意被剥夺,"政府没有权力借口说他们是公共性质的董事会而干涉私立机构"。[3] 州政府对学院做出的改革违反了州宪法和合众国宪法的基本原则。在梅森的基础上,史密斯给出了更加清晰的结论:"可以普遍肯定的是,就像政府不能触及一个自然人的私人财产和权利一样,政府也不能触犯

---

[1] 耶利米·梅森于1788年从耶鲁学院法学专业毕业,1791年正式进入律师界,1802—1805年曾担任新罕布什尔州首席检察官,1813—1817年当选联邦参议员。耶利米-史密斯于1780年毕业于皇后学院(Queen College),曾在大陆军中任职,1786年正式进入律师界,1789—1791年被选为新罕布什尔州议会议员,1791—1797年当选联邦众议员,1797—1800年担任新罕布什尔州的联邦地区法院检官,1801年被亚当斯总统任命为第一巡回区联邦巡回法院大法官,1802—1809年成为新罕布什尔州高等法院首席大法官,1809—1810年还短暂出任过新罕布什尔州州长。

[2] Farrar, T., *Report of the Case of the Trustees of Dartmouth College against William H. Woodward*, Portsmouth: John W. Foster, 1819, pp. 29 – 31.

[3] Farrar, T., *Report of the Case of the Trustees of Dartmouth College against William H. Woodward*, Portsmouth: John W. Foster, 1819, pp. 38 – 45.

独立机构的财产和权利。虽然这个机构受州管辖，但它是一个独立的个体，它的财产是一个独立个体的财产。"[1] 梅森和史密斯的辩护与后来马歇尔大法官的观点是一致的，即法人机构和自然人的合法权益在法律上应该受到同样的保护。梅森和史密斯并没有纠结于学院的公私性质，没有利用所谓的私立性质来为自己的辩护提供依据，他们的论辩是紧紧围绕着本案的核心问题——财产权的归属以及机构合法权利的保护问题——展开的。这也从另一个方面说明，案件的核心问题从一开始就不是学院的私立性质而是州政府对学院财产权的侵犯。

与之相反的是，被告方以学院的公立性质为自己辩护。被告方辩护律师伊卡博德·巴特利特（Ichabod Bartlett）和乔治·沙利文（George Sullivan）坚称达特茅斯学院不是私立机构而是公共机构。沙利文认为，学院由政府还是个人创立和资助并不能成为判断学院公立和私立性质的依据，"一个机构如果是为了其成员自身的利益而建立，并为了他们自身的利益而占有财产和履行权力的话，那么它就是私立的；……如果一个机构是为了整个州或领地的全体居民的利益而建立，为了全体居民的利益而据有财产和履行权力，那么它就是一个公立机构"[2]。换句话说，学院的公私性质是由其目的决定的。根据新罕布什尔殖民地议会颁布的达特茅斯学院章程，沙利文指出该学院明显是一所公立机构，既然如此，州议会有权根据公共利益的需要对其行使管理权。巴特利特也试图引用以往的判例说明，州议会通过法案以新董事会代替旧董事会并改革其管理模式并没有影响达特茅斯学院原来的合法权力和权利，即学院的合法权利不会因为改革而受侵犯。这是达特茅斯学院案中首次尝试对学院的公私立性质做出界定。州最高法院首席大法官威廉·理查森（William Richardson）认同以机构目标的性质来判断机构之公私性质的观点："一个机构的权力的履行完全是为了公共的目的，那么它就是一个公共机构。"[3] 理查森认为，

---

[1] Farrar, T., *Report of the Case of the Trustees of Dartmouth College against William H. Woodward*, Portsmouth: John W. Foster, 1819, pp. 114–115.

[2] Farrar, T., *Report of the Case of the Trustees of Dartmouth College against William H. Woodward*, Portsmouth: John W. Foster, 1819, pp. 71–72.

[3] Farrar, T., *Report of the Case of the Trustees of Dartmouth College against William H. Woodward*, Portsmouth: John W. Foster, 1819, p. 212.

达特茅斯学院最初的章程表明它的建立是为了在印第安人中传播福音与知识，以及为新罕布什尔带来最好的教育方式，"这些目的都完全是公共性的"，由于目的具有公共性，学院就是一个公共机构，州议会依据公共利益做出的改革法案不存在违宪问题。①

严格来说，在州高等法院，被告方的胜诉也是一场"观念的胜利"，这就决定了后来决定案件走向的乃是谁拥有法律概念的最终解释权。州高等法院的辩护更像是后来联邦最高法院的一次预演，韦伯斯特在梅森和史密斯的基础上做出了进一步的发挥，而法官们的立场也发生了转变。正是由于州高等法院在公私立性质上没有给出清晰的和令人信服的界定，联邦最高法院的翻案也显得更为容易。

四 殖民地时期以来的美国高等教育有公私之分吗？

在达特茅斯学院案中，双方对达特茅斯学院乃至所有学院机构的公私性质各执一词，那么，自殖民地时期建立第一所高等教育机构到学院案发生之时，美国高等教育机构的公私性质是案件双方所界定的那样清晰吗？1636年10月28日，马萨诸塞湾殖民地议会通过决议建立一所学院并拨款400英镑作为学院建设之用；次年11月20日，议会指定的第一届学院监事会全部由政府官员组成。尽管约翰·哈佛（John Harvard）在1638年的捐赠对学院的发展有着非常重要的作用，但1636—1652年，殖民地政府对哈佛学院各种形式的资助总共价值1170镑，约占哈佛学院总财政收入的37%，1669—1682年政府资助占学院全部收入的52.7%之多。② 就连韦伯斯特在学院案两年后的一次演说中也承认，马萨诸塞湾殖民地政府是哈佛大学的创建者，那么按照韦伯斯特和马歇尔在学院案中的"创建者"标准——创建者拥有财产权，哈佛完全符合一所公立机构

---

① Farrar, T., *Report of the Case of the Trustees of Dartmouth College against William H. Woodward*, Portsmouth: John W. Foster, 1819, p. 234.

② Foster, M. S., *Out of Smalle Begirdngs An Economic History of Harvard College in the Puritan Period (1636–1712)*, Cambridge: Harvard University Press, 1962, pp. 126–127.

的标准。那些认为学院案划分了美国高等教育公私界限的研究者也许很难认同历史上的以及今天的哈佛大学是一所公立机构这个结论,韦伯斯特自己在同一篇演说中也没有坚持他为达特茅斯学院辩护时的逻辑,一方面认为政府是学院的创建者,另一方面又称哈佛是一所慈善机构。韦伯斯特在学院案中对公私性质的定义更多是出于辩护的需要而非理性的辨析,这说明至少在19世纪初,美国学院的公私性质依然是模糊的,依然没有一套统一的标准对之进行明确的划分,连韦伯斯特本人也陷入双重标准的困境之中。

在整个殖民地时期,除了哈佛学院,威廉和玛丽学院、耶鲁学院、费城学院、国王学院等都与当地的殖民地政府保持了密切的关系。威廉和玛丽学院章程规定,以殖民地总督和其他政府官员为主构成的董事会是学院真正唯一的管理者,拥有学院的财产权和人事权;1745年修订的耶鲁章程仍然规定殖民地政府有权修订董事会制定的规章制度和做出的决议;富兰克林创办的费城学院完全排斥古典和宗教课程,以教授各种有用的专业知识和培养学生的"公共精神"为目标;国王学院在建立过程中充满了对"公立"(public)学院的呼唤。[1] 从一开始,政府就积极承担起高等教育的责任,高等教育也成为美国人生活中重要的组成部分,在学院章程这一法律基础上以及实际的管理权机构中,很多情况下政府都有权对学院实行直接的控制。[2] 对几乎每一所殖民地学院来说,当地政府在创建过程中都起到非常重要的作用,并以拨款、公共税收、公共彩票、公共服务收入等方式资助学院发展,政府官员出任学院董事会、监事会成员也是常事。正如伯纳德·贝林(Bernard Bailyn)所指出的:"没有一所教育机构完全是'私立'的,没有一所机构是完全独立于政府的。"[3] 新加之殖民地时期和建国初期政教不分的状况,政府力量和宗教力量在学院中纠缠在一起而难以分清楚学院到底是受哪方面的力量控制,

---

[1] 王慧敏:《不确定的角色——美国建国初期高等教育中的政府权力(1776—1819)》,博士学位论文,北京师范大学,2014年。

[2] Smith, W. W., *The Relations of College and State in Colonial America*, New York: Columbia University, 1949, p. 135.

[3] Bailyn, B., *Education in the Forming of American Society*, North Carolina: The University of North Carolina Press, 1960, p. 107.

也为学院的公私性质蒙上了一层模糊的面纱。有研究者就认为早期的这些学院都是"半公立的"(quasi-public)。自殖民地时期以来,"政府和学院都不知道,议会在合法修订学院章程或者学院事务的立法方面能走多远"①。换句话说,双方都不知道政府该在何种程度上、以何种方式干预高等教育事务,从来没有一个合理的标准作为参考。在学院案中,新罕布什尔州长威廉·普卢默道出了这种困惑以及学院公私性质模糊的现实:"当我们学院的管理者向公众或者议会申请资助的时候,他们就把学院说成是一所公共机构;但是当州议会为了学院更好的管理和发展而为他们颁布法律的时候,学院又被说成是一所私立机构而免于所有议会立法的干涉。"②从根本上说,学院案所判决的并不是如何区分高等教育机构的公立和私立性质,而是政府干预高等教育机构的程度和方式是否合理,这一点也是韦伯斯特和联邦最高法院的法官们所不断强调的。

美国建国初期,从联邦政府到各州政府都在公立高等教育的建设上做出了一定的努力,期望高等教育可以真正地为国家和公众服务以更好地体现革命的精神。随着国立大学计划的失败,美国高等教育中的公立大学和州立大学就成了同义词。研究者一般认为1825年正式开学的弗吉尼亚大学是美国第一所真正的州立大学,约翰·S. 布鲁巴克(John S. Brubacher)和威利斯·鲁迪(Willis Rudy)认为公立大学的标准有三:第一,它从一开始就以高等知识教学为目标并有着比其他任何学院都广博的课程,它的学生可以进行专门化的研究;第二,它完全是一项公共事业,没有任何"私立"因素;第三,它的办学目标是世俗的、非宗教的。③但是同时,他们也承认弗吉尼亚大学在接下来的半个世纪里研究能力仍然很低,而且也不得不向宗教势力屈服,学校中"公立"与"私立"因素之间的界限并不是那么清晰。虽然佐治亚大学、北卡罗来纳大学等都自认为是更早的州立大学的先驱,但从资金来源和管理方式来看,更多还是沿用殖民地时代的模式,很难说它们是名副其实的公立机构。

---

① Smith, W. W., *The Relations of College and State in Colonial America*, New York: Columbia University, 1949, p. 136.
② Cincinnatus, (1821, April 16), No. 34, *New Hampshire Patriot & State Gazette*.
③ Brubacher, J. S., & Rudy, W., *Higher Education in Transition: A History of American Colleges and Universities*, New Brunswick and London: Transaction Publisher, 1997, pp. 147–148.

值得注意的是，18世纪80年代初马里兰州建立的第一所高等教育机构华盛顿学院和肯塔基州的第一所大学特兰西瓦尼亚大学虽然在今天看来都是"私立"机构，但在当时以及之后很长一段时间内都被当作"公立"机构看待，甚至被认为是"公共"的私立大学（"public" private university）。在建校之初，人们并不在意它们是公立的还是私立的。华盛顿学院的章程在开篇就表明学院在目标上应该是双重的，即世俗的和宗教的（civil and religious），但在具体表述中只提"推进有用知识、科学和美德"，几乎不提宗教之事。章程还规定，"任何出任学院的董事、校长、副校长或者教授的人都必须根据本州法律的要求进行政治忠诚的宣誓"[1]。虽然圣公会也是创办学院的重要力量之一，但是除了在章程中可以看到些许与宗教相关的字眼以外，其他的正式文件中已极少出现宗教因素，取而代之的都是政治态度与爱国情感，马里兰州议会也对学院进行慷慨资助。在当时能够见到的文字中，华盛顿学院俨然成了一所极富爱国色彩的公立学院。特兰西瓦尼亚学院（Transylvania Seminary）的章程同样规定董事会的运作必须在州议会的指导和监督下进行，学院所有的董事会成员、校长、教授、导师和职员在履行职务之前都必须宣誓忠诚于政府。1798年12月22日，肯塔基州议会通过了特兰西瓦尼亚大学章程，并开始考虑在肯塔基州内建立一个以特兰西瓦尼亚大学为顶点的公共教育系统。[2] 1818年2月3日，肯塔基州议会因不满学院发展的缓慢，通过法案彻底重组了学院董事会；也正是此时，达特茅斯学院案被上诉到联邦最高法院。华盛顿学院和特兰西瓦尼亚大学的事例至少说明，公立和私立的因素可以并存于同一所高等教育机构，公立或私立的性质并不能完全概括任何一所高校，其中的复杂性远远超过当事人和研究者的想象。

也有研究者认为，甚至到20世纪初之前，很多州立学院和大学在很

---

[1] Smith, W., *An Account of Washington College in the State of Maryland*, Philadelphia: Joseph Crukshank, 1784, p. 14.

[2] Littell, W. (Ed.), *An Act for the Union of the Transylvania Seminary and Kentucky Academy. The Statute Law of Kentucky* (Vol. II), Frankfort: Johnston Pleasants, 1810, p. 235.

大程度上被认为是私立机构而非公立机构。① 但不管怎么说，在美国建国初期新建的高等教育机构依然笼罩着模糊的公私性，直至达特茅斯学院案，美国还没有一条适用于所有高等教育机构的公私立标准，这依然是一个发展、探索和试错的时期。韦伯斯特和马歇尔则完全忽视了这种复杂性，殖民地时期以来在满足教育需求方面的公私责任的区别最多只存在于形式上，而非实质性的。

五 达特茅斯学院案所界定的公私界限之批评

达特茅斯学院案对私有财产的保护和对契约原则的重申都对后世产生过重要的影响，其判决认为机构的性质不由机构的目的决定并把政府部门之外的所有机构都归于"私立慈善机构"的做法，在某种程度上鼓励了各种社会机构和组织的发展。"私立"的性质与目的的公共性可以并存于同一机构，也是资本主义精神的重要内容之一。然而，案件的判决对公私立的定义以及把所有学院机构都看作私立机构的做法是否被现实所接受？围绕高等教育的公私问题，又有哪些批评和争论？这些问题一直为国内的研究者所忽视。

达特茅斯学院在胜诉之后其实也没有认可联邦最高法院对学院公私性质的界定。在判决之后，学院很快就认识到了自己不能失去州政府的支持，不能把自己归于私立机构而与政府完全对立。1821年6月，学院财务主管米尔斯·奥尔科特（Mills Olcott）致信韦伯斯特表示："达特茅斯学院的一些支持者认为学院的真正利益应该是来自议会的资助……他们也考虑设立一个由州长、参众两院的议长以及其他由州长指定的人员组成的20人监事会。"② 这几乎是重新认可了1816年州议会改革达特茅斯学院的核心内容。董事会成员约翰·M. 丘奇（John M. Church）也表示："如果我们能够不断努力巩固与政府的关系并从政府那里获得资助的

---

① Elliott, E. C., & Chanmbers, M. M., *The Colleges and the Courts: Judicial Decisions Regarding Institutions of Higher Education in the United States*, Boston: The Merrymount Press, 1936, pp. 116–119.

② Lord, J. K., *A History of Dartmouth College*, 1815–1909, Concord: The Rumford Press, 1913, p. 188.

话，我觉得这很重要而且也可以达到。"① 从1823年开始，学院董事会的名单中就出现了州长和其他州政府官员的名字。在董事会的努力下，州议会在1825年收到一份《关于修改达特茅斯学院章程并为之提供资助的提案》，重申了1816年的改革内容。这一系列行为都表明，对于州议会当初的改革，达特茅斯学院并非是不可接受的，达特茅斯学院自始至终并未想把州政府的力量完全排除在学院事务之外，更没有把自己当作一所联邦最高法院所定义的"私立"机构。

1842年，布朗大学（Brown University）校长弗朗西斯·韦兰德（Francis Wayland）在其被认为是指引了美国高等教育改革方向的《论目前美国的学院制度》一书中，仍然强调美国高等教育的公共性，他认为"私立"机构是由个人建立、个人获益并由个人负责的，"公共"机构则无须考虑直接的经济效益，其公私性划分重新回到了目的性标准。一所学院机构或多或少是公共性的，它必须为公众、社会和国家服务，其管理和监督机构的设置也必须遵循此目的。② 韦兰德对美国高等教育的看法与达特茅斯学院案的判决完全不同，他指出公共性是美国高等教育中所不可回避的成分，甚至应该作为高等教育改革的方向。在这份学院改革的指导性文献中，二十多年前由达特茅斯学院案所设定的公私性原则被抛弃了。而早在1837年联邦最高法院对"查尔斯河桥梁公司诉沃伦桥梁公司案"（Charles River Bridge vs. Warren Bridge）的判决中，斯托里大法官和韦伯斯特未能成功维护达特茅斯学院案所宣布的公私截然分立的原则，首席大法官罗杰·坦尼（Roger Taney）宣布在私人财产权神圣不可侵犯的同时，强调社区社会亦有其相应的权利，公民的福祉也应受到保护，对机构章程的解释不可逾越其字面的含义。在坦尼的逻辑下，马歇尔对公私性质的阐述明显超越了学院章程的字面表述，而他截然对立的划分也没有考虑到"私有"权利的保护可能会导致对"公共"利益的伤害。

---

① Whitehead, J. S., *The Separation of College and State-Columbia, Dartmouth, Harvard, and Yale*, 1776-1876, New Heaven and London: Yale University Press, 1973, p. 79.

② Wayland, F., *Thoughts on the Present Collegiate System in the United States*, Boston: Gould, Kendall & Lincoln, 1842, pp. 43-53.

可以说，坦尼是有先见之明的，至19世纪下半期，公司力量的成长与壮大已经开始威胁到了公众的利益，正如当时密歇根州高等法院大法官托马斯·M. 库利（Thomas M. Cooley）所说："正是在达特茅斯学院案判决的庇护下，国内最庞大最有威胁的力量已然产生，一些巨大而富有的公司在国内拥有普遍的影响力。"马歇尔对公私的绝对划分把政府的干预完全排除在各种商业组织之外，"私立"的公司力量在法律的保护下肆意追求自己的利益并践踏"公共"的利益。密歇根大学法学教授威廉·P. 威尔斯（William P. Wells）于1886年发表《达特茅斯学院案与私法人》一文，专门论述公私的绝对划分以及对"私立"机构的绝对保护所带来的负面影响。检察官希尔（C. H. Hill）在1874年撰文甚至认为，应该颁布一条宪法修正案以弥补达特茅斯学院案判决的不足。1901年是马歇尔被任命为联邦最高法院首席大法官100周年，在新罕布什尔州的纪念大会上，作为发言人的州最高法院首席大法官杰里迈亚·史密斯（Jeremiah Smith）毫不客气地批评马歇尔在达特茅斯学院案中的判决是违宪的。[①] 1968年，联邦第二巡回上诉法院大法官亨利·J. 弗兰德利（Henry J. Friendly）更是直截了当地指出马歇尔对于公私的划分过于简单、绝对："达特茅斯学院案可能是一场错误的判决，或者其判决意见至少不应该再被认为是权威的……将来我们也不必要遵循150年前所宣布的原则。"[②]

很显然，马歇尔和韦伯斯特在公私问题上确实走得太远了，他们既没有考虑到当时高等教育的历史和现实，也没有考虑到其判决本身的局限性。怀特海德在《学院与州的分离》（*The Separation of College and State*）一书中专门探究了美国高等教育中公与私分离的历史过程，否定了达特茅斯学院案划分高等教育公私界限的分水岭意义，认为高等教育中的公私分离是内战后才出现的现象：学院开始从大型私人基金会获得捐赠，使得政府的捐助比例大大减少；学院董事会中政府官员的位置逐

[①] Morin, R. W., *Will to Resist: The Dartmouth College Case*, Dartmouth Alumni Magazine, 1969, p. 39.

[②] Friendly, H. J., *The Dartmouth College Case and the Public-private Penumbra*, Austin: University of Texas, 1968, pp. 9–10.

渐被校友会所取代,彻底割断了学院与政府的连接。① 尽管如此,怀特海德仍然只是承认此时的公私分离仅仅是一种刚刚萌发的理念而已,他也未能给出公立和私立的具体含义,它们最多只表明一种倾向或者影响学院发展的力量的消长。

六 结语

可以说,不论历史的现实还是后人的反思与批评,都表明学院案划分美国高等教育公私界限的结论缺乏事实基础,它更多的是研究者所构建或想象出来的高等教育神话,是为了更好地突出学院案在美国高等教育史乃至美国历史上的重要意义。但从根本上说,学院案所考察的是州政府应该如何干预高等教育的问题而不是公立与私立高等教育的区分,这是一个法律程序的问题,而无关乎公私性质。怀特海德甚至指出,联邦最高法院的大法官们并无真正兴趣讨论学院的公私问题,那至多只是一种胜诉的策略。② 对于达特茅斯学院本身来说,诉讼的本意只是维护董事会自身对于学院的财产权和管理权,而非把自己界定为私立机构;学院董事会对于私立还没有什么概念,而把学院界定为私立,无异于将学院置于政府和公众的对立面。

也有研究者认为,关于达特茅斯学院案的传统观点犯了把当今的观念错置在过去历史上的错误。但问题在于,今天的美国高等教育中就有明确的公私界限吗?詹姆斯·杜德斯达(James J. Duderstadt)和弗瑞斯·沃马克(Farris W. Womack)认为:"如果想从资金来源、规模和任务,或者社会责任方面来区分公立大学和私立大学,往往会造成误解。"他们虽然认为公立大学与私立大学的最大区别在于法律地位、管理方式以及与政府的关系,但是,"所有的美国学院和大学,无论是公立的还是私立的都是公共资产,都要受到公共政策的影响和州、联邦法律的制

---

① Whitehead, J. S. , *The Separation of College and State-Columbia, Dartmouth, Harvard, and Yale, 1776 – 1876*, New Heaven and London: Yale University Press, 1973, pp. 191 – 214.

② Whitehead, J, S. & Herbst, J. , "How to Think about the Dartmouth College Case", *History of Education Quarterly*, 1986, p. 3, pp. 333 – 349.

约"；与此同时，随着州政府资助的逐步下降，"几乎一流的公立大学在财政与管理方面越来越像私立大学。"① 尽管怀特海德认为19世纪末是高等教育中公私分立的开始，但经过近一个世纪的发展，这种区分并没有日益明显，反而有了趋同的倾向。②

20世纪70年代以来，随着市场经济和教育产业化的发展，美国高等教育中的一种新型教育机构——营利性（profit）高等教育机构获得迅速的发展。这种两年制或四年制的高等教育机构或教育公司在法律地位上得到政府的认可，并拥有授予学位的资质，凭借较高的学费获得利润。在这种情况下，传统的高等教育机构——不论所谓的私立还是公立——为了让自己与这些以营利为目的侵蚀教育价值的机构相区别，倾向于自称为非营利性（non-profit）机构。这种营利性—非营利性的划分似乎在新时期又为美国高等教育提供了一种新的划分标准，"显而易见，营利性大学和非营利性大学通常是在不同的结构价值层面和组织价值层面下运行的"③，具体包括纳税问题、资金来源及性质、管理方式、动机、对知识的态度、价值导向、权力归属等，它们的差异往往是非常明确的。然而，这也没有为传统高等教育中公私界限的辨析提供新的出路。在研究者那里，营利性高等教育机构只是为私立高等教育增加了一种新形式，营利性私立高等教育与私立非营利性高等教育也有着本质上的差异。④ 相比之下，此前的私立高等教育机构更愿意与公立高等教育机构一起被归为非营利性机构，毕竟它们的价值认同更加一致。因此，在某种程度上，新的营利性—非营利性标准正在弱化甚至取代原来的公私标准，过去的公立和私立高等教育在新的标准下又走到了一起。

在美国高等教育历史上，所谓"公立"和"私立"的界限很少有非常明晰的时候，这也恰恰说明，用这组相互对立的术语看待整个美国高

---

① ［美］詹姆斯·杜德斯达、弗瑞斯·沃马克：《美国公立大学的未来》，刘济良译，北京大学出版社2006年版，第106页。

② Schuster, J. H., Higher Education in the United States: Historical Excursions, *Revista Electronica de Investigation Educativa*, 2001, p. 2, pp. 1 – 16.

③ ［美］理查德·鲁克：《高等教育公司：营利性大学的崛起》，于培文译，北京大学出版社2006年版，第9页。

④ 高晓杰：《美国营利性私立高等教育与资本市场》，广东高等教育出版社2008年版，第30页。

等教育是不合适的。美国的学院和大学机构都各不相同,但这并不意味着它们有着根本的差异,这种截然二分的维度应该被超越。劳伦斯·A.克雷明(Lawrence A. Cremin)早就指出,美国的教育机构"不论在经费资助或管理控制方面是公立抑或私立,都刻意以社区机构(community institution)的面目出现,反过来又被认为是社区机构。在它们的领导人看来,它们是教育机构这一事实使它们得以成为社区机构"[①]。美国的高等教育机构从一开始就是社会各种力量综合作用的共同产物,学院和大学说到底乃是一种社区机构,个人、教会、政府以及其他社会组织都在不同程度上参与其中,学院和大学又在不同程度上反过来为之服务,美国高等教育的成功在很大程度上也确实有赖于"关于高等教育对社会所作的贡献及社会相应回报的支持、优待和敬意的普遍共有的理解"[②]。只是在不同的时期、不同的机构中,各种力量的消长会有不同,这远不是一场案件的判决可以厘清的。在任何时候,"公"和"私"的力量都未能完全主导一所高等教育机构,美国高等教育本身就是多元利益的反映,其发展与进步也是多种力量博弈的结果,达特茅斯学院案不过是这种多方面力量博弈的具体体现。

[①] [美]劳伦斯·A. 克雷明:《美国教育 2:建国历程,1783—1876》,洪成文等译,北京师范大学出版社 2002 年版,第 522 页。

[②] [美]弗兰克·纽曼,莱拉·科特瑞亚,杰米·斯葛瑞:《高等教育的未来:浮言、现实与市场风险》,李沁译,北京大学出版社 2012 年版,第 232 页。

从自由学科到个性自由：西方自由教育的现代转向

易红郡* 李慧迎**

[摘　要]　古希腊时期确立的西方自由教育传统，随着历史时代的变迁经历了多次转向。它从最初注重自由学科的文雅教育或通识教育，演变为20世纪尊重个性的自由发展。其内涵越来越丰富，引起的争议也越来越多。自由教育既是一种学习内容，也是一种教育原则和方法。它既强调知识的内在价值，也重视人的自由与和谐发展。自由教育的诸多理念如通识教育、古典教育、人文教育、全面教育、名著教育及个性自由等，对当今学校教育改革无疑具有借鉴意义。

[关键词]　西方；自由教育；自由学科；个性自由；转向

在西方教育史上，自由教育传统起源于古希腊时代。最初的自由教育只适合与奴隶、工匠相对的"自由民"。作为公民的自由民，可以投票、选举、参政、携带武器等，他们的教育与没有这些权利的奴隶存在着很大差别。自由民的教育之所以如此，是因为他们依靠剥削奴隶的劳动而生活，因而有充裕的闲暇时间用于教育。"于是，希腊人就达到了这样一种教育概念：这种教育之'博雅'，不仅因为它是自由人而不是奴隶

---

* 湖南师范大学教育科学学院教授。
** 湖南师范大学教育科学学院博士研究生。

的教育,还因为希腊人把这种教育当作解放心智以按照心智的真实本性发挥功用,使理性免于谬误和错觉,并且使人的操行免于过错的教育。自希腊时代以来,这种教育观念一直有它的地位。"①

一 西方自由教育的确立:文雅教育与通识教育

"自由教育"这一概念最早由亚里士多德提出,他比较完整地表达了自由教育的基本思想。他认为,"自由教育"是指自由民尤其是奴隶主阶级所享受的教育,它以发展理性为目标,其内容应是文雅而高尚的,并为自由民的闲暇服务。闲暇是区别自由人与奴隶的重要特征,只有闲暇才能使人的身体与心灵保持自由。"闲暇自有其内在的愉悦与快乐和人生的幸福境界;这些内在的快乐只有闲暇的人才能体会;如果一生勤劳,他就永远不能领会这样的快乐。"② 亚里士多德把知识分为自由学科与实用学科。自由学科服务于闲暇的理性活动,切合于人生的目的;实用学科固然必要,但它只是谋生的手段,因而是卑贱的。"任何职业、工技或学科,凡可影响一个自由人的身体、灵魂或心理,使之降格而不复适合于善德的操修者,都属'卑陋',所以那些有害于人们身体的工艺或技术,以及一切受人雇佣、赚取金钱、劳瘁并堕坏意志的活计,我们就称为'卑陋的'行当。"③ 在他看来,凡事必求实用是不合于豁达的胸襟和自由的精神的。可见,亚里士多德的自由教育是广泛的、普通的,而不是狭隘的、专门的。同时,亚里士多德反对教育的功利性,并致力于自由发展理性,因此智育是其自由教育的核心。另从亚里士多德的其他著作中可以看出,作为智育的自由教育必须是一种追求它自己目的的教育。"教育要是真正文雅的,其本身必须是它自己的目的。如果它是追求其他一些目的,如道德的、政治的或相反的目的的手段,那么它就是卑贱的。因此,它的地位是下等的。此外,如果教育因为它自己的缘故,本身就

---

① 瞿葆奎主编:《教育学文集——智育》,人民教育出版社1993年版,第84页。
② [古希腊] 亚里士多德:《政治学》,吴寿彭译,商务印书馆1997年版,第408页。
③ [古希腊] 亚里士多德:《政治学》,吴寿彭译,商务印书馆1997年版,第408页。

是所追求的一种目的，并不带有外在的目的，那么，它是真正文雅的。"①亚里士多德的自由教育理论对后世产生了重要影响。

古罗马人接受了这种自由教育的观念，基本上没有进行修改。古罗马人认为，知识远非一种事实的堆砌，而根本上是一门"艺"，首先在其普遍的原则中被学习，然后应用于细微处。他们把古希腊时期的各门学科称为"艺"（artes）。如塞涅卡（Seneca）把文法、修辞、辩证法、算术、几何、天文、音乐称为"自由之艺"（artes liberales），西塞罗称之为"高贵之艺"（bonae artes），维特鲁维乌斯（Vitruvius）称其为"通识学科"（encyclios disciplina）。西塞罗甚至把亚里士多德的著作看作一种系统的哲学之艺："对他而言，任何真正的知识——无论是音乐、文学、修辞术抑或哲学——都是不可能的，除非以一种'艺'的原则去指引。每种科学都有其自身的'艺'，由人的理性构筑，知识的诸细节在一种单一、连贯的体系中结合起来；不同的'艺'本身是一种单一、广阔的人类知识体系的诸部分，哲学的心灵能以其首要的诸原则学习这个知识体系。"②对西塞罗影响最大的哲学家珀斯多尼乌斯（Posidonius）把诸艺划分为四类：一是教授德性的艺；二是希腊人称为通识、罗马人称为自由的艺；三是跳舞、唱歌、绘画和雕塑等"小"艺；四是包括一切手工劳动的艺。这种划分表明，通识教育在公元前2世纪末就已经确立了。"通识教育的目的并非把一种专家的知识细节给予每个学生（尽管古代的课本有大量细节），而是使学生掌握这类一般的原则，以有助于学生日后恰当地使用已获得的知识。"③

中世纪时，"七艺"作为自由教育的主要内容让位于神学，成为一种依附于神学目的的学科。"尽管在中世纪时代，大学可以重新找到大部分文雅学科，但是，它们的内容极为狭窄，并附属于一些专业学科，尤其

---

① ［美］约翰·S. 布鲁巴克：《教育问题史》，单中惠、王强译，山东教育出版社2012年版，第478页。
② ［英］葛怀恩：《古罗马的教育——从西塞罗到昆体良》，黄汉林译，华夏出版社2015年版，第68页。
③ ［英］葛怀恩：《古罗马的教育——从西塞罗到昆体良》，黄汉林译，华夏出版社2015年版，第69页。

是神学。"①

二 西方自由教育的第一次转向：
古典人文教育与天性教育

文艺复兴时期，亚里士多德的自由教育思想重新得以复活，这种复活是在大学围墙之外发生的，在很大程度上与宫廷教育相联系。人文主义教育的对象主要是贵族子弟，教育形式多为宫廷教育和家庭教育，因而自由教育的目的是培养上层人物，如君主、廷臣和绅士等。但由于人们更注重对古典文学作品的学习，导致自由教育理念发生重大转变。"由于文艺复兴时期的学者在古希腊和罗马的著作中重新发现了自由教育的完整观念，所以，自由教育通常与希腊文和拉丁文文学作品的知识联系了起来。这些文学作品逐渐以'高尚文学'、'纯粹文学'著称，或简称为'人文学科'（humanities）……所以，人文学科，或者后来在美国被称为的'古典学科'（classics），自然就成了自由教育课程的主要内容。"② 人文主义教育家从反对宗教束缚和要求个性解放的角度出发，提出了以古典语言和文学为主的自由教育。从文艺复兴时期开始，古典学科在自由教育中的垄断地位一直延续到19世纪。宗教改革时期，由于新教改革运动的到来，以及从希腊文和拉丁文的原始资料中阅读基督教《圣经》的兴起，新的古典文化训练不仅对教士有用，而且对廷臣或绅士的训练也有明显的效用。因此，在清教徒所设立的学院里，古代的自由教育观念不仅与语言学原理结合，而且与宗教原理结合。

"在17和18世纪，有许多关于教育本质的思考，尽管卢梭抨击传统教育不合时宜，自由教育的模式在启蒙运动时期仍然幸存，并且继续区别于对实用知识和技能的获取。"③ 17世纪时，受弥尔顿和洛克的影响，

---

① [美] 约翰·S. 布鲁巴克:《教育问题史》，单中惠、王强译，山东教育出版社2012年版，第478页。
② [美] 约翰·S. 布鲁巴克:《教育问题史》，单中惠、王强译，山东教育出版社2012年版，第479页。
③ Denis Lawton and Peter Gordon, *A History of Western Educational Ideas*, London: Woburn Press, 2002, p.195.

自由教育与绅士教育发生联系。它主要表现为通过人文学科培养具备优雅风度、良好教养和富于智慧的完美绅士。"自由教育首先是在'良好教养'方面的教育—洛克心目中良好教育的典型是古希腊人和古罗马人，他提倡的自由教育，某种程度上要求人们熟悉古典文学。"① 在学习内容上，绅士教育强调以古典人文教育为主。为了培养经世致用之才，它也强调实用知识的学习，如弥尔顿学园既包括古典学科，也包括自然科学和应用科学。同时，洛克也要求绅士应具有事业家的知识与技能，这无疑突破了亚里士多德奠定的自由教育原则的框架。"就绅士教育突出教养而自由教育强调精神和心灵的自由发展而言，绅士教育和自由教育并不等同，只能说绅士教育继承了古希腊古罗马和中世纪自由教育传统的某些要素和方面。"② 因此，完美的绅士教育是一种类似于亚里士多德时代理想的"自由民"教育。

18世纪时，自由教育的主要代表是法国启蒙思想家卢梭。他认为，自由是人与生俱来的一种权利，任何人都不能出卖自己的自由，因为出卖自由就等于出卖自己的生命。他说："在一切动物之中，区别人的主要特点的，与其说是人的悟性，不如说是人的自由主动者的资格。自然支配着一切动物，禽兽总是服从；人虽然也受到同样的支配，却认为自己有服从或反抗的自由。而人特别是因为他能意识到这种自由，因而才显示出他的精神的灵性。"③ 在他看来，人类由于上帝的恩赐，生而秉承着自由、理性和良心，这三者便构成善良的天性。遵循儿童天性的教育必定是"自由教育"，只有实施自由教育才能使儿童的身心得到自由发展。卢梭批评封建教育不顾儿童的天性发展，不根据儿童的特点施教，而把对成人适用的教育强加于儿童，这无异于使儿童成为教育的牺牲品。可见，使儿童回归自然状态是卢梭自由教育的重要内涵，其实质是反对成人对儿童的过多干预，反对传统教育对儿童的束缚，保持儿童的本真状态。卢梭的自由教育实际上就是尊重儿童天性的教育，这是教育思想史上的巨大变革，对后世产生了深远的影响。

① 刘小枫、陈少明主编：《古典传统与自由教育》，华夏出版社2005年版，第15页。
② 刘春华、张斌贤：《西方自由教育传统之演变》，《高等教育研究》2015年第4期。
③ [法]卢梭：《爱弥儿》，李平沤译，商务印书馆1999年版，第91页。

三 西方自由教育的回归：
理智教育与全面教育

19世纪中叶后，在高等教育领域表现出回归古希腊自由教育传统的强烈倾向，这一时期的自由教育开始以理智训练为主要目标。纽曼是19世纪自由教育的伟大倡导者，他对亚里士多德的自由教育十分偏爱，并把它设想为注重心智活动的贵族式教育。纽曼认为，大学教育应是自由教育，它以心智训练、性格修养和理智发展为目标。通过自由教育，理智不再屈从于某种特殊或偶然的目的、某种具体的行业或职业，而是为了自身的最高修养。理智的培育有助于专业学习和科学研究。那些学会思考、推理、比较、辨别及分析的人，以及审美观已得到锻炼、判断力已形成、洞察力敏锐的人，虽然不会立即成为律师、演说家、政治家、医生、工程师、化学家、地质学家等，但其理智状态可以使他从事这些科学或职业中的任何一种，而且能够泰然处之、优雅得体地确保成功。一旦理智得到恰当的培养，并形成对事物合乎逻辑的看法，它就能根据个体独特的素养和能力产生不同的影响。理智能使人头脑清醒、通情达理、直率诚恳、克己自制及立场坚定。"在所有人身上，理智是一种能相对容易地进入任何思想主题的能力，是一种能敏悟地学习某种科学或从事某种职业的能力。"[①] 因此，大学的本质是使学生在掌握知识的基础上形成思想或理性；大学的使命是理智培育并教会学生理智地对一切事物持恰当的观点。

在圣安德鲁斯大学的就职演说中，密尔进一步阐述了大学自由教育。他认为，大学的主要任务是培养学生的智能和加强其哲学修养，而并非提供技术和专业训练的机构。他说："大学并不是要向人们传授一些必要的知识以使其合格地掌握某种具体的谋生之道。其目的不是要培养能言善辩的律师或技术出众的医生，而是要培养具有卓越才干及良好教养的人类……教育确实可以使一个人成为更出色的鞋匠，但并不是通过教他

[①] [英] 约翰·亨利·纽曼：《大学的理想》，徐辉等译，浙江教育出版社2001年版，第8页。

如何做鞋来实现的：教育实现这一目的的途径是通过其所提供的心智训练。"① 密尔十分注重古典文学教育，认为古典文学向我们传达"生活的智慧"，并将古典语言作为最好的文学教育。"探索真理、把真理当作人类最高目的——这种高贵的热情渗入每个古代著述家的著作中……所以，我们在把学习古文作为最好的文学教育之时，也就是在为了伦理学、哲学的教养打下出色的基础。"② 同时，密尔指出，科学教育是绝对必要的，科学知识本身就可以证明科学教育的有用性。科学教育的功能是为我们提供有关宇宙最重要的知识，以使我们不会因无法理解而感到乏味，乃至将周围的世界看成一本打不开的书。发现真理的途径无非是观察和推理，而它们能达到最高水平的领域是自然科学。"古典文学给我们的典范是完美的表现形式，而自然科学为我们提供完美的思维形式。数学、天文学和自然哲学（物理学）是典型的由推理来发现真理，实验科学是通过直接观察发现真理的最典型事例。"③

赫胥黎则赋予自由教育以新意，他对当时英国流行的"自由教育"理论提出质疑，认为这种教育无异于古典人文主义教育，它极少考虑个人的实际生活需要，因而毫无价值。关于什么样的人才算受到了自由教育这一问题，赫胥黎指出："我认为，他从小受到这样的训练，以便使他的身体服从自己的意志，如同一台机器一样毫不费力地和愉快地从事他所能做的一切工作；他的心智是一台无污垢的、周密设计的和结构合理的发动机，每个部件都发挥着各自的力量，工作程序有条不紊；又如同一台蒸汽机一样准备担负任何工作，既能纺纱又能锻造精神之锚；他的头脑里储存着各种重要而又基本的有关自然界真理的知识，以及有关自然界活动规律的知识。"④ 为此，赫胥黎制订了内容广泛的课程计划，包括自然科学、古典学科、语言学、伦理学、神学、历史、地理、文学等。他认为一切知识都是有益的，任何点滴的知识不管它在日常事务中多么

---

① ［英］大卫·帕尔菲曼主编：《高等教育何以为"高"——牛津导师制教学反思》，冯青来译，北京大学出版社2011年版，第13—14页。
② ［英］约翰·密尔：《密尔论大学》，孙传钊、王晨译，商务印书馆2013年版，第37页。
③ ［英］约翰·密尔：《密尔论大学》，孙传钊、王晨译，商务印书馆2013年版，第46页。
④ ［英］托·亨·赫胥黎：《科学与教育》，单中惠、平波译，人民教育出版社1990年版，第61—62页。

无关紧要，或者多么无足轻重，很难说有朝一日不会发挥作用。可见，赫胥黎的新自由教育实际上是一种全面和谐发展的教育，即通识教育。

四　西方自由教育的第二次转向：名著教育与普通教育

到20世纪时，自由教育的社会根基已经发生动摇，以致美国教育家赫钦斯指出，如果自由教育是适合于自由公民的教育，如果全体公民又都是自由的，那么每个人都应该接受自由教育。自由教育必须是教育学生进行理智的活动。"一种受适当训练的理智，一种适当形成习惯的理智是一切领域里都能够起着很好作用的理智。因此，不论学生是否注定从事于沉思的生活或实际的生活，由理智美德的培养所组成的教育是最有用的教育。"① 那么，在哪里最有可能找到这种自由教育呢？赫钦斯认为在名著里。名著之所以伟大是因为它们对任何时代都有意义，因而他把经典名著称为"永恒的学习"。"我们提出永恒的学习，因为这些学习会发掘出我们共同的人性要素，因为它们将人与人联系起来，因为它们将我们与人类以往的最佳思维联系起来，因为它们是进一步学习和理解世界的基础。"②

德国哲学家列奥·施特劳斯在《什么是自由教育》一文中指出："自由教育是在文化之中或朝向文化的教育，它的成品是一个有文化的人。"③ "文化"意味着按照心灵的本性去培育心灵，照料并提升心灵的天然禀赋。施特劳斯认为，无论就其天性还是所受教育而言，哲人被宣称能最高程度地拥有人类心灵能够具备的一切优异，他们都是最优秀的人。因此，自由教育在于倾听最伟大的心灵之间的交谈，并且细心研读最伟大的心灵所留下的伟大著作，在这种意义上自由教育与古典教育几乎等同。"我们不能成为哲人，但我们可以热爱哲学；我们可以努力进行哲学化思

---

① 王承绪，赵祥麟编译：《西方现代教育论著选》，人民教育出版社2001年版，第204页。
② ［美］罗伯特·M. 赫钦斯：《美国高等教育》，汪利兵译，浙江教育出版社2001年版，第46页。
③ 刘小枫，陈少明主编：《古典传统与自由教育》，华夏出版社2005年版，第2页。

考。这种哲学化思考首先且主要地在于倾听伟大哲人之间的交谈，或者更普遍更审慎地说，在于倾听最伟大的心灵之间的交谈，因而也在于研读那些伟大的书。"[1] 自由教育在于唤醒一个人自身的优异和卓越，它可以培养完美的高贵气质。但自由教育只是少部分人的特权，我们不能期望它会成为普通教育。另外，施特劳斯认为，原初意义上的自由教育不仅培养公民责任心，还要求公民践行这种责任。但我们不能期望自由教育会引领所有受惠于它的人，都能以同样的方式理解自己的公民责任或在政治上达成一致。

自由教育的势利倾向最突出地表现为对职业教育的蔑视，但随着高等教育在社会中的地位日益凸显，自由教育不能再坚持自己的主张而不计后果了，于是自由教育的内涵又发生了一次重大转向，即表现出对传统自由教育的背离。怀特海认为，从本质上来说，自由教育是一种贵族式的休闲教育，这种柏拉图式的理想对欧洲文明做出了不朽贡献。它促进了艺术的发展，培养了那种代表科学之源的无偏见的求知精神，它在世俗物质力量面前保持了精神的尊严，这是一种要求思想自由的尊严[2]。这种教育的本质就是大量地阅读最优秀的文学作品。然而，人类精神的表达并不局限于文学，还有其他的艺术和科学。艺术能使我们感受这个世界的美妙，它丰富着我们的心灵；而对科学的好奇心是一种激情，是为了满足发现世界的愿望。因此，把自由教育和技术教育对立起来是错误的。怀特海认为，所有的教育都是同时传授技术和智慧，国家教育体系必须包含文学、科学和技术三种课程形式。他说："人类的生活是建立在技术、科学、艺术和宗教之上的。这四者相互间都有内在的联系，且源于人类的整个智慧……没有这四个根本因素，根本无法理解任何一种社会组织结构。"[3]

美国教育家布鲁贝克主张普通教育和职业教育应两者并重。他指出："强调自由教育的后果意味着从理性主义哲学转向实用主义哲学，从纽曼

---

[1] 刘小枫，陈少明主编：《古典传统与自由教育》，华夏出版社2005年版，第6页。
[2] [英]怀特海：《教育的目的》，庄莲平、王立中译，文汇出版社2012年版，第59页。
[3] [英]怀特海：《教育的目的》，庄莲平、王立中译，文汇出版社2012年版，第98页。

的'大学的理想'转向克尔的'大学的用处'。"① 以往那种强调理智的做法也许对古希腊文明合适,因为对那种文明而言,人性只是简单的理性和欲望的二元论。而今天人类行为不再如此简单,它是生物、心理、社会和历史等因素的复合产物。因此,"自由教育"应该使人从无知、偏执、迷信和非理性的枷锁中解放出来。为了实现这一目标,自由教育必须再次转向整个人的教育,即个人的全面教育。基于对自由教育的重新思考,一些学者打出了"普通教育"的旗号。布鲁贝克认为从自由教育转向普通教育有其合理性。

五 西方自由教育的第三次转向:尊重个性自由发展

在欧洲新教育运动中,自由教育超越了以往的范畴,提倡尊重和热爱儿童,追求个性的自由发展。这一理论源于18世纪的卢梭。卢梭的"自由教育"主要是指教育原则和方法,而不是学习内容。一些进步教育家从中汲取养料,提出了反映新时代特点的"自由教育"。这种新"自由教育"既是对以往"自由教育"的一种超越,也是对传统教育理论和方法的挑战,它预示着自由教育的再一次转向。

沛西·能指出,教育的真正目的是积极的、在于鼓舞自由的活动,而不是消极的、在于限制或抑制这种自由的活动。教育的根本目的应帮助男女儿童尽其所能达到最高度的个人发展。"我们将始终站在这样的立场,人类社会除了在一个个男男女女的自由活动之中,并通过这些自由活动以外,再没有其他什么善了,教育实践必须按照这个真理来计划。这个观点并不否认或低估一个人对他的同胞的责任,因为个人的生命只能按自己的本性去发展,而它的本性既是社会性的,又是'自尊'性的。"② 沛西·能把个性自由发展视为评价一切教育计划的准则,以及制

---

① [美]约翰·S. 布鲁贝克:《高等教育哲学》,王承绪等译,浙江教育出版社1998年版,第91页。

② [英]沛西·能:《教育原理》,王承绪、赵端瑛译,人民教育出版社1992年版,第7—8页。

定教育政策的唯一依据。因此,个性在共同生活的范围内应按自己的道路充分发展,而不应受到外来势力的约束。沛西·能认为,以培养个性为目的才是唯一适应自然的教育。他强调必须尊重教育中的个性,包括学生、教师和学校个性等。"教育上的一切努力,似乎必须限于为每个人获得使个性得以最圆满地发展的条件——换言之,限于使他对富于变化的整个人类生活做出本性所许可的尽可能充分而又确具特色的创造性的贡献。至于这种贡献所取的形式,则必须由各人在生活中和通过生活自己去创造。"①

罗素是自由主义的思想大师,他认为,按其最抽象的意义而言,"自由"是指不对人们实现欲望的过程设置任何外部障碍,因此通过提高人们追求目标的能力或者降低其期望水平,都可达到增加自由的目的。只要一个人的行为不是直接地、明显地、不容置疑地侵害了他人,那么他的自由就应受到尊重。罗素认为,自由教育的本质特征是在必要的权威和纪律约束下,尽可能地给儿童更多的自由,更多地发展儿童个人的自由,但必须按照自由的精神或原则行使权威和运用纪律。"在每一个社会问题中,尤其是在教育中,尊重人的个性是智慧的开端。"② 为什么要让儿童拥有更多的自由呢?罗素认为有两个方面的原因:一是儿童情感的发展需要很大程度的自由。受到约束的儿童常常会对周围的一切怀有敌意和仇恨,这种仇恨如果得不到自由发泄,就会郁积在心,最终导致一系列恶果。二是教育中的自由对于儿童情感和理智的发展至关重要。教育中的强制造成的后果是对创造性和理智兴趣的毁灭。他说:"为了保证最大限度的自由,必须通过教育来塑造人们的性格。"③ 但罗素认为,教育中的自由并不是一条绝对的原则,和其他领域一样,教育领域中的自由有个限度问题。教育上的自由并不是让儿童为所欲为,教育必须加强纪律和权威的影响。自由教育原则和方法的关键在于"自由和纪律之间的一种巧妙的结合"。

---

① [英]沛西·能:《教育原理》,王承绪、赵端瑛译,人民教育出版社1992年版,第8页。
② [英]罗素:《罗素论自由》,郭义贵译,世界知识出版社2007年版,第128页。
③ [英]罗素:《罗素论自由》,郭义贵译,世界知识出版社2007年版,第120页。

尼尔认为，自由是每个人生而具有的权利，每个人都有最大的机会和可能做出多方面的选择，以便获得自己理想的幸福。幸福意味着自由意志的选择，自由教育正是以培养具有自由意志的人格为目的，它不承认外界的权威，无论权威来自何方。自由发展就是让一个儿童在心理和情感上不受到外在权威的管束和压制。"外来的强制都是对人性的诅咒，无论这种强制是来自教皇、国家、教师还是家长，它都是不折不扣的法西斯主义。"①尼尔坚信儿童的天性是纯洁善良的，而绝非污浊邪恶的。他的想法是使学校适合儿童，而不是使儿童适合学校。学校工作应以儿童为中心，学校应是自由和快乐的场所。假如你给孩子自由教育，他们会对自己更了解，也会更有意志力，因为自由使许多下意识变成知觉。

六　结语

由上可知，传统意义上的"自由教育"，反对把教学内容局限于为某些外在的目的服务，认为教育不是为了实用而进行手与脑的训练，强调教育的内在价值。但随着时代的不断变迁，"自由教育"的内涵发生了重大转变，西方学者关于"自由教育"的理解也是仁者见仁，智者见智。自由教育有两个理论渊源：一是古希腊的古典自由教育，二是卢梭的现代自由教育。这两种自由教育无论在观念还是做法上都存在很大差异，也使得自由教育在不同的历史时期呈现出不同的特点。尽管自由教育在历史变迁中不断发展，但其主要原则和精神实质一直被人们所信奉。归纳起来，"自由教育"主要涉及以下内容，即文雅教育（闲暇教育）、理智教育、古典主义教育、通识教育、全面教育、名著教育、普通教育、人文教育、天性教育、个性自由发展等。英国分析教育哲学家彼得斯把自由教育的内涵总结为三种：一是强调知识本身的价值，而不是为了职业或实用的目的，这是古希腊时期的本质内涵，在19世纪时为马修·阿诺德等人所复兴；二是强调教育应该广博和平衡而不是局限于一种过于专门化的学科，正如纽曼在《大学的理想》中强调个体的全面发展；三是与教学方法有关，自由教育不应受到教条式教学方法的约束，因为威

---

① 瞿葆奎主编：《教育学文集——英国教育改革》，人民教育出版社1993年版，第91页。

权主义会限制个体的理性能力。彼得斯指出,这三种解释并不需要具有一致性,但使用"自由教育"的术语时至少涉及其中的某一价值观①。"在关于'自由教育'的探讨中,弄清'自由教育'的哪种意义正在被使用,这是重要的,虽然通常说来应多方兼顾。"②

总之,通过对西方"自由教育"不同含义的分析,有助于我们正确使用这一术语,并揭示隐藏在"教育"事实之中的标准。如既尊重人类知识传统,又关注人的个性自由发展;既强调教育的内在价值,也关注教育的外在价值。自由教育要求的不是一种特殊类型的教育,而是要排除通常所理解的某些可能妨碍教育的限制与障碍。自由教育作为西方古老的教育传统,代表了一种非功利并致力于人的精神和心灵自由发展的理想,它对现代西方教育仍然具有深远的影响。同样,自由教育作为一种现代西方教育理论,批判了传统学校教育中的弊端,促使人们去思考和探索新的教育原则和途径,在一定程度上对现代学校教育改革和发展具有启迪意义。

---

① Denis Lawton and Peter Gordon, *A History of Western Educational Ideas*, London: Woburn Press, 2002, p. 196.

② 任钟印主编:《世界教育名著通览》,湖北教育出版社 1994 年版,第 1686 页。

西方国家的教师文化发展趋向探究

——从韦伯的理性化思想说开去

王 晋[*]

[摘 要] 循着韦伯对现代社会发展理性化趋向的分析理路,西方教师文化发展趋向亦呈现理性化的特征。韦伯意义上的科层制和"祛魅"分别从制度和观念上影响着西方国家的教师文化塑造;重塑之后的教师文化衍生出了新的危机。新危机的解决需要"卡利斯玛"权威结构的重现和"返魅",但理性化的进程在最大限度地堵死了危机解决之路。徘徊于传统和理性化之间的我国教师文化,要警惕类似于西方国家的教师文化合理性危机,需要在提升行政人员的道德素质和重塑教师的知识权威及教学自主权上着力。

[关键词] 教师文化;理性化;韦伯;西方国家

教师文化是一个耳熟能详却又习焉不察的概念。教师文化看似"看不见、摸不着",却内涵丰富,深刻地塑造着教师思想和行为,进而影响教育质量乃至教育之社会功能的实现。在日本学者佐藤学看来,教师文化是指"教师默许的期待产生的问题解决与处置方法"。[①]"默许"和"期待"折射出某种集体思想共识和群体行为取向。受其启发,借用教育

---

[*] 河南大学教育科学学院教授。
[①] [日]佐藤学:《课程与教师》,钟启泉译,教育科学出版社2003年版,第262页。

社会学的概念,笔者认为,所谓的教师文化是指教师承担的诸种角色丛及社会行动的综合,包括教师社会行动背后的情感、态度、行为价值观等。

作为社会学三大扛鼎之人之一的马克斯·韦伯,其社会科学方法论即是以社会行动为研究对象的。教师文化如同一座冰山,它大部分隐没在水中,而这些部分非常重要。以韦伯社会学来解读教师文化,最大限度地破除"冰山效应",自然有一定的适切性和类比意义。韦伯社会学可以简要概括为"一机两翼","一机"指的是理性化,"两翼"则指的是科层制(制度)和"祛魅"(观念)。在制度和观念的交互作用下,现代社会理性化进程得以实现。"一机两翼"本为一体,为了论证方便,笔者分开阐述;即便分开,三者仍相互勾连。

一 理性化:西方国家的教师文化发展趋向的一个可能解释框架

韦伯社会学的最核心的主题即为理性化,其作品中经常交互使用理性或合理性(rationality)、理性主义(rationalism)、理性化或合理化(rationalization)等概念。因此,许多社会学家将理性化视为韦伯社会学的中心议题。[①] 中国台湾的教育社会学学者则将韦伯称为"理性化时代的社会诊断者与预言家"。[②]

(一)来自演绎的假设:西方国家的教师文化理性化趋向的提出

韦伯社会学的逻辑起点虽是社会行动,但社会行动仅仅是其逻辑起点;将韦伯社会学视为微观社会学,显然大错特错。"格斯和米尔斯认为,在韦伯那里,理性和理性化绝不限于个体行动的类型,恰恰相反,它同时也是一种文化力量,'因为制度化结构的兴衰,阶级、政党和统治

[①] 周晓虹:《西方社会学历史与体系:第一卷 经典贡献》,上海人民出版社2002年版,第369页。

[②] 谭光鼎、王丽云主编:《教育社会学:人物与思想》,华东师范大学出版社2009年版,第61—90页。

者的交替，都顺应着世俗社会理性化的基本趋势'"。① 韦伯将社会行动理性化的讨论拓展到了整个西方社会的诸个领域，譬如法律体系、经济领域、宗教领域、伦理道德领域、政治和行政领域、理性组织领域的市场和政治结构乃至音乐和艺术领域。可以说，理性化进程席卷整个西方社会，没有留有一丝缝隙。理性化的文化大环境势必会影响教师文化的小环境。马克斯·韦伯认为正式社会组织有如下五项基本特征：权威层次、规范化、专门化、标准化和遵从绩效原则（或称非人格化）。② 教师文化生成于学校这一正式社会组织，也具备上述五项基本特征。而这五项基本特征恰是理性化社会进程的关键词。理性化与当下的社会理论热词"麦当劳化"的内涵有异曲同工之处，南京大学周晓虹教授提倡这样的类比，因为理性化相对比较抽象，"麦当劳化"则相对比较具体。我们就用较为具体直观的概念来分析主题。美国社会学家乔治·里茨尔以美国快餐业大王"麦当劳"为主要模本，对这种现象的合理化现象进行了深入研究，指出"麦当劳化"是合理化在当代的表现形式。"麦当劳化"的核心特征是"效率至上""可计算性""可预测性"与"可控制性"。本文认为，西方国家的教师文化也都存有这样的特征。因为韦伯社会学指涉对象主要是西方国家，在此，逻辑演绎的落脚点主要就是西方国家的教师文化。

（二）来自经验的证据：西方国家的教师文化理性化趋向的表现

在国内，中国社科院的苏国勋研究员对韦伯思想颇有研究，据其总结，理性或合理性至少具有四种基本含义：（1）由法规所支配的；（2）体系化的；（3）基于逻辑分析意义的；（4）由理智控制的。③ 我们整理了一些介绍西方教师文化的文献，发现近代乃至当下，西方教师文化无一例外地全部体现出上述含义。譬如，德国教育国家和地方法规均详尽地规定了教师的资格要求，乃至职前教育和继续教育的各

---

① 周晓虹：《西方社会学历史与体系：第一卷 经典贡献》，上海人民出版社2002年版，第370页。
② [德] 马克斯·韦伯：《经济与社会》（下卷），林荣远译，商务印书馆1997年版，第278—286页。
③ 苏国勋：《理性化及其限制韦伯思想引论》，上海人民出版社1988年版，第222页。

个细节。① 教师的聘用和培养都有明确的法律法规规定，法规框约下的教师文化生成亦受法规支配。例如，教师必须定期参加教研活动的规定就塑造了教研组文化。这反映了理性化的第一个特征。又譬如，英国政府于2001年3月颁发了有关教师持续专业化发展的新政策，这包括，"教师国际专业化发展"计划、"最佳实践研究奖励金"计划、"专业奖金"计划、"早期专业化发展""在职训练课程奖励""专业化发展记录""标准大纲"、设立"国家教学奖"，以及增加教学助理人员等。② 这些新政策构成一个相互联系、相互促进、环环相扣的体系，会塑造出新的教师文化。这些新政策几乎囊括了教师专业化发展的各个阶段，是需要经过逻辑分析、解释的法律观念。这体现了理性化的第二个和第三个特征。再譬如，奥巴马政府首任期内教师教育政策的具体内容之一就是"以绩效责任为核心的教师队伍质量评估和报告政策"。③ 明显地，绩效标准是不同地域、不同层次和性质的学校之教师文化比较和协同的"最大公约数"，是由理智控制的消除分歧的手段，是合乎理智的。这集中体现了理性化的第四个特征。综上，从经验上看，教师文化完全符合理性化的四大特征。至此，我们通过演绎而来的假设获得了经验的证实。

二 "科层制"的"铁的牢笼"：西方国家的教师制度文化发展理性化趋向及其危机

在韦伯的理性化社会理论体系中，科层制有着重要的地位。科层制是一个理性社会的理性组织机构。韦伯认为，历史上存有三种权威的理想类型，即感召权威、传统权威和法理权威。感召权威出现于人类历史早期，法理权威是晚近发生的事情。较之于感召权威和传统权威，法理权威最大的特点就是具有"非人格化"的特征。流行于欧美的科层制是法理权威运作的最纯粹的组织类型。

---

① 乐先莲：《教师教育与政府责任——德国政府在教师教育中的主导作用及启示》，《全球教育展望》2007年第6期。
② 洪明：《英国教师教育的变革趋势》，《比较教育研究》2003年第4期。
③ 赵萍：《奥巴马政府首任内的教师教育政策评析》，《比较教育研究》2013年第3期。

（一）科层制：西方国家的教师制度文化理性化趋向

韦伯认为科层制是最符合现代社会特征的行政管理制度。"科层制是一种以工具—目标合理性为取向，讲究效率和公立的管理组织。……在韦伯看来，科层制正是世界历史理性化的一种具体表现，不仅国家、法律领域如此，而且社会生活的各个领域，如政党、企业、群体、社团、大学、教会、军队等，无一不被科层化了。"[①] 学校组织也不例外，它构成了一个"校长—副校长—中层干部——般教师"的科层序列。权力主要集中在校长集团手中，上级管理和监管下级，一级对一级负责，按照组织渠道进行沟通，任何教师都是可以替代的。教师文化寓于科层制之中，科层制也塑造着教师制度文化的理性化趋向。教师文化发生、发育在学校持续化的组织活动之中。不同教师有不同的技术资格，这种技术资格需要训练和积累才能够获得，不容许任职者抬高和僭越自己的职位；职位只是组织的构成，需要无条件听命于组织；组织有自身的晋升系统，满足晋升条件的教师优先获得较高的技术资格。从描述中我们发现，科层制的运作挤压了传统的人情、人际以及人脉兑换的运作空间，是符合形式理性（工具理性）的。据韦伯社会学的观点，理性化进程事实上指的也只是形式理性化。不过，科层制仅仅符合形式理性，实质理性（价值理性）被遮蔽起来了。"科层制乃是形式理性的最高表现，其具有权威阶层、正式法令法规、专职分工、超私谊性（不讲人情）、效率、准确、快速、可计算性等优点。然而，它亦有组织僵化、不知变通、凡事束缚于规则与忽视非正式组织功能等缺失。"[②] 关于科层制对教师文化的负面冲击这一点，我们将在下一部分谈到。

（二）"铁的牢笼"：西方国家的教师制度文化理性化趋向的危机

韦伯对于科层化负面后果的论述与青年时代的卡尔·马克思（Karl Marx）理论中的"异化"（Alienation）表述十分相像。当韦伯意识到理

[①] 于海：《西方社会思想史》（第二版），复旦大学出版社2005年版，第338页。
[②] 谭光鼎、王丽云主编：《教育社会学：人物与思想》，华东师范大学出版社2009年版，第81页。

性化间或科层化的必然结局是"铁的牢笼"的时候,我们体会到了这位德国社会学者的悲天悯人情结。在教师制度文化中,各种文牍主义到处蔓延,各项检查、报表和评估"漫天飞舞";学校各职能部门之间相互各自为政,遇事甚至会出现"踢皮球"现象;面对鲜活的人,科层制的冷面孔给人以"非人"的体验。面对科层体制的僵化,韦伯提出了寻求"卡利斯玛"领导者的主张。卡利斯玛(Christmas)是德国社会学家韦伯从早期基督教观念中引入政治社会学的一个概念。韦伯认为"卡利斯玛"具有这些人格特征:他们具有超自然、超人的力量或品质,具有把一些人吸引在其周围成为追随者、信徒的能力,后者以赤诚的态度看待这些领袖人物。科层制的运作体系窒息了"卡利斯玛"领导者的生长空间和作用空间。韦伯自知"明知不可为而为之"的过程和结局,坦承科层制不具备"卡利斯玛"权威诞生的条件。"以学校校长为例,即使他想要力求革新,仍要依法行事,他能展现自己的教育理念,能发挥个人领导者的魅力,营造良好的学校气氛,激励学校成员的士气,但是仍必须在既定的现行体制之下,即使面对僵化的教育环境,也很难真正展现卡利斯玛的精神来突破既有的体制。"[1] 循着韦伯分析科层制的思路,科层制语境下的学校实际上就是一个机器,教师则为维持机器运转的零件,教师文化成了零件文化。韦伯认为科层制之与教育部门的影响还在于,"很重要的部分为促进专家与职业人的发展,这对教育之根本有重要的影响。"[2] "专家"和"职业人"强调各司其职,也忽视掉了另一些范畴,诸如合作和创新。为了机器的高效运转,个人需要收起个性和人性,迎合共性和体制。如此一来,教师随着就业年限的增长,其教学工作的熟练度不断提升,面对各种评估也会变得越发游刃有余。但这并不意味着教师就会越发认同教师职业,会对教师工作有更深刻体认;相反,则可能变得陌生和疏离,教师之间可能变得更加冷漠和不能沟通,教师合作也变得"条件重重"。不必讳言,韦伯社会理论中有压抑个性,服从规制的一面。

---

[1] 谭光鼎、王丽云主编:《教育社会学:人物与思想》,华东师范大学出版社2009年版,第82页。

[2] Max Weber, *Economy and Society: An Outline of Interpretive Sociology*, Berkeley: University of California Press, 1978, p. 998.

但教师首先是人，科层制不应是人退场的制度。

三 "神圣性的祛魅"：西方国家的教师观念文化发展理性化趋向及其危机

韦伯曾经论证了某种宗教原则和资本主义精神发育的密切关联，新的宗教观排除了神秘主义（第一重"祛魅"），倡导信众勤奋工作，克制消费和欲望，以增添上帝的荣耀。不过，在资本主义运转的过程中，经济冲动不需要再以宗教情结作为过渡，宗教克制的欲望无限复苏，昔日神圣的价值被一步步祛除魅力（第二重"祛魅"）。韦伯著作用大量的篇幅论证了第一重"祛魅"，论证第二重"祛魅"笔墨较少，但他从不回避"祛魅"的历时性特征。

（一）"神圣性的祛魅"：西方国家的教师观念文化发展理性化趋向

究竟什么是"祛魅"呢？"祛魅"（德文为 Entzauberung，英文为 disenchantment）是韦伯历史哲学和宗教哲学的核心概念，也可翻译为"除魔""去魅""解咒""去神秘化"等，是指"摈除作为达到拯救的手法的魔力"，"把魔力（magic）从世界中排除出去"，并"使世界理性化"的过程或行为运动。[①] "祛魅"的过程本身就是理性化的过程。韦伯对于教育、学校乃至教师的直接论述并不多，但并不意味着没有。据韦伯的观念，理性化或科层化语境下的教师文化特征应区别于传统时代。这恰和"祛魅"有关。"韦伯认为教师并不是领袖或先知，然而，大多数学生的错误即在于期待教师扮演先知的角色"。[②] 教师不再具有先知者的人格特质，教师需要转型，那么，教师应该扮演什么样的角色呢？韦伯如是说："教师可向学生提供下列三项帮助：其一，关于技术性的知识；其二，教会学生思考的方法、工具及训练；其三，如何选

[①] ［德］韦伯：《新教伦理与资本主义精神》，于晓、陈维纲等译，生活·读书·新知三联书店1987年版，第79—89页。

[②] Max Weber, *Essays in Sociology*, Trans. H. H. Gerth and C. W. Mills, London: Routledge & Kegan Paul Books Ltd. 1948, pp. 149 – 150.

择的能力。"[1] 区别于传统的师生关系的非均势，韦伯界定的教师角色使得师生关系就"均衡化"多了。"根据价值多元化的趋势，韦伯反对教师运用特权灌输学生有关政治的、伦理的、美学的、文化的或其他方面的个人观点"。[2] "因为学者的学术所得只代表真理的一个侧面或层面，并不能代替普世价值，且学生往往没有不上课的自由，在课堂上教师的权威得不到同级权威的挑战，学生无法完全明辨是非"。[3] 在师生互动的教学场域，教师本应是天然成分居多的权威。韦伯眼中的"祛魅"就是要破除这种天然的权威，教师应让学生"自由选择"。哲学知识告知我们："上帝之死"之后肯定是"诸神之争"，更为可怕的是，"诸神之争"只有过程而未有结果。学生没有选择能力间或选择错误乃至失败后怎么办？撇开学生的问题不谈，失却权威的教师存在和生存情势会成为什么样呢？由此而来的教师文化又有什么新变化呢？

（二）"祛魅"后果：西方国家的教师观念文化发展理性化趋向的危机

格兰布斯对作为教师的应然角色如此论述道："教师是中产阶级的一员，教师恪守中产阶级的行为准则与经济的信条，教师还应示范一些中产阶级的德行，教师应和谐、整洁、有秩序感、极富爱心与耐心，教师是理想主义者，是青年人的楷模，是社区事务的参与者，教师是公仆。"[4] 但在理性化语境下，教师作为知识天然权威的角色变得"可有可无"，不是那么"必不可少"。教师"神圣性"的退场造成的权威缺失只是一个开始；前文已述及，在科层制背景下，教师对于教育改革的总体化进程，就相当于一个零件之与一个大机器，充满了不对称和不均衡。"毫不奇怪，我们发现许多教师变得疲倦不堪、心事重重、神情沮丧、心猿意马、苦不堪言。他们的自主性、地位和活力正面临威胁，但人们依然期望教

---

[1] Max Weber, *Essays in Sociology*, Trans. H. H. Gerth and C. W. Mills, London：Routledge & Kegan Paul Books Ltd. 1948，pp. 150 – 151.

[2] Max Weber, *The Methodology of the Social Sciences*, New York：Free Press, 1949，p. 14.

[3] Max Weber, *The Methodology of the Social Sciences*, New York：Free Press, 1949，pp. 4 – 5.

[4] ［美］格兰布斯：《教师的角色》，载厉以贤主编《西方教育社会学文选》，台北五南图书出版公司1993年版，第629—649页。

师们积极和充满智慧地工作，以便让那些原本捉摸不定、杂乱无章和复杂的变革显得有些意义。在一定意义上，教师们越是成功地应付了这些变革，他们就必须越多地失去其专业性和实践经验"。① 教师只是应付了教育变革的形式，即形式理性。其实质理性需要"慢工出细活"，但理性化和科层制已容不得教师行为乃至教师文化"慢"半拍。当角色期待和角色扮演发生冲突时，教师时常茫然无措，患得患失，行为保守。当这种冲突长期放大、发酵乃至"变味"之后，教师变得无所皈依，退无可退，教师文化逐渐沦为了一种个人主义文化。美国学者洛蒂和罗森赫兹等学者认为，"导致教师个人主义文化的原因主要有两个方面：（1）教师的工作及其环境因素，如教师工作中存在的诸多不确定性，学校的细胞型结构、封闭型的课程教学环境、教学缺少共同认可的权威和共享的教学技术等；（2）教师的心理品质存在许多缺陷。比如，由于教师追求教学的心理补偿，因此他们只关心自己的课堂和学生，而对同事的工作漠不关心；由于害怕评价和批评，教师具有习惯性防卫的心理；由于很难看到自己的工作的明显成效，因而容易产生焦虑、压抑等"。② 把"祛魅"后果，放在科层制的语境下，教师仅有的一点知识权威亦被解构掉了，这就"挖空"了教师活力和激情的根基。教师工作的目的部分演化为迎合教育行政评估，完成上级布置的指标，在上级监管下不出纰漏。仅仅如此，便会丧失应有的教学自由。

四 "理性化和传统之间必要的张力"：对我国教师文化发展趋向的启示

在韦伯眼中，儒教伦理因为祛魅的不彻底及对巫术的容忍走向了入世神秘主义的发展道路，它妨碍了理性的合理性实现和合理化发展；清教伦理因为根除巫术走向了入世禁欲主义的发展道路，促进了理性主义特别是经济理性主义的形成和发展。中西之间的理性化进程有不一样的

---

① ［美］斯蒂芬·J. 鲍尔：《教育改革——批判和后结构主义的视角》，侯定凯译，华东师范大学出版社2002年版，第21页。

② 王守恒：《教师社会学导论》，中国科学技术大学出版社2011年版，第188页。

情势。在理性化和传统的两极,西方教师文化发展趋向在理性化进程中可能走得更远。中国好多教师文化的发展趋向似乎满足韦伯意义上的理性化的特征,只不过在表现形态和方式上与西方情形较为迥异。而且,在全球化语境中,随着中西融和力量的彰显,中国教师文化理性化进程加快发生的概率要多一些。因此,纠偏理性化的危机,中西立场是一样的。中国情形是:"较之早期教师自然的、自主的充满创造性的工作,今天的教师日益沉沦与毫无想象力的被动控制之中。教师在教学中不断地与生命体验、思维主体发生离间化。这样管理体系预设教师无知、愚笨、懒于参与决策,这是在剥夺教师的尊严。"① 将中国问题置于理性化的语境下,怎样化解理性化衍生出的危机呢?

(一) 提高学校行政人员的道德素质

科层制的种种弊端一言以蔽之,看不到人。确切地说,科层制在一定意义上是"防范性"的,它看不到人的进取心、判断力和创造性;科层制同时也是"机械性"的,科层制语境中的教师制度文化,相互推诿、文山会海、形式主义等科层制弊端,教师的体验并不鲜见。管理理论中的"X理论"能够揭示科层制的人性假设,针对X理论的偏颇假设,麦格雷戈提出了相反的Y理论,并提出相应的管理措施,诸如:组织创设人尽其才的工作环境,激励员工的内在工作动力,以及在管理制度上给予员工更多的自主权,等等。我们认为在科层制"一统江湖"的情势下,Y理论的管理措施发挥作用的条件性较为苛刻,尽管它在缓解科层制弊端方面的措施较为深刻。较为现实的是提升行政人员的道德素质。如果行政人员道德素质高一点,科层制弊端只会缩小而不会放大。并且,从行政法律的立场来讲,行政人员拥有着很大一部分行政自由裁量权。这部分的行政自由裁量权如何与学校行政的总体目标一致起来,很大程度上要依靠学校行政人员的道德素质。任何决策执行,都需要把握"原则性"和"灵活性"的平衡;提升行政人员的道德素质才能维护学校决策执行"灵活性"的方向和效果。再者,行政人员在为教师服务的过程中,

---

① 刘云杉:《从启蒙者到专业人——中国现代化历程中教师角色演变》,北京师范大学出版社2006年版,第194页。

自身的人性得以升华，也会淡化科层制对行政人员自身的"非人化"侵蚀。

（二）重塑教师的知识权威与教学自主权

当下，教师文化中的功利主义大行其道；教师高度迎合"量"的评价，围绕成果数量想问题、办事情；教育行政部门的各种检查和报表左右着教师的一言一行，教学活力被无情遮蔽；各种名利符号诱惑着教师的一举一动。这显然不利于教师文化的健康发育。譬如，教学质量评估有着精细的评估指标，倘若一个个课堂都符合评估指标，便会导致"千课一律"。基于此，我们呼吁给予教师必要的选择权利，重塑教师的知识权威和教学自主权。具体来说，在"绝对"和"相对"的两极，教师的知识权威及教学自主权再"绝对化"一点，以沿袭传统教学的优点，而并不是完全排斥相对权威。不过，理性化的历史进程培养的是专才，韦伯意义上的专才无法满足"选择能力"的条件，"选择能力"是选择权利的基础。因此，在师范生培养和教师继续教育环节，开展一些通识教育都是很必要的。借通识教育的成果，让教师们认清知识权威和教学自主权的实现过程。

论证及此，我们隐约感到，提高学校行政人员的道德素质和重塑教师的知识权威及教学自主权只能修复理性化危机，化解理性化危机需要重回传统。可传统一旦走出，就再也回不去了。在无法扭转的理性化进程中，我们需要保持传统和理性化之间的必要张力，寄希望于教师主体能够尊重传统，学习传统，回归传统。这一点便是理性化危机的真正自救机制。韦伯社会学没有刻意强调这套机制，但其间透视这套机制的线索较为明显。韦伯并未看好传统，但也并未完全抹杀传统的功能，因为他坦承真正"向传统取经"事件发生的小概率性质。韦伯社会学充满了矛盾，也许矛盾本身即是辩证，这正是那么多人认同、追随或批评、质疑他的社会学的原因所在。

牛津大学的导师制

——传统和挑战

陈 凡[*]

[摘　要]　牛津大学是一所世界知名的大学，导师制是牛津大学的特色之一。导师通过为学生提供个别辅导，鼓励学生阅读、思考和写作，从而促进学生的品格和心智的发展。导师制是本科生培养的主要方式，为世界培养出了许多人才，因此被誉为牛津大学"皇冠上的明珠"。随着时代的发展，导师制面临着许多挑战和变革，在新时代的背景下，牛津大学的导师制在师生比例、学生构成、教学规模等方面都发生了变化，受高等教育大众化和学科发展等因素的影响，导师制也面临着时代的挑战：教学如何适应劳动力市场的变化，导师如何处理教学和科研的关系，如何保持导师制的吸引力等都是牛津大学需要解决的问题。本文意在通过介绍和分析牛津大学导师制的传统和目前面临的问题，为中国创建一流大学提供一些启示。

[关键词]　牛津大学；导师制；传统和挑战

牛津大学起源于12世纪，是英语国家中最古老的大学，它以独特的人才培养模式和卓越的研究成果稳居世界一流大学的前列。800多年来，它培养了许多政治、商业、学术领域的精英，包括26位英国首相和48位

---

[*] 华东师范大学教育学部2013级外国教育史专业硕士研究生。

诺贝尔奖获得者等,被称为"天才和首相的摇篮",牛津大学的成功是与它独具特色的导师制分不开的。

导师制是伴随学院制产生的,学院制源于牛津大学早期的寄宿制。学院制的传统特征包括学院自治、寄宿制和导师制。"如果将学院的自治权取消,把学院变成宿舍,用全校的讲座取代导师制,那牛津大学就与一般大学无异了。"① 由此可见,导师制是牛津大学与众不同的标志之一。

一　传统的牛津大学导师制

在牛津大学形成初期,一群学生围着一名布道者听讲,他们逐步形成了类似行会的师徒关系,成立了学院,随着学生的增多,学院把他们统一安排到学堂里,免费提供食宿,制定了类似修道院的院规。为更好地管理学生,院长选派有资历的成员指导学生的学习和言行,这就是导师制的雏形。早期的导师与学生同吃同住,导师是学生的监护人,责任包括"指导学生字写得漂亮,行为举止要优雅,特别强调要管好他们的开销用度"等,到了17世纪,《劳德规约》规定所有的学生必须配备导师,还规定导师必须是具有良好品质、广博学问和宗教信仰的教师。② 从此,导师制确立了下来。

19世纪,导师的地位有了很大提高,一些院士也开始兼任导师工作,《1854年大学改革法》实施后,导师群体成为全校教职员大会中权力最大的群体,教授主要负责科研,导师主要负责本科生的教学指导工作,大学的教学工作则由讲师或高级讲师承担。

导师制是学生与导师面对面交流的教学方式,它注重品格、兴趣和心智的培养。一般来说,学生入学时,学院指派相关专业的教师做本科生的导师(Tutor,研究生的导师称 Supervisor),导师都是本专业领域造诣很深的专家,每位导师所带学生少则3—5人,多则10人左右,学生每周1—4人作为一个小组与导师见面一次,地点一般安排在导师办公室宿舍或校园内的餐馆或酒馆里。见面前,导师会给学生布置作业,包括指

---

① 周常明:《牛津大学史》,上海交通大学出版社2012年版,第112页。
② 周常明:《牛津大学史》,上海交通大学出版社2012年版,第113页。

定阅读书目清单、规定讨论题目和布置指导论文，导师会指导学生如何阅读，并让学生准备一些自己不明白的问题，以便见面时讨论。讨论时导师不会给出答案，而是引导学生挑战权威，提出个人见解，与其他人辩论，从而培养学生的思辨能力。

在学习上，导师为学生选定书目、指导学习，要求他定期完成作业；在生活上，导师关心学生的饮食和睡眠，告诉他该交什么样的朋友，叮嘱他要去教堂祈祷，要定期给父母写信汇报情况等。导师是学生学习和生活方面的榜样，在某种程度上代替了家长的部分责任，是家庭教育的延续，因此很多家长愿意将子女送到牛津大学接受这种教育。由于牛津大学创建了1对1或1对2的导师制，到19世纪末，牛津大学已成为世界上最优秀的教学型大学。

导师制在发展过程中批评声和赞同声同时存在。1963年的《罗宾斯报告》认为一对一的教学是面向少数精英的教学方式，不利于高等教育的大众化，然而，1997年的《诺斯报告》认为，导师制有利于发展学生的自学和独立工作的能力，以及分析、批判的能力。对导师来说，导师教学可能会挤占他们的研究时间，但是也有好的一面，比如他们会在教学的过程中学到新东西，特别是和牛津大学聪明的学生讨论时，还会有灵感闪现。对于学生来说，他们在导师课上获得了个性化的学术训练，但并不是人人都喜欢导师制，牛津大学一位不久前退休的院士理查德·道金斯（Richard Dawkins）抱怨说，他的导师"每周都让他读某个菲尔博士的论文"[1]，对此他感到很厌倦。在2000年的一项调查中，有人说："导师辅导课确实教会了我如何针对任何观点进行辩论，但没教我怎样顺利通过考试"[2]。事物都有两面性，对导师制来说，人们对它的挑剔掩盖不住它的光环。

导师制不仅是一种教学方式，更是一种积极影响学生的过程。它重视个别指导，德智并重，为学生营造了宽松自由的教育环境，有人评价

---

[1] Ted Tapper & David Palfreyman, *Oxford, the Collegiate University-Conflict, Consensus and Continuity*, Dordrecht/Heidelberg/London/New York：Springer, 2011, p. 108.

[2] ［英］大卫·帕尔菲曼主编：《高等教育何以为"高"——牛津导师制教学反思》，冯青来译，北京大学出版社2011年版，第224页。

道:"对学生而言,一旦置身于这样的环境,长期浸润其中,从导师的教诲中所获得的不仅仅是要学习的知识,还有研究事物和带着批判精神从事学习的态度及影响其一生的思维方式,并在与导师交流的过程中达到心灵与精神的契合"①,使学生'在保持尊严、施展能力的同时形成履行社会职责所需的知识、修养、表达能力、性格、风度以及各种相当均衡和成熟的品质'。"可以说,导师制是牛津大学培养一流人才的重要方式。

在英语国家中,实施导师制的不止牛津大学,还有剑桥大学、哈佛大学等,与其他大学相比,牛津大学的导师制保留了更多传统。牛津大学的导师制有两个特点:一是导师教学的时间长,二是参与导师课的学生人数少。1963年的霍尔委员会的调查报告表明,牛津大学的导师教学时间高出英国其他大学3—4倍,牛津大学1名学生上导师课的比例为61%,两人上课的比例为33%,而剑桥大学1名学生上导师课的比例为32%,两人上课的比例为44%。由此可以推断,牛津大学的学生享有更多的与导师交流的机会。

牛津大学人才培养传统的形成有多方面的原因,如民族性格的保守性、贵族等级观念、纽曼等人的自由教育思想、高水平的师资、优秀的生源、充足的经费保障等②,这些使牛津大学既维持了导师制的传统也保持了人才培养的质量。20世纪初,牛津大学成功的教学方式引来了其他大学的竞相效仿,由于各校的条件不同,导师制实施的情况也不同,所以,牛津大学的导师制虽然被模仿,但从未被超越。

二 牛津大学导师制的变革背景

19世纪英国大学改革浪潮以来,社会发展又对英国大学提出了新的要求,时代在发展,牛津大学的导师制也在不断变革,以适应不断变化着的社会。产生变革的原因是多方面的,有经济的、政治的和学科等方

---

① 谷贤林:《导师制·午后茶·住宿学院与一流大学的人才培养》,《比较教育研究》2003年第9期。
② 何梅:《牛津大学人才培养的历史传统与现代走向》,硕士学位论文,西南师范大学,2005年,第18—28页。

面的影响。

  首先是经济全球化的影响。20世纪80年代以来,世界经济活动超越国界,日益成为紧密联系的整体,对世界各国的经济、政治、军事、社会、思维方式等方面产生了深刻的影响。经济全球化有利于多元文化的交流、科技的全球性传播和人才的全球性流动,经济全球化要求学校培养国际化的人才,适应激烈的市场竞争,适应增加的工作种类;要求学校接纳和吸引来自不同国家和地区的学生,缩小种族和阶级差异;在教育内容上,要适应知识的爆炸式增长和知识结构的改变,鼓励创新;在教育手段上,要利用现代信息技术,更快速、更准确地获取信息。同时,经济全球化也给各国经济带来了不确定性,金融危机会波及更多国家,如20世纪70年代的金融危机和21世纪初的金融危机,给英国带来了巨大的冲击,从而影响教育投入,对学校的方方面面产生影响。

  其次是英国教育政策的影响。1963年《罗宾斯报告》提出,国家应让有能力、有愿望接受高等教育的青年都有机会接受高等教育,英国由此开启了高等教育大众化的进程;20世纪60年代,英国工党政府十分重视高等教育的普及,鼓励高校以减免学费等方式积极吸收本国平民阶层的子弟入学,英国高等教育的招生规模急剧扩大;到80年代中期,英国已实现了高等教育的大众化[1]。早在1970年,毕业于牛津大学的撒切尔夫人就任英国教育局局长,实行减少教育支出的政策,1979年,她成为英国第一位女首相,保守党继续实行削减政府开支的政策,鼓励高校适应市场竞争,学生人数的增加和政府投入的减少,使学校面临着财政的压力,影响了教育质量。英国政府重视大学对国家经济发展的巨大作用,"在20世纪末,政府通过发布绿皮书、白皮书的形式表明了政府所关注的问题仍然是如何使高等教育更有效地为改善国民经济作贡献,英国政府要求大学纪要发挥经济引擎的作用,还要培养高级能的劳动力为社会服务"[2]。可见,政府在削减开支的同时,对大学的要求并没有

---

  [1] 杜智萍:《19世纪以来牛津大学导师制发展研究》,硕士学位论文,河北大学,2008年,第123页。

  [2] 杜智萍:《19世纪以来牛津大学导师制发展研究》,硕士学位论文,河北大学,2008年,第30页。

降低。

还有学科范围扩展的影响。19世纪以来，自然科学不断发展，在经济建设上发挥着重要作用，英国战后的经济发展缓慢，英国大众把原因归之于本国的古典大学目标单一的缘故，要求大学的培养目标更加多元化，设置更丰富的课程，这对导师的配备和教学方式也提出了挑战。

面对经济全球化的影响、政府政策的调整和学科范围的扩展，牛津大学在发扬导师制的传统的同时，也主动或被动地做出了调整，本文把牛津大学导师制在20世纪下半叶以来的变化概括为以下三个方面。

（一）导师方面的变化

随着学生人数的增加和新学科的出现，牛津大学需要更多的导师。牛津大学是典型的精英大学和贵族大学，高等教育大众化后，牛津大学的入学人数明显上升，1970年，牛津大学全日制学生人数为10834人，到1990年，增长到13079人，2014年，学生总数为22348人[①]。选修自然科学和社会科学的人数增加、人文学科的人数减少和为了维持1：1到1：2的师生比，要求增加导师的数量。

导师的聘任条件更加灵活多样。牛津大学的导师是从院士中选拔出来的，院士不允许结婚的规定在19世纪以后废除了，现在的导师依然要求年轻友善，准备好学院中生活。此外，为满足对导师数量的要求和减轻导师的负担，研究生可以担任"助理导师"为高级导师分担教学任务，助理导师虽没有高级导师那样智慧和学识，但是他们有热情，与本科生有更多的共同语言，有助于个别交流，而且助理导师的薪酬不高，在一定程度上减少了学院的财政压力。

导师的教学负担加重。牛津大学的导师教学时数一向比英国其他的精英大学多，但是今天的导师感到教学任务更重了，其中有两个主要原因。原因之一是今天的导师更重视研究活动，传统的导师都把教学看成是很有价值的工作，但在现代社会中，学术地位的取得靠的是出版学术成果、参加学术会议等，而不是教学，所以，导师希望有更多的时间进

---

① The University of Oxford, "Student Numbers", August 2015, http://www.ox.ac.uk/about/facts-and-figures/student-numbers.

行学术研究。原因之二是当今学科发展速度加快，导师更多的时间备课，学科领域的扩张，出版物的增加，传统的局限于固有文献的导师教学已不能满足学生的需要，导师需要不断学习新知识，才能站在学科前沿，指导学生的学习。

（二）学生方面的变化

现在的学生更加关心能否通过学校的统一考试，这关系到顺利毕业和就业。以前进入牛津大学的学生以贵族为主，他们并不担心自己的社会地位，19世纪初，牛津大学进行了考试改革，将笔试引入学位考试并公布考试成绩，使学位的取得变得富有竞争性，随着高等教育大众化的实现，来自中产阶级的学生越来越多，在市场经济环境下，学生更关心毕业后能否找到一份合适的工作。导师只按教学大纲安排教学，重在培养创新思维和批判思维，不会系统地讲授基础知识，也很少进行考试方面的辅导，所以考试是学生取得学位不可越过的屏障，正如一名接受采访的学生指出"导师课能教我就任何事情展开辩论，而不能教我如何通过考试"。[①] 然而，校领导们对此没有太过担忧，因为考试不是大学的目的，大学的追求应该是理智的培养，导师制培养了他们的"人际沟通"等能力[②]，这对任何职业来说都很重要，导师制培养的不只是胜任某一项工作的人，更是有教养的人。

学生在生活方面受导师的指导越来越少。传统的导师制下，导师与学生要一同住在学院的四合院里，导师会邀请学生一起散步，参加学生社团，与学生共进晚餐，或者一边喝着下午茶一边讨论问题，给学生及时的指导，导师和学生组成了一个温馨的大家庭。19世纪后，导师不再被禁止结婚，选择住在学院的导师越来越少，学生的独立意识也越来越强，他们的生活交集更少了。只有在星期天晚上，导师和学生才会聚在一起，而此时很多学生已经去伦敦过周末了，本科生除了他们自己的导

---

① ［英］大卫·帕尔菲曼主编：《高等教育何以为"高"——牛津导师制教学反思》，冯青来译，北京大学出版社2011年版，第152页。

② Ted Tapper & David Palfreyman, *Oxford, the Collegiate University-Conflict, Consensus and Continuity*, Dordrecht/Heidelberg/London/New York：Springer, 2011, p. 113.

师之外，对学院里的其他院士都不太了解，而且对于导师的了解也仅限于学术方面。① 学生的生活已经走出了被导师"耳提面命"的模式，更加独立自主了。

研究生成为导师教学的重点对象。以前本科生是牛津大学的绝对主体，导师教学主要面向本科生，但随着时代和学科的发展，研究生群体得到了导师更多的关注，产生变化的原因主要有两点，一是研究生在学生总数中的比例逐年增加，2013 年，牛津大学的学生总数为 22116 人，其中研究生占 45%，2014 年研究生的比例又增长了 1 个百分点，而在 1963 年，研究生只占总学生数的 21%。② 二是学术研究对导师来说变得越来越重要，导师期望有更多的时间参与研究活动，在帮助参与研究方面，研究生比本科生更有优势，研究生与导师的学术交流更多。可见，研究生有成为导师教学的重点对象的趋势。

（三）教学的变化

导师教学中师生创造性的对话减少了，激动人心的场面少了。学科的分化和雇佣市场的变化给导师教学带来了新的挑战，现在的导师课与以往相比，少了些机智的对话，多了些寻常的说教。从导师的角度看，由于学科的分化和深化，导师可能只对一个领域精通，而对某些领域不甚了解，出于慎重的考虑，导师会选择系统地传授该学科的基础知识，减少旁征博引的讨论。从学生的角度看，如果导师在该领域非常权威的话，学生可能会倾向于接受导师的观点，胜过质疑导师的观点，对于有些志在找工作而不在学术的学生和偷懒的学生，对导师教学持敷衍的态度，不能积极参与教学过程，上课效果会大打折扣。正如牛津大学的一位院士所说："有多少优秀的导师，就有多少种辅导方法。同样地，有多少不积极参与的学生，就有多少种浪费辅导课的方法。"③ 导师教学需要

---

① 杜智萍：《19 世纪以来牛津大学导师制发展研究》，硕士学位论文，河北大学，2008 年，第 113 页。
② The University of Oxford, "Student Numbers", August 2015, http://www.ox.ac.uk/about/facts-and-figures/student-numbers.
③ ［英］大卫·帕尔菲曼主编：《高等教育何以为"高"——牛津导师制教学反思》，冯青来译，北京大学出版社 2011 年版，第 197 页。

导师和学生的密切配合，但在新的时代背景下，导师教学的光环渐渐淡去了。

导师教学的规模发生了变化，导师课在所有教学形式中所占的比重减少。由于学生人数增加和财政紧缩，传统的一对一的导师课已经很少见，更多的是两三个学生一起参加，为了节省时间，在导师课上大声朗读论文的现象消失了，学生会提前交上论文，或只进行简短的介绍，剩下的时间用于师生讨论，多一个学生就会多一种观点，所以也有可取的一面。另外，一般来说，人文学科以导师教学为主，自然和技术学科则以讲座和实验为主，随着自然科学的扩张，学习自然科学和技术的学生占的比重变大。因此，在牛津大学的各种教学形式中，导师教学所占的比重减少，它与讲座、实验、研讨班共同构成了牛津大学的教学模式。

牛津大学导师制的变化体现了它的灵活性。牛津导师制能根据时代的要求不断做出调整，丢弃一些东西，也增加一些东西，正是导师制的这种灵活性才使它历经800多年仍保留了下来。

三　牛津大学导师制的新挑战

牛津大学的导师制在新的时代背景下，出现了一些变化，在变化之下也潜伏着许多无法回避的问题和挑战，英国教育史学家泰德·塔伯和戴维·帕菲尔曼发出了疑问："导师教学会被职业训练边缘化吗？教学会成为疲惫的研究者的避难所吗？如今，牛津大学皇冠上的明珠变得又暗又小，但还不至于消失。"[1] 牛津导师制面临的挑战一部分来自它的自身，一部分来自时代的要求，只有正面这些挑战，牛津导师制才能创造新的辉煌。

挑战主要有三个原因：财政压力，由重视本科教学转为重视研究生教学和研究，由重视理智训练转为重视市场和职业需求。牛津大学的导师制很贵，尤其在经济危机的形势下，维持一对一的导师制变得有些艰难，但泰德和戴维认为它不可能被官方告停，这是牛津大学保持高昂学

---

[1] Ted Tapper & David Palfreyman, *Oxford, the Collegiate University-Conflict, Consensus and Continuity*, Dordrecht/Heidelberg/London/New York: Springer, 2011, p. 115.

费的一个理由,这也吸引了很多富裕的国外学生,美国学生和中国学生是最大的两个国外学生群体。除了财政压力,本文将牛津大学面临的挑战概括为以下三个方面。

(一) 教学理想受到就业现实的挑战

支撑导师教学的是西方自由教育的理念,它源于苏格拉底问答法的传统,在功利主义和职业教育的压力面前,大学教学能否帮助毕业生适应劳动力市场的要求成为教学的挑战。导师教学是体现大学理学的主要方式,即通过学术思考,培养学生独立的心智,发展交往的能力和综合、分析、表达的能力。在导师看来,导师教学的最大益处在于他能够很快发现学生对于某个主题的理解程度,然后从那里开始引导他们,一步一步地提出问题,帮助学生深入地阅读和思考。导师制教学事实上不存在制度之说,也无章可循,相反,它讲求一种方法,能让导师用自己的思想和智慧去设法帮助其他人寻找到他们自己的方式并发出属于自己的声音。[1] 牛津大学并不是要培养既定的职业人员,而是为专门性的职业培养具有反思意识的公民,而这种反思能力正是聪明的雇主所看重的。

虽然牛津大学作为顶级大学,学生毕业后不用担心找不到工作,但是市场对应届毕业生有新的要求,诺斯报告认为,在19世纪,牛津虽然不用担心市场竞争,但它确实要适应劳动力市场的变化,比如在教学中要提高学生的计算机能力、写作和表达能力、合作能力和领导力等。[2] 牛津大学只有这样才能保持受人尊敬的地位。

(二) 导师的教学热情受到科研愿望的挑战

导师集教学和科研于一身,但要分清主次,如果因科研而耽误了教学,就会影响教学质量,不如去做专门的研究人员。对于不想做科研的院士,专心做教学也是不错的选择。牛津大学的历史上,既有述而不作

---

[1] [英] 大卫·帕尔菲曼主编:《高等教育何以为"高"——牛津导师制教学反思》,冯青来译,北京大学出版社2011年版,第198页。

[2] Ted Tapper & David Palfreyman, *Oxford, the Collegiate University-Conflict, Consensus and Continuity*, Dordrecht/Heidelberg/London/New York: Springer, 2011, p. 112.

的著名导师，也不乏学术成果丰富的导师。导师可以有不同的教学风格，但共同之处应该是对教学有热情，对学生循循善诱，选择什么样的人做导师以及厘清导师的职责是牛津大学的学院必须面对的问题。

（三）学生对导师制的态度影响教学效果

假定所有的导师都是既有个人魅力又热心教学的院士，那教学效果的好坏就取决于学生的积极性了，要在导师课上有深入的讨论，需要学生做好充足的准备，包括阅读导师指定的参考书，写好导师论文，提出问题等。只有做好课前准备，才不至于在课上无话可说或被别人牵着鼻子走。刚入学的本科生刚从规范化考试中走出来，对谈话式导师教学会有些不适应，加上导师个性化的教学风格，学生似乎只有在两三个学期之后，才能真正明白他们在导师教学中应该如何做，以及在导师教学中能够获得些什么。

学生对导师制的态度会影响学生在导师教学中的积极性，2005 年，Paul Ashwin 访问了牛津大学各年级的 28 位本科生，归纳出了学生对导师制的四种不同认识：[1]

（1）导师制是导师为学生解答不理解的问题；
（2）导师制是导师教学生看待学科的方法；
（3）导师制是导师帮助学生在更广阔的学科背景下形成新视角；
（4）导师制是师生交换不同观点，共同获得新的理解。

可见，前两种观点以导师为中心，认为导师的作用是解答问题和教授方法，后两种观点以学生为中心，认为在导师教学中自己能得到新的东西。学生对导师制的理解不同，学习质量也不同，要想达到导师教学应有的效果，还需要帮助学生形成对导师制的正确理解。

与认同导师制在当代的意义比起来，导师课的规模是否应该恪守一对一的形式已经不那么重要了，事实证明，两三个学生一起上导师课还有很多好处，这样可以避免尴尬的沉默，还可以从同学那里获得不同的观点。当英国除牛津和剑桥大学之外的其他大学和美国绝大多数大学都

---

[1] Paul Ashwin, "Variation in Students' Experiences of the 'Oxford Tutorial'" Higher Education, Vol. 50, No. 4, November 2005, pp. 631-644.

无法负担导师制的时候，牛津大学以自身独有的方式始终维持着导师制的正常运行，这其中有经济的原因也有学校体制的原因，但最关键的是牛津大学对自由教育理念的坚守。

20世纪以来中国的大学适应了中国国情，为社会培养了许多专业人才，近年来，出于对大学生素质的担忧，"通识教育""自由教育"的理念逐渐流行起来，21世纪初，很多大学如北京大学、浙江大学、华中师范大学等重点大学开始实行本科生导师制，取得了一定成效，同时也有许多学校在通识教育和职业教育之间徘徊，出现了"普通教育不普通，专业教育不专业"的尴尬局面，在目前大学改革的岔路口，我们可以总结牛津大学导师制的一些经验，以帮助我们找到一条适合我国大学的道路。

学生史

西方大学史上的留学潮

贺国庆[*]

[摘 要] 留学是伴随着大学的产生而产生的。自中世纪以来,西方大学史上出现过多次引人注目的留学潮,推动了各国社会的进步及文教的交流和发展。如今,学生的跨国流动已成为衡量大学水平和国际化程度的重要标志。

[关键词] 西方大学;留学

众所周知,国际化是大学的重要特征之一,而国际化的重要标志则是学生的流动性。在20世纪前的西方大学史上,曾有过数次颇有影响的留学潮(19世纪前更多地称为游学),极大地促进了西方社会的进步和各国文化教育的交流和发展。

一 中世纪的留学潮

游学之风古已有之。古希腊"科学之父"泰勒斯曾游学古埃及等东方国家,他在古巴比伦学习观测日食月食的方法,在古埃及学习土地丈量的技术,又在美索不达米亚平原学习了数学和天文学。柏拉图曾游学西西里、意大利和埃及等地,时间长达12年,回国后在雅典创办了著名的学园。古希腊"几何之父"欧几里得曾长途跋涉赴亚历山大城学习和

---

[*] 宁波大学教师教育学院教授。

研究，最终撰成传世之作《几何原本》。古希腊"力学之父"阿基米德也是在亚历山大城游学时奠定了其一生从事科学研究的基础。

现代大学诞生于中世纪，而中世纪大学自始即充满国际化色彩。最早表示大学的词是 studium generale，其主要含义之一就是"致力于吸引，或者至少邀请世界各地，而不是某国某地区的学子前来研究学习"。[①] 早期大学的学生们来自欧洲各地，甚至有的大学外籍学生注册的数量远高于当地学生。"他们追随着自己爱戴的老师，在遭到流言蜚语伤害时互相支持，从一个城市走到另一个城市，把不同的学说融合在一起。他们构成作为 12 世纪又一个标志的求学浪游的核心。"[②] 在早期的博洛尼亚大学，学生们大部分是外国人，由于不享有当地人的诸多特权，常常被歧视性对待，学生们遂组织起来，成立互助性的行会组织，以捍卫自己的权益。史家称："这种由外国学生，或者说是跨越阿尔卑斯山的学生形成的组织就是大学的开始。"[③]

在巴黎大学初创时期，外国学生云集。学者说："13 世纪以来，巴黎大学已经是如此具有世界性，以至于其已无法过多地关注法国内部的政治事务。法国国王会为那些前来巴黎求学的外国教士提供保护，即使在两国交战期间法国国王的态度也不会有所改变。"[④]

早期大学的国际性很大程度上源于教会的影响，因为早期大学基本上是教会的侍女和附属。德国教育史学者鲍尔生说：中世纪大学"是按照教会的独特生活方式去活动，特别重视教会的世界性质和国际性质。……因为大学具有教会和宗教团体一样的国际性质，遂使教师和学生养成乐于到国外居住的习惯和勇于冒险的精神。"[⑤]

在中世纪大学创办早期，大学数量较少且相距较远，加之大学相当

[①] [英]海斯汀·拉斯达尔：《中世纪的欧洲大学（第一卷）：大学的起源》，崔延强、邓磊译，重庆大学出版社2011年版，第5页。
[②] [法]雅克·勒戈夫：《中世纪的知识分子》，张弘译，商务印书馆2002年版，第22页。
[③] [美]查尔斯·霍默·哈斯金斯：《大学的兴起》，梅义征译，生活·读书·新知三联书店2007年版，第6页。
[④] [英]海斯汀·拉斯达尔：《中世纪的欧洲大学（第二卷）：在上帝与尘世之间》，崔延强、邓磊译，重庆大学出版社2011年版，第159页。
[⑤] [德]弗·鲍尔生：《德国教育史》，滕大春、滕大生译，人民教育出版社1986年版，第18页。

专门化，供学生选择的机会较少，这也促成了学生的流动。如学习教会法和民法，首选博洛尼亚大学，然后是意大利、西班牙、蒙彼利埃或奥尔良的一些学校。学习医学只能去博洛尼亚、帕多瓦等地。学习文科和神学，最好的选择是巴黎和牛津。大学数量偏少，导致了外国学生相对集中。

德意志人一直是中世纪乃至近代最热衷于游学的民族。与意大利、法国等国相比，德国创办大学的时间晚了约两个世纪，在这两百年间，德国人主要在博洛尼亚和巴黎大学求学。意大利的博洛尼亚大学是德国人的首选，其后是帕多瓦大学。15世纪是费拉拉大学和帕维亚大学。据研究者统计，13世纪最后11年（1289—1299）中有533名德国学生在博洛尼亚大学注册，每年差不多50名学生。① 巴黎大学一直被德国人看作神圣的最高学府，吸引了众多的德国贵族子弟，德国人在这些大学享有品学兼优的声誉。一直到14世纪末，巴黎大学都是一所国际性的大学，在非法国学生中，德国人是人数最多的外国人。1333—1494年大约3300名德意志同乡会成员参加了巴黎文学院的考试。②

12—13世纪，英格兰学生曾成群结队前往巴黎求学，直到1215年，巴黎38%的文科硕士都来自英格兰。③ 后由于政治原因，英格兰学生数急剧减少，但英国人的游学从未完全停止。13世纪和14世纪的英国人，如罗吉尔·培根、约翰·邓斯·司各脱和威廉·奥卡姆，经常在英国、法国、德国或意大利间活动。苏格兰人一直热衷于到法国留学，他们去的最多的是巴黎大学，然后是奥尔良大学和阿维尼翁大学。当英格兰人1411年占领巴黎后，苏格兰人离开巴黎前往科隆、鲁汶等大学继续求学。

中世纪大学生的求学之旅常常充满艰辛。学生们或乘马车或步行，经过长途跋涉，历尽千辛万苦甚至种种危险，还要面对旅途中的关税、捐税和其他赋税以及勒索甚至盗匪，最终抵达目的地，实现求知的梦想。

---

① Courtenay W. J. and Miethke J., *University and Schooling in Medieval Society*, Leiden-Boston-Cologne: Brill, 2000, p. 11.

② ［比利时］希尔德·德·里德—西蒙斯：《欧洲大学史（第一卷）：中世纪大学》，张斌贤、陈玉红、和震等译，河北大学出版社2008年版，第319页。

③ ［比利时］希尔德·德·里德—西蒙斯：《欧洲大学史（第一卷）：中世纪大学》，张斌贤、陈玉红、和震等译，河北大学出版社2008年版，第325页。

如发现血液循环的哈维就是从英国取道德国境内,然后翻越阿尔卑斯山进入意大利的帕多瓦大学学习医学的。①

14世纪末爆发的"大分裂"(Great Schism)打破了中世纪基督教世界的统一,大学的国际性逐渐被削弱,之后随着民族国家的兴起,大学的国际性进一步弱化。

在大分裂所引发的剧烈对抗中,德意志人陆续离开巴黎大学返回故乡,促成了海德堡(1385)、科隆(1388)、爱尔福特(1389)、维尔茨堡(1402)和莱比锡(1409)等大学的创办。法国国王一改之前倾力保护在巴黎求学的外国学子的政策,导致大量外国学生的流失。1470年,国王路易十一强迫身处巴黎的勃艮第公爵臣民必须宣誓向自己效忠,否则将把他们逐出首都,结果有400名勃艮第学生因为拒绝宣誓而被迫离开法国。②

14—15世纪,随着民族国家的兴起和壮大,大学和国家采取了各种措施阻止而不是鼓励学生的流动。"当时每个国家、政治或教会团体都试图建立大学,以使其公民能在当地而不是国外学习。通过这种方式它们将公民的智力和思想训练监控起来,阻止资金流向国外以损害本地商人和手艺人的利益。"③一些国家甚至以剥夺公职的惩罚来强化进入国外大学的禁令。中世纪末期3/4的学生满足于到当地大学通常是离家最近的一所大学求学。"巴黎大学在中世纪后期逐渐由君主控制,并且转变为一所范围有限的全国性大学。同样,博洛尼亚大学日益依赖于市政当局,其国际影响力也有所丧失。"④

中世纪大学的游学活动对欧洲知识的传播和大学的发展起到了重要作用。史家在评价游学的意义时说:"这种长途跋涉的过程本身在一定程度上已经使他们对广袤的世界和社会开始形成了相当丰富的'阅历'。"⑤

---

① 张磊:《欧洲中世纪大学》,商务印书馆2010年版,第267页。

② [英]海斯汀·拉斯达尔:《中世纪的欧洲大学(第二卷):在上帝与尘世之间》,崔延强、邓磊译,重庆大学出版社2011年版,第186页。

③ 转引自贺国庆《欧洲中世纪大学》,人民教育出版社2009年版,第217页。

④ Cobban A. B., *Universities in the Middle Ages*, Liverpool: Liverpool University Press, 1990, p. 16.

⑤ 张磊:《欧洲中世纪大学》,商务印书馆2010年版,第268页。

"除了学术知识,他们还将大量的新经验、新观点和新政治原则和观念带回家乡。而且这一点也很重要,他们还带回了手稿及后来的印刷品。他们渐渐熟悉他们以前所不知道的新学校风雅的表达方式、生存环境、风俗、生活方式和饮食习惯。因为大多数游学者都是他们国家的精英并且后来身居高位,所以他们能够很好地应用和宣传他们的新知识。"[1]

二 近代早期的留学潮

近代早期被西方历史学家用于描述1500—1800年的欧洲历史,这是一个从中世纪到现代的过渡时期。这一时期的重大历史事件包括文艺复兴、宗教改革、启蒙运动及资产阶级革命等。这一时期西方大学的留学潮在艰难中向前推进。

14世纪初发端于意大利的文艺复兴对大学的影响似乎滞后了一百多年,直到15世纪后半期人文主义的思想才开始渗透到大学之中。从此,"学生们真诚而狂热地寻求知识和文化的源泉。意大利之旅是要想成为人文主义者的任何人所必需的。"[2] 文艺复兴时期的教师也将在国外学习视作年轻精英接受人文主义教育的巅峰。[3]

瓜里诺曾在君士坦丁堡学习,后来成为费拉拉大学希腊语教授。据说在15世纪中期,众多的学生从遥远的英格兰、法国、德国和匈牙利以及意大利各地前来向他求学。弗朗西斯科·费列佛在威尼斯大学、博洛尼亚大学和佛罗伦萨大学任教时,也吸引了欧洲各地的学生前来向他学习。

15世纪末欧洲大学的学生数量尤其是外国学生的数量有所增加,16世纪前几十年成为大学生游历的黄金时代。16世纪后半叶和17世纪上半叶,欧洲大学的学生和教师地域流动性无论在绝对数量还是比例

---

[1] [比利时]希尔德·德·里德—西蒙斯:《欧洲大学史(第一卷):中世纪大学》,张斌贤、陈玉红、和震等译,河北大学出版社2008年版,第332页。
[2] [比利时]希尔德·德·里德—西蒙斯:《欧洲大学史(第二卷):近代早期的欧洲大学(1500—1800)》,贺国庆、王保星、曲书杰等译,河北大学出版社2008年版,第435页。
[3] [比利时]希尔德·德·里德—西蒙斯:《欧洲大学史(第二卷):近代早期的欧洲大学(1500—1800)》,贺国庆、王保星、曲书杰等译,河北大学出版社2008年版,第434页。

上都达到顶峰。"知识分子和人文主义者被著名的教授或其他有名望的人吸引着,从东到西、从北至南地遍游欧洲各国,从一个学习中心转移到另一个学习中心。甚至迄今仍无很大名望的大学也吸引了成百上千的外国学生⋯⋯,学生转换三所、四所甚至八所大学去寻找最好的老师学习成为很普通的事情,因为那时意大利的医学或法学博士头衔或是蒙彼利埃的医学学位提升了持有者在本国的声誉,甚至是他的职业前景。"[1]

宗教改革也对大学游学产生了积极影响。有数据表明,宗教改革后,德国新教大学吸引了众多的外国学生。"全欧洲的学生从神圣罗马帝国的四周来到路德教会的大学,他们来自不列颠群岛、北欧的国家、西班牙和意大利,乃至包括俄国在内的所有东欧国家,甚至还有少数来自达尔马提亚、克罗地亚、斯拉沃尼亚和土耳其的学生。"[2] 莱比锡大学16世纪中期注册学生中有1/3是外国人,1600年前后在海德堡注册的学生几乎有2/5是外国人。莱顿大学成为17世纪新教徒最大的国际中心,1/3至1/2的学生是外国人。"文学界所有著名人物似乎都在那里学习过,使其从建立起就繁荣兴旺。"[3] 与新教大学相比,天主教大学则相对封闭很多。

宗教改革对游学的负面影响是由于"以地方世俗政府的智力权威取代天主教会的权威",意味着大学较之以往更加成为政府的工具,政府想方设法对大学进行控制。面对出国潮,各国统治者通过立法制定了各种限制措施。如1559年菲利普二世禁止西班牙人到国外学习,但博洛尼亚、那不勒斯、罗马和科英布拉大学除外;1570年,法国政府禁止佛朗什—孔泰(Franche-Comté)的居民去"本国的或任何不顺从本国的国家中的大学或公私学校中研究、教学、学习或居住,但罗马城和罗马大学除

---

[1] [比利时]希尔德·德·里德—西蒙斯:《欧洲大学史(第二卷):近代早期的欧洲大学(1500—1800)》,贺国庆、王保星、曲书杰等译,河北大学出版社2008年版,第436—437页。

[2] [比利时]希尔德·德·里德—西蒙斯:《欧洲大学史(第二卷):近代早期的欧洲大学(1500—1800)》,贺国庆、王保星、曲书杰等译,河北大学出版社2008年版,第440页。

[3] [比利时]希尔德·德·里德—西蒙斯:《欧洲大学史(第二卷):近代早期的欧洲大学(1500—1800)》,贺国庆、王保星、曲书杰等译,河北大学出版社2008年版,第441页。

外"。① 统治者通过立法禁止学生到国外学习的理由无外乎"外国大学是宗教和政治污染的源泉,而且学生移民出境对其所在的大学城造成很大的经济和财政损失"。②

尽管有以上的限制,但由于处于混乱、动荡及充满危险的年代,许多官僚机构存在的时间较短,上述禁令难以完全奏效。但随着16世纪末和17世纪初社会的日益稳定,限制性的立法开始奏效,对大学的留学潮造成了实质性的冲击。到18世纪出国拿学位的人已寥寥无几。"年轻的知识分子在精心选择的机构里寻求高级的职业训练,如果国内没有,他们就去国外寻找。简言之,国内学校设施不足时,才去国外大学。"③ 17世纪后期频发的欧洲战争导致了大规模学生流动的终结。

近代早期的留学潮尽管由于政治和社会的动荡潮起潮落,但其意义是不可低估的。现代研究者发现,1985年不到1%的欧洲学生有在国外学习的经历,欧洲共同体委员会发起的伊拉斯谟计划(为促进欧洲大学生流动的欧洲行动方案),希望到1992年其成员国学生中能够有10%到共同体其他国家进行一段时间的正式学习,而在旧制度时期其前辈有国外学习经历的比例就已经达到10%。④ 近代早期许多学者,文化名人及政治家都有在国外学习的经历。以英国为例,17—19世纪初被视为英国游学史的兴盛时期,由于英国游学者多出身于贵族和乡绅家庭,所以游学成为一种社会精英行为。对英国而言,"虽存在各类问题,但欧陆游学的益处却是主要的。它发生在工业革命之前的一个多世纪和工业革命期间,即社会急剧变革之际,本身是英国上层阶级思想观念和行为现代化的一部分。游历拓宽了他们的政治和社会视野,促使他们抛却了狭隘保守的'岛国心态'和盲目自大的行为,增强了游历者的文化知识,这对于他们

---

① Rudy W., *The Universities of Europe*, *1100 – 1914*: *A History*, London: Associated University Presses, 1984, p. 65.
② [比利时] 希尔德·德·里德—西蒙斯:《欧洲大学史(第二卷):近代早期的欧洲大学(1500—1800)》,贺国庆、王保星、曲书杰等译,河北大学出版社2008年版,第437页。
③ [比利时] 希尔德·德·里德—西蒙斯:《欧洲大学史(第二卷):近代早期的欧洲大学(1500—1800)》,贺国庆、王保星、曲书杰等译,河北大学出版社2008年版,第455页。
④ [比利时] 希尔德·德·里德—西蒙斯:《欧洲大学史(第二卷):近代早期的欧洲大学(1500—1800)》,贺国庆、王保星、曲书杰等译,河北大学出版社2008年版,第460页。

以后的发展大有裨益"。①

不仅如此，近代早期的留学潮还大大促进了欧洲文化教育的交流和社会的进步。现代研究者发现："如果不是这些青年人，思想观念以及欧洲偏僻地方普通文化的传播是不能想象的。学生的流动使欧洲边缘国家从孤立状态中解放出来，并使它们在整个欧洲大陆的发展中成为合作伙伴，促进欧洲大陆在智力、文化和物质上的进步。"②

近代早期的留学潮对各国大学的发展也产生了实质性的影响。1709年，布尔哈夫（H. Boerheave）被任命为莱顿大学医学教授，他以其真才实学和名望，吸引了各国的学生，被尊为"欧洲教育大师"。"几乎全欧洲的医学院乃至远处的俄国都按照布尔哈夫在莱顿的医学课程和教学程序的模式重新改造，全欧洲的教师都统称为学术教授。这一模式由他的毕业生传播到所有欧洲国家。"③

三 19 世纪的留学潮

1810 年，普鲁士教育厅厅长洪堡成功地恳请普鲁士国王废除了以前的禁令，让德国学生重新获得在国外学习的自由。但可能他没有料到的是，留学禁令解除后，德国没有出现大规模的出国留学潮，却迎来了大批赴德留学的外国人，其中以美国学生人数最多。

19 世纪留学史最值得一提的就是美国人留学德国的浪潮。从 1815 年到 20 世纪初，近万名美国学子负笈德国，被史家称作"高等教育史上文化相互影响的最不寻常的例子之一"。④

当时美国人为什么偏爱德国而不是历史更为悠久的英国和法国的大学呢？研究者认为："唯一合理的解释就是 19 世纪德国大学制度的声望，以及德国科学、文学、哲学的声誉对美国学生来说充满了魅力。而英国

---

① 阎照祥：《17—19 世纪英国贵族欧陆游学探要》，《世界历史》2012 年第 6 期。
② ［比利时］希尔德·德·里德—西蒙斯：《欧洲大学史（第二卷）：近代早期的欧洲大学（1500—1800）》，贺国庆、王保星、曲书杰等译，河北大学出版社 2008 年版，第 463 页。
③ ［比利时］希尔德·德·里德—西蒙斯：《欧洲大学史（第二卷）：近代早期的欧洲大学（1500—1800）》，贺国庆、王保星、曲书杰等译，河北大学出版社 2008 年版，第 464 页。
④ 转引自贺国庆《德国和美国大学发达史》，人民教育出版社 1998 年版，第 116 页。

著名的大学，特别是牛津、剑桥大学和杜伦大学仍然沿袭着中世纪后期的思想传统。"①

1815年，蒂克纳、埃弗雷特、班克罗夫特、科格斯韦尔四人相继进入哥廷根大学学习，成为"第一批在德国大学学习的美国人"。四人学成回国后都曾在哈佛任教，被称为"哈佛帮"。美国学者斯文说："这四人如果不是对哈佛学院，但至少是通过哈佛学院，对美国文学和高等教育产生了基本的影响。他们帮助把欧洲学术带到了美国，打破了美国生活的孤立局面，激发了美国学者正确评价德国知识和教学的重要价值。"②

继上述四人之后，赴德求学的美国人逐年增多，19世纪40年代人数超过100人，50年代增长3倍，60年代和70年代均超过1000人，80年代达到顶点，超过2000人。1885—1886学年有517名美国人正式在德国大学注册，是留德美国学生最多的年份。③ 随后留学人数逐年下降，1900年开始锐减。其原因一方面是美国大学的迅速发展，另一方面因为德国大学的质量和水平略有下降。但留学潮一直持续到第一次世界大战爆发。

就留学生的分布看，近一半（约5000）美国人在柏林大学，约1000人在莱比锡大学，800人在海德堡大学，近700人在哈勒大学和波恩大学，2000人左右在哥廷根大学和慕尼黑大学。其余则分布在乌兹堡大学和马堡大学。就学科看，一半以上的人入哲学院，仅柏林大学哲学院就有3000人，约有1200人在柏林大学医学院学习，约450人入神学院，300多人入法学院。④ 其他大学学科分布情况大同小异。

创办于1876年的约翰·霍普金斯大学是美国第一所研究型大学，该校在创办时汇集了大批在德国学习过的教师。最早53名教授和讲师中，绝大多数都曾在德国大学学习过，其中13人获得过德国大学博士学位。可以说，德国大学的求学经历和标签，成为求职美国大学的"开门砖"。以约翰·霍普金斯为代表的研究型大学群体的兴起，是19世纪美国人留学德国的直接产物。

---

① Rohrs H., *The Classical German Concept of the University and its Influence on Higher Education in the United States*, Frankfurt am Main: Peter Lang, 1995, p. 36.
② 转引自贺国庆《德国和美国大学发达史》，人民教育出版社1998年版，第114—115页。
③ 贺国庆：《德国和美国大学发达史》，人民教育出版社1998年版，第115页。
④ 贺国庆：《德国和美国大学发达史》，人民教育出版社1998年版，第115页。

留德美国学生最初主要以发现和探究新的研究领域为目标，但后来对职业的考虑越来越多，学习职业技能或为将来职业发展储备有用知识成为留学的目的。"在德国折取学术桂冠的话，就会为今后在任何领域的职业发展创造一个非常有利的开端。"①

首先，美国学者福斯特（F. H. Foster）1912 年在纪念自己获得德国莱比锡大学博士学位 30 年所发表的演讲中说："每一个德国学者首先希望独立思考并独立地和批判性地掌握他承担的任何学科。其次，他希望通晓与这门学科有关的到他的时代为止已经认识到的全部知识。为了达到这个目标，他将掌握并领会与之有关的文献，通过个人与原始材料的接触，通过独立观察，通过采用最好的方法和最全面的方式进行审核，他希望获得某些尚未为人发现的知识，以此来增进人类的知识……德国人设法成功地将这种原则和理想灌输到美国学生的头脑之中。"②

1829 年，一个名叫朗费罗（H. W. Longfellow）的美国人在哥廷根留学时写道："试问迄今为止美国的大学为何物？答案只有一个，那就是两三座砖瓦建筑和一座小教堂，再加上一位在里面祈祷的校长。而哥廷根大学则是教授云集，他们极有思想，其名望吸引了众多学生……学生们能够学到前所未闻的知识。与之相比，我们则望尘莫及。"③

曾任康奈尔大学第一任校长的怀特（Andrew Dickson White）说过："我随后在柏林大学的学生生活进一步加强了我为美国大学做点什么事情的愿望。在那里，我认为我的大学理想不仅能够实现，而且能够扩展和完善……"④

巴特勒（Nicholas Murray Butler）曾沉醉于柏林大学众多德国学者营造的无与伦比的知识殿堂中，"柏林大学使他领略了何为学术，何为大学；并使他意识到，美国大学若要赶上德国大学，任重而道远。"⑤

---

① Rohrs H., *The Classical German Concept of the University and its Influence on Higher Education in the United States*, Frankfurt am Main: Peter Lang, 1995, p. 62.
② 转引自贺国庆《德国和美国大学发达史》，人民教育出版社 1998 年版，第 125 页。
③ Hofstadter R., *The Development of Academic Freedom in the United States*, New York: Columbia University Press, 1955, p. 374.
④ 转引自贺国庆《德国和美国大学发达史》，人民教育出版社 1998 年版，第 126 页。
⑤ Hofstadter R., *The Development of Academic Freedom in the United States*, New York: Columbia University Press, 1955, p. 375.

哈佛大学教授沃尔兹（John A. Walz）在1936年出版的《德国对美国教育和文化的影响》一书中说："今日美国学术所拥有的较高地位以及它在某些分支领域所拥有的主导地位，直接和间接归于许多在德国大学接受先进训练和吸取灵感的美国人。"[①] 不仅如此，许多留德学子回国后担任了美国大学的校长，直接参与和领导了19世纪下半叶美国以德国大学为榜样的高等教育改革，对美国大学在20世纪的崛起发挥了关键作用。学者霍金斯在其著作《跨越大西洋的门徒》一书中说："德美两国通过文化领域的经验交流，使思想的力量跨越国家和民族界限，实现了共同繁荣。是'现代社会跨文化借鉴的典型例子'。"[②]

四 结语

在西方大学900年的历史长河中，学生跨国留学几乎从未停止过。中世纪、近代早期以及19世纪都出现过旷日持久的留学潮，虽然因种种原因有过低谷或不景气时期，但总的趋势是不断扩展上升的。据联合国教科文组织统计数据，2013年全球流动学生人数达到410万人，其中中国留学生居世界首位，为712157人，排名第二的印度是181872人。

国际化是大学与生俱来且经久不衰的重要特征之一，学生的跨国流动则是大学国际化的主要标志。西方大学发展的历史表明，学生的流动导致了大学的发达和文教的兴盛，如中世纪的博洛尼亚大学和巴黎大学、近代早期的莱顿大学、19世纪的德国大学都是留学生趋之若鹜的知识重镇，这些大学都成为所处时代大学发展的楷模。

留学的意义是不言自明的。对个人而言，留学增长了知识，开阔了眼界。正如有学者所说："接触其他的国家和意识形态可以使青年人的判断力更加敏锐，文化视野更为开阔，并教会青年人如何运用外国语。"[③] 对社会而言，留学生带回了异域新的思想和观念，为开创一代风气做出

[①] 转引自贺国庆《德国和美国大学发达史》，人民教育出版社1998年版，第125页。
[②] 转引自 Rohrs H., *The Classical German Concept of the University and its Influence on Higher Education in the United States*, Frankfurt am Main: Peter Lang, 1995, p. 35。
[③] ［比利时］希尔德·德·里德—西蒙斯：《欧洲大学史（第二卷）：近代早期的欧洲大学（1500—1800）》，贺国庆、王保星、曲书杰等译，河北大学出版社2008年版，第434页。

了贡献；对文化教育而言，留学潮推动了各国文教的交流和进步，即使是大学本身，也通过学生的流动大获其益。

当然，留学也曾有过一些负面影响。在中世纪大学，有的游学者"生性懒惰，胸无大志，在一个又一个老师、一所又一所学校之间混来混去，从来没有听完过一门课程或正规的讲座"。① 另有一名在法国学习的英国学生，在巴黎待了七年，居然连一个字都没有学进去，到学习结束时，对自己课程的了解还和开始学习时一样。② 这类混日子的游学者虽然不是普遍现象，但也不会是个别案例。在近代早期，欧洲大学良莠不齐，一些大学甚至发生过买卖学位的现象，如法国奥尔良、布尔日、安格斯、卡昂、兰斯和奥兰治等处的大学卖学位曾是很普遍的事情。德国大学在18世纪也曾发生过此类事件，大学是卖方，而留学生则是主要的买方。可想而知，买学位的学生怎么可能会有真才实学？而卖学位的大学怎么可能致力于培养高水平的学生？此外，通过留学镀金者以及附庸风雅者也大有人在。在19世纪，由于德国大学本身的局限，美国留德学生也曾受到一些消极或负面影响。如德国大学过于注重智力的培养，无形中忽略和贬低了个性的发展，置身其中的美国学生不可能完全摆脱此类消极影响。研究者还发现：在留德学生日益增多之时，德国大学博士考试的标准曾一度有所放宽，"由于水平降低，德国博士学位变得声名狼藉。"③

20世纪以来尤其是20世纪下半叶以来，留学变得日益常态化，甚至出现学生流动由"单向"转为对等的"双向"形式，即留学生不仅由发展中国家流向发达国家，发达国家也通过大量派出留学生以开阔眼界、增进相互了解。国际化水平已成为衡量大学实力的重要指标。

---

① ［美］查尔斯·霍默·哈斯金斯：《大学的兴起》，梅义征译，生活·读书·新知三联书店2007年版，第41页。

② ［美］查尔斯·霍默·哈斯金斯：《大学的兴起》，梅义征译，生活·读书·新知三联书店2007年版，第42页。

③ Rohrs H., *The Classical German Concept of the University and its Influence on Higher Education in the United States*, Frankfurt am Main: Peter Lang, 1995, p.71.

西方大学学生组织及其功能的历史演变

马立武[*]

[摘　要]　大学学生组织在西方大学产生之初就成为大学的基本组成部分，大学学生组织是大学与生俱来的一个基本组织和机构。它对大学的产生发展、大学的内部结构和管理制度的形成以及对大学自治地位的形成产生了重要影响。

[关键词]　西方大学；学生组织；参与管理；功能

一　古代阶段—欧洲中世纪大学学生组织及其功能

(一) 欧洲中世纪大学学生（行会）组织的产生

在欧洲中世纪大学创办前，高等教育存在了数千年。古代埃及、印度、中国等都是高等教育的发源地；古希腊、罗马、拜占庭及阿拉伯国家都建立了较为完善和发达的高等教育体系。但严格地说，真正意义上的大学专指12世纪末在西欧出现的一种高等教育机构。[①] 从这个意义上可以说，大学起源于12世纪的西欧。大学（university）这个词来源于拉丁语universitas，在12世纪、13世纪和14世纪被广泛使用，常用于表示

---

[*] 沈阳师范大学教育科学学院教授。

[①] 这种高等教育机构形成了自己独有的特征，如组成了系和学院，开设了规定的课程，实施正式的考试，雇用了稳定的教学人员，颁发被认可的毕业文凭或学位等。参见贺国庆、王保星、朱文富等《外国高等教育史》，人民教育出版社2003年版，第45页。

一些合作性的团体,如手艺人行会、自治团体以及教师或学生行会。只是在 14 世纪以后,universitas 才与大学有了特点的联系,表明大学在总体上是复杂的,而不仅仅是一个行会组织。在大学发展的早期,没有专门创办大学的法令,大学是逐渐形成的。最初时期的大学是由教师或学生或师生组成的行会组织,它有高度的自治权,有选举其领导人的权利,有独立制定学校法律的权利等。①

11 世纪后期,随着欧洲城市经济的发展和贸易的复兴,行会组织发展成为主要的社会组织形式。在巴黎、博洛尼亚和牛津等地一些知识分子在这些城市学校中出现,来自各地的学生聚集在这些城市听这些学者的讲座。随着人数的增加,产生了建立某种形式的组织的需要。为了保障权利、利益和提供法律保护,师生们于是仿照艺人行会的形式,组成教师或学生行会。因此,"一个大学不是一块土地、一群建筑甚至不是一个章程,而是教师和学生的社团和协会。"② 可以说,中世纪的学生为了顺利地求学和生活,逐渐形成了学生行会。大学学生组织是大学与生俱来的一个基本组织和机构。

中世纪大学最早出现在 12 世纪的巴黎和博洛尼亚,它们是中世纪大学的原型,并代表了中世纪大学组织的两种形式。巴黎大学模式产生了教师型大学的思想,大学的管理由教师行会负责。位于意大利北部的博洛尼亚最初是教师型大学,但不久发展成为学生型大学。博洛尼亚大学成为南欧许多大学的原型。这些大学主要或部分由学生管理。

(二) 欧洲中世纪大学学生组织的作用与影响

12 世纪中期的大学学生与教师相对于城市当地人来说是外国人,学生们远离故乡,由于当时的外国学生在城市里得不到很好的保护,他们在处理与所在城市的市民的法律关系中往往处于不利地位。③ 迫于无奈,学生们逐渐自行联合起来以相互保护和支持,维护自己的利益,后来形

---

① 贺国庆等:《欧洲中世纪大学》,人民教育出版社 2009 年版,第 8 页。
② [美] 戴维·林德伯格:《西方科学的起源》,王珺等译,中国对外翻译出版公司 2001 年版,第 215 页。
③ 贺国庆等:《欧洲中世纪大学》,人民教育出版社 2009 年版,第 138 页。

成学生团体。

　　学生组织的影响最为显著的是在博洛尼亚大学（博洛尼亚是一个独立的城市国家。它有一个600人组成的议会，并选出一位市长来管理城市）。博洛尼亚学生行会的特点主要体现在他们对教师行会和学校日常管理的控制权利。为了对抗博洛尼亚市政当局和其他权威对学校的控制，也是学生创办自己行会的原因之一。它最初是由意大利博洛尼亚从事法律研究的学生组成，因为他们来自欧洲各地，受不到城市民法的保护，没有公民权。[①] 在博洛尼亚学生行会是学校管理的主体，它的出现与学生的背景有一定的关系，这些法律学生的年纪较大，也比较富有，更由于法律专业背景的关系，使他们对自己的法律地位格外注意。

　　学生行会在博洛尼亚大学的管理结构中居于重要地位，大学校长由学生行会的负责人出任。校长任期一般为一年，个别的也有两年。根据1159年大学的特许状，校长的管理职权涉及全体职员，包括保管学生名册、决定授课时间、要求教师宣誓、监督教员的工作、批准教师休假、决定教师的薪金、推荐博士候选人、佩带武器及各种财政方面的权限。在博洛尼亚的学生行会，学生们制定规章来管理自己的学习生活、调节内部关系。如博洛尼亚日耳曼人同乡会章程就规定该团体的目的在于"扶植兄弟般的博爱、互联互睦、慰病助贫、理丧和消除仇恨怨言，陪伴和护送要取得教师职位的人出入考场，以及成员们在精神上的慰藉。"[②]博洛尼亚的学生行会以迁移权作为武器，获得了城市当局的承认，并具有管理自己事务的权利，学生行会具有独立的自治权。

　　12世纪以后，学生行会从城市当局那里取得了一些让步，学生们逐渐认识到自身对城市的价值，同时善于根据时间和地点来争取自己的成功。在同教皇和社会的斗争中获得了大量的以法律条文形式确定下来的特权，诸如食品价格、房租、税收以及免服兵役等权利。1243年博洛尼亚当局免除了学生和教师服兵役的义务，从而使学生在争取自身权利方

---

　　① Frederick Eby and Charles Flinn Arrowood, *The History and Philosophy of Education-Ancient and Medieval*, New York: Prentice-Hall, 1946, p.776.

　　② Frederick Eby and Charles Flinn Arrowood, *The History and Philosophy of Education-Ancient and Medieval*, New York: Prentice-Hall, 1946, p.775.

面又迈进了一步。① 以博洛尼亚为代表的学生型大学，最早被引入到1222年建立的帕多瓦大学。在14世纪和15世纪，该模式由意大利扩展到法国各地方性的大学中，在16世纪初的西班牙和葡萄牙也可以找到它的踪迹。后来，学生控制大学的制度被输入到南美，一直存在到20世纪。②

巴黎大学的学生为了维护自身利益，他们形成了自己的行会，即同乡会。③ 巴黎大学学生行会是以民族和语言为标志形成四个民族团：法兰西民族团，包括拉丁语系民族；诺曼人民族团；庇卡底民族团，包括低地国家；英格兰民族团，包括英格兰、德意志和北欧等地区。每个民族团推举一位负责人，以维护本团成员利益。

从13世纪晚期开始，博洛尼亚城市当局建立了有薪金的教师职位制度，这样，教师的收入不再依赖于学生的学费，这标志着博洛尼亚大学学生行会权力的衰退。由于丧失了经济上的控制手段，学生各种特权也逐渐减少，大学的管理权回到教师手中。④

在中世纪大学里，学院也是具有学生组织性质的机构。学院最初是指为那些无力承担食宿费用的贫困师生提供膳宿的房舍，而非教学机构。学院意为由个体组成的社团、团体或一些人在一起生活。学院制定自己的规章，具有独立性和自治权。⑤ 在中世纪大学产生后很长时间里，大学中的"同乡会"和"学系"也使用"学院"一词来指代自己，因为它们也具备由个体组合成的社团这一特征。逐渐地"学院"一词专门指代一个更严格的自治或半自治的组织形式和学术机构。"一个学院基本上是一个由拥有排外的特权、分享共同捐赠的学生们联合而成的社团。他们在同一个屋檐下生活，共同遵守由住在一起的官员们制定的纪律。"⑥ 由于

---

① 贺国庆等：《欧洲中世纪大学》，人民教育出版社2009年版，第141页。
② Cobban A. B., *Universities in the Middle Ages*, Liverpool: Liverpool University Press, 1990, p. 11.
③ 最早明确提及同乡会的文件是由教皇洪诺留三世在1222年颁布的一个敕令，在该敕令中，教皇禁止同乡会向对他们做了错事的学校当局索赔。参见贺国庆、朱文富、王保星等《外国高等教育史》，人民教育出版社2003年版，第141页。
④ 参见贺国庆、朱文富、王保星等《外国高等教育史》，人民教育出版社2003年版，第52页。
⑤ 贺国庆等：《欧洲中世纪大学》，人民教育出版社2009年版，第150页。
⑥ 转引自 H. W. C. Davis, *Balliol College*, London: Routledge/Thoemmes Press, 1899, p. 2.

中世纪大学学生很多来自贫寒子弟，无力支付学习费用，能够完成学业，获得学位的人很少。创建学院的目的是资助和鼓励更多的学院投身高级学科的学习。

1257年建立的索邦学院是第一所真正意义上的学院，索邦学院主要招收神学学生，学院最初只有16名学生。索邦学院的规章显示学院的性质，"这是一个在规章管理下以兄弟会方式组织起来的以合乎道德的方式在一起生活的学习团体"。[①] 索邦学院模式后来为许多欧洲大学模仿，特别对英格兰大学的学院具有重要影响。中世纪后期开始，学院的性质和职能也发生了根本性的转变，到16世纪中期学院已经完全取代学系而掌握了管理教学的权力，成了大学里一个专门的教学和学术管理机构，学院制度构成了近现代大学的基本组织机构。

在中世纪时期学生组织的活动是极少针对已有的社会秩序问题的：这种活动既是对现有机制的保护，同时也是赢得使学生参与大学管理的途径，对西方大学自治传统的形成具有重要意义。随着大学与社会关系的日益紧密，大学学生组织更多地关注大学外的社会问题以及对社会对大学的影响方面做出积极的或者是激进的回应。

二 近代大学改革与大学学生组织及其功能

（一）近代大学的发展与改革

中世纪后期，欧洲大学日趋保守，大学严重滞后于时代发展的需要。14世纪以后，随着文艺复兴与宗教改革运动的兴起，对欧洲高等教育产生了深远的影响，欧洲进入近代社会以后，各国大学先后发生了相应的变革，大学的内外环境也发生了很大变化。由于教会和大学几个世纪以来形成了密切的关系，教会的改革对大学的发展直接产生了直接的影响。文艺复兴和宗教改革使欧洲近代大学发生的变化主要体现在以下几个方面：

第一，促进了大学世俗化进程，大学最终成为服务于国家需要的世

---

① 转引自 Hilde de Ridder-Symoens, *A History of the University in Europe*, Vol.1, *Universities in the Middle Ages*, London: Cambridge University Press, 1992, p.214。

俗政权的工具。在中世纪后期的大学已基本成为教会的侍女和附庸,文艺复兴和宗教改革使教会对大学的垄断转变为各个新旧教派、王权和新兴国家政府多元控制的局面。宗教改革各派别和新兴的资产阶级日益意识到高等教育的重要价值,学校和大学成为新旧教派、世俗政权和王权控制和影响社会的特殊工具。从这个意义上来看,虽然通过宗教改革,打破了教会对大学的影响和垄断,但大学还是被新的势力控制和影响,实际上大学的自治特权逐渐被淡化了。宗教改革后民族国家的形成和发展,使大学逐渐丧失了中世纪时期所具有的国际性,它们变成了地区性的中心,为他们坐落在其版图内的国家服务。大学由国际性机构转变为民族性机构。[1]

宗教改革倡导教育世俗化,"以地方世俗政府的智力权威取代天主教会的权威"[2],使大学较之以往更加成为政府的工具,政府对大学的控制程度逐渐加大,大学的自治地位受到削弱。近代后期,大学的自治地位进一步被弱化。英国在19世纪中期国会通过一系列法令,取消了牛津大学和剑桥大学自中世纪以来享有的各种特权。法国拿破仑时期无视大学自治等中世纪大学传统,通过建立帝国大学制,进一步加强了对高等教育的控制。

第二,大学获得了发展,学生来源构成发生变化。随着新兴城市阶层的发展以及大学目标的变化,大学的作用更为宗教界和社会各界重视,新大学遍布16世纪的整个欧洲,导致了大学入学人数的增加。但近代大学总的来看实施的是精英教育。从14世纪末开始,贵族成员开始大量进入大学。17世纪中期,牛津、剑桥两校招收了许多来自中上阶层家庭的子弟,富有阶层逐渐取代平民成为大学的主体,大学成为培养统治阶级的场所。从大学学生数量和阶层来源的角度看,近代大学具有鲜明的阶级性。

(二) 近代大学改革对大学生组织的影响

到17世纪、18世纪以后,各国近代资产阶级政权的建立在国家制度

---

[1] [英]沃纳姆编:《新编剑桥世界近代史:第三卷》,中国社会科学院世界历史研究所组译,中国社会科学出版社1999年版,第579页。

[2] Rudy W., *The Universities of Europe, 1100-1914: A History*, London: Associated University Presses, 1984, p. 64.

层面上确立了政教分离的原则,也使传统的教育思想逐渐开始瓦解。从19世纪开始欧美各国高等教育获得了快速发展,各国相继建立了多种类型的大学,以满足工业革命的需要。但是在对待学生问题上,大学依然保持了其保守的一面。"事实上,到19世纪初牛津和剑桥大学从职能到结构,从课程到招生跟12—13世纪刚诞生时没什么两样。"[1] 大学的改革和发展并不是从学生角度考虑,与学生关联并不大。大学学生和学生组织的状况和地位并没有显著的变化。

近代大学内外管理体制,学生身份和来源地等因素的变化,学生自身管理大学动力的减弱和外在条件的缺失,压缩了大学学生组织存在和发展的空间。

从大学外部的影响势力来看,大学所在城市、国家和教会机构加强了对大学的管理和控制。学生和教师一样处于严格的控制之下。近代开始欧洲大学开始具有国家化和民族化的特征,从14世纪、15世纪以后,欧洲一些大学开始限制外国学生,使中世纪大学的国际化色彩开始减弱,学生行会组织的作用显得没有必要了。

从大学内部情况来看,教师在大学教学和管理中的作用得到了加强,进一步压缩了学生行会管理大学的空间,这些因素都直接导致了大学内部组织形式和管理方式的变化。[2] 学校内也加强对学生和学生活动的管理,学校内学生组织也丧失了对学校内的一些管理权。这个时期剑桥大学学生社团的活动主要是就比较广泛的话题进行辩论,但最经常辩论的还是使徒的问题,对政治问题则比较谨慎。[3]

殖民地时期的哈佛、耶鲁等学院的学生在课余也结成社团,最初建立社团完全是出于文学的目的;一批志趣相投的学生利用课余时间,共同切磋讨论文学作品,逐渐形成了比较稳定的社团。社团经常举行辩论比赛,后来社团演化为文学、体育、戏剧等类型的学生俱乐部,成为学生课余社交的场所,也成为学生自我保护的团体。[4] 美国近代大学的学生

---

[1] 贺国庆等:《欧洲中世纪大学》,人民教育出版社2009年版,第106页。
[2] 黄福涛主编:《外国高等教育史》,上海教育出版社2008年版,第101页。
[3] [英]伊丽莎白·里德姆—格林:《剑桥大学简史》,李自修译,山东画报出版社2007年版,第133页。
[4] 郭健:《哈佛大学发展史》,河北教育出版社2000年版,第39页。

社团活动受到学校当局的管理和限制,因此,北美地区的大学一些大学出现过地下的学生社团——兄弟会(Fraternity)。但一些学生社团入选资格条件严格,如创立于1790年的哈佛黑斯廷·布丁社交俱乐部只接纳哈佛最有人脉关系的新生。①

与中世纪时期相比较,近代学生组织的活动主要是在学校规定的范围内的社交、学习交流活动。学生社团活动极少介入学校外部和学校内部事务,学生组织的教育功能主要体现在学习交流、课外活动等方面。由于学生大多来自富有阶层,他们并不像中世纪大学的学生那样具有强烈的需要和兴趣去组织学生社团来维护自己的权益。影响近代大学生组织教育活动减弱的一个因素是各个大学的学生人数较少,即使他们组建了学生社团,其影响力也不会太大。

三 现代西方大学学生组织及其功能

20世纪中期以来,发达国家中等教育开始普及,推动了高等教育的空前发展,特别是20世纪60年代以后,社会对高等教育的需求迅速扩大,教师和学生的数量急剧增加,西方国家高等教育体系开始从精英向大众化和普及化方向发展。大学规模的快速扩展引发了社会问题,传统的精英高等教育制度和大学管理模式已经不能适应新时代社会经济发展的需求。

由于政治和经济等因素的影响,大学学生在学校管理中的地位发生了相处的变化,在社会发展中的作用也日益突出。这个时期作为大学学生管理理论基础的"代替父母"理论受到了怀疑和挑战,学生要求在学校里获得宪法赋予他们的权利,要求被学校当局当作成年人看待。在美国,大学学生对宪法权利保障的诉求获得了最高法院的支持。20世纪60年代以后,最高法院作出了一些有利于学生权利保障的裁决,"代替父母"理论和管理方式在大学中被取消,学生和学校当局的关系也发生了巨大的变化。70年代由于高等教育财政危机的出现,各个大学为争夺学

---

① [美]罗斯·格雷戈里·多塞特:《特权:哈佛与统治阶层的教育》,珍栎译,生活·读书·新知三联书店2014年版,第53页。

生的竞争越来越激烈,"学生消费者至上"的观念(Student Consumerism)也随之出现,"学生消费者至上"的观念强调把学生与学校的关系作为买方与卖方为前提,是一种注重和保障学生权益(如获得知识权、对学校与专业的选择权、提出诉讼权、安全保障权等)的"市场管理哲学"。[1]这些高等教育发展的新变化对大学学生组织及功能依然产生了新的影响。大学学生和大学学生组织的地位和重要性逐渐发生了变化,大学学生组织教育功能也发生了显著变化。

第一,大学学生和组织参与社会政治活动。现代大学凸显了为社会政治目的服务的特征,对大学学生组织及其教育功能带来了新的特点。大学学生组织成为一支重要的社会政治力量。早在20世纪初期开始,大学学生组织就开始成为社会政治运动和社会改革的重要力量,社会政治力量也积极渗透和影响大学学生组织作为影响社会的一个主要手段,或者直接资助或建立具有政治倾向性的学生组织。

第二,大学学生组织参与学校的管理。近代资产阶级革命后,近代欧洲国家相继颁布了承认公民集会、结社、言论自由等权利的宪法,使大学学生组织的建立获得了合法性的依据。产生于19世纪德国大学的学术自由的理念开始在世界各个大学中得到传播,教师和学生的学术自由权利逐步被大学和社会认定,教师和学生得以获得了参与学校管理的权利。20世纪中后期高等教育进入民主化和大众化发展时期,学生个体和群体利益受到学校当局和社会的高度重视,大学学生组织在大学管理、改革和发展中重新获得了新的发展空间。

第二次世界大战结束后,高等教育民主化、大众化的出现,原有的大学管理秩序已经显得不合时宜,加之国际背景的影响,在20世纪60年代出现了席卷世界各地的学生抗议运动,就是对这种情况的回应。1968年法国爆发了战后空前规模的"五月学潮",促使法国进行了自19世纪末以来影响最大的高等教育管理体制的改革。同年法国议会通过了《高等教育方向法》,提出了大学的自治、参与、多科性的三大办学原则,使学生获得了参与大学管理的权利。20世纪60年代日本全国发生了反越战、反安保和争取大学自治的学生运动。由于学生组织缺乏稳定的经济

---

[1] 黄福涛主编:《外国高等教育史》,上海教育出版社2008年版,第343页。

资助，也无法与强大的国家机器对抗，自 1969 年开始学生运动开始衰退。①

学生群体对自身发展和权利保障的追求成为现代大学发展中的一个新的情况。在欧美国家中，大学管理中一个重要的变化是学生成为大学管理中不可忽视的一个利益群体，学校给予学生充分空间让学生表达自己的利益诉求，并将学生参与大学管理的权力制度化。学生也主张通过参与管理来保障自己的利益。在美国公立高校中，学生参议院和学生参议员的参与作用比较明显。学生参议院是美国大学学生参与大学管理的重要组织形式，它对学生事务拥有一定的管理权力，为学生提供了自我管理的平台和机会。②

第三，学生组织从单纯的校内组织走向社区和社会，开始具有一定的社会责任感。现代大学学生组织虽然有一些激进的行为和活动，但更多的学生组织成为沟通学校与社会的重要桥梁。学生组织的教育功能也超越了传统的校内娱乐、交际的局限，出现了许多推动社会公正、民主的学生组织。20 世纪 60 年代民权运动后，美国大学的学生组织就积极参与到美国女权运动和种族平等运动中。

大学学生组织及其功能随着大学自身发展阶段的不同而发展变化。学生群体作为大学教育中的一个基本存在，他们为了自身的利益追求，形成了各种不同的社团和组织。由于教师群体在大学发展中日益成为主导性群体，以及大学外部势力对大学控制的加强，学生组织功能的发挥空间受到了很大的限制。现代社会，由于高等教育民主化的发展和学生权利意识的觉醒，大学学生组织功能问题日益凸显，大学学生组织不仅积极参与大学内部管理，也在大学的社会责任的实现中发挥了重要作用。尽管欧美国家具有大学自治的传统，但不可否认，大学的发展以及大学学生组织功能的状况一直受到政治因素的左右。20 世纪 60 年代后，高等教育民主化的管理改革，由于大学的扩张，学生数量剧增，学生身份和来源的多元化，代表学生利益的学生组织成为大学内外不可忽视的力量，

---

① 刘海峰、史静寰主编：《高等教育史》，高等教育出版社 2010 年版，第 496 页。
② 于文明：《中国公立高校多元利益主体生成与协调研究——构建现代大学制度的新视角》，高等教育出版社 2007 年版，第 132 页。

学生组织功能的发生范围突破了近代时期的局限，不仅关注其自身的权利，促进学生的全面发展，也参与社会的重大事件，大学生组织成为推动大学改革发展和社会进步的一个重要力量。但由于经费、学生的主体身份和大学的自主权等因素的影响，学生组织的活动及功能的发挥还是存在于一定的权限之内。

美国学生指导制度的历史沿革述评

杨光富[*]

[摘　要]　19世纪末，指导先驱们进行了早期的探索。弗兰克·帕森斯《选择一份职业》(1909) 一书将特质因素理论作为学生指导的理论基础，标志着现代学生指导制度的正式诞生。20世纪四五十年代，联邦政府正通过法令资助高校对专业指导人才的培养。70年代，全方位学校指导项目将学生指导提升到与教学、管理同等重要的地位。1997年《学校指导项目的国家标准》提出学生指导是为了促进学生在学业、职业和个人/社会性三大领域内的发展，该标准现已成为美国及其他一些国家和地区学生指导工作的实践指南。美国学生指导的健康发展得益于心理学科的支持、指导教师的培养、专业协会的引领及相关法规的保障等。

[关键词]　美国；学生指导制度历史；弗兰克·帕森斯；全方位学校指导项目；学校指导项目的国家标准

《国家中长期教育改革和发展规划纲要（2010—2020年）》明确指出，在中国普通高中阶段建立"学生发展指导制度"，对学生的理想、心理、学业等多方面的指导。其实，学生发展指导制度最早建立于20世纪初的美国。西方学者托尔斯顿·胡森（Torsten Husén）指出，学生指导是

---

[*] 华东师范大学教育学部副教授。

"在美国兴起和发展的产物"。① 其诞生的标志就是弗兰克·帕森斯（Frank Parsons）于 1909 年 5 月出版的《选择一份职业》（*Choosing a Vocation*）一书。② 经过一百多年的发展，学生指导已成为与教学、管理并重的现代学校三大职能之一。③

一 学生指导的早期探索
（19 世纪末 20 世纪初）

早在 19 世纪末 20 世纪初，美国的莱桑德·理查兹（Lysander Richards）、乔治·美林（George Merill）、耶西·戴维斯（Jesse B. Davis）和伊利·魏瓦（Eli W. Weaver）等学生指导先驱们就在实践中进行了积极的探索，为现代学生指导制度的建立奠定了基础。

（一）莱桑德·理查兹：最早提出建立学生指导这一职业

1881 年，理查兹的《学生指导：一个新的职业》（*Vocophy：The New Profession*）一书出版。他第一次提出创建一个"学生指导"的职业，从事这一职业的人被称为"指导教师"（vocopher），其职责就是"发现学生的天赋或潜能，并创造有利的条件和环境去培养他……"④，他还建议在大学成立专门的机构用来培养学生指导教师。因此，理查兹是西方教育史上第一位提出建立学生指导职位、并建议大学培养专门学生指导人员的教育家。

（二）乔治·美林：早期的实践与学生指导的萌芽

1888 年，美林在旧金山考格斯威尔高中（Cogswell High School）首开职业指导工作的先河。⑤ 1894 年，他创建了加利福尼亚工艺学校（Cali-

---

① T. Husen, *The International Encyclopedia of Education* Vol. 7, Oxford：Pergamon Press, 1985, p. 1075.
② 杨光富：《国外中学学生指导的实践与特色》，《全球教育展望》2011 年第 2 期。
③ 杨光富：《国外中学学生指导制度历史演进》，华东师范大学出版社 2015 年版，第 3 页。
④ Norman C. Gysbers, *A History of School Counseling*, Alexandria：American School Counselor Association, 2010, p. 3.
⑤ Mark L. Savickas, "Pioneers of the Vocational Guidance Movement：a Centennial Celebration", *Career Development Quarterly*, Vol. 57, No. 3, 2009, p. 194.

fornia School of Mechanic Arts），学制共四年。他建议前两年主要从事学术科目的学习，后两年做职业方面的准备。在实践中，他将职业指导分为个人分析、个别咨询、就业辅导、追踪研究四项。① 美林是西方早期从事学生指导实践的第一人，这也是学生指导制度萌芽的标志。

（三）耶西·戴维斯：第一个学生指导教师

1907年，戴维斯在密西根大急流城中央中学（Grand Rapids Central High School）为7—9年级的学生开设了"职业和道德指导"的作文课，每周一次的写作任务就是帮助学生找到一份未来适合于自己的职业。作文的题目不断引导学生清晰地认识自我并选择适合于自己职业："9年级的学生要分析自己的个性和习惯；11年级的学生要确定一个职业，并找到需要为从事这项职业所做的准备；12年级的学生要讨论职业的社会责任。"②

戴维斯把指导分为三个阶段：第一个阶段（7年级、8年级学生）认识自己，指导的主题是"理想与奋斗"。③ 第二个阶段（9年级、10年级学生）：职业方面的知识，其中9年级强调学生个性的塑造，10年级了解社会的各种职业。第三个阶段：职业选择（11年级、12年级学生），11年级让学生选择一份职业，并为此做好准备；而12年级的指导主题是"服务"——"作为一个忠实的公民其职业服务其社区的作用"。④

除了开设专门的指导课程外，戴维斯认为学生指导应该渗透到学生所有的科目中去。1914年，他当选美国国家职业指导协会主席一职，他成为职业指导发展的一个重要领袖。⑤

---

① John M. Brewer, *History of Vocational Guidance: Origins and Early Development*, N. Y. : Harper & Brothers, 1942, p. 49.

② ［美］乔尔·斯普林：《美国学校：教育传统与变革》，史静寰译，人民教育出版社2010年版，第351页。

③ Jesse Buttrick Davis, *The Saga of a Schoolmaster*, Boston: Boston University Press, 1956, p. 179.

④ Jesse Buttrick Davis, *The Saga of a Schoolmaster*, Boston: Boston University Press, 1956, p. 179.

⑤ Mark Pope, "Jesse Buttrick Davis (1871 - 1955): Pioneer of Vocational Guidance in the Schools", *Career Development Quarterly*, Vol. 57, No. 3, 2009, p. 248.

(四) 伊利·魏瓦: 公立学校职业指导制度之父

1904—1906 年，魏瓦担任纽约布鲁克林男子高中的校长，组织了一个同伴咨询项目，帮助男生在暑假和业余时间找合适的工作。后来分别出版《对女孩有利的职业》(1918)(*Profitable Vocations for Girls*) 及《对男孩有利的职业》(1921)(*Profitable Vocations for Boys*) 两本书，为当时的学生指导提供了理论与实践两方面的建议。由于他在学生指导方面的贡献，他逝世时，《纽约时报》赞誉他为"公共学校职业指导制度之父"。[①]

从学生指导先驱早期的探索中可以看出，学生指导起源于职业指导，最初的主要职责就是职业指导，该制度建立最初就是为了解决当时的就业矛盾。其指导的方法也丰富多样。如美林通过个人分析，戴维斯通过写作课程，魏瓦则通过开办同伴咨询项目等，这些方式为学生指导工作的顺利开展及后来学生指导的发展奠定了一定的基础。

二 现代学生指导制度的诞生
(20 世纪初—30 年代)

现代学生指导制度于 20 世纪初在美国诞生，此后掀起了美国 20 世纪二三十年代的学生指导运动。诞生的标志就是弗兰克·帕森斯于 1909 年出版的著作——《选择一份职业》。另外，他还于 1908 年创办了美国第一个专业的学生指导机构波士顿职业局 (Vocational Bureau of Boston)。

(一) 创办美国第一个专业的学生指导机构

帕森斯大学毕业后经历过多次失业及寻找工作的痛苦经历，为他后来创立职业指导机构，帮助青年人寻找适合的工作有着重大的影响。帕森斯曾说："除了选择丈夫或妻子之外，人生再没有第二种选择比职业选

[①] Eli Witwer Weaver Dead, "Father of Vocational Guidance System in the Public Schools", *New York Times*, November 3, 1922.

择更重要的了。"①

而真正让帕森斯结缘职业指导的是慈善家波林·阿加西·肖（Pauline Agassiz Shaw）女士，"正是她的资助才使帕森斯关于职业指导的想法付诸实践"。② 1901 年，波林在波士顿建立公民服务社（the Civic Service House），为青年和移民提供教育机会，并帮助其寻找工作。1905 年，帕森斯被波林聘请为公民服务社布拉德温纳协会（the Breadwinner's Institute）的主任使得他最终结缘职业指导工作，开始了他学生指导的早期实践。

在波林的资助下，1908 年 1 月 23 日，帕森斯创立了波士顿职业局，并出任首任局长，开始从事青少年的职业指导工作，这是美国第一个专门的学生指导机构。③ 帕森斯在职业局里对来访的青年进行指导。咨询结束后，帕森斯会让接受指导者带一份问卷回去，问卷的指导语写道："对着镜子观察你自己。让你的朋友发自肺腑地告诉你他们对你的外貌、举止、声音……的看法，让你的家人和朋友帮助你找到缺点。"在指导语之后，接受指导者需要回答一些问题，涉及个人自信心、努力程度等问题，以及类似："你会让你的手指甲总是脏兮兮的，并且总是穿着你的亚麻布衣吗？"等问题。④

波士顿职业局除了给来访者提供指导外，还培训专业指导教师、指导当地中学开展指导工作、为学生职业规划提供指导、开展相关研究并加以出版等。

（二）出版第一本学生指导理论专著

1909 年 5 月，帕森斯的遗著《选择一份职业》出版，该书被认为是西方第一本关于学生指导方面的书籍。该书内容涉及"个人调查""行业

---

① ［美］J. J. 施密特：《学校中的心理咨询》，刘翔平等译，华东师范大学出版社 2008 年版，第 7 页。

② David B. Hershenson, "Frank Parsons's Enablers: Pauline Agassiz Shaw, Meyer Bloomfield, and Ralph Albertson", *Career Development Quarterly*, Vol. 55, No. 9, 2006, p. 78.

③ Mark Pope, "A Brief History of Career Counseling in the United States", *Career Development Quarterly*, Vol. 48, No. 3, 2000, p. 196.

④ ［美］乔尔·斯普林：《美国学校：教育传统与变革》，史静寰译，人民教育出版社 2010 年版，第 349 页。

调查""机构与工作"三个部分内容，共165页。在该书中，他首次使用了"指导"（guidance）一词。① 该书第一次系统阐述了科学的学生指导理论，即特质因素理论（trait-and-factor theory），提出了选择职业的三条基本原则——了解自己、了解职业、人—职匹配（matching men-and-jobs）。②

这三条原则是特质因素理论的核心思想，是职业指导的理论基础。"在所有早期职业指导理论家中，帕森斯主张职业指导一是通过研究个性，二是调查现有的职业，最后通过人—职匹配来完成职业的选择。这个过程被称为特质因素理论，该理论成为20世纪早期职业指导的基础。"③

由于该理论有较强的可操作性，"特质因素理论已经成为所有学生指导理论中最经久不衰的理论"。④ 它确立了学生指导在现代社会中的地位，是现代学生指导诞生的标志，帕森斯本人也因此被誉为"现代学生指导之父"。⑤

1908年9月26日，帕森斯因病去世。1909年12月，梅耶·布洛姆菲尔德（Meyer Bloomfield）接任波士顿职业局局长一职，领导波士顿职业局开展职业指导工作，从而掀起了美国20世纪二三十年代的学生指导运动。

三 美国联邦政府的介入
（20世纪40—60年代）

从20世纪40年代中期，美国联邦政府通过颁布一些法案开始介入学生指导工作，推动了50—60年代及后来学生指导的发展。

---

① Jean Guichard, "A Century of Career Education: Review and Perspectives" *International Journal for Educational and Vocational Guidance*, Vol. 1, No. 3, 2001, p. 156.

② Frank Parsons, *Choosing a Vocation*, Boston: Houghton Mifflin, 1909, p. 5.

③ Vernon G. Zunker, *Career Counseling: A Holistic Approach*, Boston, MA: Cengage Learning, 2016, p. 22.

④ Vernon G. Zunker, *Career Counseling: A Holistic Approach*, Boston, MA: Cengage Learning, 2016, p. 22.

⑤ Mark Pope, "Jesse Buttrick Davis (1871 – 1955): Pioneer of Vocational Guidance in the Schools" *Career Development Quarterly*, Vol. 57, No. 3, 2009, p. 248.

（一）联邦介入的背景

1. 解决经济萧条带来的社会问题

20世纪30年代的经济大萧条导致美国学校辍学的人数不断增加。加之战争的原因，许多人忍受不了生理和心理的痛苦而自杀。在这种情况下，联邦政府自然会把法令焦点放在了教育与指导上，以缓解由此带来的社会矛盾。

2. 苏联卫星升天的影响

1957年11月，苏联成功地发射了第一颗人造地球卫星，美国朝野为之震惊。随后，美国派出考察团访问苏联，考察结果表明造成美国科技落后的主要原因在教育。于是，1958年9月，美国颁布了《国防教育法》，通过拨款培养出质量上和数量上都能满足适应国防需要的人才。

3. 新科技发展的推进。发端于二战后期的新科技革命极大地改变了人类的生产、生活方式。技术的发展必然导致产业结构以及就业结构的变化。为了应对新的科学技术革命，必须对教育政策作出调整。在学生指导方面，主要的任务是让学生了解自己，了解社会，尤其要了解认识日益复杂的劳动世界，以便在毕业后能考入符合自己兴趣的专业，为今后的顺利择业打下良好的基础。

（二）联邦颁布的法案

1946年，美国联邦政府通过《乔治—巴登法案》（*The George Barden Act*），提出了专业指导教师的培养计划，这是联邦政府首次介入学生指导工作。1958年9月，美国颁布《国防教育法》（*National Defense Education Act*），该法也明确规定，给指导工作提供专门的经费，并资助高校培养专业的指导教师。

1. 1946年的《乔治—巴登法》

该法案规定联邦政府每年提供300万美元的款项用于学生指导工作的开展。[①] 该项资金具体涉及以下几个方面：（1）各州学生指导工作的管理

---

① Ella Stephens Barrett, "Vocational Guidance and the George-Barden Act", *The High School Journal*, Vol. 31, No. 1, 1948, p. 1.

费用；（2）学生指导教师培养者的薪水；（3）学生指导研究的费用；（4）地方学生指导管理和指导教师的费用。①

该法案是美国历史上第一次学校咨询师及州、地方管理者从政府获得资源、领导及财政支持。"由于这一规定，学生指导工作第一次得到了政府财政上的支持，从而使得学生指导工作在各州得到了快速的发展"。②

2. 1958 年的《国防教育法》

该法第五编的标题为"指导、咨询和测验；发现和鼓励有才能的学生"，该章专门论述了学校中的指导工作，规定学校要推行学生指导及评估计划，识别天才及迟缓的学生并因材施教，并给指导工作提供专门的经费。

该法第 502 条规定，通过提供资金帮助各州成立并维持学校心理咨询、测试及其他与学生指导相关的服务："兹授权为到 1963 年 6 月 30 日为止的财政年度拨款 1500 万美元，为到 1964 年 6 月 30 日为止的财政年度拨款 1750 万美元，为到 1965 年 6 月 30 日为止的财政年度拨款 2400 万美元，为到 1966 年 6 月 30 日为止的财政年度拨款 2450 万美元，为尔后相继的两个财政年度各拨款 3000 万美元，为到 1969 年 6 月 30 日为止的财政年度拨款 2500 万美元，为到 1970 年 6 月 30 日为止的财政年度拨款 4000 万美元，为到 1971 年 6 月 30 日为止的财政年度拨款 5400 万美元，以用于根据本章为州教育机关提供补助以援助它们制定和维持测验、指导和辅导的方案。"③

另外，该法的第 511 条授权在高校建立学生指导学院与训练项目，提高那些为中学学生提供服务或通过培训将成为学生指导教师的技术水平，该法规定："兹授权为到 1959 年 6 月 30 日为止的财政年度拨款 6250000 美元，随后连续三年每年拨款 7250000 美元以资助高校为中学培养学生指导教师。"

---

① Glenn Erle Smith, *Principles and Practices of the Guidance Program: A Basic Text*, New York: The MacMillan Compancy, 1951, pp. 67 - 68.

② Norman C. Gysbers, *A History of School Counseling*, Alexandria: American School Counselor Association, 2010, p. 65.

③ 瞿葆奎主编：《美国教育改革》，人民教育出版社 1990 年版，第 130—131 页。

(三) 实际的影响

《乔治—巴登法案》颁布后，美国大约有 80 所高校从事专业指导教师，其中 40 所是本科水平的，另外 40 所是研究生水平的。因此，承担美国公立学校的学生指导工作的指导教师开始走向了专业化的发展之路。

《国防教育法》颁布后，截至 1959 年 4 月，150 多所高校向联邦政府提出申请，计划培养学生指导专业教师。在它的影响之下，美国高校的学生指导教育专业从 1958 年的大约 80 个增至 1962 年的 400 多个，而所有这些增加的培养计划都是研究生程度的教育。另外，20 世纪 30 年代末，全美 1297 所高中仅聘请了 2286 名专业指导教师，到 1960 年，已有 7.9 万名专业的指导教师在各州的公立中学开指导工作。[①]

《乔治—巴登法》和《国防教育法》的颁布成为美国学生指导发展史上具有里程碑意义的重要事件。有了政府的重视，再加上充分的政策与经费支持，从 20 世纪 60 年代开始，美国学校的学生指导进入了一个快速提高的阶段，1964 年，学生指导工作已扩展到小学。在社会需求的推动和国家政策的大力支持下，学校学生指导工作在美国得到了迅速发展，成为世界其他国家学校学生指导工作开展的典范。

四　全方位指导项目的实施
（20 世纪 70—80 年代）

20 世纪 70—80 年代，对美国学生指导实践领域产生重大影响的是全方位学校指导项目（Comprehensive School Guidance Programs）的实施。20 世纪 60 年代，美国密苏里大学诺曼·吉斯伯斯（Norman C. Gysbers）开展了学生指导工作的研究项目。70 年代，吉斯伯斯在前期研究与实践的基础上提出全方位学校指导项目。该项目的核心思想是，把学生指导的地位提升到与教学工作同等重要的地位，从而使指导与教学、管理一起成为现代学校的三大职能。

[①] 曹丽：《20 世纪美国公立学校学生指导的历史嬗变》，《河北大学学报》（哲学社会科学版）2013 年第 6 期。

(一) 全方位学校指导项目的由来

当时，美国学校主要有"以职位为中心"和"以服务为中心"两种指导模式。"以职位为中心"指导模式主要帮助学生找到适合的工作，学生指导工作只是学校中的一种辅助性服务工作。"以服务为中心"的指导模式的服务对象也仅限定在少数特殊学生，即仅对在校学生出现的各种危机与问题加以重点关注与指导。

因此，这两种指导模式已经不能满足学校指导工作的需要。为此，20世纪60年代末，吉斯伯斯博士开展了一项关于学生指导工作的研究项目。1971年，美国教育部门拨专款授权吉斯伯斯领导其团队帮助全美50个州及首都哥伦比亚特区与波多黎各自治邦的当地学校创立一种新的模式来实施学校职业指导、心理咨询与就业安置等工作。[1] 1972年2月，吉斯伯斯团队开发出一本手册，用以指导各州学校学生指导工作，宣告了全方位学校指导模式的正式诞生。[2]

(二) 全方位学校指导模式的主要内容

吉斯伯斯指出，在全美国大多数州学区实施的全方位学校指导模式主要由内容要素，组织框架：结构、活动和时间要素，资源要素，开发、管理与责任要素组成的。下面重点对全方位学校指导项目中的内容要素、组织框架和资源要素加以分析。

1. 内容要素

明确学生通过参与全方位学校指导项目将会掌握三个领域内的能力：第一，自我认知与人际交往能力的目标；第二，生活角色、环境和事件的目标；第三，生活生涯规划目标。

2. 组织框架：结构、活动和时间要素

全方位学校指导项目中组织框架要素由两部分构成：结构部分；项

---

[1] Norman C. Gysbers, *A History of School Counseling*, Alexandria: American School Counselor Association, 2010, p. 115.

[2] Norman C. Gysbers, *A History of School Counseling*, Alexandria: American School Counselor Association, 2010, p. 115.

目部分及范例。结构部分是指学校对指导工作进行有计划的行政管理，包括确定指导工作的中心地位，明确指导的对象、总目标与意义，界定指导以及指导与其他教育课程之间的关系，提供指导工作所需的物质条件并对有关人员的活动进行组织与协调等。

项目部分是指学校制定的指导工作计划，具体包括四个部分：（1）指导课程（Guidance curriculum）。指导教师以课堂活动和团体活动的形式向学生系统传授心理健康、个性成长的知识以及社会生活技能的教育活动。指导教师不仅负责设计、组织和开设指导课程，还要与其他教师合作或者指导其他教师完成指导课程。（2）学生个人计划（Individual student planning）。指导教师向学生提供设计、调控和管理个人的社会性发展的知识与技能，帮助学生确立与社会发展目标相一致的生活生涯计划的教育过程和活动。指导教师与学生家长密切配合，通过测量、咨询和教育安置的形式共同探索、分析与评估学生的教育、职业和个人目标及计划。（3）应答性服务（Responsive service）。应答服务是指导教师通过个别指导、小组指导、间接咨询、转介等形式帮助学生解决心理困扰以及满足学生、家长、其他教师的即时需要的教育活动，这是针对个别学生提供的有针对性的指导活动。（4）系统支持（System support）。指导教师为保证指导计划的顺利实施所从事的组织与管理活动以及为争取学校所在社区对指导工作的支持和帮助而开展的公关与对外联络活动。[①]

3. 资源要素

全方位学校指导项目中的资源要素包括人力资源、财政资源和政治资源三个部分。（1）人力资源，包括学校指导教师、学校教师、行政人员、校内心理专家、校内社工等。指导教师可以将管理者、其他教师、家长、学生及社区成员组织起来，成立一个由社区代表担任主席的学校—社区顾问委员会，为学校的指导工作提供支持与帮助。（2）财政资源，学校需要为全方位学校指导项目所必需的经费、设备和空间。为了完成指导计划，指导教师应该将原来的学生指导室扩展为学生指导中心，进而将之建设成为个别咨询、小组咨询、资料阅览和信息交流中心，向

---

① Norman C. Gysbers and Patrica Henderson, *Developing and Managing Your School Guidance Program* (4th.), Alexandria, VA: American Counseling Association, 2006, pp. 60 – 61.

所有学生、教师、家长和社区成员开放。（3）政治资源，学生指导工作在行政管理方面获取认可与支持，例如获得学校董事会的同意，将指导活动列入学区的工作日程和发展战略中。

（三）全方位学校指导项目的组织实施

全方位学校指导项目的实施人员包括学校指导教师、各科教师、管理者、校内心理专家、家长、校内社工和小区成员等。指导教师负责提供服务并协调这个计划的运作，要使计划成功实施，他们必须发动教师与管理者的参与、合作和支持。为获得各方面支持和参与，可以成立一个由各方面人员组成的学校—社区顾问委员会，专门为指导教师和有关人员提供建议和支持。指导教师和各科教师共同设计工作计划和指导课程，将指导工作与各科教学结合起来，并渗透到具体的学科内容中，使教师在教学活动中进行的指导工作，同时及时得到指导教师的指导。

（四）全方位学校指导项目的影响

项目把学校的指导地位提升到与教学工作同等重要的地位，改变了学生指导工作只是学校中的一种辅助性服务工作的局面，使其成为与教学、管理同等重要的地位，并成为和教学、管理并重的现代学校三大职能之一，成为学校教学任务中不可或缺的一部分，这极大地提升了指导工作在学校中的地位。

至20世纪末，美国已超过一半的中小学开始采用此模式来开展学校的指导工作，现已成为全美中小学学生指导工作的主要模式。[①]

五 学生指导国家标准的颁布
（20世纪90年代—20世纪末）

20世纪90年代，美国学生指导领域的一个重大事情就是学生指导工作国家标准的颁布。1997年，美国学校指导教师协会（ASCA）颁布了

[①] 杨光富：《国外中学学生指导制度历史演进》，华东师范大学出版社2015年版，第216页。

《学校指导项目的国家标准》(*The National Standards for School Counseling Programs*)。该标准浓缩了欧美国家尤其是美国学校指导的一些最基本思想,现已经成为美国及其他一些国家和地区学校指导工作的实践指南。

(一) 颁布背景

1983年4月,美国高质量教育委员会发表《国家处于危机之中:教育改革势在必行》掀起了战后美国第三次教育改革运动。随着美国教育改革的深入,研究者们发现,学校指导作为一种提高学生成绩、帮助他们为未来做好准备的手段被忽略了。[1] 因此,美国学校指导教师协会(ASCA)和美国心理咨询协会(ACA)强烈呼吁对当前的指导工作进行改革,为国家教育改革的顺利实施做出努力。

1993年,美国心理咨询协会聚集了一批主要由咨询领域的权威构成的"智囊团",提议通过一定的方式、活动确立学校指导教师在整个学校教育体系中的地位。之后,美国学校指导教师协会重新定义了指导教师的角色,修改了学校指导的理念,确立了指导专业的目标。在经历了多年从理论到实践的多次反复检验之后,ASCA最终于1997年正式颁布了《学校指导国家标准》。

(二) 主要内容

标准主要由导言和四部分正文组成的,四部分正文具体内容包括:第一部分"行动呼吁"(Call to action)。对"学校指导国家标准"进行了界定,并说明了ASCA制订学校指导国家标准的必要性。同时简单介绍了ASCA开发学校指导国家标准的过程。第二部分"美国学校学生指导"(School counseling in the United States)。对美国学校学生指导的历史与现状进行了阐述,并对学校指导项目作出界定。随后对学校指导项目的目标、主要组成部分以及支持力量进行了说明。第三部分"学校指导项目的国家标准"(The National Standards for School Counseling Programs)。列举学业、职业、个人/社会性发展领域的标准。在标准之下,还列出了学

---

[1] Chari A. Campbell and Carol A. Dahir, *National Standards for School Counseling Programs*, Alexandria, VA: American School Counselor Association, 1997, p. 3.

生的能力要求，界定了作为参与学校指导项目的结果学生应该掌握或表现出的具体的知识、技能和态度。第四部分"启动"（Getting started）。介绍了基于标准的学校指导项目实施的讨论、计划、设计、实施、评估五个流程，并介绍了小学、初中和高中阶段如何依照标准开展指导工作的实例。

制定学校指导项目国家标准的目标是"促进学生在学业发展、职业发展和个人/社会性发展三大相关领域的学习。学生发展的每一领域都包括一组对学生学习的能力要求，即包括具体的知识、态度和技能，这些构成了发展学校指导项目的基础。学校指导项目要反映贯穿于学龄前到高中学生发展的连续性。学校指导教师应运用各种策略、活动、多样化的方法和资源促进所期望的学生发展。学校教师的责任包括项目的设计、组织、实施和协调等。"① 根据标准的目标，学校环境中的学生指导工作目标在于使教育活动得到促进和提高。

总之，学校指导项目将学校指导的工作内容主要聚焦在学业、生涯和生活（个人/社会性发展）三个方面，这明确了学生指导的内容，对欧美其他国家学生指导的主要内容有着重大的影响。

（三）主要特点

第一，制定过程的科学性。标准的制定前后经历了4年多的时间，征询了全国50个州代表的意见和建议，同时调研2000多所中小学。可以说"这个标准是在总结了半个世纪以来，美国学校学生指导研究成果和实践经验基础上形成的。"② 第二，指导对象的全体性与平等性。导言中，标准强调要保证所有的孩子能够接受到合格的有资质的学校咨询师的服务。第三，指导工作参与的全员性。标准明确指出："学校指导项目并不只是学校指导教师的参与。学校指导教师和学校指导项目基于合作模式

---

① Chari A. Campbell and Carol A. Dahir, *National Standards for School Counseling Programs*, Alexandria, VA: American School Counselor Association, 1997, p. 11.

② Chari A. Campbell and Carol A. Dahir, *National Standards for School Counseling Programs*, Alexandria, VA: American School Counselor Association, 1997, p. 9.

开展工作。"① 这一特点体现了专职人员与全体教师合作、社区和学校合作，对学生进行全面指导的思想。

总之，《学校指导项目的国家标准》的制订与发布为指导教师的活动指明了方向，也为评价他们的工作提供了科学的依据，同时也明确了指导工作不仅是指导教师一人的事情，工作顺利地开展需要各方面的支持与配合。

六 成功经验分析

（一）指导内容突出生涯指导

美国学生指导内容涉及学生的学业、心理、升学、就业各个方面的指导，内容非常广泛，但在其发展历程中尤为重视生涯指导，这是成功的重要因素。

美国学生指导的最初的职责是生涯指导，其初衷就是为了解决学生的就业问题。随着学生指导实践的全面深入开展，生涯指导各家学说应运而生、理论流派纷繁。尤其是 20 世纪 60—70 年代唐纳德·萨帕（Donald E. Super）的职业生涯发展理论及约翰·霍兰德（John Henry Holland）人格—职业类型匹配理论的提出及运用，为生涯指导的实践产生了重要的影响。

目前，美国有专门的职业指导机构和人员。联邦政府设有指导与人事服务司，州设有指导与人事服务处，学校设有职业指导教师，全国从上到下形成了职业指导机构网络。这些机构为中学生的升学指导及职业规划教育能够取得成功创造了一定条件。中国当前毕业生就业意愿与现实的矛盾非常突出。因此，在对学生进行指导时，加强实施职业指导，不仅能充分尊重学生的个性发展，而且在帮助学生准确地选择专业或职业方面具有重要的现实意义。

---

① Chari A. Campbell and Carol A. Dahir, *National Standards for School Counseling Programs*, Alexandria, VA: American School Counselor Association, 1997, p. 9.

（二）把心理学作为其理论支撑

首先，运用心理学知识来指导学生。早在 1896 年，心理学赖特纳·魏特默（Lightner Witmer）率先尝试用心理学知识指导学习困难学生，开创现代中小学学业指导之始。

其次，随着 20 世纪初心理卫生运动对心理健康重视，最终使心理咨询成了学生指导的重要内容。[①] 20 世纪 40 年代，卡尔·罗杰斯（Carl Ransom Rogers）创立了"以人为本"的心理咨询与辅导模式。学校学生指导工作的重点也就由学生的职业指导逐步转移到了学习与生活适应方面，从而奠定了现代学生指导的框架。

最后，心理测量对学生指导工作科学化的推进。这首先归功于桑代克提出的测定儿童学业成绩的公式，提出判断儿童的学业成绩的优劣不能只看各科分数，还要看是否达到智力与学习能力的一般标准。另外，比奈—西蒙智力测验量表促进了学生指导工作向更科学化方向的发展。在第一次世界大战期间，美国采用军队 α 型和 β 型智力测试来甄选优秀士兵，心理测量在美国军界的成功应用也影响到了教育领域，使团体测验的方式在教育领域同样得以推广运用。

心理辅导的尝试、心理测量和心理卫生两大运动的开展等都为学生指导提供了一定的技术与方法，促进了国外普通中学学生指导工作朝专业化方向的发展。

（三）重视专业学生指导教师的培养

早在 1881 年，莱桑德·理查兹就提出了建立学生指导教师职位的设想。波士顿职业局创立之初就开设了指导教师的培训课程。1911 年，哈佛大学第一次开设了学生指导方面的培训课程，培养未来从事学生指导工作的人员，这是美国大学第一次开始培养学生指导顾问。据资料显示，1925 年，美国有 35 所高校提供暑期学生指导培训课程，到 1928 年，数

[①] 吴增强主编：《学校心理辅导通论：原理·方法·实务》，上海科技教育出版社 2004 年版，第 34 页。

量增至 70 所高校。① 另外，1946 年的《乔治—巴登法案》和 1958 年的《国防教育法》的资助下，越来越多的高校开设了"指导与咨询"专业来培养本科、硕士研究生。

（四）发挥专业指导协会的作用

美国中学学生指导工作的开展离不开专业协会的推动。1913 年，美国成立了"全国职业指导协会"（National Vocational Guidance Association，NVGA），并创办《职业发展季刊》。1952 年，美国成立人事与指导协会（American Personnel and Guidance Association，APGA），并于 1983 年更名为"美国学生指导与发展协会"（American Association of Counseling and Development，AACD）。1992 年，AACD 改为现名——美国心理咨询协会（ACA）。ACA 对美国学生指导工作的理论与实践做出了杰出的贡献，如制定了学校指导教师的培训标准，同时通过《今日咨询》以及《咨询与发展杂志》加大同行之间的学术交流与研究，同时也为专业的学生指导人员的实践提供理论指导。另外，美国还有美国学校指导协会（American School Counselling Association，ASCA）其成员主要是中小学指导教师。

（五）颁布法规为指导提供保障

颁布法令为学生指导提供经费，是国外学生指导普及的一条重要的成功经验。如美国普通中学学生指导的发展过程中，联邦政府颁布了《乔治—巴登法案》《国防教育法》等诸多法律法规，这些法规法规都明确规定，给指导工作提供专门的经费，为美国学生指导的健康发展提供了保障。

七 中国建立学生指导制度的建议

现代学生制度指导最早产生于美国并不是偶然的，职业的高度分化、失业者的大量存在是促使学生指导产生的直接社会原因，而教育理论和

---

① John M. Brewer, *History of Vocational Guidance: Origins and Early Development*, N. Y.: Harper & Brothers, 1942, p. 184.

心理学的发展则为学生指导的产生奠定了理论基础。美国学生指导制度一百多年的发展历史，其成功经验为我们提供了有益的参考。

（一）制定"高中学生发展指导的国家标准"

美国《学校指导项目的国家标准》明确了学生指导的内容与标准，对实践工作具有较强的指导价值。中国目前高中对于学生的教育与指导大多延续传统，一些指导内容和方法主要依赖教师的工作经验积累。建议教育行政部门尽快组织相关专家和一线教师研制有关高中学生发展指导的国家标准，一方面使学校清晰地了解学生发展指导的内容和方法，可以规范地开展工作，另一方面也可以清晰地描述学生在接受发展指导以后，在态度、知识和技能上应该表现出来的结果特征，便于评价与操作。

（二）建立专门的学生指导机构

波士顿职业局对现代学生制度的建立功不可没，美国教育部、各州教育厅、学区和学校都有相应的学生指导机构，他们在政策的制定、学生的选课选科、升级留级的抉择等方面起了很大的作用。为了开展好学生指导工作，中国应建立如下专门组织：（1）政府：教育行政部门应设立专门的学生指导管理部门。该部门应同劳动、就业、企业等有关部门和组织，设立"学生指导咨询委员会"，为学生指导的开展提供智力支持。（2）校外：建立校外指导机构，如学生指导信息中心、心理协会、学生指导协会、医疗部门等。（3）校内：成立学生指导中心或学生指导处/室。同时，学校应成立由校长直接领导的"学生发展指导工作委员会"，统筹协调全校的指导工作，委员会成员由校内各相关职能部门负责人、指导教师、班主任、教师代表等组成。

（三）高校设立"学生指导"新专业

为了提高中国学生指导从业人员的素质，建议中国高校尽快开设"学生指导"这一新的专业，培养学生指导方向的硕士研究生、博士研究生。根据国外的经验，学生指导硕士（包括学生指导教育硕士）、博士点可建在师范院校心理学、社会学、教育学等相关院系，或联合培养。招考对象向有一定的工作经验的教育工作者或社会其他人员倾斜，采取理论学习和社会实践相结合的方式。也通过"学生指导教育硕士"这一专业招收在职教师，采取"2+1"的方式，即 2 年在校理论学习，1 年回校进行实践的方式。

（四）注重测量量表的开发

帕森斯的特质因素理论及其后来的其他理论极大地推进了学生指导工作向科学化道路的迈进。因此，我们应尽快介绍、引进、消化国外的学生指导理论，并构建具有中国本土特色的指导理论；在开展指导工作时也要注重各种心理量表的开发与使用，这样才能使中国学生指导工作尽快迈向科学化发展的道路。

二战以来美国大学学生群体
社会结构特征及其变化

康绍芳[*]

[摘　要]　第二次世界大战以来，大学校园中的学生群体在社会构成、学习经历与教育成就、职业流向等方面都发生了明显的变化。在学生群体社会构成中，女性、少数族裔、低社会经济地位学生接受高等教育机会显著增长，学生宗教背景主要是以新教教徒为主，其中以浸礼会、卫理公会、路德教和长老会教徒居多，但无宗教信仰的学生群体比例也出现逐年增长的趋势。在学习经历与职业流动方面，美国大学生在入学动机、攻读学位、专业选择、职业流向中表现出明显的市场化倾向，学生对社会身份和阶层分化的敏感度逐渐下降，将入学学习作为一种基于经济回报的市场选择过程，淡化了其中的社会身份背景差异。从美国大学学生群体特征来看，市场与经济领域的话语正在重构高等院校的属性，高等教育当前重要的使命之一即是维持个体在劳动市场中的竞争力，而对家庭、社区和民主社会的道德和伦理责任逐渐被边缘化。

[关键词]　美国大学生；生源构成；教育经历；职业流向

第二次世界大战以来高等教育大规模扩张过程中，美国大学校园中学生作为"消费者"的观念，作为"参与者"的权利意识已逐渐成为主

---

[*] 宁波大学教师教育学院副教授。

导美国高校学生群体的新文化，这些变化趋势对美国高等院校的性质和功能提出了新的挑战。本文主要基于美国高等教育研究院（Higher Education Research Institute）以及美国教育统计中心（National Center of Education Statistics）等所做的纵向调查报告进行统计分析，以此来考察二战以来美国大学学生群体在社会构成、学习经历与教育成就、职业流动等方面所表现出的特征及变化趋势。

一 学生社会构成变化

二战以来，美国高校学生在性别、族裔、父辈社会出身、宗教信仰等方面都发生了一系列变化，学生构成所表现出的特征从一个侧面反映出美国高校新的校园文化氛围。

（一）性别与族裔构成

1947年高校女性注册学生比例仅为29%，1979年达到50.9%，20世纪80年代以来，高校注册学生在性别构成上，女性入学比例持续上升，2007年已达到57.2%（见图1）。[1]

20世纪70年代肯定性行动在高校实施以来，黑人高等教育入学比例显著提高。1967年黑人的入学比例仅为13%，受肯定性行动计划的影响，1975年黑人的入学率提高到20.4%。此后，黑人高等教育入学率增长迅速，2010年已达38.4%，同一时期白人的入学率为43.3%（见图2）。[2]

（二）家族第一代大学生

1971年，家族第一代大学生在美国四年制学院所有全日制新生中的

---

[1] National Center for Education Statistics (NCES), *Condition of Education*, 2011. Table198: Total fall enrollment in degree-granting institutions, by attendance status, sex of student, and control of institution: Selected years, 1947 through 2010.

[2] National Center for Education Statistics (NCES), *Condition of Education*, 2011. Table198: Total fall enrollment in degree-granting institutions, by attendance status, sex of student, and control of institution: Selected years, 1947 through 2010.

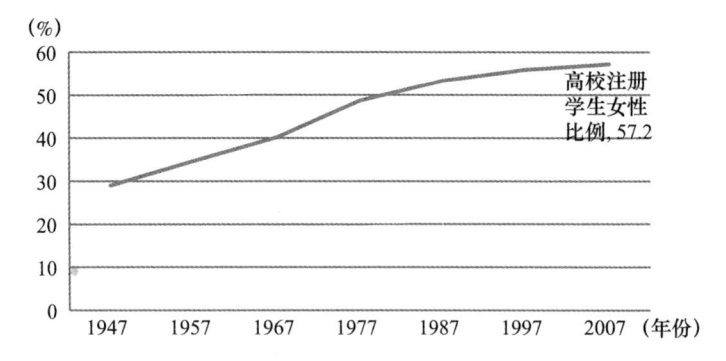

图1　1947—2007年美国授予学位高校注册学生女性百分比变化

数据来源：National Center for Education Statistics (NCES), *Condition of Education*, 2011. Table198: Total fall enrollment in degree-granting institutions, by attendance status, sex of student, and control of institution: Selected years, 1947 through 2010。

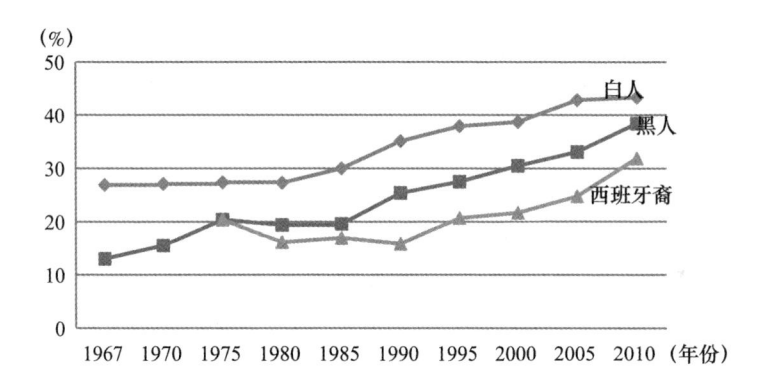

图2　1967—2010年美国授予学位高校注册学生族裔百分比变化

数据来源：National Center for Education Statistics (NCES), *Condition of Education*, 2011. Table198: Total fall enrollment in degree-granting institutions, by attendance status, sex of student, and control of institution: Selected years, 1947 through 2010。

比例是38.5%，2005年，这一比例下降到15.9%。[①] 尽管如此，第一代大学生人口中，少数族裔学生依然居多，其中西班牙裔的比例是69.9%，非裔美国人占62.9%，印第安裔学生占44.8%，亚裔学生占42.5%。自

---

① Saenz, V. B., Hurtado, S., Barrera, D., et al, *First in My Family: A Profile of First—Generation College Students at Four-Year Institutions Since 1971*, Los Angeles: Higher Education Research Institute, UCLA, 2007, p. 6.

20世纪70年代以来，各族裔内部第一代大学生的人数比例都呈现下降趋势。[1]

家族第一代大学生高中毕业学校主要以公立高中为主。不仅如此，1975—2005年，毕业于私立高中的第一代大学生比例还出现持续下降趋势。1972年家族第一代大学生毕业于私立高中的比例为13%，2005年已下降到7.6%（见表1）。[2]

表1　1972—2005年美国家族第一代大学生高中毕业院校比例变化

高中学校	第一代大学生		入读公立大学		入读私立大学	
	1972年	2005年	1973年	2005年	1973年	2005年
公立	83.8	89.9	87.7	92.9	74.7	82.0
私立	13.0	7.6	9.4	5.6	21.4	12.8

数据来源：Astin, A. W., Oseguera, L., Sax, L. J., et al, *The American Freshman: Thirty-five Years Trends*, Los Angeles: Higher Education Research Institute, UCLA, 2002, p.53。

1971年，公立四年制学院第一代大学生比例占42.5%，私立院校占30.5%。近三十年来，公私立院校第一代大学生比例都在下降。截至2005年，公私立院校第一代大学生比例差额从1971年的12%降低到4.7%。[3]

（三）学生父辈家庭收入

进入公私立大学学生父辈家庭平均收入普遍都高于全美平均水平。1971—2005年，进入私立大学学生父辈家庭收入从14500美元增长到80900美元（现值美元，current dollars），增幅达到458%。与全美平均收入水平

---

[1] Saenz, V. B., Hurtado, S., Barrera, D., et al, *First in My Family: A Profile of First-Generation College Students at Four-Year Institutions Since 1971*, Los Angeles: Higher Education Research Institute, UCLA, 2007, p.10.

[2] Astin, A. W., Oseguera, L., Sax, L. J., et al, *The American Freshman: Thirty-five Years Trends*, Los Angeles: Higher Education Research Institute, UCLA, 2002, p.53.

[3] Saenz, V. B., Hurtado, S., Barrera, D., et al, *First in My Family: A Profile of First-Generation College Students at Four-Year Institutions Since 1971*, Los Angeles: Higher Education Research Institute, UCLA, 2007, p.7.

相比（扣除通货膨胀影响，inflation-adjusted），二者收入差额为27300美元，2005年这一差额扩大到35700美元。进入公立大学学生父辈家庭收入从12600美元增长到71100美元，增幅为464%。与全美平均收入水平相比，二者收入差额为17800美元。2005年扩大到25600美元。① 公立大学学生父辈家庭收入增长速度稍快于私立大学，二者收入差距呈现逐年缩小的趋势。

（四）学生宗教信仰背景

1966—2005年，美国高校大学一年级学生中，新教徒学生平均为47%左右，其中以浸礼会（Baptist）、卫理公会（Methodist）、路德教（Lutheran）和长老会（Presbyterian）教徒为主，罗马天主教徒平均为32%左右。与此同时，无宗教信仰的学生比例出现逐渐增长的趋势，1966年仅有不到2%的学生反馈无宗教信仰，2005年，这一数据达到17.4%（见图3）。②

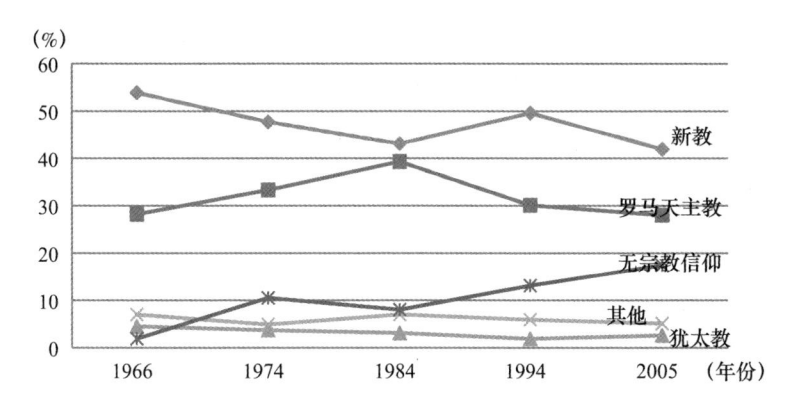

图3 1966—2005年美国大学新生宗教信仰背景百分比分布③

数据来源：Astin, A. W., Sax, L. J., Pryor, J. H., etc, *The American Freshman: National Norms for Fall 1966 – 2005*, Los Angeles: Higher Education Research Institute, UCLA, 1966, 1974, 1984, 1994, 2005。

---

① Astin, A. W., Oseguera, L., Sax, L. J., et al, *The American Freshman: Thirty-five Years Trends*, Los Angeles: Higher Education Research Institute, UCLA, 2002, p. 42.

② Astin, A. W., Sax, L. J., Pryor, J. H., etc, *The American Freshman: National Norms for Fall 1966 – 2005*, Los Angeles: Higher Education Research Institute, UCLA, 1966, 1974, 1984, 1994, 2005.

③ "其他"包括东正教、佛教、伊斯兰教等宗教。

总体来看，二战以来美国大学学生群体社会构成中，女性、少数族裔、低社会经济地位学生群体接受高等教育机会增长显著，学生宗教背景主要是以新教教徒为主，其中以浸礼会、卫理公会、路德教和长老会教徒居多，但无宗教信仰的学生群体比例也出现逐年增长的趋势。

二 学习经历与教育成就

20世纪60年代以来，美国高校大学生在入学动机、就读方式、主修专业兴趣、攻读最高学位计划、学位获得情况等方面发生了新的变化。美国大学生在学习经历和教育成就方面均表现出明显的院校、性别、族裔等差异。

（一）入学动机变化

美国高等教育研究院（Higher Education Research Institute）联合院校研究项目（The Cooperative Institutional Research Program，CIRP）[①] 所做的调查显示，自20世纪80年代以来，美国大学生入学动机和价值观发生了显著变化，获取经济回报或赚取更多的金钱成为主要动机。1967年，85.8%的学生反馈入学动机是能够过有意义的生活，2006年这一比例下降到46.3%；相反，1967年，有41.9%的学生入学动机是获取经济回报，2006年，这一比例骤然上升到73.4%，并有继续提高的趋势（见图4）。[②]

---

① 联合院校研究项目是针对全美高等教育系统的纵向研究项目，是由教育理事会（American Council on Education）创建于1966年，是目前美国规模最大、历时时间最长的高等教育实证研究项目。截至2005年，该项目调查范围涵盖1800所院校、1200万名学生、35万名教师。为了扩大这些数据在研究和培训中的作用，1973年联合院校研究项目进行了组织调整，合并到加州大学洛杉矶分校教育研究生院。该项目的年度调查现由加州大学洛杉矶分校高等教育研究院（Higher Education Research Institute）管理。高等教育研究院是下设于教育研究生院和加州大学洛杉矶分校信息研究中心（Information Studies at the California University，Los Angeles）的交叉学科研究机构。

② Astin, A. W., Sax, L. J., Pryor, J. H., etc, *The American Freshman: National Norms for Fall 1966 - 2005*, Los Angeles: Higher Education Research Institute, UCLA, 1966, 1974, 1984, 1994, 2005.

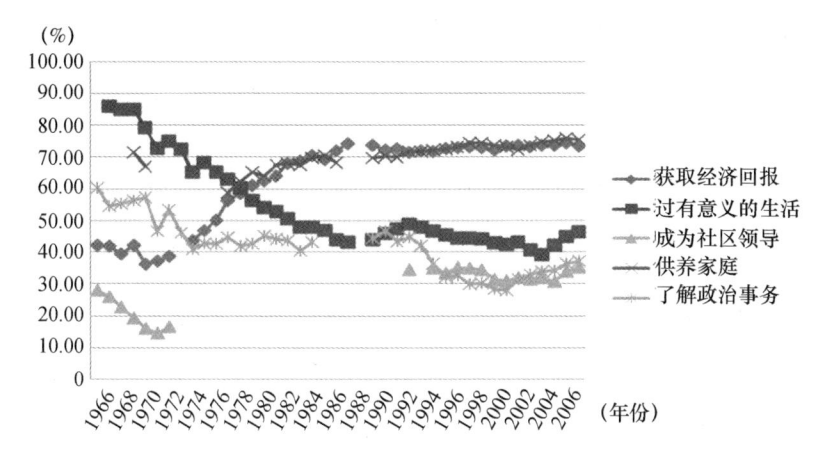

图 4　1966—2006 年美国大学新生入学动机和价值观百分比变化情况

数据来源：Astin, A. W., Sax, L. J., Pryor, J. H., etc, *The American Freshman*: *National Norms for Fall 1966 – 2005*, Los Angeles: Higher Education Research Institute, UCLA, 1966, 1974, 1984, 1994, 2005。

在美国大学生入学动机和价值观变化的影响下，学生在大学学习的热情也在减弱。2000 年，高等教育研究院年度调查显示，大学生的学习热情逐年减弱。1985 年，有 26% 的学生反馈认为课堂无趣，2005 年，这一比例上升到 40.5%，这一现象在不同族裔、性别、社会出身的大学生群体中都存在。[①] 戴维·里斯曼（David Riesman）说道："多年来我反复听到学生在抱怨无聊，我尝试着与他们对话，鼓励他们在课程学习中积极开拓个人兴趣。但学生却认为他们交纳学费希望教授们提供更多的学业服务。与此同时，学生提交作业的数量和质量却都在下降。"[②]

另外，大学生每周课外学习时间也出现减少趋向。1999 年对东北部一所中等规模大学修习社会学课程的 9000 名本科生所进行的一项调查显示，42.5% 的学生将高等教育视为商品，认为支付费用就应该获得学位。37.7% 的学生每周课外学习时间低于 5 小时，有 69.6% 的学生每周课外

---

① Pryor, J. H., Hurtado, S., Saenz, V. B., et al, *The American Freshman*: *National Norms for Fall 2005*, Los Angeles: Higher Education Research Institute, UCLA, 2005.

② Riesman, D., Webster, D., *On Higher Education*: *The Academic Enterprise in an Era of Rising Student Consumerism*, New Jersey: Transaction Publishers, 1998. pp. 278 – 279.

学习时间只有 10 小时，甚至更少。① 这一结果与高等教育研究院 1999 年度调查结果相似，有 31.5% 的学生每周最多花 6 小时进行课外学习。②

（二）就读方式变化

1967 年，80.5% 的大学新生年龄在 18 岁，只有 13.7% 的学生年龄在 19 岁及以上，到了 2006 年，19 岁及以上的大学新生增长到 29.6% 以上③。伴随非传统学生群体的增长，美国大学学生就读方式也发生了相应变化，非全日制学生比例越来越高。2011 年美国教育统计中心数据显示，自 20 世纪 60 年代以来，非全日制学生比例逐年增长，2000 年已达到 41.2%（见图 5），其中小区学院非全日制学生比例要更高一些。④ 据统计，1970—1992 年小区学院非全日制注册学生比例，1970 年为 49%，1992 年达到 65%。⑤

（三）主修专业兴趣变化

20 世纪 60 年代末期以来，大学新生对博雅学科（liberal arts and sciences）的兴趣持续下降，大批大学新生将学科专业兴趣向商业领域转移。

1966 年以来，美国大学新生专业兴趣意向比例较高的学科领域主要有商业、教育、工程学、专业保健等。20 世纪 80 年代，学生对专业兴趣意向变化浮动比较大，对商业的兴趣急剧增长。例如，1984 年选修商业的学生比例高达 26.4%，对教育的兴趣则出现明显下降的趋势，对专业保健领域的兴趣明显上涨，20 世纪 90 年代中期甚至一度超过对商业类学

---

① Delucchi, M., Korgen, K.," We're the Customer-We Pay the Tuition: Student Consumerism among Undergraduate Sociology Majors", *Teaching Sociology*, No. 1, 2002, pp. 100 – 107.

② Sax, L. J., Astin, A. W., Korn, W. S., et al, *The American Freshman: National Norms for Fall 1999*, Los Angeles: Higher Education Research Institute, UCLA, 1999.

③ Astin, A. W., Oseguera, L., Sax, L. J., et al, *The American Freshman: Thirty-five Years Trends*, Los Angeles: Higher Education Research Institute, UCLA, 2002, p. 9.

④ National Center for Education Statistics (NCES), Condition of Education, 2011. Table198: Total fall enrollment in degree-granting institutions, by attendance status, sex of student, and control of institution: Selected years, 1947 through 2010.

⑤ Cohen, A. M., Brawer, F. B., *The American Community College*, San Francisco: Jossey-Bass Publishers, 1996, p. 43.

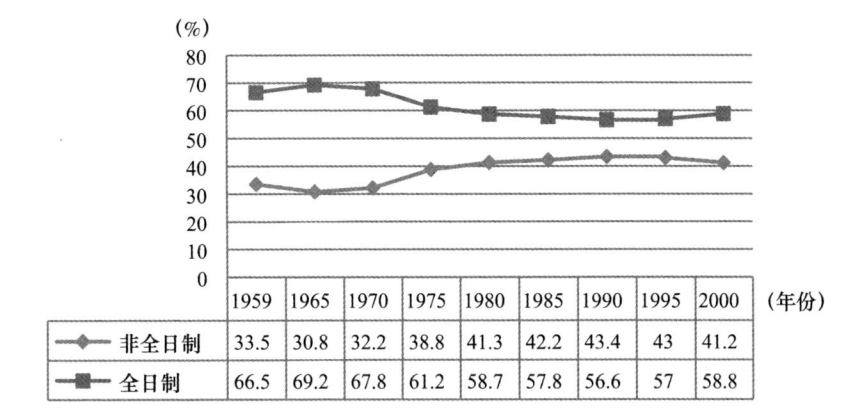

(年份)	1959	1965	1970	1975	1980	1985	1990	1995	2000
非全日制	33.5	30.8	32.2	38.8	41.3	42.2	43.4	43	41.2
全日制	66.5	69.2	67.8	61.2	58.7	57.8	56.6	57	58.8

图 5　1959—2000 年美国高校全日制学生与非全日制学生百分比变化

数据来源：National Center for Education Statistics（NCES），Condition of Education，2011. Table198：Total fall enrollment in degree-granting institutions, by attendance status, sex of student, and control of institution：Selected years, 1947 through 2010。

科的兴趣（见图 6）。[①]

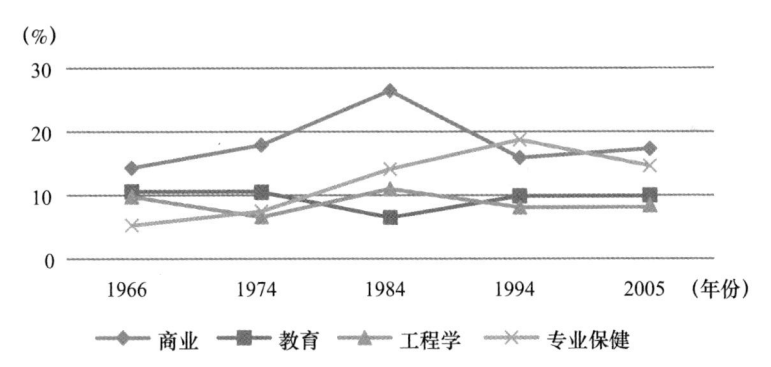

图 6　1966—2005 年大学新生主修专业（major）兴趣意向百分比变化[②]

数据来源：Astin, A. W., Sax, L. J., Pryor J. H., etc, *The American Freshman：National Norms for Fall 1966-2005*, Los Angeles：Higher Education Research Institute, UCLA, 1966, 1974, 1984, 1994, 2005, UCLA. 1974。

---

① Astin, A. W., Sax, L. J., Pryor, J. H., etc, *The American Freshman：National Norms for Fall 1966-2005*, Los Angeles：Higher Education Research Institute, UCLA, 1966, 1974, 1984, 1994, 2005, UCLA. 1974。

② 1984 年专业保健细分为：建筑与城市设计、家政、保健技术、图书与档案科学、护理、药品、公共卫生等。2005 年数据不包含两年制学院。

从家族第一代大学生角度来看，其专业兴趣意向也主要集中在商业、教育、工程、专业保健等学科领域，但同时也表现出一些差异，家族第一代大学生对教育类专业领域兴趣要稍高于平均水平。如 1974 年所有被调查大学新生中，对教育类专业领域兴趣比例为 10.5%[1]。1975 年还要略低于这一水平。1975 年家族第一代大学生对教育专业领域的兴趣意向却出现上升迹象，达到 13.4%（见表 2）。[2]

表 2　　1975—2005 年美国家族第一代大学生专业兴趣取向变化

专业取向	第一代大学生（%）	
	1975 年	2005 年
农学	2.7	0.5
生物科学	6.3	6.8
商业	16.6	18.5
教育	13.4	12.6
工程学	8.3	7.0
英语	0.9	1.2
专业保健	8.0	14.2
历史或政治科学	3.6	3.2
人文	2.9	2.5
美术	5.1	4.3

数据来源：Saenz, V. B., Hurtado, S., Barrera, D., et al. *First in My Family: A Profile of First-Generation College Students at Four-Year Institutions Since 1971*, Los Angeles: Higher Education Research Institute, UCLA, 2007. p. 59。

从少数族裔群体尤其是黑人大学生方面来看，20 世纪 70 年代初，黑人大学生对商业企业管理、教育等专业领域兴趣也比较高。但到 2000 年以后，黑人大学生在专业兴趣上向专业保健类学科领域转移，选择生物

---

[1] Astin, A. W., King, M. R., Light, J. M., *The American Freshman: National Norms For Fall 1974*, Los Angeles: Higher Education Research Institute, UCLA. 1974. p. 45.

[2] Saenz, V. B., Hurtado, S., Barrera, D., et al. *First in My Family: A Profile of First-Generation College Students at Four-Year Institutions Since 1971*, Los Angeles: Higher Education Research Institute, UCLA, 2007. p. 59.

学、心理学、护理、医学等学科专业的黑人大学生比例出现上升势头（见表3）。[1]

表3　　　　　1971—2004 年黑人新生主要专业分布变化　　　（单位：%）

1971 年		2004 年	
企业管理	10	生物学	7
普通教育	8	心理学	7
心理学	6	护士	6
医学、牙医、兽医	5	医学、牙医、兽医	6
社会学	5	管理	5
护士	4	企业管理	4
社会工作	4	初等教育	4
体育或娱乐	4	政治科学	3
会计	4	市场营销	3
历史	3	会计	3

数据来源：Allen, W. R., Jayakumar, U. M., Griffin, K. A., et al. *Black Undergraduate from Bakke to Grutter: Freshman Status, Trends, and Prospects*, 1971 - 2004, Los Angeles: Higher Education Research Institute, UCLA. 2005, pp. 17 - 18。

（四）攻读最高学位计划

高等教育研究院调查结果显示，1966—1994 年，平均只有18%左右的学生计划获取副学士学位。大部分大学新生攻读最高学位计划或意向是学士学位。两年制学院和四年制学院学生之间并没有显著差异。20 世纪 80 年代中期以来，两年制学院大学新生攻读学士学位计划的人数逐渐超过四年制学院学生。1984 年，两年制学院大学新生中，计划攻读学士学位的人数比例达到 43.2%，同年，四年制学院仅有 36.3%（见图7）。[2]

---

[1] Allen, W. R., Jayakumar, U. M., Griffin, K. A., et al. *Black Undergraduate from Bakke to Grutter: Freshman Status, Trends, and Prospects*, 1971 - 2004, Los Angeles: Higher Education Research Institute, UCLA. 2005, pp. 17 - 18.

[2] Astin, A. W., Sax, L. J., Pryor, J. H., etc, *The American Freshman: National Norms for Fall 1966 - 2005*, Los Angeles: Higher Education Research Institute, UCLA, 1966, 1974, 1984, 1994, 2005.

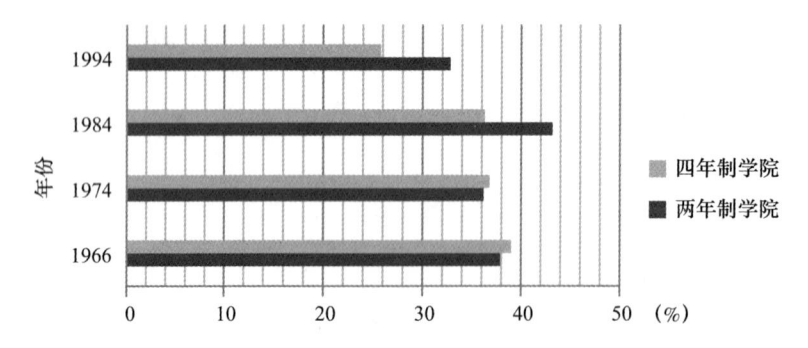

图7　1966—1994年美国高校大学新生攻读最高学位计划百分比变化

数据来源：Astin, A. W., Sax, L. J., Pryor, J. H., etc, *The American Freshman: National Norms for Fall 1966 – 2005*, Los Angeles: Higher Education Research Institute, UCLA, 1966, 1974, 1984, 1994, 2005。

从性别角度看，1966—1996年，女性攻读学位的兴趣逐渐超过男性，1966年，只有40.3%的女性大学生希望获得硕士学位，男性的比例是58.4%；1996年，女性大学生攻读硕士学位的比例提高到67.7%，男性则是65.3%。[1]

（五）学位获得情况

美国高等教育研究院2005年针对1994年入学的新生本科学位获得情况进行了一项纵向调查。结果显示，从不同类型院校角度来看，美国高等院校学生四年内能够获得本科学位的平均比例为36.3%。公立大学学生四年内获得本科学位的比率仅为28.1%，公立四年制学院为24.3%，在所有类型院校中学位获得率最低（见表4）。[2]

从性别角度来看，男性四年内获得本科学位的比例为32.6%，女性为39.7%（见表5）。[3] 20世纪90年代以来，随着高等教育注册学生女性比例的大幅增长，女性完成并获得大学学位方面的能力也表现出超过男

---

[1] Astin, A. W., "The Changing American College Student: Thirty-Year Trends, 1966 – 1996" *The Review of Higher Education*, Vol. 21, No. 2, 1998, p. 117.

[2] Astin, A. W., Oseguera, L., *Degree Attainment Rates At American Colleges and Universities*, Los Angeles: Higher Education Research Institute, UCLA, 2005, p. 5.

[3] Astin, A. W., Oseguera, L., *Degree Attainment Rates At American Colleges and Universities*, Los Angeles: Higher Education Research Institute, UCLA, 2005, p. 7.

性的趋势。

从族裔差异来看，白人学生四年内获得本科学位的比例为37.9%，亚裔学生为38.8%，非裔、墨西哥裔、印第安裔等学生平均在21%（见表6）。[1] 亚裔学生和白人学生四年内获得本科学位的比例明显高于其他少数族裔学生。

表4　　　　4—6年内获得本科学位比例（院校差异）

院校类型	获得本科学位比例（%）	
	4年	6年
公立大学	28.1	57.7
私立大学	67.1	79.6
公立4年制学院	24.3	47.4
非教派4年制学院	57.9	67.0
天主教派4年制学院	4.4	60.2
其他基督教派4年制学院	50.6	61.3
所有院校总计	36.3	57.6

数据来源：Astin, A. W., Oseguera, L., *Degree Attainment Rates At American Colleges and Universities*, Los Angeles: Higher Education Research Institute, UCLA, 2005, p.5。

表5　　　　4—6年内获得本科学位比例（性别差异）

	获得本科学位比例（%）	
	男性	女性
4年内	32.6	39.7
6年内	55.2	59.6

数据来源：Astin, A. W., Oseguera, L., *Degree Attainment Rates At American Colleges and Universities*, Los Angeles: Higher Education Research Institute, UCLA, 2005, p.7。

---

[1] Astin, A. W., Oseguera, L., *Degree Attainment Rates At American Colleges and Universities*, Los Angeles: Higher Education Research Institute, UCLA, 2005, p.8.

表6　　　　　4—6年内获得本科学位比例（族裔差异）

族裔	样本人数（未加权）	获得学位人数比例（%）（加权）	
		4年内	6年内
白人	45889	37.9	58.8
非裔	2465	23.0	46.3
印第安裔	1283	21.4	42.1
亚裔	2897	38.8	65.2
墨西哥裔	1323	21.3	46.0
波多黎各裔	569	23.8	41.8
其他	2392	37.0	54.3

数据来源：Astin, A. W., Oseguera, L., *Degree Attainment Rates At American Colleges and Universities*, Los Angeles: Higher Education Research Institute, UCLA, 2005, p. 8。

三　职业流向变化

1968—1975年，美国大学生职业流动最显著的变化是对教师职业兴趣呈现逐年下降趋势，从23.5%下降到仅6.5%。与此同时，大学生对与健康保健有关的职业兴趣出现增长趋势，如外科医生（增长60%）、护理（增长75%）。[1]

高等教育研究院所做的调查结果也显示，1966年大学新生中将中小学教师作为未来职业的学生比例高达21.7%。[2] 1984年这一比例骤然下降到5.5%（见图8）。[3] 其中，对中学教师职业兴趣下降更为显著（见图9）。与此同时，选择商业和工程领域职业的学生比例都有不同程度上升，如1984年选择商业的学生比例为18.2%，工程类为10.4%。[4]

---

[1] Astin, A. W., "The Changing American College Student: Thirty-Year Trends, 1966-1996" *The Review of Higher Education*, Vol. 21, No. 2, 1998, p. 128.

[2] Astin, A. W., Panos, R. J., Greager, J. A., *The American Freshman: National Norms for Fall 1966*, Los Angeles: Higher Education Research Institute, UCLA, 1966. p. 20.

[3] Astin, A. W., Green, K. C., Korn, W. S., et al, *The American Freshman: National Norms for Fall 1984*, Los Angeles: Higher Education Research Institute, UCLA, 1984. p. 50.

[4] Astin, A. W., Green, K. C., Korn, W. S., et al, *The American Freshman: National Norms for Fall 1984*, Los Angeles: Higher Education Research Institute, UCLA, 1984. p. 50.

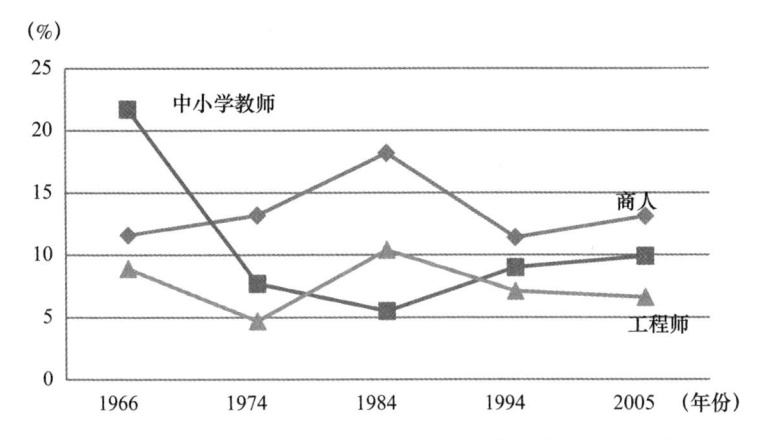

图8　1966—2005年美国大学新生主要职业流向百分比变化①

数据来源：Astin, A. W., Green, K. C., Korn, W. S., et al, *The American Freshman*: *National Norms for Fall 1984*, Los Angeles: Higher Education Research Institute, UCLA, 1984. p.50。

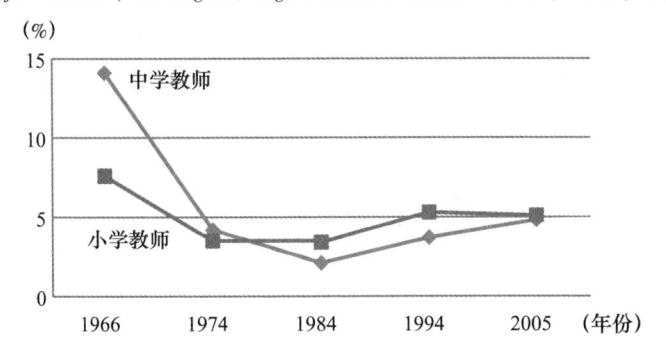

图9　1966—2005年美国大学新生对中小学教师职业兴趣百分比变化

数据来源：Astin, A. W., Green, K. C., Korn, W. S., et al, *The American Freshman*: *National Norms for Fall 1984*, Los Angeles: Higher Education Research Institute, UCLA, 1984. p.50。

家族第一代大学生在职业流向上也表现出类似趋势，但对中小学教师职业的兴趣依然高于平均水平。如1974年大学新生选择中小学教师职业的比例为7.7%②，而家族第一代大学生1976年的比例为12.4%③。

---

① 2005年数据不包含两年制学院，数据主要以授予学士学位院校为主。

② Astin, A. W., King, M. R., Light, J. M., *The American Freshman*: *National Norms For Fall 1974*, Los Angeles: Higher Education Research Institute, UCLA. 1974. p.44.

③ Saenz, V. B., Hurtado, S., Barrera, D., et al. *First in My Family*: *A Profile of First-Generation College Students at Four-Year Institutions Since 1971*, Los Angeles: Higher Education Research Institute, UCLA, 2007. p.59.

从族裔差异来看，1971—2004 年黑人大学生在职业选择取向变化方面，选择从事中小学教师职业的学生减少了一半以上，从事社会工作的学生比例下降了 85%，选择从事医生职业的学生则从 5% 增长到 10%（见图 10）。[①]

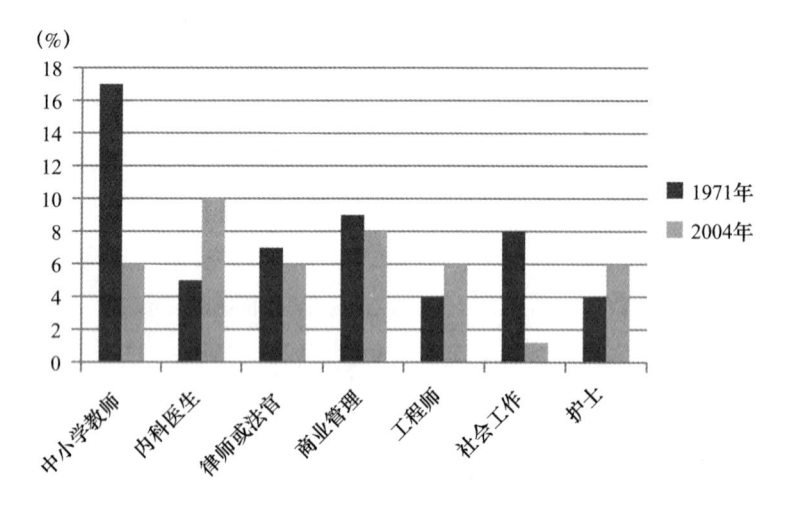

图10　1971—2004 年黑人大学新生职业流向百分比变化

数据来源：Allen, W. R., Jayakumar, U. M., Griffin, K. A., et al. *Black Undergraduate from Bakke to Grutter: Freshman Status, Trends, and Prospects, 1971 – 2004*, Los Angeles: Higher Education Research Institute, UCLA. 2005。

自二战尤其是 20 世纪 80 年代以来，经济主义和效率至上成为主导美国高校学生群体的新文化，美国大学生在生源构成、学习经历、职业流向方面呈现出新的特点。在学生构成方面，女性、少数族裔、低社会经济地位学生比例越来越高。学生宗教背景主要是以新教教徒为主，其中以浸礼会、卫理公会、路德教和长老会教徒居多，但无宗教信仰的学生群体比例也出现逐年增长的趋势。在学习经历与教育背景方面，美国大学生在入学动机、攻读学位、专业选择、职业流向中表现出明显的市场化倾向，学生对社会身份和阶层分化的敏感度逐渐下降，将入学学习作

[①] Allen, W. R., Jayakumar, U. M., Griffin, K. A., et al. *Black Undergraduate from Bakke to Grutter: Freshman Status, Trends, and Prospects, 1971 – 2004*, Los Angeles: Higher Education Research Institute, UCLA. 2005.

为一种基于经济回报的市场选择过程，淡化了其中的社会身份背景差异。因此，市场与经济领域的话语正在重构高等院校的属性，高等教育当前重要的使命之一即是维持个体在劳动市场中的竞争力，而对家庭、社区和民主社会的道德和伦理责任被边缘化。

经济主义和效率至上的美国高校文化中，美国大学生越来越倾向于学习技术性的、实用的、与劳动力市场相关的知识。面向市场和客户的高等教育，越来越重视业绩和绩效。学生和教师形成了一种新的关系：消费者与服务者，市场与高等教育之间的界限逐渐被消解。[1] 高校在市场竞争中，除了要依赖自身声望（reputation）外，还要通过服务业绩（performance）满足"客户"的需求，并争取更多的生源。在市场竞争中高等教育内部不断分化，并形成马太效应，那些学术声望较高和财政经费居多的大学从中受益最多。激烈的市场竞争促使高校不断满足学生和家长的各种需求，高等教育服务社会的功能也不断被强化。

高等教育社会服务功能凸显的同时，也引起了高等教育界的反思。大学是否应该着眼于内部并致力于符合自身利益的教学和科研，应该只是间接地通过发展基础知识和培养人才来使社会受益？还是应该对社会新的需求做出积极的响应？哈佛大学前校长博克认为大学应走出象牙塔，积极承担相应的社会责任。[2] 弗莱克斯纳却认为大学不是风向标，不能流行什么就迎合什么，大学应不断满足社会的需求，而不是它的欲望。[3]

戴维·里斯曼认为美国高等教育陷入了满足学生"需求"与"欲望"之间的矛盾中，为了提高竞争力，高校纷纷趋向于迎合学生欲望，而学生将自己视为其教育的消极生产者，这无形中会对高等教育的发展埋下隐患。学生消费者的欲望大多建立在个人需要和偏好的基础上，大学不断迎合其欲望，这种转变对高等教育本身的历史属性和价值取向带来了巨大的挑战。克拉克·克尔不无担忧地指出："今天，在很多国家高等教

---

[1] Delucchi, M., Smith, W. L., "A Postmodern Explanation of Student Consumerism in Higher Education" *Teaching Sociology*, No. 4, 1997, pp. 322 – 327.

[2] [美] 德里克·博克：《走出象牙塔：现代大学的社会责任》，徐小洲、陈军译，浙江教育出版社2001年版，第338—339页。

[3] [美] 亚伯拉罕·弗莱克斯纳：《现代大学论——英美德大学研究》，徐辉、陈晓菲译，浙江教育出版社2001年版，第3页。

育的教师中间,失去的乐园是一个共同的主题。有人说,大学从来没有经历过这么大的变革,它曾经是一个自由和独立的知识分子团体,而且经过很多世纪的变迁,保持下来。现在它面临着一个它的自由将被严重削减的未来"。①

---

① [美]克拉克·克尔:《高等教育不能回避历史:21世纪的问题》,王承绪译,浙江教育出版社2001年版,第72页。

英国中世纪大学的贫困生及其经济来源

刘贵华[*]　申国昌[**]

[摘　要]　英国中世纪大学贫困生大多是出身寒微之人。他们人数众多,是大学生中一个重要的群体。这一群体通过经济资助与勤工俭学获得必要的经济来源。经济资助包括学院设立的固定奖学金、教会的赞助性圣俸和各种形式的个人资助。勤工俭学主要表现为充当仆人或担任实习教师。不同渠道的经济来源既是英国中世纪社会环境使然,也为贫困生接受大学教育提供了机会,促进了英国中世纪的教育公平与社会发展。贫困生的经济来源折射出英国中世纪大学教育与社会发展之间的互动关系。

[关键词]　中世纪；英国大学；贫困生；经济来源

英国中世纪大学在欧洲占据重要地位,也为现代欧洲大学整体发展做出了不可磨灭的历史性贡献。家喻户晓的世界名校牛津大学与剑桥大学就是从英国中世纪大学演变过来的。关于欧洲中世纪大学研究的已有成果大多旨在从制度史及思想史层面梳理大学教育的发展与流变,而从大学生的角度进行专门研究的成果微乎其微,尤其是就大学贫困生相关问题进行研究的成果几乎没有。而贫困生又是英国中世纪大学生中一个重要的群体。因此,贫困生的构成及其经济来源问题成为英国中世纪大学教育史领域一个亟待研究的重要课题。为此,笔者试图从微观层面考

---

[*] 江汉大学人文学院副教授。
[**] 华中师范大学教育学院教授。

察英国中世纪大学贫困生的构成及其经济来源,进而从一个侧面展现英国中世纪大学教育与社会发展之间的互动关系。

一 英国中世纪大学贫困生的内涵及构成

在英国中世纪大学教育史领域,贫困生是一个出现频率相当高的词语。这从一个侧面反映出该群体在英国中世纪大学教育发展中的重要性。但当时哪些学生属于贫困生?这些学生是如何维持生计并完成学业的?他们能够熬过艰苦的求学生涯,其根本动因又是什么?这些都是令人迷惑不解又饶有趣味的话题,也是考察教育与社会发展关系时亟须解决的问题。

中世纪大学贫困生多来自穷人家庭,因此,对贫困生的界定与人们对穷人的理解紧密相关。穷人来自"收入不敷支出"的家庭,"包括雇佣工人、茅屋农、贫民、普通水手和士兵等"。[1] 基于此,贫困生通常被理解为在大学求学期间如果没有获得某种程度的经济资助就无法维持生计的人。[2] 中世纪人们的经济收入与所处社会地位密切相关。一般而言,所处社会地位较高的家庭,经济收入也较高。反之亦然。因此,贫困生在经济上不能自足主要源于他们所处的社会地位低下。英国中世纪分为贵族与平民两个不平等的社会等级。到中后期,随着国家经济的发展,大商人、成功的律师、著名的医生等作为平民阶层中的精英人物脱颖而出,在贵族与平民之间形成一个新的阶层——中间阶层。受社会分层的影响,产生于中世纪晚期的大学中,学生也分为三个等级:贵族子弟、中间阶层子弟与贫困生。作为大学最底层的一个群体,贫困生通常是出身寒微之人。[3] 在社会地位影响甚至决定家庭经济收入的中世纪,这些社会地位较低的家庭,经济收入也较低,往往会"收入不敷支出"。可见,对中世纪贫困生的界定,从经济收入与社会地位两个角度所指范围是趋同的。

---

[1] 向荣:《英国"过渡时期"的贫困问题》,《历史研究》2004年第4期。

[2] Cobban, Alan B., *The Medieval English Universities: Oxford and Cambridge to C.1500*, Berkeley-Los Angeles & London: University of California Press, 1988, p. 304.

[3] T. H. Aston, G. D. Duncan, T. A. R. Evans, "The Medieval Alumni of the University of Cambridge", *Past and Present*, Vol. 86, No. 1, 1980, pp. 9–86.

但学生在入学注册时登记的是家庭出身，而不是经济状况，因此中世纪文献中所指贫困生通常是从社会地位而不是从经济收入角度而言的。

英国中世纪大学贫困生的构成一直是国外学术界非常关注的问题，但学者们对贫困生是否是当时大学社会构成主体依然存在着明显的分歧。在贵族子弟、中间阶层子弟与贫困生三个群体中，学者们一致认为贵族子弟人数很少，而对中间阶层子弟与贫困生在大学中的地位，却意见不一。传统观点认为，英国中世纪大学的世俗学生[1]绝大多数来自社会下层，是贫困生。如中世纪后期的学者威廉·哈里逊曾撰写一部《英格兰纪实》，记录了当时英国社会发展的方方面面，是研究中世纪后期英国的珍贵史料。在书中，哈里逊描述英国大学的创建时说，大学诸学院原本是创始人为穷人之子建立的，因为这些人的父母没有能力为他们传授文化知识。[2] 贫困生是英国中世纪大学世俗学生的主体成为当时人的普遍看法。这一观点直接影响了后世对中世纪大学社会构成的认识。而中世纪大学没有完整的入学登记册，学生家庭出身信息并不完备，传统观点缺乏翔实的数据支撑。几个世纪以后，随着计量史学的兴起，加之研究人员所处时代距离中世纪日益遥远，对贫困生之多的感性认识逐渐淡化，贫困生在世俗学生中的主体地位不断受到质疑。如现代史学家呼吁不要夸大贫困生的规模，并强调当时世俗学生主要来自中间阶层而不是社会最底层。[3] 中间阶层子弟才是中世纪大学社会构成主体成为现代学者持有的普遍观点。中世纪后期的学者从感性认识出发，强调贫困生人数之多，现代学者则从数据考证出发，认为不应该夸大贫困生的规模。在统计数据不完备的情况下，世俗学生主体是贫困生还是中间阶层子弟，是一个永无定论的命题。但无论哪个时期大学社会构成主体来自中间阶层还是社会下层，毋庸置疑的是，所有学者都认同贫困生是中世纪大学世俗学生的重要组成部分。即便现代史学家也不例外。他们在研究英国文艺复兴时期大学教育时，甚至将贫困生人数减少而贵族子弟人数增加视为一

---

[1] 英国中世纪大学生分为两大类，即僧侣学生与世俗学生。其中僧侣学生是教会神职人员，世俗学生包括贵族子弟、中间阶层子弟与贫困生。

[2] William Harrison, *The Description of the England*, New York: Cornell University Press, 1968, p. 70.

[3] J. I. Catto and Ralph Evans, *Late Medieval Oxford*, Oxford: Clarendon Press, 1992, p. 511.

场"教育革命"。① 可以说,贫困生人数众多是中世纪大学的一个显著特征。按照教育史家西蒙斯的不完全统计,当时贫困生人数在大学生中所占比例为15%—20%。②

二 英国中世纪大学贫困生的经济来源

英国中世纪大学生在校期间需要支付高昂的费用。在牛津大学,13世纪生活费用的低限已在每年2.5镑左右。③ 此外,还有一些其他费用,如注册费、学杂费、听课费等。学生每年总计约花费6—7镑。④ 这些费用主要由家庭承担,而当时很多家庭的经济收入相当有限,难以独立承担孩子的教育费用。13世纪,英国一个骑士的年平均收入为10—20镑,一个日工一年工资为2镑左右。⑤ 尽管如此,为什么仍然有众多的贫寒子弟能够上大学?他们又是如何维持在大学期间学习与生活开销的呢?

(一) 经济资助:多元的资助渠道

一是大学各学院设立的固定奖学金。固定奖学金是学院每年发放给贫困生的定额补助资金。英国中世纪大学各学院都拥有自己的土地、财产和其他固定资产。⑥ 学院可以从这些财产中获得稳定的经济收入,并以其中一部分作为资助贫困生的固定奖学金。如牛津大学默顿学院从建立之日起就用默顿附近莫尔登庄园的部分收入设立奖学金,资助20名贫困生。⑦ 此外,英国中世纪大学各学院也有稳定的捐赠,时常会收到私人赞

---

① Lawrence Stone, "The Educational Revolution in England, 1560 - 1640", *Past and Present*, No. 28, 1964, pp. 41 - 80.
② [比利时] 希尔德·德·里德—西蒙斯:《欧洲大学史》(第一卷),张斌贤、陈玉红、和震等译,河北大学出版社2008年版,第228页。
③ [比利时] 希尔德·德·里德—西蒙斯:《欧洲大学史》(第一卷),张斌贤、陈玉红、和震等译,河北大学出版社2008年版,第259页。
④ R. N. Swanson, "Universities, Graduates and Benefices in Later Medieval England", *Past and Present*, Vol. 106, No. 1, 1985, pp. 28 - 61.
⑤ 徐善伟:《中世纪欧洲大学学习及生活费用的考察》,《世界历史》2012年第1期。
⑥ [比利时] 希尔德·德·里德—西蒙斯:《欧洲大学史》(第一卷),张斌贤、陈玉红、和震等译,河北大学出版社2008年版,第232页。
⑦ 聂丽芳:《试论英国中世纪教育》,硕士学位论文,天津师范大学,2007年,第28页。

助者或各类机构,如行会、市政当局等定期捐赠的财产。这些定期捐赠的财产也部分用于资助贫困生。有些赞助者"将自己的房产或定期收入捐献出来,作为奖学金用以资助贫困学生的膳食需要"①。通过自有资金和外来资金,学院获得稳定的收入,并以此为贫困生提供资助。从1266年起,牛津大学贝列尔学院给每名贫困生补助2镑5先令,到1340年,补助金增加到2镑7先令6便士。到15世纪末,学院的资助金额增加到3镑8便士或3镑10先令。②

二是教会的赞助性圣俸(supporting benefice)。圣俸是中世纪教士以地产形式获得的薪俸。持有圣俸意味着具有稳定的经济收入。由于中世纪大学隶属于教会,是教会的附属机构。大学师生也和教士一样,属于神职人员,并享有与教士同样的地位。③ 因此,大学师生也像教士一样,有资格向教皇申请圣俸。他们往往以学校为单位向教皇提出申请,经教皇批准后即可持有圣俸。中世纪大学师生持有的圣俸被称为赞助性圣俸,是教会向"正在或者准备为教会服务的学者(包括教师和学生)"以圣俸形式提供的资助。④ 赞助性圣俸是英国中世纪很多贫困生最重要的经济来源。1500年前后,牛津大学1200名学生中约有900人获得了赞助性圣俸。⑤ 教会以制度化方式为贫困生提供资助,缓解了贫困生的生存压力。大量贫困生正是在教会赞助性圣俸的资助之下才完成学业的。

三是个人资助。中世纪英国人对教育捐赠表现出极大的兴趣,不同阶层的人以不同的方式资助贫困生。首先在个人资助中,比较普遍的是亲属之间的资助。如斯蒂芬·威尔顿于1457年立下遗嘱,将财产用于资助在牛津大学读书的侄子约翰。⑥ 其次是神职人员对教区穷人的资助。如

---

① 潘后杰、李锐:《欧洲中世纪大学兴起的原因、特点及其意义》,《四川师范大学学报》(社会科学版)1993年第3期。

② [比利时]希尔德·德·里德—西蒙斯:《欧洲大学史》(第一卷),张斌贤、陈玉红、和震等译,河北大学出版社2008年版,第259页。

③ [美]布莱恩·蒂尔尼、西德尼·佩因特:《西欧中世纪史》,袁传伟译,北京大学出版社2011年版,第394页。

④ 张磊:《欧洲中世纪大学》,商务印书馆2010年版,第313页。

⑤ 宋文红:《欧洲中世纪大学的演进》,商务印书馆2010年版,第232页。

⑥ T. H. Aston, G. D. Duncan, T. A. R. Evans, "The Medieval Alumni of the University of Cambridge", *Past and Present*, Vol. 86, No. 1, 1980, pp. 9 – 86.

曾在挪利其主教区、林肯主教区任职的威廉·阿尼克去世后将财产用于资助牛津大学、剑桥大学中来自这两个主教区的贫困生。① 再次是同学之间的资助,主要是有稳定经济收入的高年级学生对低年级贫困生的资助。如牛津大学法学学士礼罗伯特·斯派曼曾资助爱德华·佩恩两年。两年后,佩恩也在该校获得法学学士学位。此外,各阶层人士也对品行端正、贫困好学又有天分的学生进行资助。如马丁·科力恩临终之际立下遗嘱,委托遗嘱执行人在牛津大学、剑桥大学挑选最穷、最需要资助的贫困生给予资助。

由此可见,中世纪大学贫困生可以通过学院、教会、个人等多种途径获得经济资助。其中,学院和教会以制度形式提供的资助是贫困生最重要的经济来源。"贫困生如果要读完本科,要么需要获得学院资助,要么需要得到教会资助。"② 相比而言,个人资助具有不稳定性。不过,当时参与捐赠的人员众多,捐赠形式多样,个人资助对缓解贫困生经济压力所起的作用依然不可小觑。牛津大学民法博士、剑桥大学校长约翰·默顿资助了300名贫困生,其中200名是牛津人,100名是剑桥人。③

(二) 勤工俭学:自主的解决方式

英国中世纪多元资助体系为大多数贫困生完成学业提供了基本保障,但仍然有部分贫困生无法得到任何资助。其中一些人只能通过充当仆人或担任实习教师、家庭教师等赚取生活费,以勤工俭学的方式维持生计并完成学业。

充当仆人是中世纪贫困生较为普遍的勤工俭学方式。作为仆人,他们服侍的对象是贵族子弟或大学中有稳定经济收入的人员。中世纪贵族送孩子上大学时,通常会在本地佃农家庭中挑选一位与自家孩子年龄相当,而且聪明、机灵的孩子作为仆人一同入学。另外,中世纪教会鼓励

---

① T. H. Aston, G. D. Duncan, T. A. R. Evans, "The Medieval Alumni of the University of Cambridge", *Past and Present*, Vol. 86, No. 1, 1980, pp. 9 – 86.
② T. H. Aston, G. D. Duncan, T. A. R. Evans, "The Medieval Alumni of the University of Cambridge", *Past and Present*, Vol. 86, No. 1, 1980, pp. 9 – 86.
③ T. H. Aston, G. D. Duncan, T. A. R. Evans, "The Medieval Alumni of the University of Cambridge", *Past and Present*, Vol. 86, No. 1, 1980, pp. 9 – 86.

神职人员带薪学习，大学中由此出现一个重要的群体——僧侣学生。他们持有圣俸，具有稳定的经济收入，通常也雇佣仆人。如1366年，约翰·拉康姆和格拉斯顿堡的两名修士在牛津大学格洛斯特学院学习期间就曾雇佣过仆人。[①] 充当仆人成为穷人之子入学的重要途径。这些寒门学子不仅要悉心照顾主人的饮食起居，也要在学习方面为主人树立表率。像这样以仆人身份入学的贫困生人数不少。为了便于管理，牛津大学曾在章程中规定雇佣仆人的学生必须到校长办公室为仆人登记注册，经校长同意之后方可将其带入学校。这一规定反映出在英国中世纪大学雇佣仆人并非偶然现象，而是一种普遍现象。

担任实习教师是贫困研究生较普遍的勤工俭学方式。中世纪大学建立了实习制度，为硕士、博士贫困生提供勤工俭学的机会。依据英国中世纪大学实习制度规定，已经在基础学部获得学士学位，并在法学、医学、神学等高级学部攻读硕士或博士学位的研究生，应该在基础学部承担辅助课程的教学任务。实习制度为贫困研究生提供了工作机会，也提供了经济收入。他们作为实习教师，可以向授课对象收取听课费。收费标准是每名学生每学期12便士或18便士。[②] 这对贫困生来说是一笔相当可观的收入。如1350年一名教会法博士担任实习教师至少获得40便士的听课费。[③] 不过，实习教师收取的听课费随学生选课人数的变动而波动，具有不稳定性。尽管如此，它依然是贫困研究生在校期间维持生计的重要来源。

此外，贫困生也可以担任家庭教师、私人导师、文法学校教师等。如英国中世纪大学高年级学生可以担任低年级学生的私人导师，以一对一的方式对低年级学生进行辅导，并收取辅导费。托马斯·弗罗尤尔曾作为托马斯·拉斯泰的私人导师获得30先令8便士的报酬。[④]

[①] J. I. Catto and Ralph Evans, *Late Medieval Oxford*, Oxford: Clarendon Press, 1992, p. 504.

[②] Damian Riehl Leader, "Professorships and Academic Reform at Cambridge: 1488—1520" *The Sixteenth Century Journal*, Vol. 12, No. 2, 1983, p. 215.

[③] J. I. Catto and Ralph Evans, *Late Medieval Oxford*, Oxford: Clarendon Press, 1992, p. 501.

[④] J. I. Catto and Ralph Evans, *Late Medieval Oxford*, Oxford: Clarendon Press, 1992, p. 509.

三 英国中世纪大学贫困生的
经济来源与社会发展

英国中世纪大学贫困生的经济来源既是当时社会环境使然，也为大部分贫困生接受教育提供了机会，促进了教育公平与社会发展。贫困生的经济来源折射出英国中世纪大学教育与社会发展之间的互动关系。

（一）英国中世纪大学贫困生的经济来源是当时社会环境使然

首先，英国中世纪社会的信仰需求、现实需求以及慈善捐赠观念催生了当时对贫困生的经济资助。中世纪是一个信仰的时代，人们普遍关注死后灵魂的归属。因此，无论身处哪个阶层的人都有灵魂祷告的需要，并以此为条件对贫困生进行资助。如罗伯特·法因斯曾在遗嘱中指定剑桥大学的学生约翰·布里奇斯为之进行灵魂祷告，并为此每年资助布里奇斯4镑。① 除了灵魂祷告的需要之外，对贫困生的经济资助也有特定的现实需求。中世纪教会、君主、贵族需要有文化知识的人管理教会、王室、贵族地产等，而贵族有着世袭的爵位与职位，其职业与是否接受大学教育之间没有必然的联系。因此，贵族子弟对学习文化知识并不热心。这也是英国中世纪大学贵族子弟人数很少的重要原因。对人才的需求由此成为社会各阶层人士资助贫困生的重要动机。15世纪20年代约翰·巴莎姆受沃里克伯爵理查德·比彻姆的资助读完大学，并担任伯爵的总管，如期回报了伯爵的资助。② 此外，英国中世纪社会普遍存在的慈善捐赠观念也推动着社会各阶层人士对贫困生进行资助。在基督教"善功得救"的教化之下，中世纪人将资助穷人视为一种本分。如商人在每一笔交易成功之后都要预存一两个便士用于慈善事业。贵族则将教育捐赠视为应尽的义务，因为它不仅象征着贵族高贵的身份，也反映着贵族的文化

---

① T. H. Aston, G. D. Duncan, T. A. R. Evans, "The Medieval Alumni of the University of Cambridge", *Past and Present*, Vol. 86, No. 1, 1980, pp. 9 – 86.

② J. I. Catto and Ralph Evans, *Late Medieval Oxford*, Oxford: Clarendon Press, 1992, p. 523.

品位。①

其次,英国中世纪等级社会和职业环境为贫困生勤工俭学提供了必要条件。英国中世纪大致分为贵族与平民两个社会等级。其中贵族包括僧侣贵族和世俗贵族,平民包括农民、劳动者与城市市民。各等级的人都有各自的社会职责:僧侣贵族的职责是祷告,世俗贵族的职责是管理,而平民的职责是劳作。每个等级的人都应各司其职。在这样的社会背景中,处于社会底层的人普遍认同教俗贵族的特权与地位,并将为之服务视为非常合理的事情。因此,贫困生将充当贵族之子和僧侣学生的仆人视为理所当然之事。贫困生勤工俭学也有着特定的职业环境。在中世纪,职业与职业之间缺乏严格的专业界限。任何人,只要拥有一定的技能,经人举荐就可以在任何职业中就职。贫困生接受了良好的教育,有能力胜任当时社会中任何一种工作。当时英国有四个高学识职业(the learned professions):法学、医学、教会与教学。② 其中,前三个职业可以带来较丰厚或较稳定的经济收入以及较高的社会地位,是所有学生,包括贫困生都梦寐以求的。如果没有重要人物的举荐,贫困生很难在这些领域中谋职。与这三个职业相比,中世纪教师职业也需要有较好的文化基础,却缺少稳定或丰厚的经济收入,且具有很大的流动性。当时学校普遍出现师资力量不足的问题,因此贫困生很容易在各级各类学校中兼职或在贵族家里担任家庭教师。大学为了保证有足够的教师承担教学工作甚至推行实习制度。这在客观上为贫困生提供了勤工俭学的机会。

(二)贫困生的经济来源也扩大了教育机会,促进了教育公平,推动着英国中世纪社会的平稳发展

高昂的教育费用超出了穷人家庭的经济承受能力,但各种渠道的经济来源为有才华的贫困生提供了生活与学习的基本保障。大学教育对他们来说不再是可望而不可即的事情。凭借这些经济来源,他们有机会像

---

① Michael Brennan, *Literary Patronage in the English Renaissance: The Pembroke Family*, London and New York: Routledge, 1988, p. 9.

② Rosemary O'Day, *The Professions in Early Modern England, 1450—1800: Servants of the Commonweal*, London and New York: Longman, 2000, p. 14.

社会其他阶层的人员那样走进大学并完成学业。英国中世纪大学的社会构成因此非常复杂，除了神职人员之外，还包括上至贵族、绅士之子，下及小店主、工匠、佃农之子，甚至是孤儿。正如伊文思教授所评价的那样：牛津大学的社会构成在中世纪比之后任何一个时期都更复杂。① 各类经济来源卓有成效地扩展了贫困生的教育机会。不仅如此，大学教育也改变了这些贫困生的命运，为他们提供了向上层社会流动的机会。毕业以后，他们通常在教会、王室、教俗贵族家庭中任职。相比父辈而言，他们既享有较高的社会地位，也拥有较为稳定、丰厚的经济收入，实现了向上层社会的流动。这些人回想起艰苦的求学生涯，更愿意为贫困生提供各种形式的经济资助。1435 年以后约克郡持有圣俸的教士都是接受过大学教育的人，也都积极资助穷人之子上学。② 一个人的教育捐赠会激发另一个人的捐赠行为。这些曾经接受过经济资助的贫困生在成功之后慷慨地资助其他贫困生，成为教育公平的活载体。他们不仅传承了教育捐赠观念，也延续了教育捐赠活动，成为促进社会公平的一股重要力量。

综观以上，贫困生入学率是衡量教育公平的一个重要指标。而经济来源是制约贫困生入学的一个瓶颈。如何解决这一瓶颈问题，推进教育公平？古今中外，不同国家都曾对此进行过卓有成效的探索。英国中世纪大学在当时特定的社会环境中，不仅形成了多元资助体系，也为贫困生提供多种勤工俭学方式，以不同渠道的经济来源为贫困生接受大学教育提供了机会。这不仅有助于贫困生改变自身命运，也在客观上推动着英国中世纪的社会流动，在一定程度上推进了社会的和谐发展。虽然中世纪距离我们现在生活的时代已经非常遥远，培育当时多元资助体系和勤工俭学方式的社会环境与我们当今生活环境也相去甚远，但中世纪贫困生的多元经济来源对我们建立完善的贫困大学生资助体系、培养国人的捐赠意识，以及结合现实需求实行不同的勤工俭学方式等，以解决贫困生上学难这一亟须解决的现实问题，进一步推进教育公平，依然具有不容忽视的历史借鉴价值。

---

① J. I. Catto and Ralph Evans, *Late Medieval Oxford*, Oxford: Clarendon Press, 1992, p. 511.
② T. H. Aston, G. D. Duncan, T. A. R. Evans, "The Medieval Alumni of the University of Cambridge" *Past and Present*, Vol. 86, No. 1, 1980, pp. 9 – 86.

教育史学

西方教育思想史研究的视角与视野

张斌贤[*]

[摘　要]　本文以对国内近20年间先后出版的十余种西方教育思想史著作的编撰方式和对教育思想史认识的分析为基础，指出现有西方教育思想史研究存在着视角单一、视野狭窄等问题，这些问题阻碍西方教育思想史研究的进一步深化与拓展。作者主张更新对教育思想史特性的认识，将历史上曾经出现的具有实际历史影响的教育认识作为主要研究对象，以拓展教育思想史研究视野，丰富史料来源；强调转换研究视角，消除不同编撰方式的人为界限，从教育思想历史发展的整体出发，具体把握教育家所处时代的教育问题、社会条件和知识状况，从动态的角度分析教育家思想的形成过程、思想主体及其历史影响。

[关键词]　教育思想史；西方教育思想史；研究视野；研究视角；历史影响

教育思想史既是教育史学科传统的重要研究领域，也是教育学原理、课程与教学论等教育学分支学科普遍关注的研究主题。尽管早在20世纪30年代，商务印书馆就先后出版了瞿世英教授编写的《西洋教育思想史》（1931）、蒋径三教授的《西洋教育思想史》（1934），但就西方教育思想史的研究总体而言，中国学者对西方教育思想史广泛和系统的研究却始

---

[*]　北京师范大学教育历史与文化研究院教授。

于20世纪80年代初对杜威、赫尔巴特教育思想的重新认识和评价。此后30年来,关于西方教育家、西方教育思想或西方教育思想流派研究的成果相继面世,蔚为壮观。从20世纪90年代开始,一些系统研究西方教育思想历史变迁的著作先后出版,其中包括:田本娜教授的《外国教学思想史》(人民教育出版社,1994年)、王天一等人的《西方教育思想史》、张斌贤和褚宏启等人的《西方教育思想史》、单中惠主编的《西方教育思想史》、单中慧和朱镜人主编的《外国教育思想史》、单中慧的《西方教育思想史》、张斌贤和王保星主编的《外国教育思想史》、吴式颖和任钟印主编的《外国教育思想通史》十卷本、李明德的《西方教育思想史——人文主义教育之演进》,等等。

回顾30多年来中国西方教育思想史研究的变迁过程,可以清晰地看到,尽管西方教育思想史研究的对象和范围随着时间的推移不断扩大,研究的成果日益丰富,但是,西方教育思想史研究本身少有实质性的变化和发展,研究的对象仍主要限于不同历史时期重要的教育家及其教育思想,研究的视角和方法依然局限于经典文本的解读和有限的比较研究。这在很大程度上应当归结为西方教育思想史的研究者更多地关注研究的对象,而忽视对研究本身的反思和探讨。本文以过去20多年间国内先后出版的十余种西方教育思想史著作为例,从这些著作的编撰方式等方面,分析现有西方教育思想史研究存在的问题,探讨进一步拓展和深化西方教育思想史研究的路径。

一

综合分析已有的西方教育思想史著作,其所采用的编撰方式主要可分为三种类型。第一种类型是以教育家个体为主排列的方式(俗称"人头史"),即主要按照教育家生活年代的先后顺序,叙述和分析不同历史时期出现的教育家及其教育思想,如瞿世英的《西洋教育思想史》、田本娜的《外国教学思想史》等。在其著作中,瞿世英逐章讨论了柏拉图、亚里士多德、西塞罗、昆体良、伊拉斯谟、弥尔顿、蒙田、培根、拉特克、夸美纽斯、洛克、卢梭、赫尔德、裴斯泰洛齐和赫尔巴特等人的教育思想。在欧美国家早期的教育思想史研究中,这种编撰方式是较为常见的，例如，奎克（Robert Quick）的《教育改革家》（*Essays on Educational Reformers*）、拉斯克（Robert R. Rusk）和斯科特兰（James Scotland）的《伟大教育家的学说》（*Doctrines of the Great Educators*，1918）、尤里奇（R. Ulich）的《教育思想史》（*History of Educational Thought*，1945）等。

这种编撰方式的益处是有助于从不同方面对不同教育家及其教育思想进行具体、完整和系统的叙述、分析，从而有可能对教育家个人的教育思想产生整体和深入的认识。这事实上也是其他不同教育思想史编撰方式的基础。没有对每个特定教育家及其教育思想的深入研究，其他方式或视角的探讨也就失去了基本的前提。与此同时，以这种方式编撰的著作也有助于初次涉猎西方教育思想史的读者通过逐步了解和理解教育思想史上每一个重要教育家的思想，从而达到对教育思想史的整体了解。但这种编撰方式也存在着难以避免的局限性。这也正是研究者随着教育思想史研究的进展而逐渐"抛弃"这种方式的主要原因。在近20年出版的西方教育思想史著作中，很少有作者采用这样的编撰方式。

这种编撰方式的局限性在于：第一，尽管研究者主观上无意将不同的教育家及其教育思想相互割裂开来，但在客观上难以真正处理好特定教育家与同时代其他教育家思想之间的联系与区别，难以真正处理好特定教育思想与教育思想史整体的关系，易于造成"只见树木，不见森林"的结果；第二，这种编撰方式更为严重的缺陷是把教育思想史简化为不同时期重要教育家思想的累积与叠加，教育思想史因而成为教育家的"画廊"。这必然导致对教育思想史本质的曲解，从而难以通过对特定教育家思想的认识达到对教育思想史的整体理解。

第二种类型是以时间为主线，梳理不同时期（如18世纪、19世纪等）出现的主要教育思想和思潮，如张斌贤和王保星主编的《外国教育思想史》将教育思想史划分为以下几个阶段先后加以讨论：古希腊教育思想、古罗马教育思想、中世纪教育思想、文艺复兴—宗教改革时期的教育思想、17世纪教育思想与思潮、18世纪教育思想与思潮、19世纪教育思想与思潮、20世纪前期教育思想与思潮以及20世纪中后期教育思想与思潮。在国外，迈耶（F. Mayer）的《教育思想史》（*A History of Educational Thought*，1960）、劳顿与戈顿（D. Lawton & P. Gordon）的《西方教育思想史》（*A History of Western Educational Ideas*，2002）则是这种方式的重要代表。

　　这种编撰方式克服了"人头史"的弊端,有助于认识特定历史时期不同教育家及其教育思想之间的关系,有利于把握特定历史时期教育思想的全貌,从而克服"人头史"所造成的对特定教育家思想的狭隘认识,拓展和丰富对教育思想的理解。但是,这种方式也易于产生另一种"机械论",即以刚性的时间刻度切割教育思想史的演化过程,从而造成对教育思想史演化进程的人为分割,既不利于从整体上完整地把握某一个教育家的教育思想,也有碍于系统认识某一种教育思潮的演化过程,更有可能切断不同历史时期教育思想之间的相互联系和关系。这是因为,无论是教育家个体的思想还是某一种教育思潮,其生成、演化的过程都具有特定的轨迹,这个过程的节奏是以思想本身的演化逻辑而非人为设定的时间表为转移的。例如,裴斯泰洛齐生活于18—19世纪之交,杜威生活于19—20世纪之交,他们的教育活动和教育思想在两个不同的世纪中都产生了一定的成果。如果一定要把裴斯泰洛齐置于19世纪、将杜威划入20世纪,那就必然割裂了他们自身思想发展的连续性,因而不利于完整地考察这两位大教育家思想的演变过程;反之亦然。又如民族主义(或国家主义)教育思潮发端于16世纪马丁·路德的政治—教育主张,在17世纪夸美纽斯等人的思想中进一步发酵,在18世纪拉·夏洛泰、亚当·斯密等人的思想中成形,在19世纪欧美国家的教育实践中成为现实。如果按时间刻度硬性将其"切割",将其限定在18世纪或19世纪,就无法清晰地梳理民族主义教育思潮的演化脉络,也因而难以对其开展深入的研究。这并不是特例。教育思想史中经常提及的自然主义教育思潮、人文主义教育思潮等,都具有类似的特征。

　　用较为确定的时间刻度对教育思想史进行阶段划分更为严重的后果是将导致教育思想史本质的消解。教育思想史的本质在于其内在的、不可分割的连续性,这是因为,每一代人对教育现象和教育运动的认识和理解,都必然是在以前各时代所积累、流传下来的思想成果的基础上进行的。前人思想过程的现实结果成为后代人进一步思想的材料。只有这样,人类对教育的认识才有可能不断延续、拓展和深化。在这个意义上,任何时代的教育思想只有在本质上与前此一切时代的教育思想产生联系,才有可能发生,才有可能存在。人类种族对教育的认识正是通过这种各个时代之间的内在联系而不断发展、不断更新。也正因为如此，教育思想的历史才成为人类向着真理不断接近的有机过程。①

第三种类型是以"流派"或思潮为主线展开教育思想史叙述。这种编撰方式的主要特点是将不同历史时期的教育思想概括为某一个或少数几个"流派"或思潮，并按照这些"流派"或思潮出现的先后顺序加以排列。例如，蒋径三的《西洋教育思想史》先后讨论了自然主义、实际主义、宗教主义、人文主义、新教主义、自然主义、泛爱主义、反新主义、敬虔主义、新人文主义、实证主义、反实证主义、人格主义、精神科学派、现象学派、价值哲学派、艺术的教育思潮、社会的教育思潮、个人主义、劳作主义、实用主义、实验教育学、唯物史观等不同历史时期出现的教育"流派"或思潮。王天一的《西方教育思想史》将西方教育思想的历史演进划分为"思辨性"教育思想、神性教育思想、人文主义教育思想、自然主义教育思想、主知主义教育思想、"活动性"教育思想、新主知主义教育思想、当代西方教育思想等几个主要的思潮。单中惠的《西方教育思想史》梳理了西方教育思想演变过程中先后产生的诸多思潮，如古代希腊教育思想、古代罗马教育思想、经院主义教育思想、人文主义教育思想、早期空想社会主义教育思想、宗教改革与教育思想、早期科学教育思想、泛智主义教育思想、绅士教育思想、自然教育思想、法国唯物主义教育思想、理性主义教育思想、要素教育思想、国家主义教育思想、唯实主义教育思想、新人文主义教育思想、主知主义教育思想、"全人类教育"思想、俄国民族性教育思想、美国公共教育思想、19世纪空想社会主义教育思想、19世纪科学教育思想、功能主义教育思想、"新教育"思想、实验教育思想、"自由教育"思想、劳作教育思想、"进步教育"思想、实用主义教育思想、集体主义教育思想、改造主义教育思想、要素主义教育思想、新托马斯主义教育思想、永恒主义教育思想、存在主义教育思想、新行为主义教育思想、结构主义教育思想、"个性全面发展"教育思想、"教学过程最优化"教育思想、分析教育哲学、终身教育思想、"掌握学习"教育思想、"有意义言语学习"教育思想、人本化教育思想，等等。张斌贤、褚宏启等的《西方教育思想史》先后

---

① 张斌贤主编：《西方教育思想史》（修订版），人民教育出版社2011年版，第4页。

讨论了古希腊教育思想、古罗马教育思想、中世纪教育思想、人文主义教育思想、新教教育思想、唯实主义教育思想、自然主义教育思想、国家主义教育思想、教育心理学化思想、科学教育思想、西欧新教育运动、进步主义教育思想、保守主义教育思想、当代教育思想，等等。

第三种编撰方式的第一个长处是通过归纳不同历史时期重要教育家思想的共性，运用不同的概念将这些共同性概括为某一个教育思想流派或思潮，从而尽可能地避免将教育思想史写成教育家的思想"列传"，更好地突出教育思想史的"思想"特点。第二个长处是跨越了人为的时间界限，有利于从教育思想本身的变迁探讨教育思想史的演化过程，更为充分地反映了教育思想史的"历史"特征。第三个长处是有助于把握同一时期具有相同思想倾向的教育家之间的关系、区分不同思想倾向的教育家之间的差异，从而凸显某一个历史时期教育思想的主流方向以及不同时期教育思想主流的前后变化。通过这样的建构，教育思想史的基本特征就得到了完整和充分的反映。这是研究教育思想史的学者大多"偏爱"这种方式的基本原因。

与此同时，也应当看到，这种编撰方式同样也存在着种种局限性。第一，尽管学者们在主观上都会努力克服片面性，尽量使用一些包容性更大的概念，例如人文主义、理性主义等，以便充分反映某一个时期或某一类教育家思想的基本特征，但是，由于不同历史时期教育思想本身的复杂性，任何概括都有可能造成重要的遗漏，都有可能不同程度地以偏概全。例如，以理性主义或"思辨性"概括希腊教育思想，尽管可以较为充分地反映苏格拉底、柏拉图和亚里士多德教育思想的特征，却难以涵盖智者派、伊壁鸠鲁学派和斯多葛学派的教育思想，这些思想同样也是希腊教育思想的重要组成部分。而且，就历史影响而言，至少在罗马时期，斯多葛学派实际上丝毫不亚于苏格拉底等人的影响。同样，新教育运动和进步主义教育运动也不能完整反映19世纪末20世纪初欧美教育思想的丰富性和多样性。第二，就教育家个体而言，虽然其思想通常都表现出一定的倾向性或具有某些明显的特征，可以将其归纳到某一个流派或思潮之中，但是仍会出现"百密一疏"的情形，尤其是对于那些著名教育家而言，由于其思想的丰富性，难以被精确地归纳到某一个流派或思潮之中，例如夸美纽斯、洛克、卢梭、杜威等。对于这种情况，学者们通常使用的处理方法是将这些大教育家思想中的不同部分分别置于不同的流派或思潮之中，例如将卢梭的教育思想分别归纳到自然主义和民族主义，将杜威的思想分别置于进步主义和实用主义等。这样做的结果必然是将某一个教育家的思想碎片化。一部教育思想史如果都是或在很大程度上是以牺牲那些大教育家思想的整体性为前提，那么，思想史研究的意义必然会受到严重的影响。第三，使用一些源自哲学史、政治史、思想史的宏大概念将不同历史时期和不同教育家的思想进行概括、分类，虽然是一种值得不断尝试的方式，但如果忽略了这些概念本身的来源、内涵、外延以及它们之间存在的交叉、矛盾，或者不加清晰地界定，就会造成理解上的歧义，从而不可避免地产生种种混乱。例如，以理性主义概括苏格拉底、柏拉图和亚里士多德等人教育思想的特征固然可行，但又如何界定近代以来、特别是18世纪启蒙运动后普遍产生的具有理性主义倾向的教育思想呢？如果使用的是同一个"理性主义"概念，那又该如何加以区分呢？第四，运用不同的概念对不同历史时期的教育家思想进行归纳概括，客观上造成了以研究者主观的因素剪裁历史的结果。西方教育思想史著作中出现的各种"主义""流派"是后人对前人教育思想的"分类"，目的是更好地理解前人的思想，但如果过于注重这种分类，必然会导致标签化，导致对前人教育思想进行主观、随意的解读和演绎。这样的教育思想史研究有可能产生"非历史"甚至"反历史"的后果。

二

现有西方教育思想史研究中存在的更为重要的问题，是对教育思想史研究领域的狭隘理解。在现有著作中，有研究者认为："顾名思义，西方教育思想史，自然是要研究西方世界教育思想的产生、形成、发展和演进的历史，阐述和分析这一思想产生、形成、发展和演进的主客观的社会条件、具体内容和特点，在当时起什么作用，对后世产生何种影响。很显然，西方教育思想史的研究与各历史时期的重要教育家、思想家的教育思想有直接关系和紧密联系。但它并不等于各历史人物教育思想的单独的分别的论述和简单的次序排列。更为重要的是从其发展、演进过程中，来提示具有普遍意义的对人类教育发展有重大作用、影响和价值的东西。"① 有研究者认为，作为人类理性的产物，教育思想是主体运用一定的概念、范畴对教育现象的把握，它是一种沉思活动的结果，并且是以某种确定的形式得到固化或以某种方式明确表达出来的。由于这个原因，教育思想虽然并不总是按照严密的逻辑体系加以组织和表达的，但是，它始终具有一定的概括性、普遍性和系统性。西方教育思想史所探讨的正是这种意义上的教育思想在西方世界中的演变。教育思想史所涉及的不仅有职业教育家们的思想、学说，而且包括哲学家、思想家、政治家、科学家等关于教育的主张、理论。这些思想和理论都曾对西方国家的教育发挥过不同程度的影响作用，直接或间接地制约了西方教育思想的变迁，因而构成了西方教育思想发展的主流，代表着西方教育思想发展的基本方向和基本特性。② 有研究者认为，教育思想史应至少需要关注三个层面的问题：（1）教育与社会发展的关系，即教育在社会变革与发展实践中所处的地位、所发挥的作用，政府与社会为促使教育的良性发展以教育政策、教育管理与实施机构和体系的建立所反映出来的教育观念、教育价值与教育理想；（2）教育与个人发展的关系，在个人身心健康、知识积累、道德完善的过程中教育的贡献与作用，个人如何正确理解教育的个人成长作用，在教育发展与个人成长之间如何实现最佳的最有效率的结合；（3）教育内部各要素之间的关系，在教育目的、内容、方法、手段、体系、制度诸要素之间如何实现一种最佳的配置。对于一位教育家抑或思想家而言，对上述三个方面问题（或其中部分问题）的关注与思考结果便构成各自的教育思想体系。③

从以上表述中可以看到，现有研究基本上都把教育思想史的探索聚焦于诸如苏格拉底、柏拉图、亚里士多德、西塞罗、昆体良、马丁·路德、夸美纽斯、洛克、卢梭、裴斯泰洛齐、赫尔巴特、福禄倍尔、斯宾塞、蒙台梭利、杜威等著名教育家的教育思想上，对这些著名教育家思想的探讨构成了教育思想史研究的主体，构成不同教育思想史著作的主

---

① 王天一、方晓东编著：《西方教育思想史》，湖南教育出版社1994年版，第2页。
② 张斌贤主编：《西方教育思想史》（修订版），人民教育出版社2011年版，第2—3页。
③ 张斌贤主编：《外国教育思想史》，高等教育出版社2007年版，第1页。

要部分。这种视野不仅存在于"人头史"的编撰方式中,其他两种不同类型的编撰方式实际上也是以不同方式呈现了对这些著名教育家教育思想的认识和理解。以这样的视野把握教育思想史,其益处是可以突出重点,在有限的篇幅内较为清晰地梳理西方教育思想史的基本线索,并对重要的教育家和教育思想进行充分的研究。鉴于中国的西方教育思想史研究的基础较为薄弱,文献史料的充分积累仍有待时日,以这样的视野认识和研究西方教育思想史也是迫不得已之举。但即便如此,也应当清晰地意识到这其中存在的局限性。

之所以把这些著名教育家的教育思想作为教育思想史研究的主体,其基本的原因是,在教育思想史研究者看来,它们比其他人的思想更为丰富、系统、完整,比同时期其他人的思想更能反映该历史时期人类对教育认识所达到的先进水平。更为重要的原因则在于,教育思想史研究者通常都认为这些著名教育家的思想对不同时期的教育发展及后代教育思想的生成发挥了重要和深刻的影响。这些判断是否能完全成立呢?似乎从来也没有人对这些判断提出质疑,似乎它们已是不言而喻、不证自明的公理。但事实并非完全如此。一方面,迄今为止,似乎还没有专门的研究对某一个著名教育家(如卢梭)与其同时代的其他教育家的教育思想进行比较,从而证明该教育家的思想足以反映其所处时代教育认识达到的先进水平。另一方面,至少就现有研究所提供的结论而言,并非所有著名教育家对教育历史演变的影响都是确信无疑的,有些众所周知的判断实际上并没有足够的历史事实作为支撑。例如,关于卢梭是教育史上的哥白尼、他发动了教育重心从成人向儿童转移的哥白尼式革命的判断,就是一个著名的实例。[①] 再如,一般都认为杜威是美国最为重要的教育家,他对美国 20 世纪教育产生了无与伦比的重大影响。但这实际上是一种非常模糊的、很不确定的判断。以 1906—1917 年职业教育运动为例,这场运动直接导致了 20 世纪前期美国职业教育体系的建立,而更为重大的影响却在于对美国公立学校教育目的、职能的重大转变。杜威虽然直接参与了这场运动,其观点在当时也受到关注,但没有产生实际的

---

① 张斌贤、王慧敏:《从神话到历史:教育中未曾发生的"哥白尼革命"》,《教育学报》2014 年第 2 期。

影响。大卫·拉伯雷在《杜威是如何失败的：大卫·斯内登和社会效率论在美国教育改革中的胜利》一文中讨论了职业教育运动中杜威与斯内登（David Snedden）之间的争论。他指出，从表面上看，杜威在这场论争中似乎是赢家；但是，如果说杜威赢得了这场争论，那么，斯内登则赢得了在 20 世纪为美国教育确定更为广阔的教育目的的战争。这是因为，这场争论后发生的两个事件——1917 年《史密斯—休斯法》的颁布和 1918 年《中等教育基本原则》的发表——实际上都反映了斯内登等人的思想，而正是这两个事件奠定了随后 100 年间美国教育制度的基调。[①] 他强调指出，在某种程度上，杜威在教育界的名声是他在改变美国学校上失败的反映，而斯内登的默默无名正是他成功的表现。[②] 再一方面，在那些通常被当作教育思想史主角的著名教育家中，他们的历史地位其实更多的是来自他们作为哲学家、伦理学家或宗教改革家所产生的影响而非他们的教育思想。例如，很难找到确定的史实证明苏格拉底等人教育思想的具体影响。

更为重要的是，即使那些著名教育家的教育思想足以反映其所处时代教育认识的先进水平，并确实产生了足够重要的历史影响，也不能因此断定他们的教育思想完整地反映了教育思想在历史进程中的变迁，不能认为他们的教育思想之和就等于教育思想史。从广阔的视野看，对一个民族、一个国家或一个时代教育运转和变化发生影响的思想动力来源是多样的、复杂的，著名教育家及其思想至多只是其中的一个来源，而且也未必总是主要的来源。深藏在一个民族观念中的价值观、政治文化、意识形态乃至宗教信仰等，都是影响不同国家、不同时期教育演化的重要思想和观念力量。与此同时，随着时代的变迁，一个教育家的思想风靡一时、声震八方的社会条件实际上已经不复存在。在当代教育思想史上，已经很难再找到类似赫尔巴特、杜威这样具有完整教育思想体系、

[①] Labaree, D. F., "How Dewey Lost: The Victory of David Snedden and Social Effciency in the Reform of American Education", in T, Daniel. T, Schlag. &Osterwalder, eds. *Pragmatism and Modernities*, Boston: Sense Publishers, p. 164.

[②] Labaree, D. F., "How Dewey Lost: The Victory of David Snedden and Social Effciency in the Reform of American Education", in T, Daniel. T, Schlag. &Osterwalder, eds. *Pragmatism and Modernities*, Boston: Sense Publishers, p. 186.

其思想涉及当代教育所有基本问题、其影响跨越国界的教育家。在这种情况下，用以往将教育思想史简化为著名教育家的思想列传的视野进行研究，就难以认识当代教育思想史。

将著名教育家的教育思想当作教育思想史的主体，而这些思想通常都被认为完整和真实地存在于这些教育家的著作之中，因此，现有的教育思想史研究通常都把著名教育家的教育著作当作教育思想的基本的甚至是唯一的来源，把对这些经典的教育文本的解读当作研究的主要方法。教育思想史的研究就是通过解读经典的教育文本，从中发现微言大义，加以归纳概括、阐释发挥，并以当代人容易接受与理解的方式或结构进行建构。尽管研究者也强调对那些一身"兼任"哲学家、思想家和教育家的教育思想之哲学、伦理学、政治学和心理学基础的探讨，但事实上对这些教育家在教育之外著作的解读往往是不全面和不充分的。一方面，从教育家的著作中探寻其教育思想的精义，当然不失为一种必要的方法，但对于真正深入和完整地理解某个教育家（尤其是那些"身兼数任"的大教育家）而言，这种方法是远远不够的。这是因为，从教育家的教育著作中只能提炼教育家本人关于教育问题"说了什么"和"怎么说的"，而难以深入地把握他"为什么说"，或者说难以确定其教育思想的理论基础。另一方面，只专注于经典的教育文本，同样也会忽略对这些经典中所蕴含的教育思想产生的具体的现实基础的分析。这事实上是现有教育思想史研究中存在的非常普遍和突出的问题。诸多教育思想史的研究成果都力图从教育家所处的时代特征、该时代的政治经济条件等方面提供特定教育思想产生的背景分析，但或是由于机械地遵循经济基础与上层建筑关系的理论，或是因为过于宏观，难以有力地说明特定教育思想产生的现实条件，也不能有效地提供理解这种教育思想的切入点。所谓的背景分析实际上就成了一种形式或摆设。

由于不能充分地提供特定教育思想产生的具体、确定的社会文化条件，也就难以对这种教育思想特定的文化语境与社会语境进行分析，由此造成的问题不仅在于使经典的教育文本变成完全孤立的存在，其中所蕴含的教育思想也就成了无本之木、无源之水，更为严重的是使不同时期教育家的教育思想失去了其时代特征。仔细阅读诸多教育思想史的研究成果，很难发现不同时期教育家思想之间的时代差异。在一些论著中，不同时期的教育家探讨的问题具有一致性，使用的概念基本相近或相同，提出的结论也似乎没有严格的差异。在这种情况下，教育思想史研究就完全丧失了其历史性。

三

有很多途径或方式有助于推动西方教育思想史研究的深入和拓展。但真正具有建设性意义的途径或方式既不是在已有教育家的名录上再增加几个，从而使教育家的画廊不断延伸，也不是以原有的编撰方式新编几种西方教育思想史著作，从而使研究成果的数量继续增长，更不是只在表面上借用思想史、观念史的名词和概念，而应在对研究现状的深刻反思中发现已有研究工作存在的基本问题，分析问题的特征和成因，进而探索解决问题的主要途径。只有这样，才有可能使西方教育思想史的研究取得实质性进步。

从西方教育思想史研究的长远发展看，首要的问题是放弃将研究的主要对象和范围局限在那些具有完整和系统的教育思想并通过文字呈现出来的著名教育家的教育思想的做法，进一步拓宽研究的视野，进而形成关于教育思想史研究范围或边界的新认识。这首先涉及什么是教育思想史中的教育思想，即教育思想史的研究对象问题。

众所周知，在人类历史的漫长时期内，无论教育活动的性质和内容还是教育活动的形态和结构，都处于不断地变化中。在很长的历史时期中，教育都不是一种专门的社会活动，它贯穿、渗透或弥散在人类的生产活动、文化活动、政治活动乃至宗教祭祀活动之中。直到近代，教育才逐渐开始成为一项专门化和制度化的社会活动。这也就是说，不同时代人们所认识的教育并不是同一个抽象物，而是存在着显著差异、处于不断变化过程的复杂的人类活动。不仅如此，在不同历史时期，人们认识世界、认识社会以及认识人类自身的方式和方法也存在着很大的不同。因此，不仅不同时期人们所认识的教育不同，他们如何认识教育的方式也存在着巨大的差异。在教育尚未成为一种专门的社会活动的年代，对教育活动的认识就难以成为专门的思想活动，也就不可能出现专门讨论教育问题的著述。没有专门的教育著述，也就意味着对教育的思考就不可能是完整的，因而也就不可能是系统的。这就是为什么从苏格拉底、柏拉图、亚里士多德、西塞罗、昆体良直到奥古斯丁、托马斯·阿奎那，欧洲没有出现真正意义上专门和系统的教育著述的主要原因。柏拉图的《理想国》虽然被国内诸多教育史学者认为是西方第一部系统讨论教育问题的著作，昆体良的《雄辩术原理》被当作欧洲第一部专门研究教学问题的著作，但严格地说，这两部著作都不是主要讨论教育和教学问题的，《理想国》是在讨论国家、正义等政治问题时涉及教育问题的，《雄辩术原理》也是在讨论雄辩术的基本问题时涉及雄辩家的培养问题的。

西方历史上专门讨论教育问题的文献较早出现在文艺复兴时期，弗吉里奥（Pietro Paolo Vergerio，1349—1420 年）的《论绅士风度与自由学科》、伊拉斯谟的《基督徒的教育》和《男童的自由教育》以及比维斯（Juan Luis Vives，1492—1540 年）的《女子教育的正确方法》和《基督教女子教育》是这类著作的主要代表。值得注意的是，从弗吉里奥到洛克，即使是专门的教育文献，也只是谈论中上层家庭对成年子女的养育和教育问题，基本不涉及整体的教育问题。这就是说，这些教育文献的作者基本上是把教育问题当作家庭事务或私人事务，而不是公共事务，这或许就是为什么这些教育文献常采取书信方式的原因之一。只是到 18 世纪末 19 世纪初，才出现了真正意义上完整和系统的教育著作，代表性著作就是康德的《教育学》和赫尔巴特的《普通教育学》。如果按照已有的认识，以"完整"和"系统"的标准"筛选"教育家的教育思想，那么，西方教育思想的历史只能从 18 世纪末 19 世纪初开始，而从古希腊到 18 世纪，只能视为是西方教育思想史的史前史。在这种情况下，西方教育思想史需要完全重新书写。

正如不同时期的教育具有不同的社会形态一样，不同时期人们呈现教育问题思考结果的方式也是不同的。所谓完整和系统的思想，是现代人对思维品质的要求，而不是一切时代人类认识的特点。正如史诗曾经是早期人类文化的表现形式、对话体是古代著作的写作方式一样，在现代人看来不那么"完整"和"系统"的认识方式和表述方式，正是古代人表达教育认识的方式。史诗、神话、寓言、诗歌、格言、书信、小说、讲演、专题论文和著作等，都曾是不同时期人们表达对教育认识的重要方式。如果按照现代人的标准，洛克的《教育漫话》、裴斯泰洛齐的《葛笃德如何教育子女》、卢梭的《爱弥儿》都不能成为教育思想史的研究对象，因为前二者是书信，后者则是小说。这些作品中都没有包含所谓的"完整"和"系统"的教育思想，出现在教育思想史著作或相关教科书中洛克、卢梭和裴斯泰洛齐的教育思想以及其他教育家排列整齐、逻辑严密的教育思想体系，实际上是现代人用自己的思维方式和偏好重构教育思想和教育思想史的结果。这种重构的结果是排除了历史上曾经出现的、以多样的形式所呈现的丰富多彩的教育思想，从而使教育思想史简化为著名教育家的教育思想史。无论如何，这不是完整的教育思想史，甚至都称不上是真正的教育思想史。与此同时，由于将教育思想史的研究对象规定为完整和系统的教育思想，因而研究的视野必然局限在经典的教育著作。这是因为，在通常情况下，完整和系统的教育思想只能或者主要是通过这些文献呈现出来。这样，教育思想史研究的重点与其说是教育家，还不如说是教育家的著作。教育思想史因而被简化为教育著作史。

从理论上来讲，真正完整的教育思想史应当研究人类历史上曾经出现的一切教育认识成果，应当努力完整、充分和客观地反映不同时期人们对特定教育问题的认识状况，而不论这些认识是如何进行的、认识的成果是以何种方式呈现的。也就是说，教育思想史中的"教育思想"应当是无所不包的，只要反映教育认识的文献史料存世，作为研究的依据，一切反映不同时期人类教育认识的成果都应成为教育思想史的研究对象。

而在实践上，教育思想史研究当然不能、也不可能穷尽历史上曾经出现过的所有关于教育的认识，因此，选择是必然的，也就是如何合理地确定教育思想史研究的边界。而确定边界的关键是形成更为符合历史客观过程的"标准"，从而尽可能客观和全面地反映教育思想的历史过程。与"全面""系统"相比，以实际的历史影响作为选择的依据，虽然不能完全排除人为和主观的因素，但毕竟这种影响是可以证实的，是能够从不同历史时期的文献史料探寻其留下的印迹的。

也就是说，作为教育思想史研究对象的"教育思想"，是各个历史时期先后形成的所谓历史影响，是指某种特定的教育思想对其形成的时代或后代人们的教育实践和教育认识曾经发挥了实际的启发、引导、指导等作用。这样的教育思想未必都是完整和系统的，也未必是以专门的著述方式呈现出来的。例如，《圣经》、托马斯·阿奎那的《神学大全》等都不是专门的教育著述，也没有提出完整和系统的教育思想，但都曾对西方教育产生了重要和深远的影响。又如清教教义中所包含的教育观对北美殖民地、进而对美国教育历史也曾产生重大的促进作用。如果以这样的视野认识教育思想史，不仅会大大拓宽研究领域、丰富教育思想史的文献来源，而且将有助于深化对教育思想史的认识；更为重要的是，它有助于还原教育思想史的历史特性。

如果将人类历史上曾经出现并产生过实际历史影响的教育思想、主张、见解和认识作为教育思想史的研究对象，将这些思想和认识的历史变化作为教育思想史的研究范围或边界，那么，教育思想史的文献来源将得到极大地丰富和扩充。经典的教育著作将继续作为重要的史料来源，大量的政策文本、民俗、宗教经典和文献、文学作品、法院文件、民间组织的报告等各种形式的文献都有可能成为研究者挖掘不同历史时期教育思想的重要史料来源。不仅如此，由于大量历史事件、不同时期人类的教育活动和实践中也包含着一些虽然并非系统和明确的教育认识或主张，但是从这些"传统上"属于教育制度史研究的对象，它们当中同样可以挖掘出丰富的教育思想。这在客观上也有助于打破长期以来一直困扰教育史学界的教育思想史和教育制度史两个研究领域之间的人为分割状态。

以这样的视野把握历史上的教育思想，从各种形式的文献史料中梳理不同时期、不同社会和不同人对教育问题的认识、思考及其中蕴含的价值观，分析这些认识和思考以及价值观产生的现实原因和理论依据，探索这些认识、思考和价值所要解决的主要问题，进一步研究这些认识、思考的方式及其表达方式与时代文化、思想特征之间的关联，理解和阐释这些认识和思考的结果，并从历史的联系中考究某一种教育思想与同时代其他教育思想的联系以及与后代教育实践和认识的联系，只有这样，才能真正揭示不同时期人们教育认识的特殊性、差异性。而正是这种特殊性和差异性，构成了教育思想史的本质属性。也只有这样，才有可能使教育思想史的研究得以改观。

四

在拓展研究视野的同时，还需要在新的视野下实现认识视角的合理转换。如上所述，不同的编撰方式实际上就是从不同角度对西方教育思想史的观察、认识和理解，是教育思想史研究的不同视角。任何一种观察和认识都只能通过特定的视角进行，而任何一种视角只能观察和认识到教育思想史的某一个方面或层面，难以真正全面地把握教育思想史整体。因此，视角本身只有差异而无高下。问题的关键在于，如何在特定视角的观察和认识中，尽可能地达到该视角所允许的最大限度的认识的广度、深度和清晰度。例如，在"人头史"的编撰方式中，研究者通常主要注意某个教育家的生平和教育活动、所处时代特征、其哲学等方面的思想、其主要教育思想及其历史影响。但在实际上，通过这个视角，能够获得的认识还有很多，有三个非常重要的问题目前是被完全忽略的，至少没有引起足够的重视。

第一，不同教育家所处时代所面临的主要教育问题或教育家思考和解决的主要教育问题。教育思想史研究者通常都认为教育家的思想是对其所处时代的特定教育问题的思考和解答，在一般情况下，研究者会或多或少地注意分析该教育家所处时代的教育状况。但是，或许是因为文献史料的缺乏，或者是研究者的努力不足，现有的研究成果很少能真正具体、全面地从对不同时代教育状况的分析中清晰地梳理出教育家所处时代的主要教育问题或者教育家主要探讨的问题。从现有教育思想史的著述中，读者通常不大可能对从苏格拉底直到杜威等不同历史时期教育家所面临的、特定的主要教育问题获得清晰的认知，很多时候得到的是模棱两可、似是而非的结论。例如，不少著述在讨论卢梭自然教育思想的背景时，总是提到卢梭旨在反对权威主义和强迫纪律盛行、戕害儿童天性的封建教育，但又很少提供史实具体说明18世纪中叶前后法国教育如何盛行成人权威等状况。在现有的教育思想史著述中，这种状况并不是例外，甚至可以说是普遍现象。事实上，如果不能清晰地梳理出不同时代或不同教育家所探讨的主要教育问题，就很难准确地把握教育家教育思想的出发点和背景，难以历史地认识教育家在多大程度上解答或解决了这些问题，也难以深入地理解教育家的思想。由于这样的原因，也就很难真正充分合理地判断这种教育思想的历史贡献。

更为有害的是，由于不能具体、深入地梳理和分析教育家教育思想的出发点和背景，不能充分挖掘不同时期教育家所探讨的教育问题的历史性，就造成了这样一种结果，即不同时期的教育家（特别是那些大教育家）所思考和解答的并不是特定历史和社会条件下的特定的教育问题，而都是一些具有普遍意义和永恒价值的重大问题，这些问题超越了时空条件的限制，成为所有历史时期人类共同面临的教育问题。那些大教育家之所以在教育思想史上占据着特殊的地位，正是因为他们在解答这些普遍和永恒的问题上为后人留下了丰富的思想财富，这些财富不仅启发和激励着后人的思考，而且为后人的探索提供了基础，由此形成了教育思想前后相继、生生不息的宏大历史。如果真是这样，教育思想史就成了一部神圣观念的演化史，事实上就成了宗教史。

第二，不仅不同时期教育家所探讨的主要教育问题不同，他们思考与解答这些问题的方式、提出结论的依据以及呈现其思想结果的方式也存在着种种差异。这些差异既取决于教育在不同发展水平社会中所处的特定环境，也受到不同时期人们认识方式、文化特征的制约。分析这些差异并不是为了做出优劣高下的比较，而只是为了更深入地分析不同时期教育家探索教育问题的方式与方法，从而进一步理解其教育思想形成的内在机理。

第三，不仅整个人类对教育的认识在不同时期经历着变化，教育家个体的教育思想也是一部历史。但在现有的教育思想史研究成果中，除卢梭等极少数教育家之外，研究者通常将特定教育家的教育思想作为一个整体进行静态分析，很少注意其教育思想体系中存在变化、差异的方面，似乎教育家的教育思想是在一夜之间就形成的，没有一个生成、变化的过程；似乎教育家的教育思想体系都是一个和谐完美的整体，其中不存在自我修正乃至自我矛盾的地方。其实，对于诸如夸美纽斯、卢梭、裴斯泰洛齐、赫尔巴特、杜威这样著述丰富的教育家而言，在其对教育问题的长期思考过程中，思想认识的变化不仅是可能的，而且是必然的。深入分析特定教育家教育思想的形成、变化过程，不仅是必要的，更有助于在"人头史"的视角下，丰富和深化对教育家教育思想的理解。

与此同时，也应当看到，即使把特定视角的作用空间挖掘到极致，单一视角的认识仍具有自身不可克服的局限性，因此，需要转换视角，从不同的视角进行观察。研究者从不同的视角能够看到不同的教育思想史风景，而不同的风景都反映了教育思想史的不同侧面，由此形成了教育思想史所具有的多样性、丰富性和复杂性。这也正是教育思想史的魅力所在，也是不同时代的学者之所以孜孜以求不断探索的原因所在。

从教育思想史著作编撰的实践看，这似乎并不困难，似乎只要在同一部教育思想史著作中，综合运用上述三种不同的编撰方式，或者将三种不同编撰方式所包含的意图充分体现出来，就有可能避免仅仅运用单一方式所产生的局限。实则不然。从以上著作的体例可以看到，作者们往往为了保持著作在形式上的统一、和谐与美观，有意无意地回避这种选择。这并不只是受到作者思维定式的作用，还在于中国学者对西方教育思想史的研究起步较晚，基础薄弱，研究者对西方教育思想史的整体把握尚未达到"了如指掌"的程度，也难以在形式上自如地驾驭教育思想史的内容。这个过程既难以避免，也将是长期和曲折的。尽管如此，以现有的研究基础，也并非无能为力，并不能因此而无所作为。

首先应当清晰地意识到单一视角存在的局限性，从而避免作茧自缚。更为重要的是，应当深刻认识到不同视角之间存在的相关性。从上述三种不同的编撰方式看，它们之间的差异虽然是明显的，却不是根本的。它们之间的区别实际上主要在于，是从个体出发观察教育思想史整体，还是从局部的整体（时代或思潮）出发把握教育家个体。但是，无论选择何种视角，教育家个体与一个时代的教育思想之间、与某一特定的教育思潮或思想流派之间，都存在着密不可分的联系。没有教育家个体，就没有一个时代的教育思想，也就不存在某一个教育思潮或流派史；反之亦然。另外，无论聚焦于教育家个体，还是对不同教育家的思想倾向和时代特征进行概括、归类，都离不开基于充分的文献史料对教育家教育思想的广泛和深入的解读，离不开对教育家所处时代教育基本问题的梳理，离不开对不同时代教育家思想之间关系的分析，同样也离不开对不同时代社会文化、政治经济和知识状况的了解，离不开对同时代不同教育家思想之间关系的分析。

因此，问题的关键并不在于选择何种视角去认识教育思想史，而在于如何运用不同的视角去认识。如果真正能从教育思想历史发展的整体出发，具体把握教育家所处时代的教育问题、社会条件和知识状况，并从动态的角度分析教育家思想的形成过程，即使是较为传统的"人头史"，也同样能够产生有分量和新意的教育思想史研究成果。与此同时，过分追求将不同时期的教育家"分门别类"，热衷于将不同的教育家归入某个思潮或流派，不仅会阻碍对教育家思想整体的充分认识，而且难免削足适履。例如，在没有对进步主义教育运动进行清晰界定的前提下，将杜威教育思想归入进步主义，甚至将杜威教育思想当作进步主义教育运动的理论基础，就是非常典型的实例。类似的实例还有很多。客观地说，这种标签化的研究方式其实并不有利于教育思想史的研究。

要拓展研究视野，转换认识视角，基本的前提是从根本上强化史料意识，大力加强文献史料建设。西方教育思想史研究对象的特殊性在很大程度上决定了获取文献史料的难度。1949年以前，西方教育思想史的研究处于起步阶段，文献史料的建设尚未提上"议事日程"。1949—1978年，客观条件的限制既中断了西方教育思想史的研究，又严重影响了文献史料的建设。而始于20世纪80年代的西方教育思想史研究正是在这样的文献史料的基础上开展的。

长时间内形成的史料匮乏状况不仅直接制约着已有的西方教育思想史研究，更为严重的是由此造成了史料意识淡化的后果。迄今为止，对史料的重视程度、运用史料的规范程度仍有巨大的提升空间。而这又进一步产生了低水平重复研究等一系列相关问题。例如，卢梭和杜威是近30年来一直受到研究者较多关注的教育家，时有关于这两位教育家的著述面世。但如果对30年来有关两位教育家教育思想研究的主题、所使用的文献以及取得的结论等方面进行比较就可以发现，在研究的主题上存在着高度的重复性，在研究的结论上具有惊人的相似性。这实际上说明，有关卢梭和杜威教育思想的研究在过去30年间是有增长而无发展。造成这种表面繁华、实则贫乏现象的一个重要原因是不同时期的研究者所使用的文献史料在数量、范围和结构上基本相同，少有显著的变化。

上述现象其实不难解释。如果研究者只能占有或使用卢梭和杜威本人少数几种著作，并且很少关注前人已有的研究文献，那么，他也只能在一个极其狭隘的空间中进行思考，既不能拓宽认识的眼界，也无法转换分析的视角。如果不同时期的研究者都是在这样的状况下开展研究工作，那么，尽管时间流逝，认识也不会因时间的变化而发生变化。

史学界曾有"史学即史料之学"的断言，这固然具有很大的片面性，但至少它表达了一个朴素的哲理，即文献史料是历史研究的基础，文献史料在数量上的丰富性、范围上的广泛性和结构的合理性决定了历史研究如何进行以及可能取得的结果。对历史研究者而言，这本是一个类似于"1+1=2"的常识问题。但在西方教育思想史研究的具体实践中，情况似乎并不乐观。如何使史料意识真正成为研究者内在的自觉意识，进而转变成为一种坚定的研究信念，并将这种信念转换成为支配行动的内在力量，是亟待解决的关键问题。只有彻底解决了这个问题，才有可能最终实现拓展研究视野、转换认识视角的目标，西方教育思想史的研究也才有可能迎来一个崭新的开端。

西方教育史学研究综述（2000—2015 年）

周 采[*]

[摘 要] 西方教育史学史是教育史的一个重要分支学科，有助于拓宽西方教育史研究领域，对相关研究成果进行反思。从 2000 年至 2015 年从国内对西方教育史学史研究来看，对西方教育史学的理论依据、西方教育史学的发展格局、西方国别教育史学研究和西方教育史学流派研究较多，对了解我国在西方教育史学史领域的研究状况和发展态势有一定意义。

[关键词] 西方教育史学；教育史学理论；教育史学流派；西方国别教育史学

西方教育史学史是教育史学科中的一个重要分支学科，作为一个基础性的学科，是对西方教育史著述的一种反思。西方教育史学史的价值在于为我们认识当代西方教育史学的发展提供了一个认识的基础和参照标准，有助于中国的西方教育史学研究在新时期所面临的各种挑战中获得新的发展。

一 西方教育史学研究的理论思考

从事西方教育史学领域的研究，首先，必须关注研究的对象是什么。

---

[*] 南京师范大学教育科学学院教授。

教育史的研究对象是教育发展的客观历史进程,"教育史学史则是对教育历史认识的再认识,反思的再反思。"① 大多数教育史研究者主要致力于从教育历史发展客观进程的研究视角去探究,对于教育史著述本身的研究显得较为薄弱。研究主体对于教育发展的客观历史进程的认识是否科学,在很大程度有赖于从教育史学史的视角对其进行反思。其次,探讨教育史研究的前提假设及其意义。例如,在对美国教育史学史上的两位著名代表人物卡伯莱(E. P. Cubberley)和克雷明(Lawrence Cremin)的教育史学思想进行研究和比较,认为"单单史实本身不可能自发地或自动地形成教育史学,最后赋予史料以生命的或者使史料成为教育史学的,是要靠教育史学家的思想。"② 再次,从教育史研究前提假设的意义出发,探讨马克思主义史学理论对于教育史研究的重要意义。在研究过程中,运用唯物史观进行教育史研究时,应关注我国研究马克思主义史学理论的最新动态和成果;了解和研究马克思主义史学理论有助于研究战后西方教育史学史,因为西方各国的教育史学发展的历史表明马克思主义曾对西方教育史学研究的发展产生过重要的影响③。最后,探讨民族主义与西方教育史学研究之间关系的重要理论意义。从民族主义视角关注近代西方民族国家史学的兴起及其当代转型以及民族主义对西方教育历史发展的深刻影响,进而反思近代以来西方教育史学历史发展的若干问题④。民族国家史学的发生和发展在西方有其一定的历史背景。兰克史学的成功就在于确立了民族国家史学的范式。但民族国家史学也存在一些明显弊端,突出表现在民族国家史学是西方中心论在历史著述上的集中反映,即强势文化或文化霸权的反映。我们应关注近代以来民族主义思潮或思想如何影响了近代以来西方教育史学的发展;从比较的视角研究近代西方各国教育史研究的民族风格;关注民族国家史学的转型对于西方教育史学的影响。

一些研究者从美国和加拿大教育史学研究的一些案例出发,对西方

---

① 周采:《关于外国教育史学史研究的思考》,《教育研究与实验》2002年第2期。
② 周采:《教育史研究的前提假设及其意义》,《河北大学学报》2008年第1期。
③ 周采:《马克思主义史学理论与教育史研究》,《合肥师范学院学报》2009年第4期。
④ 周采:《民族主义与西方教育史学》,《大学教育科学》2012年第1期。

教育史学研究中的一些理论问题进行了思考。其一，以美国著名教育史家的教育史编撰为案例，分析了教育史家在教育史编纂中的现实主义和功利主义动机，认为"克雷明教育史编撰之现实主义和功利主义的动机表明，教育史学家的主体性得到了充分的发挥，这也从反面证实，我们平常所接受的教育史文本，只是多种可能性中可选择的一种"①。其二，研究了"家庭策略"方法在加拿大教育史研究中的运用，在此基础上展示了家庭史和教育史相结合在方法上的互补优势，思考了对我国教育史研究一些借鉴意义②。其三，回顾了美国教育史学研究在中国三十年的发展历程，认为"经历了探索与沉寂、译介与开拓、深化和独创几个阶段，成为近百年来我国外国教育史学研究最为令人瞩目的一页"③。其四，从后现代主义视角研究了历史的故事性内含了史学的受众维度，认为"史学受众的问题实际上是史学认识论批判的内容。从史学受众视角出发，可以发现教育史学的危机可以转换成一个受众流失的问题。教育史学可以从内外两方路向寻找受众，以摆脱危机走出困境"④。

二 战后西方教育史学发展格局

首先，关注了历史研究视角的转移对拓展战后西方教育史学研究领域的影响。传统历史学是"自上而下"的历史学，关注帝王将相和社会精英，主要依据档案进行研究。从传统的西方教育史研究领域来看，主要关注政府的学校教育政策或立法以及大教育家的思想或理论。而战后"自下而上"的历史学的发展给西方教育史学的发展打上了深刻烙印。历史学界关于"历史研究视角的转移"的含义主要指从工人运动史到劳工史，从女权运动史到妇女史，从心理史到心态史，从思想史到心智史以

---

① 武翠红、周采：《教育史学家主体性的发挥》，《上海教育科研》2009年第4期。
② 武翠红：《论"家庭策略"方法在教育史研究中的运用》，《教育学术月刊》2012年第1期。
③ 武翠红、周采：《三十年回眸：美国教育史学研究在中国的发展》，《教育史研究》2009年第4期。
④ 冯强、周采：《史学受众与教育史学》，《中国人民大学教育学刊》2012年第4期。

及口述史①。自下而上的历史学的性质和特征在劳工史、妇女史、心态史和心智史等方面取得了很多研究成果,并极大地拓展了教育史的研究领域。从美国发端的教育史学的重新定位是一个国际性的过程,几年以后就传到了欧洲大陆,社会科学和社会史导向的研究范式开始挑战传统教育史学模式。在英国、法国、德国、意大利和澳大利亚等国,自下而上的教育史学都有不同形式和程度的发展。

其次,对当代西方教育史学发展的一般趋势和特征进行了思考。20世纪的西方史学发生过两次转变,先是从传统史学(the old history)转向新史学(the new history),后又出现叙述史学的复兴,逐渐形成传统史学、新史学和新新史学"三足鼎立"的格局。在战后国际史学转向和师范教育机构转型的双重夹击下,传统西方教育史学模式也发生了相应的嬗变,先是在历史学社会科学化潮流的影响下朝着新社会史的方向发展,后来在新文化史学的影响下出现了新文化教育史学。"进入21世纪,一方面,运用传统教育史学模式研究教育史的仍大有人在,许多教育史学家为捍卫教育史学的独立性而努力;另一方面,新文化史取向的教育史学与新社会史学取向的教育史学既相互博弈又取长补短,形成了战后西方教育史学三足鼎立和多元化发展的态势。"②

最后,研究了战后西方教育史学的多元化发展的趋势。西方传统教育史学模式的基本特点是直线进步史观、自上而下的视角、注重研究制度史和思想史,在历史编纂方面则注重叙述。20世纪50年代以后,西方教育史学在国际史学潮流的影响下倾向于社会科学化的教育史学,借助各类社会科学的理论视角来研究教育史。此外,"在后现代主义历史学和新文化史学的影响下,以往的结构史和宏大叙事逐步让位于对个体教育经验的细致而深入的描述"。③ 上述研究表明,多元化发展成为当代西方教育史学发展的一般特征。流派纷呈和多元阐释的格局逐渐形成。在两次转向之后,各种意识形态影响了战后西方教育史学流派的发展,马克思主义教育史学、社会性别——女性主义即教育史学、多元文化主义教

---

① 杨豫、胡成:《历史学的思想和方法》,南京大学出版社1999年版,第163—211页。
② 周采:《当代西方教育史学的发展》,《南京师大学报》2009年第6期。
③ 周采:《多元化发展的战后西方教育史学》,《教育研究与实验》2009年第5期。

育史学、城市教育史学等都有了长足的发展。多元化发展也带来一些负面影响，如出现了所谓"碎化"危机。"由于碎化的缘故，自下而上的西方教育史学缺乏对国家、民族和教育史演变的综合性研究。此外，后现代主义思潮对教育史学的渗透更助长了相对主义，过分强调语言独立性，从而否定了评价教育史学著作的最终的客观标准"[①]。

三　西方国别教育史学

在西方国别教育史学研究方面，主要对美、英、法、德和澳大利亚等国的教育史学进行了较为深入的研究。2006年，笔者在《美国教育史学：嬗变与超越》[②] 一书中提出了百年美国教育史学史研究的宏观阐释框架，认为在19世纪形成了美国公立教育史研究的史诗模式，而在20世纪中期以后，这种美国教育史研究的传统模式受到了挑战，并在国际史学发展的影响下发生了深刻的嬗变。美国传统教育史学模式以卡伯莱编写的教材《美国公立教育》为经典代表，在美国教育史学史上有着深远的影响。而美国新教育史学的代表作是克雷明三卷本的《美国教育》。有学者认为，《美国教育史学：嬗变与超越》一书"展示了上述美国教育史学百年发展历程，成为我国第一部系统研究美国教育史学史的专著，也是我国学者撰写的第一部国别教育史学史"[③]。

2008年至2011年，有学者陆续发表数篇论文，从教育史观、教育史学认识论和教育史编撰方法等维度较为深入地研究了劳伦斯·克雷明的教育史学思想，认为从总体上看，克雷明的教育史观在很大程度上没有跳出传统的卡伯莱时代的教育史观，但不再是单线进步史观，而是一种立体多元的教育史观。克雷明在教育史料的选择上不再像传统史学家那样主要注重档案，也注重其他各种史料，如布道词、个人传记和书信等。在教育史编纂上，克雷明努力综合叙述和分析两种方法，发展了一种面

[①] 周采：《历史研究视角的转移与战后西方教育史学》，《清华大学教育研究》2010年第1期。

[②] 周采：《美国教育史学：嬗变与超越》，人民教育出版社2006年版。

[③] 邹海燕：《美国教育史学百年发展历程回眸——评〈美国教育史学：嬗变与超越〉》，《全球教育展望》2007年第7期。

向问题的叙述史学写作模式,有力地推动了美国教育史从传统教育史学向新教育史学的变革①。2015 年,学界有学者撰文研究了美国新教育史学转向中的问题意识,认为美国教育史学界于 20 世纪 50 年代以后逐渐向新教育史学转向。"其中在书写范式上的转向最具有代表性,主要表现为从传统的叙述到以问题意识为基础的叙述"②。

在法国教育史学研究方面,20 世纪中期以来法国教育史学的发展受到关注,认为 20 世纪 60 年代以后,法国教育史学在年鉴学派的影响下获得迅速发展。"其发展特点具体表现为跨学科研究方法在教育史研究中的大量应用,研究视角的转换、史料获取方式的多元化和学术成果的不断涌现。"③ 同时也注意到教育史领域的扩展带来的负面影响,主要表现是教育史学科的特点更加弱化了。

在英国教育史学研究方面,2011 年至 2014 年,对战后英国教育史学的发展及趋势以及在全球化时代背景下英国教育史研究的转向进行了探讨,认为受西方历史学转向和教育理念更新的影响,20 世纪中叶以后,英国教育史学研究从传统教育史学模式向新教育史学迈进。到 20 世纪 80 年代末,英国教育史研究也存在着碎化和缺乏实用性等问题,教育史学科面临被撤出师资培训课程的危机。经过多年努力,英国教育史学者日益重视教育史研究的实用性,注意复兴民族国家教育史研究,"促成跨民族跨文化的交流,使英国教育史研究逐渐走出危机,并重新赢得在教育学大家族中备受尊崇的地位"④。2015 年,有学者在《英国教育史学:创立与变革》一书中充分肯定了英国的马克思主义教育史学是当代西方教育史学发展中的一个重要流派,并以传统教育史学、新教育史学和全球教育史学三个范型的转换为主线,系统地研究了英国教育史学演变的历史进程⑤。

---

① 武翠红:《劳伦斯·克雷明的教育史学方法论述评》,《河北师范大学学报》(教育科学版)2011 年第 1 期。

② 王堂堂:《危机中萌发:美国新教育史学转向中的问题意识》,《中国人民大学教育学刊》2015 年第 2 期。

③ 郐春芹、周采:《20 世纪中期以来法国教育史学发展初探》,《河北师范大学学报》(教育科学版)2011 年第 1 期。

④ 武翠红:《全球化时代下英国教育史研究的转向》,《学术论坛》2014 年第 12 期。

⑤ 武翠红:《英国教育史学:创立与变革》,中国社会科学出版社 2015 年版。

在德国教育史学研究方面，笔者研究了19世纪德国经历的深刻思想变迁，揭示了近代德国历史学的民族特征，介绍了1945年以来德国历史学界的反思，并思考了对德国教育史和德国教育史学史研究的启示，尤其重视德国教育史研究的民族传统和政治语境对教育史学发展的影响[1]。战后德国新教育史学的发展经历了三个发展阶段，新教育史学的发展使德国学界扩大了"教育"概念的内涵，拓展了教育史研究领域，并广泛采用了计量史学方法。当然，"新教育史学也受到诸多批评，如教育史研究具有明显的政治化特色，并且在当今德国的教育史研究中，缺少系统的理论指导"[2]。

此外，战后澳大利亚教育史研究模式发生的主要变化也引起了关注，认为"传统传记和集体传记方法的应用，在一定程度上代表了传统教育史学的势力，和新教育史学家一起推动了澳大利亚教育史学的发展"[3]。还有学者研究了21世纪以来加拿大教育史学科的新发展的主要特点："研究主题广泛而有时代特色；注重对本土教育史学、传记研究；不同学科之间的交叉融合趋势日益明显；关注大学史研究以及对女性主义教育史研究的创新；注重加强学生的历史意识和历史思维的培养"[4]。

四　当代西方教育史学流派

所谓"学派"是指在学术研究与交流过程中逐渐形成的、在学术价值观念、研究领域和研究方法等方面有共识的群体，有一批代表性人物和被同行认可的学术创新成果。战后西方教育史学流派的发展，受各种意识形态的深刻影响，西方主要国家先后出现了修正派教育史学、西方马克思主义教育史学、女性主义教育史学和多元文化主义教育史学等流派。"其发展的一般趋势是：各流派都有自己的特征，同时又存在交叉和

---

[1] 周采：《论德国教育史学的民族传统》，《华东师范大学学报》（教育科学版）2011年第1期。
[2] 武翠红：《二战后德国新教育史学的发展及政治化特征》，《大学教育科学》2012年第1期。
[3] 武翠红：《战后澳大利亚教育史学的发展》，《教育学报》2012年第1期。
[4] 诸园：《21世纪以来加拿大教育史学科新发展》，《比较教育研究》2014年第1期。

相互影响的情形；各流派研究触角不同程度涉及劳工教育史、少数族裔教育史、城市教育史、妇女与性别教育史、婚姻与家庭史、儿童史、青年史和地方教育史等领域。在多元化发展的同时，存在着历史相对主义盛行和'碎化'危机。当代西方教育史学面临的难题是如何在多元发展的基础上进行新的综合"。①

20世纪60年代，在美国教育史学领域占主导地位的是美国公立学校颂歌模式。20世纪50年代末期，受西方历史学转向和教育理念更新的影响，美国教育史学研究模式也发生了嬗变②。在"美国新教育史转向过程中，在研究视野上转而用社会群体置换了传统关键性单一个体，研究史料上试图涵盖各种正规和非正规教育实践活动印记，研究方法上演变为以叙述为基础的问题史趋向，这些研究范式的转变让美国教育史学得以摆脱自身的学科危机的同时还获得了极大的发展空间"③。

研究当代西方史学流派的学者认为："西方妇女史研究自20世纪六七十年代以来发展十分迅速，业已成为当今蓬勃发展的社会史研究中一个令人瞩目的新领域。"④ 有学者研究了社会性别分析范畴对教育史研究的影响，认为在20世纪60年代，英国教育史学家借鉴妇女——性别史的研究方法扩大了教育史研究的视野、空间和深度。"二战后英国女性主义教育史学的发展经历了从妇女教育史到妇女社会性别教育史的嬗变过程。教育史学家围绕妇女教育问题及引入社会性别分析范畴展开激烈的争论，涌现出一大批女性教育史研究的作品，修正了传统教育史学，扩大了教育史研究的视野、空间和深度"⑤。

在美国女性教育史学史研究领域，有学者研究了战后美国女性主义教育史学的发展和趋势，认为美国女性主义教育史学经历了从妇女史到妇女教育史、从妇女—社会性别教育史研究到后现代女性主义教育史学

---

① 周采：《战后西方教育史学流派的发展》，《教育学报》2010年第1期。
② 周采：《战后西方教育史学流派的发展》，《教育学报》2010年第1期。
③ 王堂堂、周采：《微观史学思想与美国新教育史学转向》，《中国人民大学教育学刊》2014年第2期。
④ 徐浩、侯建新：《当代西方史学流派》，中国人民大学出版社2009年版，第141页。
⑤ 武翠红：《二战后英国女性主义教育史学的价值诉求及借鉴意义》，《大学教育科学》2010年第2期。

研究的转向①。将美国女性教育史学史的发展历程分为传统、现代与后现代三个历史阶段，并对不同历史时期的女性主义理论流派进行了分析。分别选取社会性别、差异和公民身份等分析框架，较为深入地研究了美国女性教育史学历史发展轨迹，认为"后现代视野中的美国女性教育史学具有'普遍史'的特点，在后现代主义女性主义的影响下，尤其强调女性在历史变迁中的双重角色以及女性群体内部的差异性和文化多元性"②。

笔者研究了全球史流派的特征，并探讨了在全球史视野下应如何进行教育史研究的问题。在后冷战时代，国际史学界加强了对世界史（world history）和全球史（global history）的关注，出现了"全球史"新学派，在历史观、历史分期、研究对象和研究方法论等方面都提出了自己的新观点，尤其关注"大范围的互动研究"。"全球史在普世价值观、历史观、研究对象、历史分期、研究方法等方面有许多新观点，对传统的教育史研究提出了诸多挑战和启示。教育史学者应密切关注国际史学发展的这种新趋势，并考虑如何加以应对，我们可以从全球史视野推进教育史研究"③。

20世纪70年代初期，英国学者运用社会总体性观点对教育史研究的目的和功能进行了反思，运用阶级冲突观念批判英国传统教育史学的直线进步史观，推动了英国教育史学转向马克思主义。"英国学者在充分理解马克思主义的理论和方法的基础上重新挖掘新史料，开辟教育史研究的新领域。从而使英国马克思主义教育史学作品继承了传统教育史学的经验主义和实证主义特征，涌现了众多思想性和可读性并重的教育史著作，取得了非常大的教育史学成就"④。

美国城市教育史学以"城市学校教育变革"为研究对象，关注城市公立学校教育的发展及变革历程。有学者较为深入地研究了美国城市教

---

① 诸园、周采：《战后美国女性主义教育史学的发展和趋势》，《清华大学教育研究》2012年第5期。
② 鲍硕来、诸园：《美国女性教育史学三重视野》，《学术界》2015年第3期。
③ 周采：《民族主义与西方教育史学》，《大学教育科学》2012年第1期。
④ 武翠红：《论马克思主义与英国教育史学的博弈与创新》，《现代大学教育》2013年第2期。

育史学的发展历程,提出了自己对美国城市教育史学发展的历史分期,认为"19世纪末到20世纪50年代初,城市教育史并没有引起教育史学家的重视。1968年凯茨的《对早期学校改革的嘲讽:马萨诸塞州19世纪中期的教育革新》标志着美国城市教育史学的诞生。20世纪70年代到80年代是美国城市教育史学发展的黄金时代"[1]。

多元文化主义是20世纪90年代西方学术界较有影响力的政治思潮,旨在清除近代以来民族主义所产生的一些伤害。到21世纪初,多元文化主义在自由主义国家逐渐式微。多元文化主义并没有成为使美国政治社会统为一体的连接纽带。"对多元文化主义思潮引发的诸多问题的思考有助于我们深入剖析美国教育史学史上的名著,进而关注和探讨当代美国教育史研究所面临的挑战与发展趋势。美国教育史学家是带着自己的价值判断来书写历史的,中国学者在将其作品作为史料时应当注意其社会政治立场或价值取向"[2]。笔者从多元文化主义视角研究美国教育史学编纂的三种模式,即卡伯莱模式(熔炉说或同化说)、克雷明模式(文化拼盘说)和斯普林模式(文化战争说),认为一定时代的美国社会文化历史背景对美国教育史学家的著述活动有重要影响。

综上所述,尽管所有新的教育史学潮流都对自19世纪末建立的支配教育史学家的民族国家的中心地位进行了挑战,但民族国家仍然在教育史写作中得以存留,只是以一种新的形式继续发展,传统教育史学在复活。另外,新教育史学也发生了变化。在全球化的趋势下,面对后现代主义教育史学带来的碎化,西方教育史学者加强了国际教育史学者的交流与合作,进行跨国和跨文化的比较教育史研究,从宏观上考察教育的发展历程,应大写教育史再生,关注新社会史和新文化史对西方教育史学发展的深刻影响。

---

[1] 邬春芹:《美国城市教育史学发展历程初探》,《河北师范大学学报》(教育科学版)2014年第5期。

[2] 周采:《多元文化主义视阈下的美国教育史研究》,《教育学报》2015年第3期。

教育史作用的社会诊断：
伯纳德·贝林教育史观解析

王保星[*]

[摘　要]　贝林在《教育与美国社会的形成》中全面展示了教育在美国社会发展中与美国精神形成中的作用，为重新诊断美国教育史作用提供了崭新视角，为美国教育史研究新观念和新范式的引入奠定了坚实基础，更为19世纪末20世纪初的美国教育史研究超越"传统派"的偏狭，成功应对教育科学与测量运动、教师专业发展和教师教育的需求和挑战，实现教育史学科研究与其他学科的结合指明了方向。

[关键词]　教育史作用；美国社会；美国教育；伯纳德·贝林；教育史观

作为人类基于传递延续自身文明成果、适应改造外部自然和社会环境需要而创生的智慧性活动，教育在推动人类社会发展的同时，不断实现着自身的改造与演进，不断书写并创造着自身的历史。教育是什么？教育与社会的形成与发展曾经维系了怎样的历史关系？展示人类当前的教育是如何从过去迥异的基础上发展而来的？此类问题的提出及问答构成了人类教育史的基本内容。美国新教育史学家伯纳德·贝林，在解构传统教育史观的基础上，对教育史在美国社会形成中的作用做出了国家

---

[*] 华东师范大学教育学部教授。

层面的诊断，构建起堪称激进的教育史学体系，进一步丰富了教育史学科效能的理论认识。

一 正规教育与社会进化：传统派教育史学要义

美国教育史学滥觞于爱德华·艾戈斯顿（Edward Eggleston）、托马斯·戴维森（Thomas Davidson）、保罗·孟禄（Paul Monroe）和库伯莱（Ellwood P. Cubberley）等围绕美国公立教育的解析而形成的"传统派"教育史学理论。

作为体现教育史独立并致力于彰显自我意识和专业尊严的教育史学理论，传统教育史学的研究、写作与教学脱离主流历史学，主张现代教育是引导人类实现自我认识的主要动力。传统派教育史学家"无一例外地把注意力投向了正规院校的教育过程"，并且"很多人把公立学校体系的发展当作美国教育史的重要主题"。[1]

作为传统教育史学理论的主要开创者与实践者，库伯莱在其系列著作《公立学校管理》（1916）、《美国公立教育》（1919）和《教育史》（1920）中，将人类教育史理解为文明史的一个阶段，主张有关学校组织和教育理论的演进在某种程度上代表了人类文明类型的进化。"进化"与"变化"成为体现其教育史观的关键词，"进化"意味着作为有机体的人类社会，在不断适应环境的过程中向着更高级的人类历史阶段迈进，而教育即成为推动人类社会发展的主要动力之一；"变化"是人类社会发展的常态，是包括教育在内的社会子系统必须理智面对并适应的外部客观现实。就社会制度构建而言，总结人类历史的有关制度经验，吸取人类已有社会制度建设的成功经验和失败教训，标志着人类社会的文明与智慧水平。库伯莱坚信，"在国家、学校、行业以及其他社会制度的重建中，教育都是建设性的工具"。[2] 同时，作为民主社会的支柱，学校也需要不断适应社会的变化。库伯莱在《美国公立教育》中，详细探析了美国公

---

[1] ［美］伯纳德·贝林：《教育与美国社会的形成》，王晨、章欢译，安徽教育出版社2013年版，第4—5页。

[2] 周采：《美国教育史学：嬗变与超越》，人民教育出版社2006年版，第45页。

立教育发展的殖民地时期的宗教起源，通过生动讲述关于公立教育"七大战役"的故事，深刻解析美国公立教育必要性、税收维持公立教育、公立学校提供平等受教育机会、国家强迫入学、国家设立教育标准以及公立教育的包容性问题，全面梳理了作为宗教信仰副产品的公立学校历时三个世纪，完成从一种宗教信仰制度向一种国民教育制度的嬗变历程，谱写了一曲美国公立教育的颂歌。

通过有关美国公立教育历史的书写与编纂，库伯莱构建了一套定义清晰、主题明确、逻辑谨严的美国教育史话语体系，其间贯穿着主张人类进步和"今源于昔并胜于昔"的历史观念。具体言之，库伯莱将美国公立教育的历史描述为一部美国公立教育为适应美国伟大民主社会的需要而奋进发展的历史，一部自由主义战胜保守主义的历史。这一历史书写模式将"教育"主要理解为"学校教育"或"正规教育"（"规范教育"）；坚信并寻找历史发展的内部关联，在殖民地时期寻找美国公立教育的宗教与社会渊源；相对于非正式的教育制度、教育活动和教育材料搜集诠释的经验取向而言，更多关注正式教育制度与活动分析和解释的规范取向。这既代表着美国教育史学早期发展的历史成就，凝结着"传统派"教育史学的理论要义和实践成就，同时也为以美国教育史学家贝林和克雷明（Lawrence Cremin）为代表的新一代"修正派"教育史学家提供了需要突破和批判的教育史学窠臼。

二 美国社会形成中教育的作用：贝林教育史学的主导性立场

1959年10月16日至17日，威廉与玛丽学院早期美国历史与文化研究所召开专题为"美国早期教育史研究"的研讨会。会间，贝林应邀作《教育与美国社会的形成》的主题报告，并在讨论与扩展会议报告的基础上，于1960年出版同名著作《教育与美国社会的形成》。

作为著名的美国史学者，贝林的研究旨趣集中在美国革命史及早期美国史领域。1953年获哈佛大学历史系哲学博士学位后，受聘哈佛大学教育学院讲授教育史。《教育与美国社会的形成》是一部贝林凝练自己的教学研究心得，系统揭示美国早期教育史研究机会与需求的奠基之作。

贝林对传统的美国教育史研究范式提出了冷静而不失尖锐的批判，前瞻性地将当时已初步成型的新社会史、文化史和思想史观念、方法与研究框架引入美国教育史研究领域，奠定了美国教育史研究新观念和新范式的坚实基础，昭示着美国新教育史学的诞生和美国教育史研究新时代的到来。[①]

基于对历史本真还原性解释所经常面临的两大障碍——辉格史观和时代错置的警醒，贝林主张，为展示美国教育如何从殖民地时期迥然不同的基础上，不断应对社会需求，解决面临的问题，扩展人类经验，最终形成明智而健全的教育决策的发生史和发展史，并对"教育在美国社会与美国特性形成中的作用"做出令人信服的表述，有必要在系统清算20世纪上半期受到多重冲击的美国传统派教育史学理论的基础上，更新教育观念，引入新社会史、文化与思想史理念与方法，以构建起新的教育研究范式与研究框架。

关于美国早期教育史研究未能对"美国社会形成中教育的作用"做出令人信服表述的原因，贝林将其概括为三个方面：一是将"教育"狭隘地理解为"学校教育"，将教育史研究范围限定在正规教育的阈限之内，难以全面考察审视美国教育的渊源与历史进程，难以立体性展示美国多元文化背景下教育使命的多样性和美国经验的独特性。二是研究者的主观意图与服务于实践的研究使命，直接催生美国教育史研究中"辉格史观"和"时代错置"现象的发生，诸如"美国教育的过去只不过是现在的缩影"，"殖民地时期的北美土壤中即已播撒了公立教育的种子"，"政治独立为教育机构的设立提供了逻辑起点"，等等，即是具体表现。三是福音主义的缺陷，过于强调以职业热情感染激励教师们，未能真正引导教师们理解不同历史阶段美国教育实际上发生了什么。"克伯莱很关心给美国未来教师们上教育史这门课，使他们对公立学校抱正确的态度"。[②]《教育史杂志》的办刊主题重现了美国教育史研究的福音主义热

[①] ［美］伯纳德·贝林：《教育与美国社会的形成》，王晨、章欢译，安徽教育出版社2013年版，第7页。

[②] ［俄］卡特林娅·萨里莫娃、［美］欧文·V. 约翰宁迈耶：《当代教育史研究与教学的主要趋势》，方晓东译，教育科学出版社2001年版。

情，教育史的主要目的在于考虑如何提高教师教育的效率，借助对未来教师进行历史思维方式和方法的训练以解决那些困扰教育政策制订的当前争论问题。①

《教育与美国社会的形成》一书前言的撰写者、早期美国史系列丛书的主持人莱斯特·卡彭（Lester J. Cappon）将上述情况描述为："如果有哪个历史故事值得记载，那么它一定跳不出正规教育的狭窄范围；如果说学校教育是在19世纪的校舍里实现制度化的，那么它的前身一定是与殖民地时期某个类似的建筑和课程联系在一起。如果公立学校变得普遍，那么其发端一定能在上两个世纪的初等学校找到。"②

贝林在向19世纪末致力于教育史学独立的爱德华·艾戈斯顿、托马斯·戴维森、保罗·孟禄和库伯莱等教育史学家表达敬意的同时，也批判性地指出，艾戈斯顿等人主要基于各自的专业兴趣撰写教育史，将注意力更多投向正规院校的教育过程，将学校视为一个自给自足的实体，力求学校发展具有内在逻辑的和天然动力，最终结果只能是，"他们不能全面地审视教育，也无法评价教育任务的多样性和重要程度，无法判断教育的历史重要性"。③ 在教育史研究中，思维的歪曲和剪裁、赤裸裸的复制和欺骗性的溯源手法俯拾皆是。研究者基于对历史本质的特定假设——过去只不过是现在的缩影——在致力于回到过去理解现代的问题和定义的历史研究实践中，充斥着对过去的傲慢态度，最终致使"他们在记述殖民地与独立战争时期的教育史时，失去了太多的智性影响力"。④ 在贝林看来，由于1776年以前既没有公立教育，也没有美国，所以库伯莱的《美国公立教育》"实际上忽略了以前发生的一切并毫无解释地将政治独立假设为教育机构历史的逻辑起点。"⑤

----

① Freeman R. Butts, "Editorial Commentary" *History of Education Journal*, 1949, pp. 1–4.
② ［美］伯纳德·贝林：《教育与美国社会的形成》，王晨、章欢译，安徽教育出版社2013年版，第31页。
③ ［美］伯纳德·贝林：《教育与美国社会的形成》，王晨、章欢译，安徽教育出版社2013年版，第4页。
④ ［美］伯纳德·贝林：《教育与美国社会的形成》，王晨、章欢译，安徽教育出版社2013年版，第6页。
⑤ ［美］伯纳德·贝林：《教育与美国社会的形成》，王晨、章欢译，安徽教育出版社2013年版，第6页。

三　教育即文化传递：贝林新教育史学的基本命题

为克服传统派教育史学研究史观线性单一、研究视野偏狭、缩减教育史实等缺陷，改变"教育在美国历史中的作用仍模糊不清"的状况，贝林力主在更新"教育"内涵的基础上，进一步拓宽教育史研究范围，将家庭、社区和教会组织悉数纳入教育史研究范畴，着力考察内蕴作为欧洲文化和社会基因的家庭、社区和教会组织在新大陆所发生的环境适应性变革，分析此类变革在美国所导致的教育冲突和变化，同时关注战争对美国教育的影响。

为准确展示教育在美国社会形成中的历史作用，贝林提出只有抛弃传统派教育史学家的研究假设和研究重点，以一种更为开放和开阔的视野理解教育，才有可能真正理解并把握自殖民地时期以降美国教育历史的重大变化。这一教育史研究目的的实现，首先依赖"教育"内涵的更新，即突破将"教育"仅理解为"正规教育与教学"的简单和偏狭，而上升到"文化世代传递的整个过程"的层面加以诠释。"只有当我们认为教育不仅是正规教学还是文化世代传递的整个过程；不仅愿意看到正规教学机构作用的巨大变化，还愿意看到与其他社会机构相比学校和大学显得那么微不足道；不仅看到教育与其他社会方面错综复杂的关系，还注意到教育功能、意义和目的的不断变换时，这一重大变化才得以明显。"①

正是基于对"世代文化传递全部过程"这一教育内涵的具体界定，贝林认为，"16世纪末和17世纪初的英国家庭生活特征对于理解殖民地时期美国教育历史非常重要"②，英格兰式的家庭、社区和教会组织史研究，为展示美国社会形成中教育作用提供了可以信赖的形式。家庭承担

---

① ［美］伯纳德·贝林：《教育与美国社会的形成》，王晨、章欢译，安徽教育出版社2013年版，第8页。

② ［美］伯纳德·贝林：《教育与美国社会的形成》，王晨、章欢译，安徽教育出版社2013年版，第9页。

着文化传递的主要任务，亲属关系体担负着绝大部分的教育重任，是孩子在成长中实现社会化的主要场所和基本机构。"家庭不仅向孩子介绍文明生活的基本形式，还塑造孩子的生活态度，构建他们的行为模式，使他们具有礼貌和道德。"① 此外，家庭还在事实上承担着职业培训的职能，并以"学徒制"的方式将家庭的职业培训职能制度化。正是在新大陆特殊社会环境的冲击下，传统的大规模英格兰家庭模式为小型核心家庭模式所取代，进而催生了家庭文化传递功能和教育功能的演变，正规教育的价值才受到前所未有的重视。

社区则以非正规教育的方式承揽了家庭没能完成的教育任务，"外部社区作为家庭的延续，很自然地对孩子进行工作和生活方面的指导训练。同时，它以最有效的方式引导年轻人了解更多政府和国家要求的行为准则"。②

相对于家庭和社区，教会组织则承担与履行着更为明确的教育职能：资助教育机构，为教育机构配备人员，俾其行使正规教育工作者的职责；为个人提供精神层面的幸福；守护社区道德规范。贝林认为，举凡教会组织的所有职能，尤其是与教育相关的，皆具有向心力，有助于引导儿童以无限的忠诚、道德观和行为准则参与社会，并与社会发展保持良好的互动关系。

殖民地时期，早期英裔美国移民所面对的"难以驾驭的物质生活条件"，直接导致小规模核心家庭模式成为主导型的家庭模式，其典型特征表现为：以婚姻关系为单位；血缘关系最大程度疏远；可分割的遗产；多族系发展，等等。家庭结构的变化，促使源于旧大陆的教育传统、教室和教学机构在新大陆发生了彻底变化：教育在社会结构中的古老地位被动摇，学校和正规教育获得新的重要性，学校承担起文化传递的重任，教育成为实现社会目的的新工具。以儿童发展为例，殖民地时期早期，社会生活的不稳定性与流动性终结了家庭与社区之间的相互渗透关系，

---

① ［美］伯纳德·贝林：《教育与美国社会的形成》，王晨、章欢译，安徽教育出版社2013年版，第9页。

② ［美］伯纳德·贝林：《教育与美国社会的形成》，王晨、章欢译，安徽教育出版社2013年版，第10页。

家庭与社区边界日益清晰,"家庭作为主要文化传递机构的传统角色受到了威胁、削弱乃至部分被替代",① "家庭丧失了其明显的教育功能"。② 孩子从家庭走向社区和社会的过程演变为一项突然、慎重而复杂的事务。为填补因家庭教育功能遭受重创而出现的教育空白,正规教育的价值得到重视。"清教徒非常刻意地将受到重创的教育功能转移到正规教学机构身上。这样做不仅赋予学校新的重要性,也使教育目的超越实用主义职业教育论而指向了更加模糊却更加基础的文化目标。"③

贝林结合新英格兰和美国南方实际,着力就新旧大陆家庭模式的变化所导致的家庭传统教育职能的变化,以及这种变化与正规教育兴起之间关系进行的分析,最终得出:"家庭传统教育效能的衰退使人们对教育过程的敏感度不断提高,随之而来的是人们对正规教育关注度的提高,以及正规教育被赋予更高的文化重任"。④

类似的变化与适应主题,同样在新大陆教会组织的功能变迁与教育责任中得到展现。17世纪的早期移民们分享了一个基本假设:新大陆不同的甚至可能相互冲突的群体之间的差异集中于宗教层面,重建社会生活统一性的得力手段便是教会教育。关注人类信仰的教会组织以其与教育的天然关联而被委以教育重任。尽管将印第安人转变为基督徒的努力以失败而告终,种族关系主题后演变为经常性的贸易和军事冲突,但作为一种活动形式,传教士运动为理解美国社会形成中教育的历史作用提供了新的维度。可以说,"教育在美国宗派主义形成中的角色让教育的推动作用获得了最大的重要性和独特的形式"。⑤

关于独立战争对美国教育的影响,贝林认为,与对其他社会领域的

---

① [美]伯纳德·贝林:《教育与美国社会的形成》,王晨、章欢译,安徽教育出版社2013年版,第12页。
② [美]伯纳德·贝林:《教育与美国社会的形成》,王晨、章欢译,安徽教育出版社2013年版,第15页。
③ [美]伯纳德·贝林:《教育与美国社会的形成》,王晨、章欢译,安徽教育出版社2013年版,第15页。
④ [美]伯纳德·贝林:《教育与美国社会的形成》,王晨、章欢译,安徽教育出版社2013年版,第17页。
⑤ [美]伯纳德·贝林:《教育与美国社会的形成》,王晨、章欢译,安徽教育出版社2013年版,第23页。

影响一样，独立战争把殖民地时期教育的发展趋势，从法律与制度的阻碍中解放出来，并为其提供了一种开明的政治思想框架和法律规范保障。

借助引入运用文化史与思想史方法，通过对家庭、社区、教会组织、独立战争等对美国教育产生历史影响的组织与事件的具体解析，贝林所获得的"关于教育在美国社会形成中的历史作用"的答案是：教育在反映和适应美国社会的过程中，还反过来影响着美国社会发展，而其中有两种教育影响是最重要的：一是教育已经证明是导致社会快速变化的动力，是社会发展的内在加速器；二是形成于殖民地时期的美国教育塑造了美国人的个性，为民族特性的形成做出了巨大贡献，美国式的个性主义、乐观主义、冒险在精神、独立意识和对权威的质疑等，均是美国教育的结果。不仅如此，贝林还着力强调："教育在殖民地时期发生的转变是不可逆转的。我们依然在其结果的影响下生活"。[1]

四　教育史作用的历史诊断：贝林教育史观的持续影响

在 1960 年《教育与美国社会的形成》面世之前，探讨"美国社会形成中教育的作用"已经成为 20 世纪 50 年代历史学家的研究主题。1954 年，在福特基金会资助下，基金会主席克拉伦斯·福斯特（Clarence Faust）主持举办了一次会议，邀请部分历史学家就"教育在美国社会发展中作用的历史研究"为主题展开研讨。1956 年，"美国社会形成中教育的作用委员会"成立，组织开展有关美国教育在"美国特性""美国精神"和"美国经验"中所发挥历史作用的讨论与研究。

贝林的《教育与美国社会的形成》延续并深化了上述主题，将"教育"定义为"代际的文化传递过程"，并在剖析家庭、社区和教会组织文化传递职能的变异及其教育价值的过程中，阐述了教育与社会其他部分的复杂关系。自此，美国教育史研究面临全面重新估计教育与社会之间相互影响的问题的挑战，并引发有能力的历史学家参与该领域研究，"于

---

[1] [美]伯纳德·贝林：《教育与美国社会的形成》，王晨、章欢译，安徽教育出版社 2013 年版，第 29 页。

是，教育成为充分合理的和丰富的历史研究领域"。①贝林还主张，为清晰展示美国社会形成与发展历程中教育史作用的研究，需要清除主流教育史研究实践中"先入为主"的目的论窠臼，以提升教育史学科的学科地位与尊严。"普通历史学家发现主流教育史的形成如此受到先入为主的特定目的的限制，结果远远落后于整个学科的学术前沿，这个学科看起来就像一个让人迷惑的大大的问号"。②

在开创殖民地与建国初期美国教育史研究领域的同时，《教育与美国社会的形成》所赋予教育的文化传递功能，实现了教育史研究领域内教育与文化的历史联系，开启了教育史与重要社会学科研究相结合新时代的大门。克雷明认为，这一联系的意义并不仅仅局限于历史学研究领域，局限于历史学家，而且将对教育学领域、教育学家产生重大影响。克雷明提出，自己的教育史研究工作在于"增强贝林的成就"。在1965年出版的《奇妙的埃尔伍德·帕特森·库伯莱世界》中，克雷明提出有关教育史的研究设想：第一，历史学家不再将"教育"（education）等同于"学校教育"（schooling）；第二，历史学家在解释美国教育经验时，注重借用其他学科的研究方法；第三，将教育发展置于一种"相互作用"的宽广社会背景中加以考察；第四，教育史研究要承担起厘清教育在美国社会历史发展所发挥作用的研究任务。

贝林的主张在威尔逊·史密斯（Wilson Smith）的《美国新教育史学家》（1961）一文中得到强调和补充，史密斯盛赞贝林的研究为历史学家投入新的研究领域树立了典范。而围绕1969年美国《教育史季刊》第3期集中刊发4篇教育史学论文而形成的小高潮中，贝林的具体影响再次显现。埃德加·布鲁斯·韦斯利（Edgar Bruce Wesley）在《看！可怜的教育史》中提出，"学校教育不是文化的一面镜子，但却是指向未来的传送带。教育史学应研究全部文化是对教育本质的误读，是把教育史研究蜕变为充满细枝末节的冗长故事，使得教育史研究缺乏来自社会具体实

---

① 周采：《美国教育史学：嬗变与超越》，人民教育出版社2006年版，第107页。
② ［美］威廉·W. 布里克曼：《教育史学：传统、理论和方法》，许建美译，山东教育出版社2013年版。

践的滋润和专业营养。"[①] 韦斯利还注意到贝林在《美国社会形成中的教育》的一些教育主张,直接源于杜威的教育思想和进步主义的主张,显示出不同学科相互借鉴和渗透的学术生态。劳伦斯·R. 维齐(Lawrence R. Veysey)的论文《教育史的新方向:前瞻与回顾》则对贝林的努力击节称赏,认为这将有助于教育史研究从社会科学的土壤中获得滋养。当然,维齐也对贝林所持有的宽泛的"教育"内涵可能导致教育与社会互动关系理解上的困难,表示了担忧。这种担忧在布鲁斯·L. 胡德(Bruce L. Hood)的文章《关于教育史学家的角色》中也有所体现。

借助对殖民地及建国初期在美国社会形成中教育作用的分析,贝林在《教育与美国社会的形成》中所构建的"构想性历史"体系与教育史研究方法论体系,"为研究美国早期教育,重新评价迄今为止的美国教育史,提供了崭新并富有挑战性的视角"[②];为全面展现美国早期教育研究的需求与机会,为美国教育史研究新观念和新范式的引入奠定了坚实基础;更为19世纪末20世纪初的美国教育史研究超越"传统派"的偏狭,成功应对教育科学与测量运动、教师专业发展和教师教育新需求、其他社会学科的挑战以及教育史学家的自我反思与批判,为未来美国教育史研究产生更多更好的深刻见解和历史认识指明了前进方向。

---

① Edgar Bruce Wesley, "Lo, the Poor History of Education" *History of Education Quarterly*. Vol. 9, No. 3, 1969.
② [美]伯纳德·贝林:《教育与美国社会的形成》,王晨、章欢译,安徽教育出版社2013年版,第29页。

中国外国教育史学科的发展与回顾探究

杨 捷[*]

[摘 要] 中国外国教育史学科发展经历了三个时期：模仿借鉴时期、恢复重建时期和探索发展时期。外国教育史学科始于20世纪初，源于近代中国"西学为用"和早期师范教育的发展，通过模仿借鉴形成学科雏形；20世纪80年代前后开始恢复学科研究活动和重建学科基础；自20世纪80年代末至21世纪初开启了积极探索学科理论和多元深化发展的时代。

[关键词] 外国教育史学科；模仿借鉴时期；恢复重建时期；探索发展时期

中国外国教育史学科发展源于近代中国"西学为用"和早期师范教育发展的需要，通过模仿借鉴西方教育史形成学科雏形，1949年后因中国社会的巨大变革转向学习借鉴苏联教育史学科；在20世纪70年代末开启的改革开放中恢复学科建设和重建学科体系；进入21世纪，外国教育史在发展中不断探索学科创新模式，增强学科自我意识。总体而言，外国教育史学科发展大致可以分为三个时期：模仿借鉴时期、恢复重建时期和探索发展时期。

---

[*] 河南大学教育科学学院教授。

一 模仿借鉴时期：从模仿欧美到借鉴苏联

20世纪初至70年代中期，外国教育史学科主要是学习、接受欧美教育史模式或苏联教育史模式，属于模仿借鉴时期。从20世纪初到1949年，外国教育史主要是因应近代学制和师范教育的兴起，开始模仿和借鉴欧美教育史模式，试图以此为基础建立外国教育史学科；1949年中华人民共和国成立以后，外国教育史学科又转向全盘接受苏联教育史模式。因此，这一时期外国教育史学科发展大致又可以分为两个阶段：模仿借鉴欧美教育史阶段（20世纪初至1949年）；模仿借鉴苏联教育史阶段（1949年至20世纪70年代中期）。

（一）模仿借鉴欧美教育史阶段

20世纪初期，以"西学东渐"为目标的中国近代教育开始学习西方先进思想，废科举，开办新式学堂，引入西式学科。外国教育史学科就是在此背景下引入中国，并逐渐通过对欧美教育史的介绍与引进、在师范学校开设教育史课程、借鉴编写外国教育史教材和著作，形成了外国教育史学科的早期形态。

1. 介绍和翻译外国教育史著作与内容

早期引入外国教育史学科主要通过资料建设，即介绍、翻译和收集外国的教育史作品。由于"西学东渐"以日本为中介，当时的教育史著作多来自日本。较早开始引入外国教育史内容的载体是教育杂志或刊物，1901年由王国维、罗振玉创办的《教育世界》就刊载了许多有关外国教育史的内容和成果，且以日本为主要史料来源。如连续3期翻译、转载了日本学者撰写的《内外教育史》，其中外篇介绍了外国古代、中古、近世教育史，已包含教育史的基本内容。

通过翻译著作借鉴模仿外国教育史内容和研究方法是20世纪初外国教育史发展的主要形式。初期主要是翻译日本学者的西方教育史著作，如1901年上海金粟斋译书社出版了能势荣编写、叶瀚翻译的《泰西教育史》，1903年译书汇编社编写了中野礼四郎著，蔡锷等翻译的《东西洋教育史》，1914年商务印书馆出版了周焕文、韩定生编译的《中外教育史》

等。自 20 年代起，欧美学者的教育史著作开始被翻译介绍到中国，并逐渐占据主导地位，如吴康译，格莱夫斯著《中世教育史》（1922）与《近代教育史》（1925），庄泽宣译，格莱夫斯著《近三世纪西洋教育家》（1925）等。

翻译和介绍外国教育史著作的积极作用是将教育史内容和研究方法直接传入中国，促成了外国教育史的兴起，开启了外国教育史学科发展的先河。不足之处主要是研究对象较为单一，局限于欧美国家，研究内容以教育思想为主。

2. 师范学校开设外国教育史课程

1903 年，外国教育史作为一门课程内容首先在中国第一所师范学堂——通州师范学堂开设。该学堂分寻常师范科与速成科：寻常师范科设"教育"课程，其中有教育史、教育学等内容，教育史主要包括中外教育沿革以及中外著名教育家；速成科第一年上学期设"教育史"，下学期设"教育学"。1904 年，清政府颁布《奏定学堂章程》，提出"宜首先急办师范学堂"，分为"初级"和"优级"两级，规定在两级师范学堂设置教育史课程。但是，当时的教育史课程尚未区分中外教育史，还不是专门的外国教育史课程。四年制师范大学建立以后，教育史分化为中国教育史和西洋教育史两个独立部分，教学时间顺序不同，教学内容也完全不同，外国教育史才成为师范学校的一门独立课程。

3. 借鉴欧美教育史编写外国教育史教材和著作

随着教育史课程的开设，外国教育史学科发展出现了一种新趋势，即从翻译介绍外国教育史著作和内容过渡到综合借鉴欧美外国教育史著作撰写教材，并尝试结合教育史学科的发展独立编撰著作。

从时间上来看，由学者编撰的第一本外国教育史著作是 1921 年商务印书馆出版、由姜琦编写的《西洋教育史大纲》。该书是作者根据在南京高师任教时的讲义修订而成。书中不仅采用评述结合的方式对上自古希腊下迄 20 世纪初的西洋教育进行了叙述和评价，还介绍了当时外国教育史研究的现状，论述了教育史研究的意义、学科体系等问题。该书成为当时师范院校广为使用的教育史教材，对促进外国教育史学科体系和结构框架的形成具有促进作用。此后，由学者编写的外国教育史著作纷纷问世。

由此可见，20世纪初外国教育史已经初步形成为一门学科，并在此后的三十余年中获得了较快发展。其主要特征是：第一，外国教育史学科发展取得初步成就。翻译、改编、编撰了一批教育史教材和著作，据不完全统计，仅1921年至1939年，各类翻译、编写的外国教育史著作多达六十余种，[①]满足了当时师范教育课程设置急需，在很短的时间内完成了外国教育史学科的初创。第二，学科研究队伍基本形成。早期从事外国教育史研究的人员大都是高师院校的教师，承担着"教育史"或"西洋教育史"的教学工作。他们一般都是留学海外的学子，受到西方教育史研究思路和方法的影响，为教学之用开始编译或撰写外国教育史教材或著作，成为外国教育史教学和研究的开拓者，如南京高师的姜琦、浙江大学的庄泽宣、北京师范大学的瞿世英、厦门大学的雷通群等。第三，开始尝试借鉴运用其他社会哲学理论构建外国教育史学科理论与研究方法的基础。尽管本时期外国教育史研究内容和方法以模仿欧美为主，但亦表现出独辟蹊径的借鉴之举。例如，杨贤江在《教育史ABC》一书中试图运用历史唯物主义观点和研究方法探讨教育史，形成了"唯物主义教育史观"；瞿世英在《西洋教育思想史》中借鉴了法国柏格森的生命哲学和黑格尔的历史哲学，形成了"唯心主义教育史观"；雷通群在《西洋教育通史》中采用德国文化教育学思想，将教育史理解为一种文化史，形成了"文化教育史观"。这些都对学科初创时期的理论形成具有重要推动作用。第四，以模仿欧美教育史为主，尚未形成系统的外国教育史学科体系。这个时期的绝大多数研究成果和著作取材于欧美教育史家的原版著作，或综合了多种版本的欧美教育史著作。内容和编写体例均以欧美教育史著作为范本，指导思想与研究方法多借鉴欧美学者的观点与思路。

（二）模仿借鉴苏联教育史阶段

从1949年到20世纪70年代中期，随着社会主义中国的诞生和社会制度、国际形势的变化，外国教育史学科进入到一个新阶段，开始全面转向学习、模仿和借鉴苏联教育史。虽然在60年代前后曾有过短暂的独

[①] 胡凤阳：《外国教育史学科发展的世纪历程》，硕士学位论文，河北大学，2003年。

立探索和创建本土化教育史学科的努力,但从外国教育史发展的总体格局上看,仍然以全盘接受国外教育史基本理论与方法论为主,属于模仿借鉴时期。

1. 全盘引进苏联教育史著作和理论

1949 年后,由于社会性质和意识形态的转变,教育史学界全面否定和批判了欧美教育史模式,全盘接受社会主义苏联的教育史理论与方法。这个时期外国教育史学科的中心工作就是翻译和介绍苏联教育史著作和教育理论,各级师范院校采用苏联教育史学者编著的教育史教材。1952 年教育部正式颁布《关于翻译苏联高等学校教材的暂行规定》,进一步加快了苏联教育论著的翻译与出版工作。麦丁斯基所著的《世界教育史》,康斯坦丁诺夫主编的《世界教育史纲》,康斯坦丁诺夫、麦丁斯基、沙巴耶娃合著的《教育史》,均成为当时师范院校的教材和教科书,外国教育史课程也成为教育学专业的必修课。从 1952—1956 年,在翻译出版教材的同时,还翻译出版了许多苏联教育史论著与文选,一些教育报纸杂志,例如《教育译报》《人民教育》和《教师报》,刊登了许多苏联学者撰写的教育史研究文章。

2. 培训外国教育史教学与研究队伍

为了培养能以马克思主义理论与方法从事外国教育史教学和研究的队伍,解决缺乏运用新思想、新理论教授外国教育史课程的教师与科研人员的燃眉之急,北京师范大学、华东师范大学先后聘请苏联教育史专家崔可夫、杰普莉茨卡娅等来华开办进修班,开设《外国教育史》课程,加强外国教育史教学和研究力量的建设。1956 年,教育部决定成立中央教育科学研究所筹备处,由曹孚教授主持外国教育史的研究工作。至此,逐渐培养了一支掌握苏联教育史理论与方法、能够运用马克思主义的观点与立场进行教学与研究的外国教育史学科队伍。

3. 苏联模式的唯物史观和方法论成为外国教育史研究的指导思想

在中苏友好期间,苏联教育史模式一直是外国教育史教学和研究的蓝本。其中影响最大的是麦丁斯基的《世界教育史》和康斯坦丁诺夫的《世界教育史纲》。苏联学者立足马克思主义的唯物史观和阶级斗争学说,主张经济基础和上层建筑决定教育历史的性质,经济基础与上层建筑的矛盾是教育历史发展的根本动力,教育史研究的目的和功能就在于运用阶级分析理论揭示历史上的唯心主义与唯物主义的斗争。尽管这种理论与方法具有一定的片面性、机械性和教条化，但在20世纪50年代至70年代"不仅作为一种学术观点，同时也作为意识形态的组成部分，凭借着强大的制度力量，影响了外国教育史教学和研究。"① 此后，在学者和高等师范学校编写的外国教育史教材和著作中，都贯彻了这种指导思想与方法论，并长期影响着外国教育史学科的发展。

4. 建立"中国化"外国教育史学科的浅尝

自20世纪50年代后期至60年代中期，外国教育史学科开始出现摆脱苏联模式影响的迹象，尝试独立创建具有中国特色的外国教育史学科体系。

1957年中苏关系破裂，中国学术界对全盘接受苏式指导思想与方法进行反思与批判。1957年，曹孚在《教育学研究中的若干问题》一文中阐述了教育史研究的方法论问题，提出马克思主义教育学"中国化"的设想，对苏联教育史研究中的形而上学以及简单化、教条化进行了批判，指出了外国教育史学科的发展方向。与此同时，人民教育出版社开始组织出版多样化的教育名著和著作，如傅任敢翻译的《大教学论》和《教育漫话》等。报纸杂志也发表了研究柏拉图、夸美纽斯、乌申斯基、马卡连柯等教育思想的学术论文。1962年，教育部文科教材编写办公室指示成立以曹孚为组长的外国教育史编写小组，成员包括滕大春、马骥雄和吴式颖。但是，由于"左"倾思潮的影响和政治运动的冲击，创建具有中国特色的外国教育史学科的尝试无疾而终，苏联教育史编撰模式和教育史观仍然深刻影响着外国教育史学科。"文化大革命"中，外国教育史研究受到全面政治批判，外国教育史课程不再设置，学科队伍遗失殆尽，学科发展停滞甚至倒退。

二 恢复重建时期：从恢复学科活动到重建学科基础

从20世纪70年代末到80年代中后期，中国开始实施改革开放的国

---

① 张斌贤：《重构教育史观：1929—2009年》，《高等教育研究》2011年第11期，第78页。

策，提出了解放思想、实事求是的指导方针，为学术领域学科建设的恢复与发展创造了良好的外部环境与思想氛围。这种历史转折使外国教育史学科迎来了恢复重建时期。

（一）外国教育史教学地位和研究活动的恢复

本时期外国教育史学科建设的主要任务是恢复教育史在师范院校中的教学地位，恢复正常的学术研究活动，恢复建立具有中国特色的外国教育史学科的尝试。

随着一批师范院校教育系的恢复或创建，外国教育史重新被纳入师范院校课程体系，教育系还相继设立了教育史教研室或教研组。这时期的教育系主要承担为中等师范学校培养教育学、心理学师资的任务，外国教育史作为教育学专业的基础课目具有十分突出的学科地位，与教育学、中国教育史等一同构成了专业核心课程。1979年，全国教育史研究会在杭州成立，负责组织与协调教育史学科研究和学术交流活动，这不仅使教育史研究重新确立了学术研究地位和获得认可，而且为教育史工作者开展学术交流与合作、活跃学术风气、丰富学术思想提供和创造了良好的平台与条件。实践证明，从1979—1985年，全国教育史研究会先后召开过四次学术讨论会，促进了外国教育史学科的恢复与重建。与此同时，作为全国教育史研究会指导下的省级教育史研究会也争相成立，安徽、湖北、吉林、广东、辽宁先后成立了教育史研究会。许多大学学报和教育刊物也成为外国教育史研究的阵地。

（二）外国教育史研究指导思想与方法论的重建

本时期外国教育史学科建设的本质问题是重新确立外国教育史研究指导思想和方法论。1979年的全国教育史研究会第一届年会开启了教育史学科重建之门。会议讨论了外国教育史学科的一些基本理论问题，诸如教育史研究中的批判与继承问题、教育历史的共同规律与特殊规律问题、"史"与"论"的关系问题，以及阶级分析法等问题，使教育史研究者明确了学科建设的方向，认识到教育史学科重建的目标与重心。

在这个过程中，最具有深远意义的是对杜威和赫尔巴特的重新评价。实质上，这早已超越了对他们的历史地位和教育思想的认识与理解，更重要的是直接关系到外国教育史研究的指导思想与方法论问题，涉及整个学科基本理论的重建。1982年，在西安召开的全国教育史研究会第二届年会上，与会学者集中讨论了对杜威与赫尔巴特及其教育思想重新评价的问题。1985年，山东教育出版社发行了由全国教育史研究会编撰的《杜威赫尔巴特教育思想研究》论文集。这次重新评价活动的本质与意义在于，一方面在研究外国教育史时要正确看待教育家的阶级立场、哲学观与其教育思想、历史贡献之间的关系，防止片面理解辩证唯物主义历史观和盲目运用阶级分析法，避免将教育家的社会阶级地位、哲学倾向与其教育思想的属性画等号，摈弃进行教条主义的批判和否定等一系列带有"左"倾思想的做法；另一方面引起了外国教育史研究者对指导思想与研究方法在学科建设中重要性的关注，使学科研究得以保持正确的方向，并成为以后30年间学科发展的突破口。

20世纪80年代的外国教育史研究还关注到如何体现教育史的功能，主张借鉴外国教育历史经验为教育改革实践服务，努力彰显教育史学科的现实意义。1985年在重庆召开的全国教育史研究会第三届年会适逢颁布《中共中央关于教育体制改革的决定》，义务教育和中等教育结构问题成为改革的重点，与会代表自觉地将发达国家普及义务教育和实施职业教育的经验作为会议的主要议题。教育史研究已具有一定的现实感。

（三）创建具有中国特色的外国教育史学科体系的尝试

创建具有中国特色的外国教育史学科体系是中国教育史研究者一直追求的目标。1983年全国教育史研究会组织召开了"外国教育史学科体系讨论会"，正式开启了外国教育史学科体系建设的发展之路。讨论的问题包括外国教育史的研究对象与范围、学科体系的"中心"与"主线"、教育历史发展分期、"史"与"论"的关系、"古"与"今"的关系、教育思想与教育制度的关系、中国教育史与外国教育史的关系、外国教育史与比较教育学的关系等一系列问题。但最重要的是，与会者一致认为，外国教育史研究要取得突破性进展，必须冲破旧有的欧美模式与苏联模式，创建具有中国社会主义特色的学科体系。"这次会议的标志意义在于，教育史学界明确表明了自觉摆脱苏联教育史编撰模式的束缚，自主发展教育史学科和重构教育史观的自我意识。"① 于是，外国教育史学科建设已开始摆脱原有思想观念与编写框架的束缚，开始走向独立发展的道路。这种努力所带来的直接结果就是一批具有原创性的外国教育史著作和教材的出版，其中具有代表性的是曹孚、滕大春、吴式颖、姜文闵合著的《外国古代教育史》和王天一、夏之莲、朱美玉合作编写的《外国教育史》。

总之，恢复重建时期在外国教育史学科发展中起到了承上启下、继往开来的作用，并取得了显著成绩。外国教育史课程的教学地位得以恢复；外国教育史研究队伍和有组织的学术活动得以恢复；开始重建具有中国社会主义特色的外国教育史方法论体系、学科发展体系。其意义在于在外国教育史研究领域实现了解放思想、拨乱反正，使外国教育史学科走向正常发展的轨道，为以后创建具有中国特色的外国教育史学科体系创造了条件。但是，这个时期的外国教育史学科发展还缺乏深入的理论探索，"且对外国教育史学科'中国化'的探索，还停留在教材建设阶段，尚未涌现出高品位的学术专著"。②

三 探索发展时期：从加强学科建设到探索学科理论

从20世纪80年代末至21世纪初，外国教育史学科开始迈向强化学科发展和主动探索创新的时期。在发展方面主要表现为教材建设和研究成果急剧增加，史料建设步伐加快，学科布局基本定型；在探索方面主要表现为对外国教育史学科基本理论问题的研究愈加深入，学科自我反思意识增强，教育史学理论受到广泛重视。

（一）教材建设和研究成果呈多元态势

这个时期外国教育史学科呈现螺旋式上升发展趋势，其突出表现形

---

① 李爱萍、单中惠：《二十世纪我国外国教育史学科建设回眸》，《教育史研究》2004年第3期，第355页。
② 李爱萍、单中惠：《二十世纪我国外国教育史学科建设回眸》，《教育史研究》2004年第3期，第355页。

式就是外国教育史教材建设特色鲜明，标志性的宏大学术巨著不断出现，研究成果多元化格局初步形成。

1. 教材建设推陈出新

本时期一系列较为成熟的外国教育史教材先后出版，例如赵祥麟主编的《外国现代教育史》、滕大春主编的《外国近代教育史》、戴本博等主编的《外国教育史》、吴式颖主编的《外国教育史教程》、单中惠主编的《外国教育思想史》、张斌贤等主编的《外国教育史》等。这些教材往往以通史或断代史形式出现，将教学用书和学术著作融为一体，体例上均有所突破，主动将最新研究成果和教育史观贯彻在教材之中，积极打造具有中国特色的外国教育史教材体系，突破了苏联教育史教材的模式，体现了学者的学术风格和思想特色。

2. 标志性学术巨著的奠基性作用

具有代表性的是滕大春担任总主编的《外国教育通史》（6卷本）、吴式颖、任钟印总主编的《外国教育思想通史》（10卷本）、赵祥麟主编的《外国教育家评传》（4卷本）。《外国教育通史》是由国内众多外国教育史学者通力合作完成的成果，它在研究内容上突破了传统的"西方中心主义"框架；在研究方法上积极开拓创新，避免拘泥于过时的历史虚无主义倾向，主张采用适当的政治分析、哲学分析和科学分析，强调社会价值取向、生产领域革命和科学进步对教育发展的影响。该套通史在构建具有中国特色的外国教育史学科体系方面影响深远、意义重大，被学术界公认为学科领域的奠基性经典之作。《外国教育思想通史》则是迄今为止全面系统研究外国教育思想发展史的学术巨著，这套思想通史采取尊重与继承教育思想发展的态度，注重体系、观点、方法和史料来源的创新。《外国教育家评传》重视运用第一手资料对69位著名教育家及其教育思想进行了述评，实事求是地评价他们的教育思想，客观反映教育家的地位与影响。这3套外国教育史学术巨著集中体现了自20世纪70年代末以来构建具有中国特色的外国教育史体系所取得的成就。

3. 外国教育史研究的多视角维度

本时期研究成果逐渐打破了单一学校教育史模式和通史模式，拓展了对教育和教育历史的认识，开始走向通史、断代史、国别史、专题史、问题史、史学理论研究相互并存的多元化格局。除前面已提及的之外，还有《英国教育史》《日本教育史》《美国教育史》,《外国幼儿教育史》《外国高等教育史》《外国教学思想史》《外国教育实验史》,《外国中小学教育问题史》《外国大学教育问题史》《西方教育问题史》,《教育史学》《美国教育史学》等数十部著作。这些著作不仅丰富了外国教育史研究内容,为深化外国教育通史奠定了基础,而且拓展了外国教育史研究领域,将教育史研究提高到了一个深入发展的水平。

(二) 史料建设长足发展

长期以来,外国教育史学科发展存在着史料建设滞后的不足,"以史带论"成了阻碍突破旧有模式、形成学科特色的屏障。这一时期外国教育史资料建设取得了突飞猛进的发展,同时也表现出学术性资料建设成果远胜于教学资料建设成果,体现了资料建设由服务于教学为主向服务于学术为主转化的特点。

自20世纪80年代后期至21世纪初,人民教育出版社编辑出版了近百种"外国教育名著丛书";学术界还重点翻译了苏联教育家的教育论著,出版了"20世纪苏联教育经典译丛";同时,一些具有代表性的外国教育史经典著作也被翻译介绍。例如,克雷明的《学校的变革》、博伊德的《西方教育史》、康乃尔的《20世纪世界教育史》、米亚拉雷与维亚尔的《世界教育史(1945年至今)》、布鲁巴克的《教育问题史》等;进入21世纪后又翻译出版了"欧洲大学史""美国教育经典译丛""西方教育史经典名著译丛"等史料。这些译著的出版,不仅为外国教育史的教学提供了参考和依据,而且为教育学科解放思想,比较借鉴外国教育历史经验起了极其重要的作用。

(三) 学科布局基本形成

外国教育史学科发展过程中不断完善的重点学科建设、学位点设置、研究队伍、研究平台的成型,都是外国教育史学科发展不可或缺的因素。

自1988年以后,在原有外国教育史硕士学位点的基础上,外国教育史博士点获得突破,所培养的外国教育史专业硕士、博士研究生成为学科发展的后备军。此外,外国教育史学科受国家学科目录调整影响,1999年与中国教育史合并为教育史学科,共同申报建设国家级重点学科,这对外国教育史学科的团队建设、人才培养、学术研究、国际交流等具有促进作用，保障了学科发展的优势地位和资源配置。学科布局的完善又培养了一批外国教育史中青年学术骨干，确保了学科发展的继承性。虽然 20 世纪 90 年代以后，由于教育学热点转移过快和高等院校教师评价机制的原因，导致一些外国教育史研究者学术兴趣的转移甚至流失，但学科研究队伍反而愈加稳定。

（四）学科自我意识逐渐增强

20 世纪 80 年代末以来，外国教育史的方法论与学科建设问题日益受到重视，研究的取向开始转向对外国教育史学科体系和基本理论的"反思"。"反思"的主要问题：一是如何建立具有中国特色的外国教育史体系；二是制约外国教育史学科研究的因素是什么；三是外国教育史研究究竟应该怎样坚持历史唯物主义。

对于第一个问题，1983 年的"外国教育史学科体系讨论会"就已经明确指出要摆脱苏联教育史模式的束缚，建立具有中国社会主义特色的外国教育史体系，表明了自觉发展外国教育史学科的自我意识。20 世纪 80 年代中后期，一批青年学者率先发起了"反思"，引发了教育史学界的学术争鸣。对于第二个问题，人们普遍认为，当时外国教育史研究存在的主要问题是学科发展迟缓，缺乏创新之处。但其原因众说纷纭：史料匮乏；研究主体缺乏现实感；重理论轻实践；忽视对教育史学科理论的哲学思考；研究指导思想僵化等。对于第三个问题，大家一致认为外国教育史研究应该坚持历史唯物主义，但如何坚持需要进一步探讨。

20 世纪 90 年代后期，对外国教育史的方法论与学科建设问题的讨论进一步深化。1996 年，中国教育学会教育史专业委员会第五届年会的主题是："教育史研究的回顾与展望"，掀起了对中外教育史研究的原则与方法、学科建设、教学工作、研究方向等问题的讨论。2000 年第七届年会的议题之一是："挑战与应对：教育史学科在新世纪的发展"，更以对教育史学科建设的反思作为研讨的中心问题。此后，关于外国教育史学科危机的讨论成为学科发展史上为数不多的一次学术争鸣。一些学者提出了外国教育史学科危机的现状、危机产生的原因、摆脱危机的途径；另一些学者认为社会发展也为教育史研究带来新机遇，关键问题是如何认清形势，摆脱危机，求得新的发展。由此可见，在世纪之交，外国教育史学界已经深刻认识到学科建设对学科生存和发展的重要性与紧迫性。

（五）学科研究呈现新的倾向

进入21世纪后，外国教育史研究开始出现新的倾向：由关注通史、断代史和国别史的研究转向专题研究，研究对象由教育历史现象的宏观整体研究转向具体问题。尽管这种专题和具体的研究早在20世纪80年代已经出现，但是带有倾向性的集中研究则是进入21世纪以后的表征。

首先，这种转向表现在2000年以来基于学位论文的各类专题研究，特别是基于博士学位论文撰写的专题研究成果相继出版。这些著作已构成了21世纪外国教育史研究成果的又一主体。其次，外国教育史学科开始重视教育史学研究。强调外国教育史学研究对深刻认识学科发展的现状和未来走向的策略选择具有重要意义，并试图从西方教育史学流派及其研究模式的探讨中获取学科发展和研究范式革新的动力和启示。再次，外国教育史开始转变研究方式，积极借鉴运用其他社会学科，如社会学、人类学、考古学、哲学、经济学等研究方法，探索运用社会史、思想史、口述史等新史学的理论与方法研究教育史学理论。尤其是观察到外国教育史学科与历史学科的结合已势在必行，深刻认识到"作为历史学科的一部分，教育史相对来说还是一门新的学科，它'是一门正在发展而不是已经完成的研究领域'"。[①] 最后，外国教育史学科开始重视教育史观的构建。强调教育史研究者所具有的基本观念和认知体系的重要性，主张自觉摆脱对国外学术思想的盲目崇拜和简单化套用，恰当合理地运用其他人文社会学科的理论与方法；正确理解教育历史的特殊性和差异性，自觉形成一种专门的教育史学理论或观念。

总之，外国教育史学科发展方向的转变说明在经历了百年学科发展后，它正在由综合归纳研究向分析判断转变，从宏观教育历史脉络的把

[①] 贺国庆：《外国教育史学科发展的世纪回顾与断想》，《河北师范大学学报》（教育科学版）2001年第3期。

握向微观教育历史现象的研究转变,从学科的整体认识向问题的具体探微转变。这也表现出外国教育史学科正在致力于摆脱传统教科书模式的影响,逐步成为一个更加完善的学术研究领域和知识体系。

域外大学史研究：制度化
历程与学术范式变迁

沈文钦[*]

[摘　要]　从制度化水平和学术范式的变迁两个方面衡量，可以将大学史研究领域的发展划分为七个阶段。严格意义的大学史研究出现于19世纪，并在下半叶形成第一波热潮。20世纪初教育史学科在教育院系的初步制度化为大学史研究的发展提供了一定的空间，但在20世纪前40年大学史研究处于相对沉寂状态。20世纪50年代，随着教育在社会中的地位变得越来越重要，很多专业的历史学家开始介入大学史研究，此后二三十年该领域进入复苏期。20世纪80年代，大学史专门研究期刊的创办标志着这一领域初步实现了制度化的过程。从学术范式而言，大学史研究经历了思想史范式、社会史范式和文化史范式相继兴起的过程，但它们之间并非取代的关系。随着全球化进程的进一步推进，全球史的研究范式开始崛起，成为新的学术热点。

[关键词]　大学史；制度化；学科史；范式变迁；知识社会学

大学作为人类保存、传播、生产知识最为重要的场所，距今已有千年的历史。鉴于大学在社会中的显赫地位及其悠久传统，大学史研究在数百年来吸引了无数的学者，并日渐发展成为一个专门化的研究领

---

[*] 北京大学教育学院副教授。

域。我国的大学史研究者来自教育史、高等教育学、历史学、比较教育学等不同学科,且在最近十多年呈现方兴未艾之势。在教育史研究领域,张斌贤等学者倡导对大学史开展专门的研究①。历史学界投身大学史研究的学者也越来越多。高等教育学领域的学者则意识到大学史研究对高等教育学学科具有"基础建设"的作用,因此也倡导加强对大学史的研究②。

本文意在分析大学史研究作为一个学术领域的发展史。在分析某一个学术领域的发展史时,学界通常采用的一个分析性概念是制度化(institutionalization)。根据理查德·惠特利的说法,所谓制度化,包括认知制度化和社会制度化两个层面。前者指的是科学家们对问题领域、该领域的概念和方法产生共识,以及科学家个体认为自己所研究的问题被这一共识框架所容纳的程度;后者指的是一个研究领域内部组织的程度,以及其在大学系统中的整合程度。③ 结合认知制度化与社会制度化两个维度,在分析一个研究领域的制度化水平时,我们通常可以采用以下标准:是否有标志性的成果和独特的研究范式;是否成立了专门的学会;是否有专门的期刊;是否有专门的研究生尤其是博士生培养工作;是否设置了专门的院系或研究所。

本文主要采取上述五项指标来分析大学史研究领域的制度化历程,在分析视角的选取方面,将力图结合知识社会学中内在论与外在论的分析框架。从内在论的视角,着重分析不同学术范式的形成及其对之后学术研究的影响;从外在论的视角,着眼于知识与社会的互动,分析社会的变革如何对大学产生影响进而要求大学自身进行历史反思,由此推动大学史研究领域的发展。

---

① 张斌贤:《关于大学史研究的基本构想》,《北京大学教育评论》2005 年第 3 期。
② 胡建华:《大学史研究之于高等教育学科的意义——读张斌贤与贺国庆等翻译的〈欧洲大学史〉》,《高等教育研究》2009 年第 1 期。
③ R. Whitley, "Cognitive and Social Institutionalization of Scientific Specialties and Research Areas", in Whitley, ed. *Social Processes of Scientific Development*, London: Routledge & Kegan Paul, 1974, pp. 69–95.

一 "史前史"

大学是中世纪的产物,最早的大学可以追溯至 11 世纪末 12 世纪初。作为一种组织,大学有着浓厚的历史感,12 世纪初刚刚成立的一批大学就开始有意识地保存本校的资料,形成了丰富的档案。到 14 世纪,最早的大学史研究形式即对某一所大学的历史研究就开始出现。此后的几个世纪中,院校史研究层出不穷。在 18 世纪末之前,大学史的著作基本上为院校史,代表性的有牛津大学教师 Brian Twyne1608 年出版的第一部牛津大学校史《古代牛津的申辩》、法国学者布雷(Cesar-Egasse Du Boulay)1665—1673 年出版的《巴黎大学史》、安东尼·伍德(Antony Wood)1674 年出版的拉丁语著作《牛津大学的历史和古物》、德国学者阿诺尔德(Daniel Heinrich Arnoldt)1746 年出版的《柯尼斯堡大学史》等。

以今天的标准来看,这一时期的很多大学史著述充满了想象、传奇的成分,不能称之为严格的史学研究。有学者评论说,16 世纪至 18 世纪的英国大学史著作"是好古癖的、眼界狭隘和沙文主义的……常常是为了证明一个大学的历史比其他大学悠久,或者比其他大学辉煌"[①]。尽管如此,这一时期的大学史著述和研究者并非一无是处。这些著作中毕竟包含了一些真实的历史成分,而且没有这些早期研究者,很多大学早期的档案、材料将不复存在。

二 第一波热潮

19 世纪是史学研究逐渐迈向科学化、专业化的时期。尤其是在德国,史学研究甚至成为所有人文社会科学研究的基本范式。受史学潮流的影响,一些学者也开始将历史学的方法用于研究大学这个组织。严格意义、学术取向的大学史研究开始出现。

---

① D. R. Leader, *History of the University of Cambridge*, Vol.1 *The University to 1546*, Cambridge: Cambridge University Press, 1988, p.1.

19世纪是大学史研究的第一个高峰期,诞生了一批具有里程碑意义的经典著作,其中最有成就的著作包括德国学者德尼福尔在1885年出版的《1400年前的中世纪大学》、英国学者拉什戴尔1895年出版的著作《中世纪欧洲大学史》、德国学者鲍尔森1885年出版的《德国大学与学校的历史》等。另外一些著作如维克多·胡伯尔1840年出版的《英国大学》、罗伯特·威利斯和J. W. 克拉克1886年合著的《剑桥大学建筑史》等时至今日仍不失其学术价值。

这一时期德国大学史研究的一个瞩目的现象是院校史研究异常发达,其中既包括由校庆催生的著作,如麦克斯·托本1844年在柯尼斯堡大学三百年校庆之际写作的《柯尼斯堡大学的创建》(1844)、鲁道夫·科克在校庆五十周年所出版的柏林大学校史,也有一些非校庆性的历史著作,如埃米尔·罗雪尔1855年的《哥廷根大学的创建》(1855)、乔汉·霍茨1862—1864年的《海德堡大学史》等。

在英国、德国之外,美国、法国、意大利等国家均有一批研究大学史的学者。19世纪末20世纪初,美国历史学家赫尔伯特·亚当斯(Herbert Baxter Adams)主编了一套"美国教育史丛书"(1887—1903),其中包括多本大学史著作。耶鲁大学学者富兰克·林德克斯特对耶鲁大学的历史进行了多方面的研究,包括1885年的耶鲁大学早期校友的传记研究、1887年出版的耶鲁大学简史,等等。法国著名教育学研究者布里埃尔·康帕亚的《阿贝拉德与早期大学的起源》一书在法文版付印前就被翻译成英文,并于1893年在美国出版。在意大利,1888年博洛尼亚大学隆重举行了800年校庆典礼,受此刺激,一大批博洛尼亚大学以及其他欧洲大学的历史著作应运而生[1]。

受当时兰克学派实证史学的影响,当时的大学史研究非常注重原始档案的收集和考证。英国学者约瑟夫·福斯特1887—1892年汇编的《牛津校友:1715—1886》(四卷本)和《牛津校友:1500—1714》(四卷本),德国学者德尼福尔1894年编成的《巴黎大学法令汇编》为后世的大学史研究者提供了极大的便利。

---

[1] Peter Denley, "Recent Studies on Italian Universities of the Middle Ages and Ren-aissance" *History of Universities*, 1981, pp. 193–205.

值得注意的是，分布在不同国家的大学史研究者已经意识到彼此的存在，甚至出现了一些合作和相互译介，某种意义上的"无形学院"已经初步形成。维克多·胡伯尔1840年出版的《英国大学》在三年后就被翻译成了英文。拉什戴尔在1895年出版的《欧洲中世纪大学》的前言中指出，大学史研究者中，他受益最多的就是德尼福尔神父的著作[1]。他坦陈："在有些情况下，一些次要大学的历史已经被德尼福尔利用梵蒂冈或其他地方的档案第一次发现或重写了。在这种情况下，我所能做的只是对他的研究结论进行概括"[2]。回到前面提到的知识与社会互动的视角，我们不禁要问，为何大学史研究会在19世纪中叶至下半叶产生第一波热潮？

首先，19世纪下半叶是英美大学向研究型大学转型的关键时期，这一波大学史研究热潮相当程度上反映了大学改革对历史反思的诉求。英国大学改革涉及的问题尤其尖锐、复杂，且波及面广，如吸收非英国教徒进入牛津剑桥、引进德国重视科研的教授制度、将现代实验科学引入大学本科课程、废除要求学院导师独身的制度、调整学院和大学的权力关系，等等，这些改革倡议在当时掀起了巨大的波澜。弗朗西斯·纽曼（Francis William Newman）为维克多·胡伯尔《英国大学》一书英译本写了一篇长达36页的编者前言，谈论了他对英国大学改革的看法，并希望该书能够激发读者对大学价值和尊严的思考。

其次，正如雅克·韦尔热（Jacques Verger）所分析的，这一波研究热潮从19世纪末持续至1918年左右，它与欧洲民族主义的兴起和大学本身的复兴有关[3]。

---

[1] Hastings Rashdall, *The Universities of Europe in the Middle Ages*, Oxford: The Clarendon Press, 1895, p. ix.

[2] Hastings Rashdall, *The Universities of Europe in the Middle Ages*, Oxford: The Clarendon Press, 1895, p. x.

[3] J. Verger, "Sven Stelling-Michaud and the History of Universities" *History of Universities*, 1989, pp. 201–221.

三 教育史学科的制度化和历史领域的相对沉寂

19世纪末20世纪初,在保罗·孟禄、克伯雷、西蒙·劳里(Simon Somerville Laurie)等学者的带领下,教育学学科在英国、美国等国家先后实现了制度化[①],在新兴的教育学学科中,教育史研究成为一个重要的研究分支,这些研究大部分服务于中小学师资的培养因此大多局限于中小学教育史,但同时也出现了一部分大学史研究。在孟禄指导或参与指导的学生当中,埃德温·布卢米的博士论文《大学入学要求的批判性分析与历史分析》(1902)、路易斯—斯诺的博士论文《美国的学院课程》(1903)等均属于大学史研究,并做出了开创性的贡献,启发了很多后来者。另外值得关注的还有唐纳德·托克斯布里1932年在哥伦比亚大学师范学院完成的博士论文《美国内战前学院和大学的创建》。这几本著作至今仍然被学界所引用。《美国高等教育史中的慈善事业》一书甚至在1990年再版,大学史研究的权威学者罗杰·盖格在再版序言中高度肯定该书的学术价值:"在两代人以后,读者仍然可以通过阅读本书获得教益"[②]。

尽管如此,在很多人眼中,大学史研究在教育研究界尚不是一个可以投入终生的事业,许多学者后来都没有继续从事大学史方面的研究。

与教育史学科在教育院系的初步制度化对大学史研究形成推动相比,20世纪20—40年代,历史院系的研究者对大学史的关注进入一个相对沉寂的阶段,对大学史研究领域做出杰出贡献的历史系教师主要来自中世纪史和科学史领域,主要代表作包括查尔斯·哈斯金斯的《大学的兴起》(1923)和Stephen D'Irsoy的《法国与欧洲大学:从起源到当代的历史》(1933),等等。在历史研究领域,中世纪史学者最早介入大学史研究,此后大学史研究一直是该领域一个比较专门的研究方向。

---

① 沈文钦:《教育史学科在美国的早期制度化历程——以孟禄和哥伦比亚大学师范学院为中心的考察》,《教育学术月刊》2013年第10期。

② Jesse Sears, *Philanthropy in the History of American Higher Education*, New Jersey: Transaction Publishers, 1990, p. vii.

为庆祝哈佛大学三百周年庆典，历史学家莫里森先后写作了《哈佛学院的创建》（1935）和《哈佛大学三百年：1636—1936》（1936）两本著作，这代表了当时院校史研究的最高水准。德国学者格茨·冯·赛勒在哥廷根大学两百年校庆之际出版的《哥廷根大学史：1737—1937》[①] 和意大利学者奎多·扎卡尼尼 1930 年的《文艺复兴时期的博洛尼亚大学》也是这一时期影响较大的著作[②]。但总体而言，20 世纪的前四十年，大学史研究是一个相对不活跃的领域。

20 世纪前四十年大学史研究领域之所以进入一个相对沉寂的状态，原因是多方面的。从学术劳动力市场的供求关系而言，大学史研究在历史系尚不是一个引人注目的研究分支，博士生选择大学史研究方面的题目会在职业生涯发展上冒很大的风险。在保罗·孟禄和克伯雷等人的引领下，教育史研究在 20 世纪前三十年兴旺一时，但当时的教育史研究主要服务于中小学教师的师资培养。

四　复苏：20 世纪 50—70 年代

在二战结束前，除了中世纪史研究者偶尔关注教育史外，历史院系的学者极少涉猎教育史。但随着教育在社会中的地位变得越来越重要，专业的历史学家终于将触角伸到了这个领地。首先是思想史研究者理查德·霍夫斯塔特（Richard Hofstadter）接受美国总统组织的高等教育财政委员会的邀请，在 1952 年与哈迪（C. Dewitt Hardy）合著了《美国高等教育的发展与范围》一书。在该书序言中，高等教育财政委员会的执行主任约翰·米勒（John D. Millet）指出，高等教育机构之所以难以从政府和民众手中获得经费，是人们对于何谓高等教育存在广泛的无知，这种无知必须以大学史的知识进行消除。但在当时，除了一些院校史之外，

[①] Gotz von Selle, *Die Georg-August-universitat zu Göttingen*, 1737 – 1937, Göttingen：Vandenhoeck & Ruprecht, 1937.

[②] Guido Zaccagnini, *Storia Dello Studio di Bologna Durante il Rinascimento*, Genève：Olschki, 1930.

对美国大学历史的全局性考察非常之少①。这本著作的出现弥补了这一空缺。紧接着,霍夫斯塔特又在 1955 年推出《美国学院时代的学术自由史》一书,该书在某种意义上标志着历史学界对大学史研究兴趣的复苏。除中世纪史领域之外,近现代史的博士生也开始选择大学史的题目,例如 1950 年获爱荷华大学历史学博士的瓦尔特·梅茨格研究的是 1880—1915 年大学教授和大商业家之间的关系②,1954 年在约翰·霍普金斯大学获得博士学位的休·霍金斯研究的是约翰·霍普金斯大学的诞生史,另一位重要的大学史研究者尤根·赫伯斯特则于 1958 年在哈佛获历史学博士学位。这三位学者后来均成为大学史研究领域的重量级学者。从史学领域的研究范式来看,20 世纪 50 年代是思想史的鼎盛时期,思想史研究强调观念是历史发展的主要动因,这一反马克思主义的立场因契合当时冷战的背景而风靡一时。在大学史研究领域,这一范式也占据主导地位,霍夫斯塔特和瓦尔特·梅茨格对学术自由的历史研究就是一个典型的例证。

20 世纪 60 年代大学史研究领域的发展表现在国际学术网络的初步形成、大型研究项目的启动、社会史范式的兴起等方面。

1960 年,瑞士的大学史研究者斯文·斯德林—密萨乌(Sven Stelling-Michaud)在斯特格尔摩创立了大学史国际委员会(International Commission for the History of Universities, ICHU)。1964 年,该委员会举行了第一次正式会议,分布在全世界各地的大学史研究者开始形成了一个国际性的学术网络。此后至今,该委员会在汇编大学史文献、举行国际学术会议方面做了大量实质性工作。

在 20 世纪 60 年代,英国正式启动了牛津大学史大型研究项目。牛津大学的历史学家布洛克(Alan Bullock)在 1966 年底提出,在大学进行全方位、大幅度改革之际,有必要全面回顾牛津大学的历史:"将这些改革放到恰当的历史视角当中,将展示我们作为伟大传统继

---

① Richard Hofstadter and C. DeWitt Hardy, *The Development and Scope of Higher Education in the United States*, New York: Columbia University Press, 1952, pp. vii – viii.

② Walter P Metzger, College Professors and Big Business Men: A Study of American Ideologies, 1880 – 1915, Ph. D. dissertation, University of Iowa, 1950.

承人的自信"①。1968年10月,牛津大学史项目最终启动。1984年,《牛津大学史》第一卷正式面世,1994年,《牛津大学史》最后一卷即第八卷出版。《牛津大学史》八卷本从启动到完成历经26年,参与撰写者达数十人,成为最近几十年来院校史研究当中里程碑式的著作。

20世纪60年代,思想史研究范式在史学领域受到广泛的批评,社会史范式异军突起,并对大学史研究领域开始产生重要影响。早在20世纪50年代,人们已经越来越认识到必须从大学与社会关系的视角来认识大学。1968年,社会史研究者劳伦斯·斯通(Lawrence Stone)在斯坦福创建了戴维斯历史研究中心并担任中心主任,1969—1973年,该中心的研讨主题为"教育史",尤其关注西方社会中大学的历史演变以及大学在社会中的角色。当时很多大学史研究的活跃学者都曾在该中心担任访问研究员,在此进行学术交流,使之成为大学史研究的一个重镇,同时也扩大了社会史研究范式的影响。由劳伦斯·斯通1974年主编的两卷本《社会中的大学》是多位学者通力合作的结果,也是社会史范式的一个重要结晶。20世纪60年代末出版的谢尔顿·罗斯布拉特(Sheldon Rothblatt)的著作《教师的革命:维多利亚时期的剑桥大学与社会》和弗里茨·林格(Frit Ringer)的《德国士大夫的衰落》如今已成为这一领域的经典,它们均体现了社会史范式的影响。

20世纪60年代大学史研究的复苏在美国最为瞩目,劳伦斯·斯通、理查德·霍夫斯塔特这两位领军人物和谢尔顿·罗斯布拉特、弗里茨·林格等学界新秀均为美国学者。从20世纪60年代末70年代初开始,大学史研究的浪潮波及英国、德国、法国等国家。英国20世纪60年代的高等教育大众化进程带来了诸多问题,也刺激了人们从历史角度思考大学的发展。正是从这个时期开始,大学史研究领域在英国开始获得真正的发展。迈克尔·桑德森1972年的著作《大学与英国工业界:1850—1970》成为这一时期英国大学史研究的代表作之一。哈罗德·珀金等英

---

① J. I. Catto, *The History of the University of Oxford. Vol. 1*: *The Early Oxford Schools*, Oxford: Oxford University Press, 1984, p. vii.

国学者也在这个时期开始发表大学史研究的著作[1]。在德国，诺特克·汉默斯坦恩（Hammerstein, Notker）、汉斯·维纳·普拉尔等大学史研究者开始著书立说、崭露头角。

1973年，法国学者雅克·韦尔热在而立之年出版了他关于中世纪大学史的经典著作，在大学史研究相对不发达的法国，他成为这一领域首屈一指的学者[2]。20世纪70年代末，在《社会中的大学》一书出版后不久，法国高等社会科学研究院历史研究所也启动了"大学与现代欧洲社会"这一跨国合作研究项目，其研究成果在20世纪80年代中期出版。

同时，从整体来看，在历史研究领域，大学史研究作为史学研究的一个分支也逐渐获得了合法性。这表现在几个方面。首先，20世纪60年代之后，一些顶尖的历史学期刊也开始刊登大学史论文。其次，在历史学系，选择以大学史为博士论文选题的学生也逐渐增多，这些学生不少成为此后该领域卓有成就的学者，其中包括1961年获伯克利历史学博士的劳伦斯·韦塞（Lawrence Veysey）、1960年获哈佛大学历史学博士的弗里茨·林格等。

总而言之，20世纪50年代至70年代，在劳伦斯·斯通、理查德·霍夫斯塔特等学者的引领下，历史学界对于大学史研究的兴趣达到了一个新的顶峰。思想史和社会史这两种研究范式先后对大学史研究施加了深刻的影响。

20世纪50年代至70年代大学史研究的复苏，就宏观的社会结构层面而言，源于多方面因素的刺激，高等教育的大众化使得大学组织和学生生活等发生了急剧变化，20世纪50年代冷战对大学的渗透、60年代学生运动所导致的大学危机、70年代经济衰退引发的大学财政危机，这些都促使大学对自我的历史进行反思。从学术界内部而言，劳伦斯·斯通和理查德·霍夫斯塔特等在史学界具有崇高声望的学者加入大学史研究队伍，大大提升了这一研究领域在史学研究中的合法性和地位。从学术

---

[1] Harold James Perkin, *Key Profession: The History of the Association of University Teachers*, London: Routledge & K. Paul, 1969.

[2] J. Verger, *Les Universités au Moyen Age*, Paris: Quadrige/Presses Universitaires de France, 1973.

劳动力市场的供求关系来看，20世纪50年代，密歇根高教所、哥伦比亚大学高教所和伯克利大学高教所相继成立，此后二十年，很多大学都建立了高等教育研究所或类似的组织，客观上为大学史研究队伍创造了一个学术劳动力市场。1958年，布鲁贝克出版了《变迁中的高等教育：美国的历史，1636—1956》，同年离开耶鲁大学加盟密歇根大学高教所。埃德温·杜伊（Edwin D. Duryea）在斯坦福大学教育学院毕业后长期任职于纽约州立大学布法罗分校的高等教育系，并于1981年创办《高等教育史年报》（History of Higher Education Annual）。

五　期刊、学会的建立与初步制度化：20世纪80年代

20世纪80年代是大学史领域最关键、最重要的十年，突出地表现在相关刊物的创办、学会的成立、大型研究项目的启动和研究成果的突破等方面。

首先，大学史研究在历史上第一次有了自己专门的学术期刊。1981年，纽约州立大学布法罗分校教育学院高等教育系主办的《高等教育史年报》创刊。同年，《大学史研究》在英国创刊。

其次，大学史研究的专门组织开始出现。1983年，在近代史研究者威廉·弗里霍夫（Willem Frijhoff）等人的倡导下，荷兰成立了大学史研究小组，并于同年创办了会刊《学术雅加达》（Batavia Academica）[①] 该小组鼎盛时期有一百多名成员。在英国，伦敦的瓦尔堡研究所（Warburg Institute）成为大学史研究的一个重镇，在这期间供职于该所的查尔斯·伯纳特（Charles Burnett）、丽萨·贾迪恩（Lisa Jardine）、查尔斯·斯密特（Charles Schmitt）等均从事大学史研究，而查尔斯·斯密特更是《大学史研究》的创刊主编。

最后，1982年，日内瓦的欧洲大学校长联席会（简称CRE，后更名为欧洲大学协会，即EUA）启动了"欧洲大学在社会中的历史"研究项目。参与该项目的学者来自多个国家，瑞士大学史研究者瓦尔特·鲁格

[①] 该刊物1995年更名为《大学史通讯》（Nieuwsbrief Universiteitsgeschiedenis）。

（Walter Rüegg）担任总主编。尽管根据项目最初的设想，四卷本应当在1991年前完成，但由于工程浩大、协调困难，事实上的出版时间却往后延宕不少，前三卷分别在1992年、1996年和2004年出版，第四卷则迟至2011年才出版。《欧洲大学史》四卷本是近二十年来大学史研究领域的扛鼎之作，目前已经被翻译成德语、西班牙语、葡萄牙语、俄语和中文，它是多国学者通力合作的结果，也是跨学科合作的产物。当然，这一项目的启动并非基于纯粹的学术因素，它和当时欧洲的高等教育改革以及整个的欧洲化进程密切相关。在谈到启动这一项目的初衷时，时任欧洲大学校长联席会秘书长的安德里斯·巴伯兰和四卷本丛书主编瓦尔特·鲁格强调了历史视角对于解决当下改革问题的重要性："过去二十年种种改革高等教育部门的失败表明，如果不考虑一些历史的因素，对高等教育问题的长远解决是不可能的。"[①] 该项目对于大学史研究领域的重要意义不仅在于贡献了《欧洲大学史》四卷本，也在于通过这一研究项目，将分布在世界不同国家的学者联系起来，极大地刺激了大学史研究的兴趣。

在博士层次的大学史研究人才培养方面，1981年毕业于哈佛大学教育学院的布鲁斯·金博尔（Bruce Kimball）、1986年获加州大学洛杉矶分校历史学的威廉·克拉克（William Clark）、1987年获哈佛大学教育学院教育学博士的琳达·艾斯曼（Linda Eisenmann）、1987年获哥伦比亚大学博士的玛丽·安·茨波克（Mary Ann Dzuback）等目前都成了这一领域有影响的学者。

20世纪80年代也是大学史研究经典迭出的一个时期。八卷本牛津大学史的第一卷、第四卷本剑桥大学史的第一卷、费恩·古德的《数学家的门徒》、布鲁斯·金博尔的《雄辩家与哲学家：博雅教育的观念史》、海伦·霍洛维茨的《校园生活：十八世纪末至今的本科生文化》等均在这一时期出版。

社会史的研究范式在大学史研究领域仍有很大影响，欧洲大学校长联席会启动的大型项目"欧洲大学在社会中的历史"很好地说明了社会

---

① A. Barblan, Browning, A. de Puymège & Rüegg, W., "The History of the European University in Society: a Joint University Research Project", *History of European Ideas*, 1987, pp. 127 – 138.

史范式在当时的影响。但同时，这一范式的主导地位逐渐受到挑战，大学史研究呈现出多种范式共存的局面。《雄辩家与哲学家：博雅教育的观念史》一书就是观念史范式的代表作。随着文化史范式在历史学界崛起，从文化史角度研究大学史也渐成气候，比较值得关注的是谢尔顿·罗斯布拉对英国大学生文化的历史研究和海伦·霍洛维茨对美国校园文化的研究。妇女史的研究范式在历史学界崛起并获得制度化，对大学史研究领域也有所触动，哈佛大学历史学家芭芭拉·所罗门1985年出版的《与有教养的女性同行：美国女性与高等教育的历史》一书是女性高等教育史研究的里程碑式著作。

六　制度化及文化史范式的崛起：20世纪90年代

20世纪90年代之后，国际学术界对大学史的研究兴趣进一步加大。1993年，挪威学者成立了"大学史论坛"。该论坛在此后十多年间组织了一些有关大学史研究的讨论和会议，有力推动了北欧学者对大学史的研究。1995年，大学与科学史学会在德国成立，1997年，学会会刊《大学史年鉴》（*Jahrbuch für Universitätsgeschichte*）创刊。1997年，意大利大学史研究者杰安·比利茨（Gian Paolo Brizzi）发起成立"意大利大学史研究中心"，同年，《大学史年刊》（*Annali di storia delle Università italiane*）在意大利创刊。

同时，一批研究大学史的新博士学成毕业。一方面，在20世纪六七十年代获得博士学位并在教育院系工作的学者如约翰·希林、罗杰·盖格等开始大量培养大学史研究方向的博士生。另一方面，历史学系也继续培养这一领域的博士生，一些学者已经成为大学史研究的中坚力量，其中包括1990年获斯坦福大学历史学博士学位的朱莉·鲁本（Julie A. Reuben）、1991年获芝加哥大学博士学位的费罗·哈奇森（Philo Allen Hutcheson）、1998年获布朗大学历史学博士的亚当·尼尔森（Adam Nelson），等等。

文化史范式的影响进一步增强。保罗·德朗德1996年的博士论文研究了1850—1920年牛津剑桥大学的本科生文化，论文的第一章内容就是

"作为文化史的大学史"①。同时，妇女史的影响也进一步增强，代表性的有卡罗尔·戴豪斯对 1879—1939 年女性与英国大学的历史研究、艾米·麦坎德利斯（Amy Thompson McCandless）对美国南部学院的女性教育史研究、卡伦·布雷德利对女性在 1950—1985 年融入世界高等教育体系的历史分析。

七　21 世纪以来的趋势

进入 21 世纪之后，欧美新一代的大学史研究者如美国的克里斯托弗·洛斯（Christopher P. Loss）、安德鲁·杰维特（Andrew Jewett）、玛格丽特·奥玛拉（Margaret O'Mara）、玛丽贝斯·盖斯曼（Marybeth Gasman），英国的汤森·皮奇（Tamson Pietsch）、文森特·卡本迪尔（Vincent Carpentier），德国的克里斯蒂安·特里奇（Christian Tilitzki），法国的艾曼纽尔·皮卡德（Emmanuelle Picard），比利时的皮特·杜鸿（Pieter Dhondt），荷兰的里恩·多斯曼（Leen Dorsman）等开始崭露头角，他们为大学史研究带来了新的风气和活力。新一代大学史研究者的崛起反映出两个事实：第一，历史学界越来越重视大学史的研究；第二，在教育史研究领域中，以往过于偏重中小学教育史尤其是公立学校教育史的倾向得到一定程度的纠偏。

在法国，大学历史的断裂、大学权力的弱化导致学者们往往只认同于所在的学科，对所在的大学没有太多身份认同。也正因为如此，一直以来法国学界对法国大学史的研究非常之少，大量的研究成果集中在学科史领域。最近十几年来，在克里斯托夫·夏尔勒（Christophe Charle）、艾曼纽尔·皮卡德等学者的带动下，法国学界对大学史研究的兴趣正在上升。

在美国，中小学教育史研究的绝对垄断地位逐渐被打破，大学史研究受到越来越多的重视。2000—2001 年至 2011—2012 年，美国教育史学会当选的 12 位主席当中有四位大学史研究者。而在之前的三十多年中，

---

① Paul R. Deslandes, Masculinity, Identity and Culture, Male Undergraduate Life at Oxford and Cambridge, 1850 – 1920, Ph. D. dissertation, University of Toronto, 1996.

只有道格拉斯·斯隆（Douglas Sloan）、尤根·赫伯斯特和杰宁斯·凡古纳（Jennings Wagoner）这三位大学史研究者当选过学会主席。

与此同时，在各种力量的推动下，新的研究议程、研究组织、网络开始形成。2007年，北欧的大学史研究者发起成立了"芬兰大学史与高等教育史研究网络"。在比利时，为庆祝2017年根特大学200年校庆，该大学的公共史学研究所在2010年成立了"根特大学记忆"（UGcnt Mcmoric）小组，并于2011年举行了"纪念的学术文化"国际会议。在挪威，为2011年奥斯陆大学200年校庆撰写校史的工作推动了该国学者对大学史研究的兴趣，该校的大学史论坛在2011年举行了"重新思考现代大学史"的国际会议。在德国，西维娅·派莱兹恰克（Sylvia Paletschek）正带领其研究团体从事"大学、科学与公众"项目的研究。

在博士生培养方面，这一时期以大学史为博士论文题目，并逐渐成为这一领域学术新秀的有2000年在印第安纳大学教育学院获博士学位的玛丽贝斯·盖斯曼、2005年毕业于密歇根大学高教所的蒂莫西·该隐（Timothy Reese Cain）、2007年获印第安纳大学博士学位的克里斯托弗·洛斯、2008年获哈佛大学历史学博士的斯哥特·盖尔伯（Scott Gelber），等等。

在研究内容与范式方面，随着全球化、国际化趋势的增强，全球史的影响也渗透到了大学史研究领域，表现在越来越注重不同国家高等教育体系之间的联系和网络。例如，法国大学史研究者克里斯托夫·夏尔勒在2004年的文章中研究了1890—1930年巴黎大学和柏林大学之间的跨国学术网络。英国学者汤森·皮奇研究了1850—1939年英国大学及其殖民地或附属国大学之间的学术网络。美国学者丹尼尔·列维（Daniel Levy）则研究了美国对拉丁美洲高等教育援助的历史。

另外一个趋势是政策史与政治史研究范式的兴起，主要表现为从历史的角度审视高等教育政策的发展。英国学者哈罗德·西维尔（Harold Silver）2003年的著作就是从高等教育价值和国家目的这两个维度分析了20世纪英国高等教育的政策制定史[1]，另一位英国高等教育研究者迈克

---

[1] Harold Silver, *Higher Education and Opinion Making in Twentieth-century England*, London: Woburn Press, 2003.

尔·夏托克（Michael Shattock）2012 年出版的新著《英国高等教育中的政策制定：1945—2011》从高等教育结构、财政驱动力、研究与政策的关系等方面分析了第二次世界大战后的英国高等教育政策史。

八　结语

大学史研究的繁荣部分是由 20 世纪 50 年代之后的高等教育大众化所推动的。各个国家进入高等教育大众化的时间点不同，因此大学史研究的兴起也有先后。20 世纪 80 年代以后，知识社会话语在欧洲的兴起以及人们对大学在其中所发挥的关键角色的期待也大大推动了该地区学者对大学史研究的兴趣。从地域的视角来看，域外大学史研究在美国最为发达，英国、德国次之。在英国，牛津、剑桥两校长期在高等教育体系中处于垄断性地位，其他绝大部分英国大学成立于 20 世纪，历史相对较短，因此大多数大学史的经典研究瞄准牛津、剑桥两校，并造成了大量大学史研究者出自这两所大学的局面。法国和意大利是中世纪大学的发祥地，因此也聚集了一批专门的大学史研究者，但在法国，大学发展的历史断裂和大学组织的不稳定性阻碍了这一领域的发展。在深受欧洲大学传统影响的荷兰、丹麦、比利时等欧洲国家，大学史研究也形成了自己的传统，发展迅速。

当然，无论在历史研究领域，还是在高等教育研究领域，大学史研究者都是一个规模较小的学术共同体。大学史研究受到主流史学范式的影响，但有时对主流范式的反应较慢，如妇女史在 20 世纪 60 年代即兴起，大学史领域对妇女高等教育的考察到 20 世纪八九十年代才成为潮流。

经过 100 多年的发展，大学史研究在美国、英国、德国、意大利和日本都有了专门的学术期刊，不管是国际层面还是国内层面，学者们的交流也都有了稳定的学会组织或学术网络。在历史学博士点和高等教育学博士点中，大学史研究都是一个博士层次人才培养的方向。可以认为，大学史研究已经成为一个初步制度化的专门性研究领域和人才培养方向。

乐观地看，尽管大学史领域的发展在制度上所获得的支持在历史院系或教育院系都不属于优先序列，但大学史研究作为研究的学术研究领域已有两百年的历史，已经积累了相当丰厚的知识基础，形成了特定的研究方法和问题领域，研究范式也日渐多元。可以预见，随着大学在社会中的作用变得愈加重要，学界对大学史研究的兴趣会更加浓厚。

但是也应当看到，从世界范围来看，大学史作为一个研究领域的发展面临着几大挑战或困难。首先，很多大学史研究著作都源自校庆庆典尤其是50年庆典或100年庆典，这类研究可以在短期内极大地刺激对大学史研究的兴趣，但无法对这一领域的长远发展提供稳定的、持续的支持；其次，从研究队伍的稳定性来看，情形亦不甚乐观，尤其是在历史院系从事大学史研究的学者，往往只是在某一个特定时期关注大学史研究，在一段时间后就发生了转移。

回到中国的情境，则挑战尤为严峻。中国最早的大学产生于19世纪末，历史还较短。学界对本国大学史的研究起步较晚，且大多囿于院校史或通史，缺乏以社会史、思想史或文化史范式为指引的专题性研究。国内学界对西方大学史研究发展较快，但在原始资料的利用、研究的深入性等方面尚有待提高。就制度化水平而言，尽管教育院系或高等教育研究所很多均开设了大学史课程，配备有专门的师资力量，但对大学史的研究并没有受到应有的重视，所获得的科研资助也相对较少。此外，中国迄今尚无一份专门性的大学史研究期刊，这对于推进大学史研究的专门化也甚为不利。这些表明，中国大学史研究的制度化水平明显低于西方国家。要推动大学史研究的发展，必须一方面为其创造更加有利的制度环境（如创办专门性的刊物、组建学会，等等），另一方面应突破院校史和通史的传统藩篱，与思想史、社会史、文化史等不同学术范式对话，鼓励学者从事更加具体深入的专题性研究。

论波克维茨的"历史化"教育史学

李先军[*]

[摘 要] 美国著名教育学家波克维茨针对教育史研究中的历史主义、实证主义、档案迷信等倾向,从社会知识论的角度,提出了"历史化"教育史学思想。历史化教育史学认为:现实与历史是不可分离的,教育者对现实的理解,不能脱离历史文化传统;教育史研究关注的是现实问题的"当下历史";教育发展的历史过程,交织着知识和权力的相互影响;教育史研究者,应成为批判的行动者;历史发展是非连续性的,教育史应研究历史的断裂。

[关键词] 波克维茨;历史化;教育史学方法论;社会知识论

教育史研究的目的是什么?寻找历史的真相,抑或解决现实问题?历史的真相能否获得?历史是连续的还是断裂的?对这些问题的不同回答,体现了现代史学和后现代史学的不同研究旨趣。美国著名后现代主义教育家托马斯·波克维茨(Thomas S. Popkewitz),对美国教育史研究中的历史主义思想进行了猛烈抨击。他批评了教育史研究中存在的历史主义、档案迷信等倾向,从社会知识论的角度,提出了"历史化"教育史学的研究思想,并将其娴熟地运用于对儿童、课程、学校变革的历史分析之中。这一思想,与其社会知识论一脉相承。历史化思想强调教育研究中不同的历史传统(如文化史、系谱学)与"当下历史"(history of

---

[*] 华中师范大学教育学院教授。

present）的相互影响①。历史化要求研究者关注地方性知识，反对线性的历史观。与历史主义不同，历史化不追求历史的连续性和宏大叙事，而是从微观的视角去重新审视教育发展的历史过程；它尤其重视那些被人们所忽视的，或被认为是不言自明的历史知识。历史是开放的，没有目的。历史研究，应驻足于历史的细节，在种种小事件中发现历史的开端。历史化体现的是一种问题意识和反思意识。波克维茨是一个研究教育全球化问题的专家，其历史化思想，是在欧洲传统哲学、社会理论、女性主义、历史理论、文学理论，以及美国实用主义哲学影响下形成的。他强调从历史的视角来看待当今全球化背景下教育领域所发生的一切，主张打破学科的界限，进行更多相互对话。波克维茨的思想，对我国教育史研究具有一定的借鉴价值。

一 解构：理性主义视角下传统教育史学研究方法批判

（一）历史主义导致了游子心灵的出现

启蒙运动以来，理性的作用被人们夸大，理性地行动，被认为是能促进世俗社会完美的必经之途。历史主义认为，历史的本质是人的理性与预定目标的实现过程。历史主义明确反对，理性霸权主义。这也是后现代主义哲学家的一个基本观点。

波克维茨认为，历史主义的理性考虑到了与人文主义有关的一系列原则。这些原则，通过绘制历史变革的过程，以及确保将人性置于一个更加美好的社会之中，赋予了历史主体的身份。历史主义的一个重要假设是它的"人文主义"，这在某个层面与欧洲启蒙运动的"世界主义"相关。历史主义将人的理性（智慧和美德）与合理性（科学）视作历史中心的演员②。历史主义通

---

① Thomas S. Popkewitz, Visioning the History of Education: Transnational Perspectives on The Questions, Methods and Knowledge, in ThomasS. Popkewitz, ed. *Styles of Reason and The Historical Object*, New York: Palgrave, 2012, p. 2.

② Thomas S. Popkewitz, Visioning The History of Education: Transnational Perspectives on The Questions, Methods and Knowledge, in ThomasS. Popkewitz, ed. *Styles of Reason and The Historical Object*, New York: Palgrave, 2012, p. 3.

过对过去的研究来描述人性。因此，它使得"过去"在某种程度上成为了一种个体意识。人类发展的目的和意图在于思考变革并掌握获知将来可能性的方式。人类行动者将给予其独立的时空，并加以重点关注；同时，也依然关注过去已发生了什么、现在发生着什么、将来会发生什么。在历史发展过程中，历史主义者为公民、工人、儿童、家庭分别规定了共同的和卓越的代理人。在美国教育的发展过程中，历史主义者长期在教育研究中占据着主导地位。于是，理性成了社会制约的工具，成了规定我们身份（主体性）、制约我们日常行动的准则①。

历史主义者的这种实践，存在着不可忽视的问题。比如，课程发展的历史，可能被理解为生产某种特定人群（如公民、工人、父母等）的历史工程。而教育学则是通过考虑人类的能动性，并给予人一定的社会干预，以培养和发展人的"理性"，从而促进个体幸福与社会进步。历史主义所"生产"的这种特定人群，与具体而真实的个体的行为存在着明显差别，因而也无法反映个体受教育的情形及其在历史中的真实命运。

历史主义这种普遍的、总体的和进步的历史观，会导致"无家可归的心灵"（homeless mind）的出现。在某种程度上，"无家可归"指的是个体被抽象的原则所规定和区分（ordered and differentiated）。看起来，它是没有历史场景、文化特性和地理界限的。"无家可归"这一提法，将作为"学习者"的儿童普遍化了，并创造出一个具有普遍特征的儿童，以取代个体的他，无论他是生活在麦迪逊、东京或开普敦，也无论他是生活在贫困还是富有的环境之中。

无家可归的心灵，不仅体现在思想上，还体现在历史主义之中。它使具有某种特质的人类行动者的介入成为可能。这种人，没有表现出什么历史场景、文化特性和地理界限。这种无家可归的心灵，存在于人同时作为反思主体和客体的发展过程之中。由是，通过界定抽象的正直和良好公民的类型，儿童被要求遵循的一种生活方式，就与其日常活动区

---

① Thomas S. Popkewitz,《理性之理性：世界主义及其对学校的治理》,《全球教育展望》2010 年第 3 期。

别开来了①。

无家可归的心灵，使人在日常生活中只能从属于某一文化群体去思考和行动②。历史主义者凭借欧洲背景中个人的、思想的、制度形式的有意识或无意识的行动，来预测事件的运动过程。其中心假定是，历史主义的"理性"，通过主体的身份与代理人的活动，使那些力量能够为人所知。

行动者是能动者的代表，时间则是发展和变革者的代表。历史主义规定了过去、现在和未来的特定关系，并通过对大事件的解释和对过去行动的追溯，表达某一事件的重大意义。因此，行动按照时间顺序而被限定，非历史的行动者或其代理人也只能在理性的指导下行动。这样一来，无家可归的心灵，便存在于自我意识之中。

历史主义的主体是先验的，它假定有一个自治的主体存在。随着时间的推移，这种非历史的主体表现出不同的特征。历史主义将处于不同历史时期的人的特质和能力进行比较，以区别出不同历史时期（如古代人与现代人）的价值观念，同时，也将他们与文明程度不高的人加以区别。社会达尔文主义者强调，人必须继承良好的道德观念和智力，以确保用更文明和更尊贵的人性去取代弱者。依此思路，主体的特点已被规定好了，其差别只是体现在其代理人的不同之中。然而，主体的位置应该是活动的，而非中心化的，而且它所占据的位置，是由话语权力所决定的。

（二）实证主义历史学忽视了价值判断

波克维茨还反思了实证主义的研究方法论。实证主义对历史档案极端重视，却忽视了对档案的文化特性和历史性进行批判研究。这体现了历史主义的物质化。他认为，"实证主义的方法，集中在具体事情或个体人物上，因而忽视了从社会和历史的视角来关注现实"③。实证主义史学，

---

① Thomas S. Popkewitz, *Cosmopolitanism and The Age of School Reform: Science, Education, and Making Society by Making The Child*, New York: Routledge Taylor & Francis Group, 2007, p. 11.
② Thomas S. Popkewitz, *Cosmopolitanism and The Age of School Reform: Science, Education, and Making Society by Making The Child*, New York: Routledge Taylor & Francis Group, 2007, p. 29.
③ Thomas S. Popkewitz, *A Political Sociology of Education Reform: Power/Knowledge in Teaching, Teacher Education and Research*, New York: Teachers College Press, 1991, p. 18.

将现实与过去隔离开来了。实证主义对科学的理解,体现在对数据收集与分析的信仰上。科学规则要求我们去观察那些可以观察到的事物,而历史与价值是无法观察的,因此,它们不被认为是科学应该考虑的一部分。诚如波克维茨所批评的:"认为真理存在于数据收集过程之中的观点,会使我们关注的焦点远离文本所构成的社会视野。"①

波克维茨认为,虽然这种对于历史与科学关系的理解是错误的,但其具有某种意识形态上的含义:"(实证主义把)科学作为标准,将政治、社会和经济问题转换成一个管理问题。这导致人们用效率和客观的错误观念来引导教育学实践,也导致由过去兴趣构成的现实之路模糊不清。"②他认为,实证主义企图将档案文本作为由历史数据构成的自然空间的做法,是非历史的。他说:"实证主义者将档案当作历史的起源,缺少对历史的历史性理解。"③

档案为实证事实提供数据服务。我们可以通过档案组织历史叙事,并在其多样性和复杂性中揭示出丰富的人性。档案也是治理的场所。档案在18世纪末得以发明,是因为它与国家治理有关。档案的制作与保管,也体现了政治热情和专业知识的紧密结合。档案编制的最终结果,是使历史事件合法化。历史研究者根据自己的价值观去有意识地选择过去的记录,索引或目录式地编出片段,并借助它们去解释历史上的重大事件。当然,在不同时期,历史学家对档案的解释也不尽一致。

在历史主义的实践中,由哪些材料构成档案,成为了集体记忆的技术。这种集体记忆,会无意识地将未来的行动与过去的主张相联系。于是,档案就成了人们做事、思考、想象、记忆时的一种集体经验;档案馆也成为历史学家研究历史人物生存方式或历史事件真相的场所。因此,

---

① Thomas S. Popkewitz, The Formation of School Subjects and The Political Context of Schooling, Thomas S. Popkewitz (Editor), *The Formation of School Subjects: The Struggle for Creating An American Institution*, New York: The Falmer Press, 1987, p. 3.

② Thomas S. Popkewitz, The Formation of School Subjects and The Political Context of Schooling, Thomas S. Popkewitz (Editor), *The Formation of School Subjects: The Struggle for Creating An American Institution*, New York: The Falmer Press, 1987, p. 3.

③ Thomas S. Popkewitz, Visioning The History of Education: Transnational Perspectives on The Questions, Methods and Knowledge, in ThomasS. Popkewitz, ed. *Styles of Reason and The Historical Object*, New York: Palgrave, 2012, p. 7.

档案不一定就是"事实",某种意义上,它是一种通过施加影响来决定哪些东西能被后人看见的游戏。在这个意义上,档案当然不是一个民族文化的所有记录,它无法证实一个民族的过去;档案馆也不是使记录、记忆或遗忘成为可能的一种社会机构。

(三) 教育史学寻求历史研究的客观中立,忘却了权力的在场

历史主义者宣称,历史研究旨在寻求客观中立的历史。波克维茨从社会知识论的角度,对此进行了严厉批判。在他看来,历史的真实性难以追寻,历史亦非中立。

具体说来,课程的发展过程,受到了政治、经济、文化等多重因素的影响。波克维茨从政治权力、意识形态、文化霸权等角度,对教育历史文本进行了综合性解读。在他看来,史料的记载是由统治阶级的意志所决定的,不符合统治阶级意志的事件,在史料中往往是不在场的。所以,任何记载,都是对一定历史时期社会具体生活情境的有选择的记录。

从社会认识论的角度来看,权力决定了史料的记载必定是符合统治阶级利益的。历史档案往往由官方记录,哪些内容能得以记载,哪些表述方式能得以采用,权力因素会产生重要影响。因此,波克维茨认为,档案不是能够找到事件发生源头的地方,而是探索主体的构成和发生那种事件的可能性条件的地方。

档案与历史文献的不同,并不体现在描述档案细节的附件材料之中,而是体现在对这些材料进行清晰地描述并加以理论化的方式上。波克维茨批评了教育史学家迷信档案的做法。他对这种迷信的揶揄是,历史学家陶醉在档案的气味和灰尘之中,如同陶醉在历史的魔力之中。

"档案"一词,始于古希腊统治者的创作。档案孕育于权力起源的地方,所以它不可避免地带有权威的胎记。波克维茨认为,将档案作为稳固的知识来源,很可能会忽视代理者、能动性以及变革的理论,让这些理论默默地淹没在构建历史主义及其对"理论"进行评论的典型叙述之中。

权力决定了社会关系,也决定社会实践。在波克维茨看来,学校教育的历史就是一种变革社会的管理实践。它通过计划和刻画(calculate and inscribe)的方式,决定了作为国家未来的公民在思考、推理(reason）和行动时应遵循的原则。"学校的教学内容，是社会、政治、经济、文化利益的交汇。这些利益构成了美国制度变革和应变的基础。"[1] 历史主义者认为，学校应通过理性规训来操控心灵。这样一来，学校科目便无异于炼金术，其目的在于更好地操控孩子和教师的内在气质和敏感性，而不是为了进行优质教学。他说："当学科进入到学校、成为教学科目，教育学就魔法般地改变了学科空间。这个炼金术将学校的课程变为规范儿童、家庭和社群的场所。"[2]

因此，如果研究者不加批判地接受学校发展的历史，便"掩盖了其作为社会组织的文本这一偏见"[3]。他赞同法国年鉴学派史学家马克·布洛赫的观点："历史学家拥有的，只有过去留下的足迹，而不是过去。正是这些足迹，为当下写作的历史留下了线索；甚至在历史寻求从诠释学的视角去理解过去，及其文本、背景和知识发展时，也是如此。"[4] 问题在于，这些足迹如何被理解，又如何与变革的思维方式相联系。这都需要研究者首先进行批判地反思。

二　历史化：教育史学研究方法的重构

（一）追寻"当下历史"的研究方法

波克维茨的"历史化"思想，要求从现实问题形成的历史过程出发，来展示现实问题所处的社会历史文化背景。他借用了福柯"当下历史"的概念，并将其运用于教育史研究之中。

---

[1] Thomas S. Popkewitz, The Formation of School Subjects and The Political Context of Schooling, Thomas S. Popkewitz (Editor), *The Formation of School Subjects*: *The Struggle for Creating An American Institution*, New York: The Falmer Press, 1987, p. 3.

[2] Thomas S. Popkewitz,《理性之理性：世界主义及其对学校的治理》,《全球教育展望》2010 年第 3 期。

[3] Thomas S. Popkewitz, The Formation of School Subjects and The Political Context of Schooling, Thomas S. Popkewitz (Editor), *The Formation of School Subjects*: *The Struggle for Creating An American Institution*, New York: The Falmer Press, 1987, p. 20.

[4] Thomas S. Popkewitz, Visioning the History of Education: Transnational Perspectives on The Questions, Methods and Knowledge, in ThomasS. Popkewitz, ed. *Styles of Reason and The Historical Object*, New York: Palgrave, 2012, p. 2.

所谓"当下历史",主要是指:"目前我们的观念,是如何历史地形成的。即当下的'真',有着深刻的社会历史渊源;通过对历史状况的拷问,可以回答当下人们深信不疑的'真'是何以为'真'的原因。简言之,就是整合多个角度,审视那些所谓的理所当然的观念,是如何被历史地建构并最终在人们的头脑里成为常规性存在的,并探寻促使这些观念形成的可能性条件。"① 另一种诠释是:"此处的历史,并非追溯过去历史事件和人物意义上的档案;也不是用这种方法,将世界主义的'理性'视为纯粹逻辑的东西,……它是去探询社会认识论上的变革所产生的原则。这些原则,决定了儿童是谁、他/她应该是谁、谁不符合那些空间。它运用过去和现在主要资源的目的,在于通过学校教育目标的生产、规定、分类,去理解差异、分化和分歧。"②

波克维茨以"青年"这一表述为例来说明这个问题。人们通常认为,高中生就是青年。"当下历史",就是要探讨"为何我们理所当然地认为高中生就是我们理解的青年"这一问题。这里的"历史",并不是时间意义上的发展史。波克维茨在《教育改革政治社会学——教学、师资培育与研究中的权力/知识》中,分析了教师教育、品格教育、教师、教学方法等与教育变革相关的历史发展过程,并阐述了这些概念内涵变化的历史背景。他梳理了"改革"一词的发展史。他认为:"'改革'一词,在历史发展和社会关系的语境中,体现了跨时段的不同概念。在19世纪初,改革与帮助罪人找到拯救之路有关;但20世纪中叶以前,改革指的是将科学原则作为一种方法,运用到启蒙和真理的追求之中;在当前的实践中,尽管改革坚持千年来的宇宙观,但部分依赖于个人主义特殊的意识形态和专业实践。"③ 在对引起改革的生态环境的探讨中,没有不变的对于改革的界定;其界定,通常是随着制度环境的不断变化而改变的。

---

① 赵婧:《"碎片化"思维与教育研究——托马斯·波克维茨教授访谈录》,《全球教育展望》2012年第10期。

② Thomas S. Popkewitz, *Cosmopolitanism and The Age of School Reform: Science, Education, And Making Society by Making The Child*, New York: Routledge Taylor & Francis Group, 2007, p. 7.

③ Thomas S. Popkewitz, *A Political Sociology of Education Reform: Power/Knowledge in Teaching, Teacher Education and Research*, New York: Teachers College Press, 1991, p. 14.

追寻"当下历史",本来是研究当前现实问题的一种方法论。当我们运用它去研究历史问题时,就应关注该概念的历史发展过程,从概念的变革中,把握时代的历史主题。依照波克维茨的说法便是课堂里发生的事情、学校教育的研究模式以及对儿童的理解,既是过去,也是现在所生产出来的。"历史,并非学校教育发展的编年史。对问题的研究,需要对我们日常生活的风俗和传统进行仔细地观察。"① 因此,他主张:"历史学家应该多从历史的角度思考历史主义自身;更多地去阅读元史学、知识社会学和科学社会学等。它也意味着,历史学家必须超越自身的边界,去关注其他社会/文化分析的派别。"②

"当下历史"的研究方法,希望让历史研究为现实问题的解决服务。现实的主题,都存在着一个历史发展过程。研究者应思考其形成过程和成因,以了解历史的意义。任何人或事,只有当人们认识到其过去时,才能深刻理解其现在的意义和价值。对于教育,也是如此。波克维茨强调,人们要历史地和社会地分析学校教育变革的实践。在他看来,"语言学转向"的重大意义在于,它可以帮助我们认识到我们何时"使用"语言(它可能不是我们的口头语言)。也就是说,我们所使用的语言,是历史建构的。它决定了我们的所见、所思、所谈,也决定了我们以教师或学生的身份去行动。

比如,"学习"是20世纪20年代的发明,行为主义心理学为教师提供了管理课堂的方法。但"学习"一词,也与一系列的价值、优先考虑的事情、个人性向等密切地联系在一起。它对一个人应该怎样去看待这个世界、应该如何采取相应的行动等都有影响。在波克维茨看来,社会理论也是一种关于变革的理论。因为它也同样关注:世界的"目标"是怎样历史地建构起来的,它又是怎样随着时间的变化而变化的。

---

① Thomas S. Popkewitz, The Formation of School Subjects and The Political Context of Schooling, Thomas S. Popkewitz (Editor), *The Formation of School Subjects: The Struggle for Creating An American Institution*, New York: The Falmer Press, 1987, p. 2.

② Thomas S. Popkewitz, Visioning The History of Education: Transnational Perspectives on The Questions, Methods and Knowledge, in Thomas S. Popkewitz, ed. *Styles of Reason and the Historical Object*, New York: Palgrave, 2012, p. 14.

(二) 教育史研究者应成为批判的行动者

历史化理论主张，在研究中研究者应采取批判的观点，并对主体"去中心化"。

波克维茨认为，人们在学术工作中总是面临着知识与权力的关系。但研究者必须将社会科学问题从当前的社会运动中"去中心化"，以便他们重新获得作为批判的历史行动者的感觉①。问题在于，不少研究者缺少这种历史意识。他们常常将学校发展的过程，视为一个理所当然的演变过程。历史研究者选择相关的案例，是为了解释文明的进程。这样一来，历史的功能便成为一种说教，其目的在于说明虔诚的传统或影响人类发展的普遍的自然法则。

然而，"历史学、社会学、哲学和教育学，并不是像它们所宣称的那样去'公正'地解释世界的，它们也是为社会所建构的，并且在政治上根植于各学科的实践之中"②。学校里的论断和价值的形式并非中立的。学校中"学习"的概念，来源于人们的斗争，人们都希望在对青年进行社会化的机构中实践自己关于社会和政治的观点。公立学校教育的历史上，人们围绕个人和社会是否要被作为再塑造的对象这一问题进行了激烈而深刻的争论，这些争论，已被嵌入教育学的重建之中。毋庸讳言，学校教育是社会建构的一种尝试。进入学校教育的世界之中，就是加入了一个具有一系列论断、行动和价值的社会世界。课堂组织的基础，教师的行为，以及学生的成绩标准都指向于一个人应该如何去交谈、思考、"发现"和行动。

针对历史主义提出的先验主体观，波克维茨指出，历史化需要对主体"去中心化"。历史研究应集中关注学校的客体及其特有人群的行为方式，即他们去观看、思考、行动、"感觉"的可能方式；应关注生产主体的语言、文本等可见的事物。历史化将被规定的主体作为一个发起者的

---

① Thomas S. Popkewitz, *A Political Sociology of Education Reform: Power/Knowledge in Teaching, Teacher Education and Research*, New York: Teachers College Press, 1991, p. 8.

② Thomas S. Popkewitz, *A Political Sociology of Education Reform: Power/Knowledge in Teaching, Teacher Education and Research*, New York: Teachers College Press, 1991, p. 10.

角色，而赋予自治的作者更多重和更复杂的功能，即将作者作为一种概念化的角色，对文本如何去体现、如何行动，给出明确的解决方法和实施计划。

但是，对主体的"去中心化"，不应被视为对理性、合理性或能动性以及变革的启蒙责任的废除。刚好相反，它鼓励人们去挑战这样一种假定，即自由和解放依赖于深思熟虑和对主体的科学管理。历史主义将自治的主体，视为卓越的人物和历史分析的源头；而历史化的主体，将被看作一个事件，以作为理解的源头。

历史研究的任务在于，将主体作为一个"事件"，对于所注意到的和所给予的、过去与现代的各种叙述加以探寻，探讨它们是如何可行、如何被理解的。事件的概念与实证主义、历史经验主义的主张恰好相反。历史化将历史作为一个事件。在历史研究中，研究者应重点研究赋予人身份种类和身份概念的内容，在社会文化、政治关系和政治制度的历史交会处，去发现产生自治反思策略的客体、概念、理论原则的构成规则。

事件的概念也提示我们，不仅要思考整体进化过程中的所见、所行，更要思考导致事件发生的一系列小事件。它产生于不均衡网格的历史运动的聚集处，从而使客体的反思和行动可行。人们也可以关注学校课程的形成，将其作为一个事件，并将其凸显为一种治理场所进行质疑。学校课程不只是单一学校教育的事情，它的产生与课程名称（如物理、数学、艺术等）几乎没有关系。

（三）关注教育发展历史过程中的断裂

历史主义持一种历史连续性的观点，将历史上的各个时期看作一个进步过程的必经阶段。但波克维茨认为，历史不是线性的，而是断裂的。"历史方法有助于人们去探索当前事件是如何与其他事件相关联的，是如何诞生于过去的模式之中并与其产生断裂的。"[①] 这体现了福柯思想对其所产生的影响。

20 世纪中叶以来，西方思想家开始关注历史的断裂或中断。这是对

---

① Thomas S. Popkewitz, *A Political Sociology of Education Reform: Power/Knowledge in Teaching, Teacher Education and Research*, New York: Teachers College Press, 1991, p.15.

现代主义过于强调历史连续性的一种反动。诚如波克维茨所言："当前研究历史，是为了在制度生活中对间断的、非连续性的、断裂的现象进行定位。没有事件或制度的前后相继的连续运动，我们也无法将变革归于历史行动者的动机或信念。"[1] 波克维茨认定："关注历史间断或断裂的目的在于，重新界定学术工作的目的，调查制度实践与真理、政权之间的关系是如何随着时间的变化而变化的。"[2] 这一思想，被他运用于教育改革史的研究之中。他认为，应在社会整合中，从社会、集体和历史角度，分析学校改革与知识（认识论）、机构、权力间的相互关系。这种研究的关键在于，需要将历史与现实相联系，以便在社会环境中考虑关系的连续性、反复性及其断裂。

因此，一些影响学校日常实践的结构关系问题，便成了他所关注的焦点。其目的在于，寻找更为有效的方式去理解学校的知识生产过程。他指出："社会变革并不需要进步的实践观念；作为一种方法的社会知识论，应关注社会生活；这种研究方法，需要将个人从分析的中心移开，并质疑此时此刻人被赋予的首要地位，也应该关注知识和权力的关系。"[3]

法国年鉴学派认为，思想的样式是与长时段的变革相互交织在一起时生产和再生产的样式。这提醒人们，在思考学校教育的历史现象时，应考虑到认识论与物质条件（如自然环境、地域条件）的相互关系。同时，应将"变革"视为某种形式的社会断裂，而非将其视为必然发生的或可能进步的大事件的演变。

福柯与年鉴学派这一观点相似。他将权力引入社会历史分析的方法，为历史地考察学校教育提供了一个中心主题。福柯的历史观（如区域的、认识论上的中断），对理解大众学校教育与19世纪教育学的形成，以及发生在当前的教育改革，能起到一个"锚"的作用[4]。

---

[1] Thomas S. Popkewitz, *A Political Sociology of Education Reform: Power/Knowledge in Teaching, Teacher Education and Research*, New York: Teachers College Press, 1991, p. 5.

[2] Thomas S. Popkewitz, *A Political Sociology of Education Reform: Power/Knowledge in Teaching, Teacher Education and Research*, New York: Teachers College Press, 1991, p. 4.

[3] Thomas S. Popkewitz, *A Political Sociology of Education Reform: Power/Knowledge in Teaching, Teacher Education and Research*, New York: Teachers College Press, 1991, p. 5.

[4] Thomas S. Popkewitz, *A Political Sociology of Education Reform: Power/Knowledge in Teaching, Teacher Education and Research*, New York: Teachers College Press, 1991, p. 5.

波克维茨的历史化教育史学，实际上受到了全球化、后现代主义、社会知识论以及美国批判教育理论的影响，这也体现出其思想的批判性和综合性。从研究方法论的角度来看，其历史化思想是以福柯的"当下历史"思想作为方法论基础的。它强调从现实问题出发，追根溯源，进行回到"原点"的思考。波克维茨认为，在研究中应采用"去常规化"的思维方式，即采取一种"碎片化"的思维方式。他致力于突破进步的、线性的传统历史观，透露出他对每一个历史实践主体的关注，这也激励历史研究主体进行更为积极的批判性反思。这无疑有利于提升教育史研究的意义和价值，拓展教育史研究的领域，激发教育史研究者融入自身的生活经历、情感与激情，身临其境地投入研究之中。

三　可供借鉴之处

（一）教育史研究应关注现实问题

当前的教育史研究中，存在着一些问题，比如，现实感不强、档案迷信等。在波克维茨看来，如果不关注现实问题，只是对历史进行叙述，历史研究就可能会成为编年史。

现实研究与历史研究密不可分。研究现实问题，离不开对历史文化传统的关注，以及对现实问题的历史追溯；研究历史问题，更离不开对现实问题的关照。波克维茨对缺乏历史意识的研究提出了严厉批评。他指出："虽然社会变革问题是历史性的，但我们许多关于变革的理论，却拒绝历史意识。我们提高教学质量的举措，充分表明了这一点。教育改革，涉及改变教师教育的结构和学生毕业等一系列的建议和要求。这些建议和要求，我们曾经尝试过，但是最后也放弃了。现在关于选择和留住教师建议的讨论，与20世纪60年代末的政策文本类似。那时，相关政策被称为教职工评鉴和绩效工资；现在，它们被称为职业阶梯和不同的奖励工资结构。语言发生了变化，但是制度的关注点和文本并无二致。可能现在有人会问：为何过去被轻松地抛弃了的政策建议，今天的人们依然相信它们会有效？学校教育的哪些条件，使这些建议在理论上可行，却在实践中不具有可行性？为了回答这些问题，我们需要探究：过去是什么条件限制了这些项目的实施？在当前的教育环境中，这些限制条件是否仍然存在？"[①]

马克·布洛赫指出："古今之间的关系是双向的。对现实的曲解，必定源于对历史的无知；而对现实一无所知的人，要了解历史，也必定是徒劳无功的。……只有通过现在，才能窥见广阔的远景，舍此别无他途。"[②] 因此，过去与现在的关系，并非截然分隔。换言之，历史对于今天的意义，并非仅限于一种过去事实上的关系，更在于历史呈现了现实和未来的诸多可能性。

克罗齐也认为，历史应从现实出发。人们只是因为对现在生活的某种兴趣，才会去探究一个过去的事实。因此，他提出了"一切真的历史都是当代史"的著名命题。在他看来，过去只有与现在的视域融合时，才可能被理解。波克维茨的主张是："现在，不仅仅是我们当下的经验和实践。我们的历史意识，一个部分在于，认识到过去是我们的日常话语、能被言说的结构、我们时代的可能性和挑战的一部分。"[③]

今天各国的教育，无不受到全球化浪潮的影响。教育史的研究，无疑也应关注这一影响，尤其是关注全球化对不同历史时期各地方化情境中人的发展的影响。历史不同于自然，正如伊格尔斯所言，"历史学处理的，乃是表现为创造了历史的男男女女的意愿，以及使社会得以凝聚的种种价值和风尚。历史学处理的是，处在时间之中的具体的人和具体的文化"[④]。因此，教育史研究不应只是在故纸堆里"讨生活"，而应基于对现实问题的关照进入历史。否则，教育史的研究，就可能成了对某一主题的资料汇编，而失去了研究本应具有的意义和价值。

[①] Thomas S. Popkewitz, The Formation of School Subjects and The Political Context of Schooling, Thomas S. Popkewitz（Editor）, *The Formation of School Subjects: The Struggle for Creating An American Institution*, New York: The Falmer Press, 1987, p. 1.

[②] [法]马克·布洛赫，《历史学家的技艺》，张和声、程郁译，上海社会科学院出版社1997年版，第39页。

[③] Thomas S. Popkewitz, The Formation of School Subjects and The Political Context of Schooling, Thomas S. Popkewitz（Editor）, *The Formation of School Subjects: The Struggle for Creating An American Institution*, New York: The Falmer Press, 1987, p. 1.

[④] [美]格奥尔格·伊格尔斯：《二十世纪的历史学：从科学的客观性到后现代的挑战》，何兆武译，山东大学出版社2006年版，第1页。

(二) 教育史研究者应该具有批判和反思精神

波克维茨一再要求，研究者应具有反思精神。他受后结构主义的影响较深。他认为："后结构主义将知识探究从'纯粹世界'恢复到'人的世界'，重视知识的社会性与历史性脉络，将'知识是如何被生产出来的'作为重点关注的问题。从本质上来说，后结构主义认为，不存在客观知识，在一定意义上，知识不是理性，也非真理。从总体上来说，波克维茨的'社会知识论'，便是这种后结构主义视角的具体表达。"[①]

尼采也认为，知识乃是权力运作的一种工具。有学者认为："自苏格拉底以来的哲学理性的历史，在他（尼采）看来，似乎只不过是一种非理性的形式，只不过是在肯定权威与权力的一种有效的工具。"[②]

在具体研究中，教育史研究者应注重思考历史发展过程中知识和权力的关系，分析历史记叙背后的利益诉求。这样，才有利于揭示教育发展过程中，社会、政治、经济与文化之间的相互作用和相互影响，以便更好地理解和呈现教育发展的过程。研究者还应从社会文化史、女性主义、新殖民主义等多个视角，去分析教育中权力与知识的复杂关系，以便更好地理解权力运行的实质。

既然知识都是生产出来的，中立、客观的历史实际上难以追寻，那么教育史研究者对历史的诠释或解读，便显得尤为重要。在某种意义上说，历史就是文本。因此，对文本的解读过程，就是一个意义赋予的过程。尼采认为，苏格拉底和柏拉图以来，西方思想所依据的信念——存在着一种与思想家的主体性并无任何联系的客观真理——是不可取的[③]。

综上所论可知，教育史研究者，需要提高自己的创造性和能动性，应从社会文化史的角度对教育发展的历史过程进行逻辑上的推理和提炼，在强化对文本进行解读的同时，还应更好地理解人的存在感和生存境遇，

---

① 林丹、李先军：《解构与重构：托马斯·波克维茨"社会知识论"的思想通道》，《比较教育研究》2015年第2期。
② [美] 格奥尔格·伊格尔斯：《二十世纪的历史学：从科学的客观性到后现代的挑战》，何兆武译，山东大学出版社2006年版，第7页。
③ [美] 格奥尔格·伊格尔斯：《二十世纪的历史学：从科学的客观性到后现代的挑战》，何兆武译，山东大学出版社2006年版。

主动去建构历史的意义。

(三) 教育史研究应关注历史的断裂

波克维茨认为，历史不仅不是连续性的，甚至是被各种断裂所标志着的。历史演进并非直线性的，而是波浪式的。

传统教育史学认为，教育发展的历史是一直向前和不断进步的。但是，教育发展的历史证明，这种看法并不符合历史事实。比如，在法国教育史中，近代义务教育制度的确立，经历了一个漫长的过程，并在发展过程中屡有反复。

新史学产生以来，历史学研究的主题逐渐从社会机构和历史进程，转移到了广义的日常文化上来。在新文化史看来，"国家的中心体制、教会和世界市场，都已经坍塌了；文本的意义，已不再是透明的，而是打上了各种矛盾和断裂的烙印"[1]。因此，历史进步观念和总体化的历史观念，也受到了诸多历史学家的质疑。

福柯提出了"概要历史"的主张，这一主张要求人们持一种"不连续的、断裂的、无规律"的历史观[2]。福柯的"考古学"，不再以探寻历史的起源及其连续性为目标，而是强调要寻找到各个知识领域的历史演变过程中的"巨大断裂点"。他将历史还原成事件，并将其置于历史主义所规定的传统的历史进程之外。

历史事件，并非某种伟大进程中的一环。这个世界，就是由无数错综复杂的事件所构成的。那种进步的、连贯的、因果关联的线性历史观，也开始遭到我国教育史学界的批评。这是因为，线性教育史观"否定了教育历史进程的多元性、复杂性和曲折性，因此难以形成真正科学的历史认识"。线性历史观，在本质上"不仅排除了对人类过去所创造的一切应有的敬意、敬畏与感恩之心，而且包含了对历史、传统的蔑视"[3]。

总而言之，教育史研究应从全球化的视角，去挖掘教育历史知识的

---

[1] [美] 格奥尔格·伊格尔斯：《二十世纪的历史学：从科学的客观性到后现代的挑战》，何兆武译，山东大学出版社2006年版，第11页。

[2] 王京春：《福柯心中的历史：一种非科学、非理性的历史哲学》，《高校理论战线》2008年第4期。

[3] 张斌贤：《教育史观：批判与重构》，《教育学报》2012年第6期。

文化地域特色，探索历史发展过程中小事件产生的前因后果及其地方性意义；而不应终日埋首于文献、档案，追求那种似是而非的"宏大叙事"。

教师与学生的历史关怀

——中国教育学会教育史分会第十六届年会综述

李志刚[*]

中国教育学会教育史分会第十六届学术年会于2015年10月10日至11日在河南大学召开。本届年会由中国教育学会教育史分会主办，河南大学教育科学学院承办，河南大学聚协昌科举文化研究院协办。大会共收到学术论文270余篇，其中教师论文170余篇，博士和硕士研究生论文近100篇。年会颁发了教育史首届优秀博士学位论文奖。

一 教师与学生的历史关怀

（一）教师与学生教育生活史的探寻

对教师与学生的历史关怀，首先体现在对教师与学生教育生活史的关注和研究。

1. 教育生活史研究

研究教师与学生史，最基本的指导思想是从微观和具体的视野展现教育活动中教师与学生存在与生活的历史过程，这一历史过程即教师与学生的教育生活史。

华中师范大学周洪宇教授进行了系统性阐述。他认为，教育生活史作为一个更为面向普通民众"接地气式"的、记述普通教育参与者生活

---

[*] 河南大学教育科学学院讲师。

的研究领域，呈现教育生活的鲜活内容，具有重要意义。从广义上说，教育生活史就是一切与教育生活有关的历史，它既包括学校教育生活，也包括家庭教育生活、社会教育生活及其他各种教育生活等，都是它研究的范畴。宁波大学刘训华副教授认为，学生生活是教育研究的重要内容，它对从学生视角探讨业已存在的教育现象具有重要的价值。这些阐述对教师与学生史尤其是教育生活史的研究具有重要的方法论意义。

2. 教师与学生生活史的描述与评论

山西大学李艳莉博士描述了民国时期大学教师的"跑街式生活"的艰辛，同时分析了这种生活的利弊。宁波特殊教育中心学校袁东讲述了民国盲人学者的生命故事，展示了盲人学者真实的生活场景和贡献。华中师范大学刘来兵副教授叙述了中国封建社会巅峰时期明清时代的宫廷教育与皇子读书生活。河北大学王蓉分析了古代河北书院教师与学生的基本生活状况。天津师范大学郭志明教授描述了加拿大一间屋学校教师的生活。江西师范大学刘春华对1890年至1940年美国文理学院生活史进行了研究。由此可见，古今中外教师与学生的教育生活异常丰富多彩，是教育史研究的无穷源泉。

3. 教师与学生群体或个体的历史研究

华南师范大学王建军教授分析了民国高校教师生活研究的历史定位问题，指出民国时期高校教师主要是由传统的"士"转变为中国现代知识分子的一部分。山东师范大学路书红刻画了民国时期以蔡元培、陶行知、梁漱溟等为代表的一大批教育家的群像，他们共同特质与精神在于融历史使命于教育之中、融独立精神于教育现实之中、融教育理想于坚实的教育实践之中、寓教育于高尚的人格之中，为世人展现出一代教育家的风采，对于当今教育家的呼唤、教师群体职业倦怠的消解、教育理想的追求与坚守均具有重要的反思意义。上海交通大学欧七斤副研究员以南洋公学为考察中心描绘了清末高等学堂的学生镜像，指出正是这些第一代本土新式人才的培育，在推动中国社会的近代转型方面承担起了新型的使命。河南大学赵国权教授以"从省立到国立：抗战时期河南大学师生的坚守与执着"为题讲述了抗日战争年代的教育生活，展现了大学师生的民族危难之际的使命担当、生存艰难之际的弦歌不衰、眷恋故土之情的文化自觉的光辉历史形象。

一些特殊教育群体也纳入了与会者的视野，如留学生群体、女性教育群体、弱势教育群体等。浙江师范大学项建英教授等对近代中国留美高校女性自我成长历程进行审视。江南大学蒋明宏教授阐述了清代苏南乡村女塾师的大致类型、主要特点和产生原因与历史启示。华东师范大学李娟论述了20世纪60年代以来美国弱势群体补偿教育立法的嬗变过程及对我国的教育立法的有益借鉴。

浙江大学田正平教授对近代著名教育家竺可桢进行了研究，为我们展现了一位大学校长的家国情怀。华东师范大学黄书光教授阐述了陈鹤琴、陶行知及其各具特色的本土化教育理论——"活教育"与"生活教育"。云南师范大学陈瑶教授介绍了美国首位教育学教授威廉姆·佩恩的学术史。北京师范大学董国材以凯瑟琳为例呈现了19世纪中期纽约市私立学校儿童的生活图景。

4. 各种因素与角度下对教师与学生史的探讨

赣南师范学院肖黎明从分类的角度展现了民国时期高校学生类别的多样化。曲阜师范大学彭冉以自强学堂为例对新式学堂对学生群体革命意识觉醒的催化进行论述。河北师范大学刘京京博士阐述了民国前期中学生严峻的升学与就业问题对其身心健康等方面的影响。华东师范大学杨光富副教授勾勒了美国学生指导制度的发展脉络及借鉴价值。此外，还有从大学生自治、学生组织、学生群体社会结构等角度阐述学生史。

（二）教师职业史与师范教育史的审视

1. 教师职业史

中国台湾学者施明发探讨了20世纪后半期以来台湾处理"不适任教师"经历的法制化过程及历史作用。湖北第二师范学院陈光春副教授阐述了民国时期中学教师任职资格的法规标准与实施。郑州大学吴春苗对民国时期教授制度的形成进行考察。南京师范大学刘齐讲述了近现代著名教育家邰爽秋与我国历史上第一个教师节诞生史话。西北师范大学张学强教授分析了清朝捐纳官学教师这一独特的教师选拔方式及影响。华东师范大学黄梦婉以巴黎大学为例论述了中世纪晚期执教资格授予权的更迭过程及其作用。华东师范大学于婷阐述了美国大学终身教职制度的渊源与演进。

2. 师范教育史

东北师范大学曲铁华教授分析了民国时期乡村师范教育制度变迁的内在逻辑及对当前我国农村师资培养与农村教育制度构建具有的重要借鉴价值。东北师范大学霍东娇对清末至民国时期师范学校教师聘用政策的历史进行审视。人民教育出版社刘立德编审对我国近代杰出教育家和师范教育的卓越先驱陈宝泉的师范教育思想进行探析。东北师范大学李娟副教授等对中国近代学前教育教师师资培训演变历程进行了分析。人民教育出版社副编审冯卫斌对清末小学教师的转型与在职培训进行了阐述。人民教育出版社刘捷编审系统分析了外国教师职业专业化的历史发展阶段，认为每一个阶段呈现的特征值得深入研究。湖南师范大学缪学超等论述了 20 世纪 80 年代以来英国入职教师培养的政策理念。华北理工大学陈君副教授对第二次世界大战后日本教师职前培养模式演进进行了论述。厦门大学王璞副教授等论述了中世纪大学教师薪酬制与高校教师职业关系。

（三）对教师教学与技艺史的关注

与教育生活史研讨主要侧重于教师与学生整体生活的视野有所区别，年会对教师教学与技艺史的关注，主要侧重于教师与学生教育活动过程的视野。

沈阳师范大学王雷教授以"名师教学技能为什么难以复制"为问题出发点，分析了古代塾师教学"绝活"的传承问题。深圳大学熊贤君教授认为民国时期中小学训育颇有研究价值，学术界渐有关注，但对训育利害攸关的教师地位和作用的研究被置之于遗忘角落。湖北大学赵厚勰副教授指出，民国时期基督教学校师生互动与家庭化的人际关系对当代师生关系构建多有借鉴。

（四）对教师观与教师思想的探讨

北京师范大学施克灿教授梳理了先秦儒家、汉唐经学家、宋明理学家、明清实学家关于教师地位与作用、教师职能、教师资格与条件、师生关系等涉及教师宏观问题的内容。乐山师范学院杜学元教授认为，在我国先秦时期教师理论出现并逐渐形成了较为完整的体系，为中国教师理论确定了良好的基调，对此后教师理论及教育发展产生了长久的影响。陕西师范大学栗洪武教授等认为，孔子的"师徒观"可概括为"师徒如父子"，对当代研究生教育中构建新的师生关系具有重要意义。东北师范大学王凌皓教授认为，在弘扬和培育中华优秀传统文化的大背景下，应对先秦儒家礼教思想作以梳理和阐释，提供可能的现实镜鉴。

二 科举制度终结地的纪念

今年是中国科举制度终结110周年，年会特专门设立了"科举制度终结110周年论坛"，与会者进行了热烈研讨。

（一）设立"科举制度终结110周年论坛"的缘由

河南大学明伦校区是文昌之地，曾是后周、北宋、金代的国子监所在地。1905年科举制度终结，于是1904年的甲辰科会试，就成为中国历史上最后一次会试。1912年，在科举制度终结地——河南贡院的旧址上，河南大学的前身河南留学欧美预备学校成立。

今年全国教育史年会在河南大学召开，恰逢科举考试制度终结110周年，因此设立"科举制度终结110周年论坛"，正可谓是对科举终结地的纪念。河南大学副校长张宝明教授指出了此次论坛在河南大学举办的历史与现实意义。他认为此次论坛在河南大学举办是"一种缘分"，原因在于地处开封的河南大学，不仅见证了科举制度的兴盛，而且见证了科举制度的终结。

（二）论坛对科举制度的研讨引起了强烈共鸣

1. 关于科举制度的终结及其影响的探讨

张宝明教授认为，科举的终结不仅导致传统封建政治权力结构的变化和权力重心的下移与"士"阶层的急剧分化，同时也使社会价值观念进一步分化。科举的终结是中国历史上的重大事件，对近代中国社会变迁和文化转型产生了广泛而深远的影响。

厦门大学刘海峰教授指出，1905年废止科举是中国历史上最重大的历史事件之一，它是中国高等教育近代化的关键环节，同时关系到中国帝制的终结、科举政治的转换、传统文化的衰弱和儒家经学的断裂。河南大学张召鹏博士借助文献史料，详细介绍了中国最后的会试情况，他认为最后一次会试折射出的一系列问题是科举废止的重要原因。

2. 关于科举历史与科举文化的探讨

张亚群教授阐述了科举考试的文化渊源。他认为，作为全国性的人才选拔制度，科举考试具有文官考试和高等教育考试的双重性质。

作为科举考试的重要文体，八股文为什么会出现？它对于科举制意味着什么？它的生命力何在？针对这些问题，徐勇教授从八股是确保公平的最后一道阀门、八股文写作需要丰厚的人文素养、八股文写作可以培养思维能力三个方面，阐述了八股文的作用和意义。

3. 科举学的研究

厦门大学郑若玲教授以"科举学研究的现实意义"为主题做了报告。她指出，现代的各种考试制度都能在古代科举中找到折射。科举制度倡导的"至公"理念具有超越时代的先进性与普适性。科举立法的缜密确保权威公正亟待当今考试法治所借鉴。

三 教育史学研究的推进

（一）高等教育史领域研究的加强

北京大学陈洪捷教授以"旧套路与新范式：历史视野中的大学理念研究"阐释了高等教育研究的若干重要问题。他认为，国内现有的大学思想史特别是大学观念史研究以人物、国别或大学为线索，缺乏真正的历史视野、历史语境和历史联系。江南大学副教授于书娟借用布迪厄的文化资本理论考察了无锡国专的成功转型问题。南京晓庄学院刘大伟从社会资本新视角解读了在中国近代图书馆专科学校文华图专取得巨大成功的办学史。福建师范大学赵叶婷等论述了近代史上圣约翰大学西医教育的"圣约翰办学模式"。北京师范大学李子江教授等分析了内战后美国高等教育发展的路径选择。浙江大学王慧敏充分地运用史料和国外研究成果对美国高等教育史上的重要事件达特茅斯学院案实质进行了再辩。

(二) 教育史学科的不断进展

本届年会上,北京师范大学张斌贤教授论述了教育思想史研究的视角与视野的问题。他指出现有西方教育思想史研究存在着视角单一、视野狭窄等问题,主张更新对教育思想史特性的认识,将历史上曾经出现的具有实际历史影响的教育认识作为主要研究对象,以拓展教育思想史研究视野,丰富史料来源。华东师范大学王保星教授认为伯纳德·贝林构建的"构想性历史"体系与教育史研究方法论体系为研究美国教育史提供了崭新视角、为美国教育史研究新观念和新范式的引入奠定了坚实基础以及为未来美国教育史研究产生深刻见解和历史认识指明了发展方向,这对于我国教育史研究具有重要启示。河南大学杨捷教授探讨了西方教育史学科发展的轨迹与特征,揭示了西方教育史学科的起源和形成,分析了西方教育史学科扩展与繁荣的态势,阐述了西方教育史学科的多元与深化的原委。南京师范大学冯强以卡伯莱的《美国公立学校》为中心探讨了教育史学的情节问题,强调教育史学需要认真对待情节问题,关切历史写作与叙述的转向,以更好地实现自身反思与学术前行。北京大学副教授沈文钦从制度化水平和学术范式变迁两方面对域外大学史研究进行了分析,指出全球史的研究范式开始崛起,将成为新的学术热点。

后　　记

　　由中国教育学会教育史分会主办、河南大学教育科学学院承办、河南大学聚协昌科举文化研究院协办的中国教育学会教育史分会第十六届学术年会，于2015年10月10日至11日在位于八朝古都开封市的百年学府河南大学顺利召开。近400位全国教育史学界的专家学者及硕博士研究生们，紧紧围绕着"教师与学生史"这一年会主题，提交学术论文270余篇，其中教师提交论文170余篇，硕博士研究生提交的论文近100篇。大会安排主会场报告6场，并设立7个分会场，安排小组学术报告共计100余人次。就参会人数、提交论文数、设立会场及报告人次等均超过以往年会，会议规模创历史新高，可以说是一次盛大的学术交流大会。

　　为能充分展示此次会议的学术研究成果，会前曾编印论文摘要及借助优盘存储所有的电子版论文，以便会议期间研讨及交流所用。在此基础上，我们将会议论文分为《外国教师与学生史》和《中国教师与学生史》两本书出版。其中《外国教师与学生史》一书，是从外国教育史论文中筛选出的25篇论文和1篇会议综述汇编而成。在诸位专家学者的鼎力支持下，经过多年的努力，编辑工作告一段落，在即将付梓之际，有几点情况需要说明：一是就整个框架来说，根据研究的内容，大致分为教师史、学生史、教育史学研究三个部分。根据出版篇幅要求和提交论文的数量，分别收入14篇、5篇和7篇，基本上能反映出此次开封年会的学术交流面貌和倾向；二是所入选的论文，尽可能保持着提交时的原貌，或以已发表的格式为准，但因字数和排版缘故省略了一些注释，敬请作者谅解；三是所收录的论文，有部分在会前、会后发表在不同的期刊上，或被个别会议文集所收录，在此文集中均未逐一标明；四是被收录的个别论文作者，近年来工作单位有所变动，以参会或发表署名所署工作单位为准；五是参会论文多，本书篇幅有限，但无论论文是否被收录，我们都万分感谢您的热情参与，因为没有您的参与，就不会成就此次学术盛会！

年会论文集的出版，得到了中国教育学会教育史分会、河南大学教育科学学院的大力支持，中国社会科学出版赵丽编辑为此也付出艰辛的劳动，在此一并致以衷心的感谢！诚然，在编辑过程中肯定会遗留诸多问题，也诚恳各位专家学者多多包涵，并提出批评意见！

编者谨识

2020 年 9 月 4 日